Kuaiji Xinxi
Jiazhi Xiangguanxing De
Pingjia Lilun Yu Fangfa

会计信息价值相关性的评价理论与方法

刘金雄 ◎ 著

东北财经大学出版社
Dongbei University of Finance & Economics Press
大连

图书在版编目（CIP）数据

会计信息价值相关性的评价理论与方法 / 刘金雄著. —大连：东北财经大学出版社，2016.8

ISBN 978-7-5654-2505-9

Ⅰ. 会…　Ⅱ. 刘…　Ⅲ. 会计信息-研究　Ⅳ. F230

中国版本图书馆CIP数据核字（2016）第226130号

东北财经大学出版社出版发行

大连市黑石礁尖山街217号　邮政编码　116025

网　址：http：//www.dufep.cn

读者信箱：dufep @ dufe.edu.cn

大连力佳印务有限公司印刷

幅面尺寸：170mm×240mm　字数：264千字　印张：18.25　插页：1

2016年8月第1版　2016年8月第1次印刷

责任编辑：李　彬　责任校对：赵　楠

封面设计：冀贵收　版式设计：钟福建

定价：38.00元

教学支持　售后服务　联系电话：（0411）84710309

如有印装质量问题，请联系营销部：（0411）84710711

前言

自 1968 年 Ball 和 Brown 进行了开创性的研究以来，会计信息价值相关性理论研究获得空前的发展，成为会计理论的重要研究方向。从研究内容的重要性来看，会计信息价值相关性的理论研究中最为重要的问题当属会计信息价值相关性的评价理论，例如，增量信息含量的研究有助于准则制定机构或企业确定哪些信息应该追加披露。

不过，理论繁荣背后略显尴尬的是，可用于评价会计信息价值相关性水平的方法和手段并不多。当前用于度量会计信息价值性水平的指标主要有 R^2 类指标与非 R^2 类指标两大类。不同指标对会计信息价值相关性的评价结果是否有影响，指标的适用条件是什么，在当前的会计信息价值相关性的理论研究中，未曾有系统的研究。研究中经常遇到的麻烦是，基于不同的指标，对会计信息价值相关性的评价结果可能不同，如何取舍，也未曾有什么理论予以指导。这种局面对研究结论的可信性产生巨大的影响。

本书力图扭转上述的不利局面，主要研究如下三个问题：

其一，确定可用于会计信息价值相关性的最为合适的评价指标。

通过探讨当前用于评价会计信息价值相关性各类指标的适用条件、理论基础及其合理性，提出以“解释能力”“不可忽略性”作为评价指标选择的依据，最终从当前的各评价指标中确定最适合的指标为“市场反应系数”指标。

值得一提的是，R^2类指标（回归模型的拟合优度）因其应用上比较方便，是当前用以评价会计信息价值相关性的最为广泛的一类指标。本书用第 3 章整整一章的篇幅，通过数理逻辑及具体的实例，得到的一个基本结论是，R^2类指标的理论基础——R^2能够用以评价“模型解释能力”，是一个伪命题。因此，该类指标是最不适合作为会计信息价值相关性的评价指标的。

虽然，第 3 章看起来都是公式、模型，但并不影响可读性，如果读者跳过有关结论的数学证明（见 3.6），只要具备“线性回归”的基本知识，就可读懂本章。第 3 章的内容虽是为研究 R^2类指标的理论基础而编写的，但也是对计量经济学的贡献。不过，如果跳过本章，本书所需用到的基本结论在 4.3.1 也有所涉及，并不会影响本书的可读性。

其二，基于所选择的最为合适的评价指标，构建能用以研究会计信息价值相关性各类评价问题的方法体系。

在关于第一个问题的研究中，“市场反应系数”被确定为会计信息价值相关性的最为合适的评价指标，其缺点是应用上不方便，当前尚未有一套基于该指标、可用于评价各类问题的方法体系。本书针对“市场反应系数”评价指标，构建统称为“市场反应程度评价方法”的方法体系，可用以研究会计信息价值相关性的各类评价问题，包括增量信息含量、交互信息含量、对比信息含量、影响因素等问题。

值得一提的是，“市场反应程度评价方法”对于对比信息含量的评价问题，有着较之当前广泛应用的 Vuong 检验所不具备的优势，那就是可用于探讨一种信息对另一种信息的优势随某些影响因素的变动而变动的问题。

“市场反应程度评价方法”在应用上虽有些繁琐，比如在探讨联合信息含量的变迁、对比信息含量等问题时，需探讨“解释变量的同概率变动”问题，计算解释变量的变动比上限，但这一程序可增强方法的科学性。这与当前的相关评价方法中，仅仅是计算市场反应系数之和，或只是比较两者信息的市场反应系数，有着本质的不同。后者事实上是假定两种信息如每股收益、每股经营现金流都变动 1 单位对股价的影响，但这种假定可能不具现实性，因而有失科学性之嫌。

另外，“市场反应程度评价方法”的应用较为繁琐的另一个原因是，评价会计信息的价值相关性问题时，比较的应该是市场反应系数的绝对值，而不是对其数值的简单比较，遇到市场反应系数可能为负的情形，需对模型进行调整或需对数据进行“变号变换”，这与当前的相关评价方法，仅仅对市场反应系数进行简单的比较而没有考虑市场反应系数可能为负的情形也是不同的，影响了研究结论的可信性。

其三，将所构建的方法用于会计信息价值相关性的评价问题。本书主要选择三个评价问题：会计信息价值相关性的变迁（第 5 章）、会计盈余与经营现金流信息含量的比较（第 6 章）、会计信息价值相关性的影响因素（第 7 章）。这三个应用问题，是会计理论研究所关心的基本问题，虽已进行了不少研究，但所用方法的科学性是令人怀疑的。运用本书所建立的方法，对上述三大应用问题进行评价，研究结果符合理论预期。这反过来又可证明评价指标、方法的正确性。

最后，本书是作者多年来对会计信息价值相关性理论研究的一个总结，希望对该领域的研究能有所帮助。限于水平，书中难免会有错误和纰漏，欢迎读者批评指正。

作　者

2016 年 6 月

于华侨大学工商管理学院

东方企业管理研究中心

E-mail：mrliujx@126.com

目录

第1章　绪论

1.1　会计的艺术性与科学性

顾客用100元假币买一件21元的衣服，店主老王无法找零，去邻居家换成零钱后，顾客拿走了找的79元钱和一件21元的衣服，不一会儿，邻居发现钱是假币向店主换回真币，问店主老王共损失多少？

这是一个流传很久的小案例，这里将其用于阐述会计的艺术性、科学性以及会计信息的价值相关性的问题。

假设衣服的成本为20元，老王期初的资产负债表见表1-1。老王销售衣服收取假币事件，存在三种可能的会计处理方法。

表1-1　**老王的资产负债表（0期期末）**　单位：元

资产	负债及所有者权益
现金　200	负债　0
存货　200	所有者权益　400
资产总计　400	负债及所有者权益总计　400

（1）会计处理 1。

假设假币的价值为零。首先确认销售收入，并相应确认销售成本，即作如下的会计处理。

借：假币 100

　贷：主营业务收入 21

　　　现金 79

借：主营业务成本 20

　贷：存货 20

由于收到的 100 元为假币，作为生产经营的意外事件，计入营业外支出。

借：营业外支出 100

　贷：假币 100

（2）会计处理 2。

假设假币的实际价值为零，由于店主销售一件衣服，没有带来任何经济利益的流入，因而不能确认营业收入。

借：营业外支出 99

　贷：存货 20

　　　现金 79

（3）会计处理 3。

假设假币可同真币一样使用，但是当前 100 元只能按 20 使用，则将收取的 100 元假币计提减值准备 80 元，即：

借：假币 100

　贷：主营业务收入 21

　　　现金 79

借：主营业务成本 20

　贷：存货 20

对于所收到 100 元假币，计提 80 元的资产减值准备。

借：资产减值损失 80

　贷：假币跌价准备 80

上述三种会计处理方法下的资产负债表、利润表见表 1-2、表 1-3。

表 1-2 **老王的资产负债表（1 期期末）**

会计处理1	会计处理2	会计处理3
资产 现金 121 存货 180 资产总计 301	资产 现金 121 存货 180 资产总计 301	资产 现金 121 假币 20 存货 180 资产总计 321
负债 0 所有者权益 301	负债 0 所有者权益 301	负债 0 所有者权益 321
负债及所有者权益总计 301	负债及所有者权益总计 301	负债及所有者权益总计 321

表 1-3 **老王的利润表（1 期）**

会计处理1	会计处理2	会计处理3
营业收入 21	营业收入 0	营业收入 21
减：营业成本 20	减：营业成本 0	减：营业成本 20
资产减值损失 0	资产减值损失 0	资产减值损失 80
营业利润 1	营业利润 0	营业利润 1
减：营业外支出 100	减：营业外支出 99	减：营业外支出 0
净利润 -99	净利润 -99	净利润 -79

三种会计处理方法包含了会计人员对经济业务“老王销售—收取假币”这两个交易或事项的职业判断，在一定程度上体现了会计人员的创造性劳动。

对比会计处理 1 与会计处理 2，这两种会计处理对资产负债表没有影响，对利润表的综合性指标“净利润”没有影响，但对于利润的构成产生了影响。会计处理 3 与前两者差异最大，既影响了利润表，也影响了资产负债表。

三种会计处理方法的差异主要体现在两个问题的判断上。

其一，对假币如何进行会计处理，包括，对假币如何进行计价以及假币所造成的损失应记入哪一个账户上，是记入“营业外支出”账户，还是记入“资产减值损失”账户。

其二，老王“销售衣服”这个业务，是否可确认营业收入。

在这个案例中，我们或许可以说，老王销售衣服没有导致经济利益的流入，因而不能确认营业收入。但是，导致经济利益不能流入企业的原因是老王收取的货币是假币，如果老王能够识别假币，或者为老王配备一个能够识别假币的收银员，“老王销售衣服没有导致经济利益的流入”这个问题就不存在。在此意义上，应该对该销售业务确认营业收入。

这个业务不确认营业收入事实上也是有充分理由的，如果对该销售业务确认营业收入，可能虚增营业收入，因为与该业务有关的经济利益毕竟没有流入企业。上述分析中对该销售业务确认营业收入的理由是，如果老王能够识别假币，老王就能销售衣服且收到真币。不过，如果该顾客购买衣服的真实目的是为了脱手假币，一旦假币被识别，该顾客就不会用真币购买该衣服。基于此理由，就不能对该销售业务确认营业收入。

会计人员事实上经常处于两难的境地，所以将会计视为一种艺术一点也不为过。会计人员在处理会计事务时，依其个人的技巧、经验和天赋，通过个人对于经济规律和会计政策的理解，在解决特定问题时表现出来的创造性和技巧等，就体现了会计艺术性的一面。但是如果将会计仅仅视为一门艺术，则必然会强调会计执业人员的个人判断与创意，而非执行公认的会计规则。这种倾向必然会降低会计确认、计量与报告的可比性。在强调会计艺术性的同时，应该增加会计的科学属性。会计的科学属性要求会计要尽可能地遵循公认会计准则，减少确认、计量、报告程序的个人判断与抉择范围，以增进会计确认、计量与报告的可比性。进一步地说，增进会计的科学属性，最为关键的还在于增强会计准则的通用性，使之能适应尽可能多的业务。根据葛家澍、林志军（2006）的考证[1]，20 世纪 70 年代以前，“艺术论”在西方实务界占主导地位，实务中允许较大的“职业判断的空间”。70 年代以后，“科学属性论”逐渐产生支配性的影响。自 80 年代以来，西方各国普遍制定会计准则，有关财务会计概念框架研究旨在增进会计准则制定的内在逻辑性。

对于科学与艺术的异同，这里以诺贝尔奖获得者、著名物理学家杨振宁、李政道的精辟论述加以阐述。

杨振宁（2015）指出[2]，“方程式是造物者的诗篇”。“今天如果要问物理学对于宇宙结构的了解，最后的最后就是一组方程式，是牛顿的运动方程式、麦克斯韦方程式、爱因斯坦的狭义和广义相对论方程式、狄拉克方程式和海森伯方程式，这七八个方程式主宰了我们所看见的一切一切。”“而远在没有人类的时候，麦克斯韦方程式和牛顿方程式就已经支配着宇宙间的一切了，所以科学里最终极的美与人类没有关系，没有人类也有这些美。”杨振宁教授以商朝的两件青铜器小犀牛和器觥为例，阐述艺术之美，“两件宝物都很美，却有不同美法，小犀牛是童稚型，铜觥是思考型，或者说小犀牛是直觉之美，铜觥的美是抽象型的，小犀牛的美是形似的美，铜觥是神似的美。由此可见，艺术中的美离不开人类。换句话说，科学中的美是无我的美，艺术中的美是有我的美”。

李政道教授（2004）指出[3]，“艺术和科学的共同基础是人类的创造力，它们追求的目标都是真理的普遍性。”“艺术，例如诗歌、绘画、音乐等，用创新的手法去唤起每个人的意识或潜意识中深藏着的、已经存在的情感。”“科学，例如天文学、物理学、化学、生物学等，对自然界的现象进行新的准确的抽象，这种抽象通常被称为自然定律。定律的阐述越简单、应用越广泛，科学就越深刻。”

按照两位科学大师对科学与艺术异同的精辟论述，移植到会计上，会计的科学性在于能用一组“方程式”（具体表现为会计数据之间的关联性）描述已经发生的交易或事项，体现了会计的“无我的美”；而会计所产生的数据或“方程式”是“直觉的”还是“抽象的”，是“写意的”还是“写实的”，则是体现会计艺术性的“有我的美”。无论所体现的是“无我的美”还是“有我的美”，会计的终极目标都是追求“真理的普遍性”——能够提供决策有用的信息和受托经营责任的信息。

会计处理中的确认、计量、报告，应该属于“有我之美”还是“无我的美”，这种界定或许并不重要，重要的是，应能达到其最终目标

——“真理的普遍性”。如果要问上述案例中，对“老王销售—收取假币”业务的三种会计处理方法哪一种更好的话，可能无法给出一个明确的、具体的答案。如何解决这个问题，一个比较好的办法就是，去问报表使用者，他们更喜欢哪一种会计处理。这个问题就是会计信息的价值相关性问题。

如何问，由谁去问，需要一套科学的方法——“方程式”，才能完成这个任务。杨振宁教授指出[2]：“人类从远古以来就知道有日月星辰的运动，这些运动有自身的规则，可是在规则里又有一些不规则的变化，这是很奇怪的现象，几千几万年来是人类想了解又不能了解的。最后牛顿来了，写下了牛顿的方程式，这就对日月循环、行星的运转，甚至对于星云，对一切天空的现象有了非常准确的描述。这是人类历史上非常重要同时也非常美的一个新发展。”

按杨振宁教授的话来说，会计信息的价值相关性问题的研究需要有一套“方程式”，能够用于描述会计信息与报表使用者的“运动”，才能判断会计是否实现其目标。

1.2 会计信息价值相关性的理论模型：会计的科学性

会计信息的价值相关性问题，探讨的是企业所披露的会计信息是否具有决策相关性。该问题的研究，有助于我们了解报表使用者是否使用会计信息、使用哪些会计信息、如何使用会计信息以及更喜欢哪种类型的会计信息（如是历史成本还是公允价值的会计信息）等，对于改进会计披露的质量，增进会计的科学性是大有裨益的，可以降低会计人员的工作难度，增加会计信息的可比性。1.1 中的“老王销售—收取假币”业务存在的三种会计处理方法，使会计工作处于两难的境地，需要借助会计的职业判断，才能完成会计工作。但是，如果会计人员知道报表使用者更喜欢“会计处理 3”，就不必在三种可行的会计处理方法中为如何进行抉择大伤脑筋，同时也增强了会计信息的可比性。

如何研究会计信息的价值相关性问题，需要有一套“方程式”即科学的方法，用以描述报表使用者在决策中对各类会计信息的使用问题，这就是会计信息价值相关性的模型化研究范式。

这类研究主要是利用经济模型建立会计信息的价值相关性理论，研究领域主要包括，会计信息系统的模型化评价研究、利用经济模型研究会计指标的经济意义、基于会计信息的公司价值定价。在我国会计学界这方面的研究几乎是一片空白，相关研究文献并不多见。在西方会计学界至少可以追溯到20世纪60年代，如G. A. Feltham（1968）[4]提出模型用以评价不同会计信息系统的差别价值——每一个会计信息系统都有一个预期支付值（expected payoff），不同系统的预期支付值的差异就是会计信息系统变换的价值。

关于会计信息系统的模型化评价研究，其主要的研究范式是利用经济模型从总体上评价会计信息的决策有用性，但没有涉及依不同的会计计量属性所加工出的会计信息的决策有用性差异问题。这方面的研究主要集中在20世纪六七十年代，如G. A. Feltham（1968）[4]、G. A. Feltham et al.（1970）[5]、Joel S. Demski（1970）[6]、Theodore J. Mock（1971）[7]、John E. Butterworth（1972）[8]、Wilfred C. Uecker（1978）等[9]。由于模型过于抽象，适用性较差，其后这方面的研究就很少见。

利用经济模型研究会计指标的经济意义，其基本研究范式是通过经济模型证明会计指标与会计信息使用者的某些经济决策指标如内部收益率（internal rate of return，IRR）在数量上存在联系，从而间接地解释了会计信息的决策有用性，例如，通过经济模型研究会计收益率（accounting rate of return，ARR）与内部收益率的数量关系，探讨在什么条件下可以用ARR代替IRR。所谓ARR是年净收益与年初、年末资产平均总额的比率。这方面的研究工作起源于Harcourt（1965）[10]、Solomon（1966）[11]和Vatter（1966）[12]，经Kay（1976，1978）[13~14]、Peasnell（1982）[15]、Franks et al.（1984）[16]、Kay et al.（1986）[17]、Edwards et al.（1987）等[18]加以发展。利用会计指标建立经济模型的研究范式是规范性会计理论的模型化研究范式的重要进展，有助于从微观的角度理解会计信息的决策有用性。其缺陷在于只是探讨会计指标间的数量联系——不是直接的、本质的联系，只是间接地解释会计指标的经济意义，研究结论争议也很多，如William Long et al.（1984）[19]认为用

ARR代替IRR可能是一种误导。有些研究考虑用现金回收率（cash recovery rate，CRR）代替IRR，如G. L. Salamon（1982）[20]、E. H. Griner et al.（1988）[21]等的研究。

20世纪90年代，会计信息价值相关性理论的模型化研究范式的研究热点集中在“基于会计信息的公司价值定价”上，因为这种研究范式有较为明确的逻辑基础，如R. P. Brief et al.（1992）[22]、R. P. Brief（1999）[23]利用现金折现模型建立基于ARR的股权资本的定价模型。

当前，最具影响力的研究范式是Feltham/Ohlson分析框架[24~26]。该框架有三大支柱，一是会计盈余要满足净盈余关系（clean surplus relationship，CSR），二是依据股利折现模型（dividend discount model，DDM）建立Edwards-Bell-Ohlson的剩余收入模型（residual income model，RIM）[27~28]，三是动态线性信息系统（linear information dynamics，LID）。Feltham/Ohlson分析框架已广泛运用上会计理论、金融定价等领域[28~30]。

所谓净盈余关系，是指会计盈余应该全部计入利润表，而不是直接计入资产负债表，即在CSR下，计入利润表的会计盈余$E_{cs,t+1}$应满足如下关系：

$$bv_{t+1} = bv_t + E_{cs,t+1} - d_{t+1} + S_{t+1} = bv_t + E_{cs,t+1} - \tilde{d}_{t+1} \tag{1.1}$$

其中，bv_t表示第t期期末企业净资产的账面价值，$E_{cs,t+1}$、d_{t+1}、S_{t+1}分别表示企业在第t、t+1期的会计盈余、所发放的现金股利、发行的股权资本价值，$\tilde{d}_{t+1} = d_{t+1} - S_{t+1}$表示企业在第t、t+1期发放的全部现金股利扣除增加的股权资本投入后的净额，简称股利净额。

令r为折现利率，记：

$$RI_{cs,b+s} = E_{cs,t+s} - r \cdot bv_{t+s-1} \tag{1.2}$$

为满足净盈余关系下第t+s−1、t+s期的净剩余收益，令$g_{cs,t} = \sum_{\tau=1}^{\infty} RI_{cs,t+\tau}/(1+r)^{\tau}$，由股利折现模型$IV_t = \sum_{\tau=1}^{\infty} \tilde{d}_{t+\tau}/(1+r)^{\tau}$，其中$IV_t$表示企业在第t期企业的内在价值（intrisic value，IV）。在会计报告系统满足净盈余关系且$\lim_{\tau \to \infty} bv_{t+\tau}/(1+r)^{\tau} = 0$的假设下，可得剩余收入模型（residual income model，RIM）如下[28]：

$$IV_t = bv_t + \sum_{\tau=1}^{\infty} RI_{cs,t+\tau}/(1+r)^{\tau} = bv_t + g_{cs,t} \tag{1.3}$$

RIM 的局限是没有办法直接利用会计报表预测企业的市场价值，式（1.3）的右式包含预测的数值。Ohlson（1995）[28] 引入如下的动态线性信息系统（linear information dynamics，LID）：

$$\widetilde{RI}_{cs,t+1} = \omega \widetilde{RI}_{cs,t} + v_t + \tilde{\varepsilon}_{1,t+1} \tag{1.4}$$

$$\tilde{v}_{t+1} = \gamma v_t + \tilde{\varepsilon}_{2,t+1} \tag{1.5}$$

其中，上标“ ˜ ”表示该变量为随机变量，$0 \leqslant \omega, \gamma < 1$，$\tilde{\varepsilon}_{1,t+1}$、$\tilde{\varepsilon}_{2,t+1}$ 的均值为 0，v_t 是会计信息以外的信息。利用RIM，在式（1.4）、（1.5）的假设下，Ohlson（1995）[28] 得到的定价模型如下：

$$IV_t = b_t + \alpha_1 RI_{cs,t} + \alpha_2 v_t \tag{1.6}$$

其中，$\alpha_1 = \omega/(1+r-\omega)$，$\alpha_2 = \omega/[(1+r-\omega)(1+r-\gamma)]$。

Feltham 与 Ohlson [27~30] 将这种分析框架即 Feltham/Ohlson 分析框架进一步用于分析涉及金融资产、经营资产以及折旧等因素的企业价值定价问题上。引入 LID 被认为是 Ohlson 对基于会计信息的企业价值定价模型作出的巨大贡献 [31~32]。这种定价模型的重要意义在于，可以将企业的账面价值、会计盈余与企业价值直接相联系，从而可从理论上阐述会计信息之所以具有价值相关性。

Feltham/Ohlson 分析框架存在一定的缺陷 [33]：（1）该框架所依据的 DDM 不能支持资本结构、股利无关性假设，而这些假设是该分析框架所必需的。（2）DDM 本身存在缺陷，DDM 的模型假设存在不相容性问题，导致逻辑上的谬误，试举一例分析如下。

假设企业当前净资产的清算价值为 LV_t，预期企业第 t+1 年要发放的股利为 d_{t+1}，以后每年股利的增长率为 ρ_1，即第 t+k 年发放的股利为 $d_{t+1}(1+\rho_1)^{k-1}$。企业净资产的清算价值的增长率为 ρ_2，即第 t+k 年企业净资产的清算价值为 $LV_t(1+\rho_2)^k$，$\rho_1, \rho_2 < r$。

如果企业在第 t+N 年解散，$N \geqslant 1$，那么股东从企业所获得的现金流包括：各期的股利，终止经营日企业净资产的清算价值，因而其内在价值为：

$$PV_t(r,N) = \frac{d_{t+1}}{r-\rho_1}\left[1-\left((1+\rho_1)/(1+r)\right)^N\right] + LV_t \cdot [(1+\rho_2)/(1+r)]^N \tag{1.7}$$

如果企业持续经营，依 DDM，企业的内在价值为：

$$PV_t(r,\infty)=d_{t+1}/(r-\rho_1) \tag{1.8}$$

取 $r=10\%$，$\rho_1=2\%$，$\rho_2=8\%$，$d_{t+1}=10$，$LV_t=100$，则当 N= 10，20，30，50，80，100，120，150 时，均有 $PV_t(r,N)>PV_t(r,\infty)=125$。其中 $PV_t(10\%,10)=149.49$，$PV_t(10\%,20)=166.68$，$PV_t(10\%,30)=169.66$ ……即从当前起，企业未来只要经营 10 年，或 20 年，或 30 年，……，或 150 年，其内在价值均大于持续经营的。

如果 $r=10\%$，$\rho_1=8\%$，$\rho_2=2\%$，则由式（1.7），$PV_t(r,N)=125+(100\cdot R_2^n-125R_1^n)$，其中 $R_1=(1+\rho_1)/(1+r)=0.98182$，$R_2=(1+\rho_2)/(1+r)=0.92727$，$R_2<R_1$。对于任何有限的 N，$PV_t(r,N)=125+(100\cdot R_2^n-125R_1^n)<\lim\limits_{n\to\infty}PV_t(r,N)=125$。该情形下持续经营有利于最大化企业的内在价值。

假设企业当前净资产的清算价值为 100 元，预期企业第 1 年年末发放现金股利 10 元，股利的增长率为 2%，折现利率为 10%。由 DDM 可得，企业的内在价值为 125 元（10÷（10%-2%））。假设企业清算价值的增长率为 8%，2%<8%<10%，10 年后终止经营，股东从企业所获得的现金流包括各期的股利、终止经营日企业净资产的清算价值 $100(1+8\%)^{10}$ 元，容易计算，企业的内在价值为 149.49 元。此例表明，企业有限期经营有可能比持续经营时其内在价值还大。可见，DDM 是有一定缺陷的。

因此，运用 Feltham/Ohlson 分析框架所建立的“基于会计信息的公司价值定价”存在一定的理论缺陷，若要改进的话，应从改进 DDM 开始。

该分析框架须满足净盈余关系，即要求会计报告模式采用所谓的净盈余会计模式，然而就国际范围来看，包括我国，会计实践中大多采用的是违背净盈余关系的脏盈余会计，这便是会计理论研究与会计实践相脱节的问题。对脏盈余会计的研究，其目的之一就是评估这种破坏对“基于会计信息的公司价值定价”的影响。下面对此进行简要评述[34]。

由于脏盈余会计是将有关的盈余项目直接计入所有者权益项目而不计入利润表，违背了净盈余关系，实行脏盈余会计可能导致对企业价值的定价误差；鉴于不同国家采用的脏盈余会计也不同，因而实行脏盈余会计也可能会加剧国际会计的差异；如果管理者在当期将有关的盈余项目直接计入所有者权益项目而在以后的某一期又将该盈余项目从某所有者权益项目中转出，计入利润表，此举则丰富了管理者操纵利润的手段，因而实行脏盈余会计可能沦为企业管理者进行盈余管理的工具；同时，脏盈余会计流量是否具有价值相关性，本身也是一个值得关注的重要问题。

上述国外各种关于脏盈余会计所关心的大多数论题中，可以视为是对会计实践中采用实行脏盈余会计所可能产生的负面影响的一种批判。然而，实行脏盈余会计，如果对国际会计差异化的影响并不大；如果对管理者操纵利润的影响也不大，如果对企业价值定价产生的误差并不大，那么实行脏盈余会计可能还有其合理的一面。而且，如果脏盈余会计流量不具有价值相关性，则实行脏盈余会计非但不会增加企业价值定价的误差，反而可能纠正企业价值定价的误差。因而实行脏盈余会计可能存在其合理性，仅仅研究其所可能产生的负面影响，是存有不足之处[35]。

实施净盈余会计是否就只有优点而没有缺点？事实可能并非如此。Ohlson（1995）引入 LID（见式（1.4）、（1.5））被认为是 Ohlson（1995）对“基于会计信息的企业价值定价模型”作出的巨大贡献，但如果将所有的会计盈余项目都计入利润表，即会计报告采用的是满足净盈余关系的净盈余会计，则会计信息则可能不能满足 LID，因为 LID 的基础是盈余的持续性。因此，如果将那些不具有价值相关性或价值相关性不大的盈余项目直接计入所有者权益，而不计入利润表，即实施脏盈余会计，非但不会增加反而可能会降低对企业价值的定价误差。可见，会计实践中采用实行脏盈余会计是具有一定的合理性的。对于脏盈余会计的研究，除了国外已有的研究方向，研究其负面影响之外，或许最为基本或最为重要的问题是，会计实践中采用实行脏盈余会计，是否合理，有没有理论支持，或者说，会计实践中采用实行脏盈余会计是否具有一定的理论意义。换言之，今后对脏盈余会计的理论研究可基于我国的资本市场进一步的净盈余会计与脏盈余会计的综合优势比较问题。

如果较之净盈余会计，实施脏盈余会计具有重要的优势，则需要进一步研究脏盈余会计信息披露的合理形式，即，哪些盈余项目应作为“脏盈余会计流量直接计入所有者权益而不计入利润表”更为合理的问题，便是脏盈余会计理论研究的一个重要课题，此类研究对于会计实践具有重要的指导意义，例如，在我国当前的会计实践中，“可供出售金融资产产生的利得（损失）金额”作为脏盈余会计流量直接计入所有者权益而不计入利润表，该会计处理的理论依据是什么？有没有可能该项目不作为脏盈余会计流量更为合理？又如，“公允价值变动损益”不作为脏盈余会计流量，而是计入利润表，该会计处理的理论依据是什么？有没有可能该项目不作为又脏盈余会计流量更为合理？

概言之，对于脏盈余会计的研究，除了按国外既有的研究方向进行研究外，还应基于我国的资本市场，研究净盈余会计与脏盈余会计的综合优势比较问题，确定合理的脏盈余会计流量，选择更为合理的会计信息披露的形式，这是一个新的且对于理论研究与会计实践具有重要意义的研究课题。

1.3 会计信息价值相关性的研究内容与意义

在西方学术界，会计信息与资本市场关系的实证研究被称为基于资本市场的会计研究（capital market-based accounting research，CMBAR），这是一个研究范围广阔的领域。Kothari（2001）将 CMBAR 划分为四个研究方向[36]：基本分析与估值、市场效率检验、会计在合约中的作用、会计在政治过程中的作用。Beaver（2002）认为[37]，CMBAR 应包含五个子领域：市场效率、Felthamlinear-Ohlson 模型、价值相关性、分析师行为和相机抉择行为。Kothari（2001）与 Beaver（2002）对 CMBAR 的划分不同，导致对会计信息价值相关性的研究方向的划分也不同。CMBAR 的分类很大程度上体现的是个人的研究偏好，而价值相关性的研究是这种研究偏好的一个例子，例如，Beaver（2002）认为价值相关性作为独立的研究领域，Kothari 则将其包含在市场效率、基本分析和估价之中[38]。

上述关于会计信息研究方向的划分是基于资本市场的研究视角的。然而，从对准则制定机构、会计实践、投资理财以及会计理论研究的重要性来说，价值相关性研究中最为重要的研究课题当属会计信息价值相关性的评价理论，至少应包括如下五大研究方向，当前各方向的研究都取得了丰硕的成果。

其一是关于会计信息是否具有价值相关性（value relevance）问题的研究，这一问题的研究无疑是最具基础性的。这方面的研究源于Ball和Brown于1968年开创性地运用事件研究法证明了会计信息具有信息含量[39]，其后几十年关于会计信息价值相关性理论获得了空前的发展。其二是探讨会计信息是否具有增量信息含量（incremental information content）问题——给定一种或一类信息下，另一种或一类信息是否具有增量信息问题，例如K. Elouafa关于经营性现金流（cash flows from operations，CFO）、营运资金（funds from operations）以及盈余的信息含量问题的研究[40]。其三是研究会计信息的对比信息含量（relative information content）或者说信息含量的高低对比问题——关于一种或一类会计信息如盈余是否比另一种或另一类会计信息如净资产更具有价值相关性，例如Dhaliwal等人研究发现相对于综合收益，净收益对股票回报率具有更强的解释能力，因而净收益比综合收益对股价的价值相关性更强[41]。其四是探寻会计信息价值相关性的演变趋势，如Collins等学者根据美国上市公司数据，发现了利润表信息含量逐年下降，资产负债表信息含量在逐年上升，但资产负债表和利润表的联合价值相关性略有上升[42]。其五是研究会计信息价值相关性的影响因素问题，如Collins和Kothari发现盈余反应系数（earnings response coefficient，ERC）受盈余持续性、无风险利率、系统性风险等因素影响[43]。

上述五类问题的研究重在对会计信息价值相关性水平也就是会计信息含量进行评价，这种评价对有关各方的重要性是不言而喻的。关于增量信息含量的研究有助于我们了解新增的会计信息是否具有信息含量；信息含量的高低对比研究有助于我们了解如何在可供选择的会计处理中，选择信息含量最大的会计处理；会计信息价值相关性的变化趋势的研究，有助于我们了解企业外部报告环境如资本利得更有效等，是否导致了会计信息含量的变化；而会计信息价值相关性影响因素的研究，有助于我们了解影响会计信息价值相关性的因素，为提高会计信息的价值相关性指明了方向。

1.4 本书的主要研究内容与章节安排

本书首先回顾了会计信息价值相关性评价理论的主要研究成果，分析评述该评价理论所采用的主要评价指标与方法。针对用途广泛的R^2类评价指标，探讨其逻辑基础和所存在的各种缺陷，指出基于该指标所建立起的评价方法，其评价结果缺乏可信性。而对于非R^2类的各评价指标，分析比较各类指标的适用性和相对优劣性，指出最为可行的两种指标，其中最具广泛性用途的指标应是“市场反应系数”指标。但当前学术研究中尚未建立起基于该指标的能用于各主要评价问题的方法。为此，本书试图构建以“市场反应系数”指标的能适用于各评价专题的评价方法体系，称之为“市场反应程度评价方法”。

以中国的资本市场为研究背景与数据来源，将所构建的方法运用于三个研究专题之中，既是对研究方法的实证检验，也丰富了会计信息价值相关性更加可信的理论内涵。

第1章 绪论。通过“老王销售—收取假币”的一个小案例，阐述研究会计价值相关性的必要性与研究方法的科学性问题、研究内容的取舍等问题。

第2章 会计信息价值相关性的评价理论：一个综述。回顾评述会计信息价值相关性评价理论的各主要研究专题，并指出应重新审视当前所采用评价方法，只有基于适当的评价方法，相应的价值相关性理论才有意义。

第3章 线性回归的R^2：性质与谬误。通过数理逻辑，探讨经典线性回归的R^2、t-值如何随样本的变化而变化的问题。即使是针对某特定样本，R^2也无法用以评价模型的解释能力。以R^2作为模型或变量解释能力的评价指标，是R^2认识上的误区。

第4章　会计信息价值相关性的评价指标与方法。着重探讨了会计信息价值相关性的评价指标的适用性与方法的可行性问题。通过分析比较，最合适的指标当属“市场反应系数”与“等水平-标准差指标”，但后者应用范围较窄，只局限于信息含量的高低对比问题的评价上。本章的另一个重要任务是，构建基于“市场反应系数”指标、可适用于各类评价问题的一套称之为“市场反应程度评价方法”的评价方法。

第5章　中国资本市场会计信息价值相关性的变迁。以第4章所建立“市场反应程度评价方法”为分析工具，以我国深沪股市1993—2015年31 568家上市公司为样本数据，选取每股收益EPS、每股净资产NAPS作为利润表、资产负债表的代理指标，以市场反应程度评价方法，探讨EPS、NAPS的增量信息含量、交互信息含量、联合信息含量随时间变化而发生变化的趋势及原因。

第6章　中国资本市场会计盈余与经营性现金流：增量信息、交互信息、对比信息含量。提出“因果”说，论述会计盈余与经营活动现金流应具有相互增量信息含量、交互信息含量以及会计盈余的信息含量应多于经营活动现金流的。运用1998—2015年沪深两市所有A股上市公司的25 507个样本数据，以第4章所建立的“市场反应程度评价方法”为分析工具，研究上述问题。针对会计盈余与经营活动现金流信息含量的高低对比问题，还运用Vuong检验，进行对比分析，两者的结果是一致的。

第7章　中国资本市场会计信息价值相关性的影响因素：财务杠杆。通过理论分析，财务杠杆对会计信息价值相关性具有重要影响，财务杠杆越高，企业的会计信息价值相关性就越低。从信息的预测价值及偿债能力来看，这种信息优势随着财务杠杆的提升而降低。运用1993—2015年沪深两市所有A股上市公司的27 917个样本数据，通过设立相应的回归模型进行分析，针对上述假设运用市场反应程度评价方法进行检验。一个值得关注的现象是，除了“盈余的价值相关性应高于净资产的”这个假设不受2007年以后的数据影响外，以2007年以后的数据所得出的实证结果，更能反映理论预期。

第 2 章　会计信息价值相关性的评价理论：一个综述

2.1　概述

会计信息是经过一系列程序——确认、计量、报告程序最终加工出来的“财务数据”。对于交易或事项如 1.1 中“老王销售—收取假币”业务的会计处理，如果将该业务分解为“销售”业务与“收取假币”业务，就是 1.1 中的会计处理 1 与会计处理 3；如果认为该业务不能分解，其会计处理就是 1.1 中的会计处理 2。三种会计处理方法实质上是三种会计政策的选择，所得到的会计数据是不同的。从会计计量来看，存在历史成本、公允价值等，会计最终得到的数据通常是多种计量属性相混合的结果，其经济含义是什么，可能没人说得清。

在资本市场上，投资者是有信息需要的。投资者希望会计信息能有助于他们评估企业内在价值，据以评价股价的高低，以便于作出持有、转让或购入股票的投资决策。提供与决策有关的会计信息，既是会计自身的目标，也是投资者对会计的一个基本要求，这也是会计存在的价值。

在存在多种会计政策、计量属性选择的背景下，同一业务所计量出来的数据不唯一，数据的构成属性较复杂，有历史成本的、有公允价值的、有现值的、有可变现净值的等，对这样的会计数据，是否能实现会计的目标，是否能满足投资者的决策信息需要，的确是令人担忧的。

因此，观测投资者的决策中是否利用了会计信息，便成了一个非常重要的问题。如果投资者的决策中使用了会计信息，这就证明了会计信息具有决策相关性。否则，就需要对会计进一步改进，以实现提供决策有用的会计信息的目标。如果经观测“老王销售—收取假币”的会计处理1所计量的会计信息，不具有价值相关性，则选择会计处理2或会计处理3，或其他会计处理，直至选出投资者认可的会计处理。这个过程没有终点，因为会计人员事先无法确定哪一种会计政策是最优的。或者说，如果有的话，现实中要确定最优的会计政策，其代价也太高。既然如此，会计与会计信息使用者之间就只能采用“试探法”，“没有最好，只有更好”，会计通过不断改良其信息披露的质量，以满足投资者日益增长的对高质量信息的需求。这个目标是否实现，须通过随后的“观测”才可发现。

上述问题就是“会计信息的价值相关性”问题。

与决策相关的会计信息必定会影响到投资者的投资决策，最终必定会反映到股价上。会计信息的价值相关性研究，也就是从经验数据上分析验证会计信息与股票价格之间的相关性[38]。会计信息的价值相关性研究，除了需应用会计学知识外，还需应用经济学、金融学等相关学科的知识，因而，该问题的研究丰富了会计研究的内涵与方法，对于其他相关的理论研究也具有重要意义。

本书1.3中指出，从对准则制定机构、会计实践、投资理财以及会计理论研究的重要性来说，会计信息的价值相关性理论研究，最为重要的是，称之为“评价理论”，可概括为三大主题：（1）基本问题：探讨会计信息是否具有价值相关性（value relevance）；（2）会计信息含量的比较问题：探讨会计信息是否具有增量信息含量（incremental information content）问题，以及会计信息含量（relative information content）的对比问题；（3）会计信息价值相关性差异性的评价问题：探讨会计信息价值相关性的变迁趋势问题，以及会计信息价值相关性的影响因素。

2.2 基本问题：会计信息的信息含量

Ball 和 Brown 于 1968 年开创性地运用事件研究法，通过研究未预期会计盈余与股票超额回报率之间的显著正相关性[39]，证明会计信息具有价值相关性。他们运用 1957—1965 年 9 个会计年度的 261 家在纽约证券交易所注册的公司的有关资料，实证结果发现股票非正常回报的符号与盈余变动的符号之间存在显著相关性，好的盈余消息带来 7%的股价上升，而坏消息与 9%的股价下降有关。他们的研究结果证明了会计信息具有信息含量，揭开了会计信息价值相关性理论研究的大幕，其后几十年间会计信息价值理论研究获得了空前的发展，海量的研究几乎都证明了会计信息具有价值相关性，为价值相关性理论的其他方面研究奠定了坚实的基础。

Ball 和 Brown 的研究探讨了未预期会计盈余与股票超额回报率之间的关系，从逻辑上讲，进一步的研究应该是，研究未预期盈余与股票超额回报率之间在数量上的关系。这方面的经典研究当属 Beaver et al.（1979）的研究成果[44]，他们选择了纽约上市的自 1965 年到 1974 年间的 276 家上市公司作为样本，以未预期盈余变动幅度为基础，将样本分成 25 个投资组合，考察各组合会计盈余变动与股价变动的数量关系，发现盈余的变动百分比和股价的变动百分比具有显著正相关关系，也就是说，未预期盈余越大，股价变动也越大。

将未预期盈余与股票的超额回报相联系，就是盈余反应系数（earnings response coefficient，ERC）。早期对盈余信息含量的研究，隐含着所有公司具有相同 ERC 的同质性假定，并没有涉及 ERC 在公司层面上的差异，对未预期盈余的进一步研究就是探讨 ERC 在公司层面上的差异及其原因，关于ERC的研究已成为实证会计最重要的研究方向之一[45]。由于ERC可作为会计价值相关性的度量指标，对ERC影响因素的研究就是对价值相关性影响因素的研究，这部分的研究将在2.4中加以阐述。

上述的这种研究主要集中在盈余的信息含量的研究上，主要探讨未预期盈余与股票超额回报之间的关联性，运用该方法也证明了我国会计信息具有价值相关性。赵宇龙（1998）[46]发表了研究我国会计盈余有用性的第一篇论文，借鉴Ball和Brown的事件研究法，选取1994年至1996年3个会计年度在上海证券交易所上市的符合相关条件的123家公司作为样本，探讨财务报告批准报出日前后各8个交易周内未预期盈余与股票超额回报之间的关系，研究发现未预期盈余的符号与股票超额回报的符号显著相关，证明了我国会计信息具有价值相关性。

陈晓等（1999）[47]从股价反应和交易量反应两个角度，也证实了盈余数据在我国具有很强的信息含量。文章首先探讨了公告日前后40天相对交易量的变化趋势，研究发现盈余公告日前后，日交易量有明显增加，在盈余公告日附近，日交易量达到年均水平的1.5～1.7倍，即这种股票交易量反应研究的结果初步表明，在股票盈余公告日附近确实有新的信息抵达市场，并导致交易量发生波动。另外，文章还以公告日前后各20天的日超额回报为研究对象，分别考察了它们对年度意外盈余的反应，回归结果显示：（1）股市对盈余公告有显著的反应。在公告日当天，意外盈余变量系数、系数的t检验值、方程拟合度（R^2）和显著性均达到事件窗口（−20，+20）的最大值，说明在盈余公告日存在系统性的信息效应。（2）回归结果具有低R^2的特性。公告日整体股市R^2=3.55%、沪市R^2=2.85%、深市R^2=9.25%。这一研究结果与国外市场的研究结果基本相同，即R^2一般在2%～10%的范围内。（3）在一定程度上存在着盈余的预示效应，在公告日前6个交易日中，意外盈余对其中3个交易日的超额回报产生了显著影响。然而，盈余公告的后效应似乎并不明显。纵观全局，盈余对超额回报的影响主要发生在［−6，2］这一区间。（4）深市回归方程的显著性强于沪市。深市的回归效果明显优于沪市，深市对盈余变化反应的程度为沪市的5倍以上。

孙爱军、陈小悦（2002）基于1992—1998年上市公司的数据[48]，利用两种模型检验会计盈余的信息含量：一是年度会计盈余与股票超额回报的关系模型；二是盈余管理的门槛模型。对于第一个模型，他们研究发现会计盈余的变化对股票收益的影响十分显著（ERC的t检验值高达6.07）。对于第二个模型，他们研究发现1992—1997年间，ERC的总体变化趋势是显著性逐渐增强，未预期盈余对超常收益的解释能力不断增强。由此可见，在1992—1997年的中国股票市场上，会计盈余对股票收益的影响是十分显著的，且显著水平呈现不断增强的趋势。

事件研究方法对于探索会计信息的决策有用性犹如神来之笔，能够很直观地展现出会计信息对于投资决策的影响，因而对于会计信息价值性问题的研究功不可没。然而由于难以准确估算股票超额回报、未预期会计盈余，并且也难以排除时间窗内其他事件对于股价的影响，当前对于该问题的研究大量采用基于Ohlson等净剩余收益模型[28~29]的回归分析方法如价格模型或收益模型，探讨股价与会计变量如盈余、净资产之间的关联性。

运用价格模型研究价值相关性问题的一个优势在于，除了可用以探讨盈余的价值相关性以外，还可以用于探讨盈余以外的会计信息如净资产的价值相关性问题。例如，Collins et al.（1999）[49]用价格模型检验每股收益与每股净资产共同的价值相关性，发现亏损公司的净资产更具有价值相关性，并进一步证明了资产负债表和损益表信息都具有价值相关性。

当前，关于会计信息是否具有价值相关性这个基本问题的研究，与上述关于研究综合性指标如会计盈余的信息含量不同的是，进一步研究具体的分类性指标的价值相关性问题，比如，随着科技的日新月异，作为企业核心竞争力的无形资产能为企业带来超额的盈利能力，但无形资产是否能转化为未来的现金流具有很大的不确定性，企业会计报告中的无形资产是否具有价值相关性是一个值得探讨的问题，国际上对此也作了很多研究，例如，F. N. Dahmash et al.（2009）[51]探讨1994—2003年间采用澳大利亚公认会计准则所报告的商誉和可辨认无形资产的价值相关性与可靠性问题，研究发现，商誉和可辨认无形资产的价值相关性都具有价值相关性，但不具有可靠性。K. Bilal et al.（2009）[52] 探讨英国上市公司财务报表中所确认的无形资产是否具有价值相关性，研究结果表明，无形资产作为一个整体可解释股票市场价格的一部分变化，细分之下，则只有无形资产具有价值相关性，而商誉、无形资产摊销及减值支出，并不具有价值相关性。其他类似的研究还有 L. Oliveira et al.（2010）[53]、S. Abubakar et al.（2015）[54] 等。国内这方面的研究有，邵红霞等（2006）[55] 探讨不同行业的无形资产对企业会计盈余质量和会计信息价值相关性的影响，结果发现，高新技术行业和非高新技术行业的生产函数的要素构成存在显著差异，不同无形资产对上市公司会计盈余质量的影响也存在行业差异，市场对不同行业的不同无形资产作出了不同的反应。其他研究还有刘玉春（2013）[56]、钱丽丽（2014）[57] 等的研究。

2.3 会计信息含量的比较：增量信息含量与对比信息含量

信息含量的比较是两种或多种信息之间进行的比较，当前的研究中，主要包括两方面的比较：其一是互补性的比较；其二是替代性的比较。互补性的比较称之为增量信息含量的比较；替代性的比较称之为对比信息含量，或信息含量的高低对比。

增量信息含量（incremental information content）探讨的是，在给定一种或一类信息的情况下，另一种或一类信息是否具有增量信息，因而可用于探讨新增的信息是否具有增量信息，对于准则制定机构、投资者具有重要意义[58]。因此，说信息 Y 具有增量信息指的就是，给定信息 X 的情况下，信息 Y 具有增量信息，信息 Y 能够提供信息 X 所不能提供的某些信息，如图 2-1 所示；增量信息含量并非是相互的，Y 对 X 具有增量信息含量，并不意味着 X 对 Y 具有增量信息含量，如图 2-2 所示。

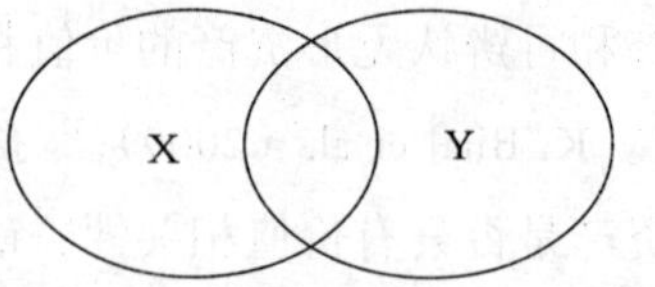

图 2-1

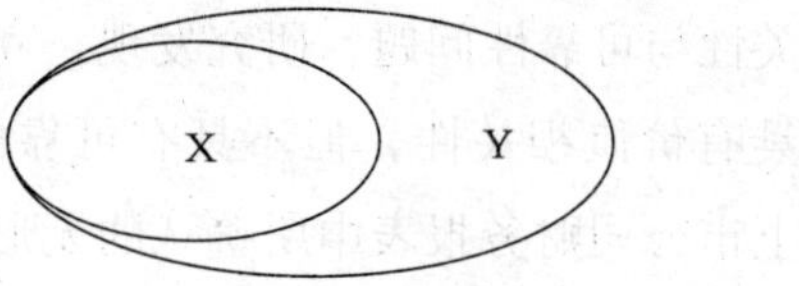

图 2-2

增量信息含量的重要应用就是表内披露与表外披露。准则制定机构在考虑表内披露某些信息 X 的基础上，需要考虑是否以报表附注的形式在表外披露某些信息 Y，如果信息 Y 具有增量信息含量，则可以考虑披露；否则不予披露。对于企业的信息披露来说，则有自愿披露与强制披露之分。是否需要自愿披露信息 Y，就要看自愿披露的信息Y是否具有增量信息含量。对于投资者来说，如果信息 Y 具有增量信息含量，则意味着决策时不能忽略信息 Y 的作用。

对比信息含量（relative information content），也就是信息含量的高低对比问题，或者说是信息的相对优势问题。该问题研究一种或一类会计信息是否比另一种或另一类会计信息更具有价值相关性，能为准则制定机构或企业的信息披露决策提供必要的理论指导，便于从多种披露方式、指标中选择一种具有最高信息含量的披露方式、指标，也可为投资者选择最具有价值相关性的指标提供理论依据[58]。如图 2-1 所示，如果信息 X 与信息 Y 不能同时提供，则需要考虑哪种信息能够提供更多的信息含量，据以作为抉择的依据。假如对于资产的计价只能从历史成本模式与公允价值模式中作出选择的话，就必须考虑哪种计量模式下的信息更具信息含量，这就是信息含量的高低对比问题。而如果在给定历史成本计量模式下，考虑是否需要追加披露公允价值计量模式下的信息，则是增量信息含量的比较问题。

从方法上看，增量信息含量的研究，一般采用回归分析方法，观测所要研究的会计信息的代理变量的回归系数是否显著异于零。若显著异于零，则具有增量信息，否则则没有。在实证检验中，由于相对信息含量的研究意味着要从两个或多个指标中选择一个价值相关性最高的指标，因而可以将所要比较的指标作为解释变量，以股票的价格或股票的回报作为被解释变量，建立多个回归模型，利用 Vuong 检验[59]，残差显著最小的模型为最佳模型，相应地，最佳模型中的解释变量为价值相关性最大的指标。

从实际应用来看，增量信息含量、对比信息含量问题的研究，这类问题主要针对某种关联的指标之间的比较，最为典型的问题是比较盈余与经营性现金流的信息含量的比较问题，例如，Ashiq Ali（1995）[60]研究了盈余（扣除非常项目前的净收益）、资金流量（盈余加上不影响营运资本的盈余调整项目如利得或损失、折旧、摊销等）、经营性现金流（资金流量减去无现金流的流动资产变动加上流动负债变动额）的增量信息含量，研究结果表明，三者之间互有增量信息含量。Haw et al.（2001）[61]以我国1995—1998年数据为样本，采用收益率模型，通过比较收益模型的R^2大小检验了现金流量的价值相关性，研究检验发现由于存在应计利润，会计盈余相对于现金流量具有增量的价值相关性，而现金流量相对于会计盈余不具有增量的价值相关性，会计盈余对股票收益的解释力强于现金流量，因而会计盈余信息具有更好的持续性和预测能力。J. Francis（2003）[62]关于盈余指标（earnings）与非盈余指标的信息增量问题的研究，其中非盈余指标包括经营性现金流（cash flows from operations，CFO）以及息税折摊前盈余（EBITDA）即盈余指标加上利息、税收、折旧、摊销费所形成的指标，研究结果表明三者之间互有增量信息含量，并且盈余的信息含量优于另外两种；Zahran M. A. Daraghma（2010）[63]则发现，巴勒斯坦的上市公司的经营性现金流（CFO）没有增量信息含量，而盈余EPS则具有增量信息含量，EPS具有比CFO更多的信息含量；K. Elouafa（2012）[64]设立线性与非线性模型，探讨经营性现金流、营运资金（funds from operations）以及盈余的信息含量问题。基于线性模型，其研究发现经营性现金流、营运资金流具有增量信息含量；基于非线性模型，其研究发现，只有在收益极端变异的情形下，这两者才具有增量信息含量，EPS则在收益率适中变异的情形下，具有增量信息含量。Nimer Slehat et al.（2013）[65]探讨财务业绩度量指标与非财务业绩度量指标的增量信息含量问题，研究结果发现非财务业绩度量指标具有增量信息含量，而且还更具信息含量。Leila Asgarial.（2013）[66]盈余与经营性现金流具有相互增量信息含量。Hadri

Kusuma（2014）[67] 发现会计盈余与现金流量具有相互的增量信息含量。

陈信元等（2002）[68] 运用价格模型研究了剩余收益、收益、净资产对股价的解释能力，实证结果显示：无论是进行单变量检验，还是将收益与净资产放在一起进行检验，收益和净资产均具有显著的正的价值相关性，并且结果显示会计收益与净资产之间具有增量的价值相关性，收益的增量价值相关性（R^2差额）为 0.1859（0.3411−0.1552），净资产的增量价值相关性（R^2差额）为 0.001（0.3411−0.3401）。上述分析表明，相比净资产而言，会计收益提供了更多增量解释能力。

陆静等（2002）[69] 为了比较会计盈余和现金流量对股票价格的解释力度，采用扩展的 Ohlson 模型设置了多个回归模型，根据回归模型的 R^2定义了三种拟合优度的增加值，以代表某种会计数据对股价解释力度的增加能力，研究结果每股收益具有增量信息含量，而每股自由现金流量则不具有增量信息含量，每股收益比现金流量更能解释股价。

赵春光（2004）[70] 为了研究现金流量与会计盈余价值相关性的高低，通过 Vuong 检验和 Wald 检验来判断，其中运用 Vuong 检验来判断两个收益率模型的拟合系数 R^2的差异是否具有显著性，运用 Wald 检验来判断回归系数 $\beta_1+\beta_2$之间的差异是否具有显著性。如果 Vuong 检验显著，则说明两种会计信息之间具有不同的价值相关性；如果 Wald 检验显著，则结论相同。实证结果显示，净利润具有增量价值相关性，现金流量不具有增量价值相关性；无论从 Vuong 检验还是从 Wald 检验来看，净利润的价值相关性最高，而现金流量的价值相关性显著低于净利润的价值相关性，也低于营业利润的价值相关性。

赵振全等（2007）[71] 利用价格模型检验了会计信息价值相关性的变化，用股票价格对以每股净资产和每股收益为代表的会计信息回归来确定每年的会计信息价值相关性，结果显示 β_1和 β_2在各年度均显著大于零，表明在以股票价格和会计变量回归来衡量会计信息价值相关性的背景下，我国上市公司每股收益和每股净资产均具有正的价值相关性，这表明会计收益和净资产越高，市场定价也越高，且 β_2在各年度均明显大于 β_1，说明每股收益的价值相关性要高于每股净资产的价值相关性，即与净资产相比，会计收益能够为价格提供更多的解释能力。

唐国琼（2008）[72] 运用了价格模型，考察亏损公司的价值相关性，研究显示：亏损公司样本使用简单 Olson 模型的 Adj.R^2 比简单盈余资本化模型的 Adj.R^2 要大，说明了亏损公司账面净资产具有价值相关性，同时也说明了账面净资产具有对亏损公司股价解释的增加能力方面的作用，即增量价值相关性。

王治等（2013）[73] 根据价格模型，从两个方面考察了公允价值信息是否具有增量信息含量，即在历史成本基础上加入公允价值信息后，变量本身的回归系数是否显著，以及模型的拟合优度是否有显著提高。在研究散户为投资主体的上市公司公允价值具有增量信息含量时，当价格模型加入公允价值信息变量后，模型的拟合优度从 0.473 提高到 0.482，Vuong 检验值为 1.423（p-值为 0.153），这表明以散户为主的上市公司，其公允价值缺乏增量信息含量。

关于会计信息含量的比较研究的一个重要研究主题是，探讨报表中综合性指标（aggregated accounting data）与分解后指标（disaggregated accounting data）的信息含量的比较问题，例如，J. A. Ohlson et al.（1993）[74] 研究资产负债表分类数据的价值相关性，他们认为，分解后的指标并没有增加会计信息的价值相关性。Y.K. Chia，R. Czernkowski（1999）[75] 研究综合性的盈余指标与分解后的盈余指标的价值相关性的差异问题，他们的研究认为分解后的指标更具有价值相关性。其他的研究如 N. Garrod et al.（2000）[76]、P. Alam et al.（2006）[77]、M.H. Kadri et al.（2010）[78]、N. Arthur et al.（2010）[79]、P. Wang（2012）[80]、Mohsen Hosein et al.（2014）[81] 等的研究。国内这方面的研究如邓传洲（2005）[82]、韩晓明（2011）[83] 等的研究。

2.4 会计信息价值相关性的差异性评价：演变趋势与影响因素

会计信息含量的差异不仅体现在不同信息之间，还体现在同一信息在不同时期、不同个体之间的差异。在 2.3 中，我们针对不同信息之间的评价，主要包括增量信息含量与对比信息含量。这一节，我们来探讨同一信息在不同时间的差异性评价也就是要探讨会计信息的演变趋势问题，以及同一会计信息在不同个体之间的信息含量差异。

2.4.1 关于会计信息价值相关性的变化趋势研究

随时间推移，会计准则的质量得以改善，资本市场监管的法律、法规陆续出台，使得市场效率得以提高，会计信息的价值相关性理应随之提高，但是否真的如此，这是一个值得研究的问题。不少学者基于时间序列数据大多采用回归模型的R^2研究会计信息价值相关性的变迁问题。

Collins et al.（1997）[84] 根据 1953—1993 年美国资本市场数据，采用价格模型把整个回归方程的R^2分解为三个部分，分别衡量每股收益、每股净资产以及二者联合的价值相关性，研究发现，虽然每股收益的价值相关性有所下降，但二者联合的价值相关性不但没有下降反而上升，每股净资产价值相关性的上升弥补了每股收益价值相关性的下降。从结果上看，收益表信息的价值相关性虽然降低了，但在引入了资产负债表信息之后，全部会计信息的价值相关性不但没有下降，反而上升了。Francis 和 Schipper（1999）[85]、Dontoh et al.（2004）[86] 也通过比较定价模型的R^2发现会计信息价值相关性呈下降的趋势。

YU S et al.（2010）[87] 选取了R^2呈下降趋势的样本，通过对 Ohlson 模型进行改进，以股票基本价值替换股价进行回归，发现会计信息对股票基本价值的解释力并没有下降，并认为这一结果可能与市场并非完全有效且存在噪音有关。

Devalle et al.（2010）[88] 研究欧盟在采用国际会计准则后价值相关性的变化，根据不同国家样本回归模型R^2的大小变化，发现德国、意大利、西班牙的价值相关性下降，英法的价值相关性上升。

刘峰等（2004）[89] 研究了 1995—2002 年财务报表的价值相关性，采用收益模型、市值与净资产负债的回归模型以及剩余收益定价三个模型来研究损益表的相关性、资产负债表的相关性以及两者联合相关性，通过比较回归的 Adj.R^2 以及变量的回归系数，其研究结果表明，无论 Adj.R^2 还是变量的回归系数，前后年度变化较大且没有规律。由此可见，没有证据表明会计准则的变化会带来会计信息质量的提高，也没有证据表明在会计准则与会计信息质量之间存在相对较稳定且直接的关系。与此结论相类似，张景奇等（2006）[90]、漆江娜等（2009）[91]运用回归模型的 R^2 作为价值相关性的度量指标，其实证结果也表明，我国会计信息的价值相关性并没有呈现规律性的变化，我国资本市场会计信息的价值相关性并没有伴随准则质量的不断提高而提高。

除了 R^2 大小的比较方法外，少数学者采用模型的回归系数大小来衡量价值相关性的高低，如赵春光（2003）[92]以1995—2001年会计数据为样本，采用Ohlson模型和Return模型研究我国会计信息价值相关性，在两个模型中都采用了 R^2 和回归系数 β 度量价值相关性。其中，Ohlson模型中把总体的价值相关性 R^2 分解为三个部分，每股收益、每股净资产和二者联合的价值相关性，用回归系数 β_1、β_2 分别表示每股收益、每股净资产的价值相关性；在Return模型中，用 β_1、β_2 分别表示当期盈余和盈余变化的价值相关性，把总体的价值相关性 R^2 分解为当期盈余的价值相关性 R^2、盈余变化的价值相关性 R^2 和二者联合的价值相关性 R^2，也采用系数 β_1、β_2 和 $\beta_1+\beta_2$ 来分别衡量当期盈余、盈余变化的价值相关性和会计盈余信息总的价值相关性，研究结果表明我国会计信息价值相关性经历了先上升后下降的变化过程，并从投资者信念变化的角度对此进行了合理解释。

王小力（2012）[93]使用2001—2010年A股上市公司数据，以剩余收益模型为基础对会计盈余和净资产的价值相关性进行了实证检验，通过进一步计算准则实施后不同会计信息的偏相关系数，在进行准则实施前后回归比较时，为了增强结果的可靠性，同时观察准则实施前后的 R^2 和自变量系数是否显著变化，最终得到一致结论，即新会计准则实施后盈余信息和净资产信息的价值相关性均得到提高，但相关性提高的主要贡献来自于盈余信息，净资产信息的贡献度相对较小。

此外，Lev和Zarowin（1999）[94]通过考察收益率模型回归结果的 R^2 和ERC的大小，发现会计信息价值相关性逐年呈下降的趋势。朱凯等（2009）[95]以Kothari和Sloan（1992）的方法为基础，分别采用分年度回归以及引入虚拟变量的方法，比较新会计准则执行前后（2005年和2007年）的盈余反应系数差异，研究结果表明了采用新会计准则改革没有显著提高盈余信息的价值相关性。

2.4.2 会计信息价值相关性的影响因素研究

有关会计信息价值相关性的影响因素研究，从价值相关性的评价方法上看，不少学者以盈余反应系数进行研究，如 Collins 和 Kothari (1989)[96] 发现盈余反应系数 ERC 与盈余持续性、无风险利率、系统性风险等因素有关。Kothari（2001）[97] 认为盈余持续性与 ERC 存在自相关性。王化成等（2006）[98] 发现上市公司的控股股东持股比例越高，ERC 越低。Lennox 和 Park（2006）[99] 考察了管理者发布盈余预告与投资者对盈余信息的反应。董望等（2011）[100] 发现内部控制质量对盈余反应有正向影响，内部控制质量越高，ERC 越大。Chen et al.[101] 以中国上市公司 1991—1998 年的会计数据为样本，运用收益模型研究发现小公司的价值相关性显著高于大公司，他们认为小公司交易的更加充分，从而导致其会计信息的价值相关性（盈余反应系数）大于大公司。于忠泊等（2012）[102] 则研究了媒体关注、制度环境对盈余反应系数的影响，结果发现媒体关注在短期内能提高盈余反应系数，但会降低市场对盈余的长期反应；在制度环境较差的地区，媒体关注对盈余反应系数的影响更显著。张国清（2013）[103] 通过盈余时间序列模型得到盈余持续性与 ERC 之间的正向关系。

也有不少学者采用价格模型或收益模型，以回归模型的 R^2 的大小来度量价值相关性的高低，如袁淳等（2005）[104] 为研究会计信息质量对会计盈余价值相关性的影响，以简单盈余资本化模型按照考评结果进行分组回归，比较信息透明度不同的多组样本，其回归模型的 R^2 大小，研究结果可以发现，信息披露考评结果对会计盈余的价值相关性有着明显的影响。信息披露考评结果为优秀、良好、及格和不及格的各组调整后 R^2 分别为 0.284、0.133、0.079 和 0.028，表明信息披露质量对会计盈余的价值相关性有着正面影响，即会计信息质量越高，会计盈余价值相关性越强。从各组回归系数也可看出，信息披露质量越高，系数也越大，说明股票价格对每股利润的变动越敏感。

孟焰等（2005）[105] 为了研究亏损和盈利公司的价值相关性，使用简单盈余资本化模型作为基本回归模型，将盈利公司和亏损公司分为两组，分别考察两组样本中每股收益和股票价格之间的关系，发现盈利公司样本的回归β值和 Adj.R^2 要高于亏损公司，反映出盈利公司价值相关性强于亏损公司。

海洋等（2010）[106] 将价格模型回归得到的 R^2 作为会计信息价值相关性的衡量指标，将其作为因变量与股权制衡度等自变量进行回归，研究发现：增加股东数量、提高股权制衡度会增加对会计信息价值相关性的需求；国有企业对会计信息价值相关性的需求高于非国有企业；"四委"设立健全的公司对会计信息价值相关性的需求高于"四委"设立不健全的公司；增大股权集中度，董事和监事更勤勉会减少对会计信息价值相关性的需求。

王治等（2013）[73] 运用改进的 Ohlson 模型分别对信息不对称程度不同的两组样本进行回归分析，样本 1 的 R^2 为 0.549，样本 2 的 R^2 为 0.405，表明样本 1 和样本 2 的拟合优度较高，同时样本 1 与样本 2 的 Vuong 检验结果为 5.157，并在 1%的水平上显著，表明以散户为主要投资者的上市公司其会计信息价值相关性显著高于以机构投资者为主的上市公司。

Aleksanyan（2006，2008）[107~108] 通过设置虚拟变量与账面价值变量交乘项与市价指标进行回归，通过考察不同样本模型的 R^2 发现市值小于账面价值的公司，信息环境复杂程度与价值相关性无显著关系，但市值大于账面价值的公司，信息环境复杂程度却与价值相关性负相关。

除了采用 R^2 比较方法外，学者们还通过回归模型的系数来评价会计信息价值相关性水平，如 Tony 和 Yang（2005）[109] 在比较回归模型的 R^2 的基础上，进一步通过设置虚拟变量与会计盈余的交乘项，根据回归结果得到的交乘项系数的显著性来考察经济发展程度对会计信息价值相关性的影响，研究结果表明发达国家的会计信息价值相关性高于新兴国家。

蔡传里等（2009）[110] 为了研究信息透明度对信息价值相关性的影响，采用简化的 O-F 模型按信息透明度等级进行分组回归，用每股收益表示会计盈余变量，考察不同等级下信息价值相关性是否存在差异。其中运用了两种方法：(1) 求出不同信息透明度等级公司的回归拟合优度 R^2，比较不同等级公司的回归拟合优度 R^2。(2) 引入信息透明度的虚拟变量 Dit，如果某公司的信息透明度较高，则 Dit=1；如果某公司的信息透明度较低，则 Dit=0。通过比较回归模型系数的显著性来考察会计信息价值相关性的高低。研究发现，信息透明度高的公司，会计信息价值相关性更高，具有更高的收益、更多的净资产和更高的股票价格。

黄友等 (2008) [111]、唐国琼 (2008) [72] 为了检验会计盈余、账面净资产在亏损公司和盈利公司的价值相关性，将股票价格作为因变量，将每股盈余和每股净资产定为自变量，应用扩展的 O-F 模型，建立回归方程。研究发现：盈利公司会计盈余回归系数明显大于亏损公司会计盈余回归系数，而亏损公司每股净资产回归系数明显大于盈利公司每股净资产回归系数，这正表明了盈利公司的会计盈余价值相关性高于亏损公司会计盈余价值相关性，同时亏损公司账面净资产的价值相关性高于盈利公司账面净资产的价值相关性。

王菊仙 (2009) [112] 研究了盈余质量与会计信息价值相关性的影响，对全样本的非正常应计利润取绝对值，然后以中位数为标准划分出盈余质量好与盈余质量差的样本，分别赋予 D=1 或 0，分组后对样本进行基本收益模型分析和加入盈余质量虚拟变量后的收益模型分析，β_1 和 β_2 表示的是盈余质量差的公司的盈余水平和盈余变化变量的回归系数，$\beta_1+\beta_3$ 和 $\beta_2+\beta_4$ 表示的是盈余质量好的公司盈余水平和盈余变化变量的回归系数；$\beta_3+\beta_4$ 表示的是盈余质量好的公司与盈余质量差的公司整体上盈余反应系数的差别。研究发现：$\beta_3+\beta_4$ 为 0.858，在 5%的水平上显著为正，说明盈余质量好的公司 ERC 值比盈余质量差的公司 ERC 值大，投资者更依赖于盈余质量好的公司的会计盈余信息。β_2 和 $\beta_2+\beta_4$ 并不显著，而 β_1 和 $\beta_1+\beta_3$ 在 1%的水平上显著为正，且 $\beta_1+\beta_3$ 为 2.727，大于 β_1=1.768，这说明了盈余水平对股票收益的解释能力要强于盈余变化对股票收益的解释能力，且盈余质量好的公司盈余水平的解释能力要高于盈余质量差的公司盈余水平的解释能力。

欧阳爱平等（2013）[113] 以2004—2009年上市公司数据为样本，检验中国各地区市场化进程对上市公司会计信息价值相关性的影响，采用修正的奥尔森模型并在此基础上，加入市场化程度变量及其与会计盈余、净资产的交互项对模型进行回归，以研究市场化程度与会计信息价值相关性的关系。研究结果显示：市场化程度变量与会计盈余的交乘项在0.1%水平上显著为正，市场化程度变量与净资产的交乘项在0.1%的显著性水平下同样也显著为正，这说明了市场化程度越高，每股收益和每股净资产对股价的解释能力越强，即会计信息价值相关性越高。

唐国平等（2013）[114] 运用价格模型，考察了会计职业判断允当性、会计准则与会计信息价值相关性的关系，研究结果显示：盈余反应系数 β_2 为8.231，在1%的水平上显著，说明会计盈余具有价值相关性，会计职业判断允当性的系数 β_3 为−0.310，在10%的水平上显著，这说明了会计职业判断越允当，市场定价就越高，说明会计职业判断的允当性提高了股票价格。另外，会计职业判断允当性与每股收益交乘项的系数 β_5 为−0.839，在1%的水平上显著，说明允当性越高的企业，盈余反应能力就越强，即会计职业判断的允当性提高了会计盈余的市场反应能力。

叶康涛等（2014）[115] 探讨了企业战略差异度对会计信息价值相关性的影响，采用水平模型，以公司权益市值为因变量，与净资产BVE、净利润NI、战略差异度与净资产的交乘项DS·BVE，战略差异度与净利润交乘项NI·DS以及控制变量进行回归，研究结果发现BVE和NI都与企业价值显著正相关，另外还发现战略差异度高的公司，其市场价值也更高，并且BVE·DS的系数显著为正，NI·DS的系数显著为负，这说明战略差异度越大的企业，其所有者权益的价值相关性更强，而净利润的价值相关性更弱。战略差异大的企业具有更高的经营风险，具有较差的盈余持续性和较高的融资成本，因此净利润的价值相关性较弱，而所有者权益的价值相关性相对较强，即企业战略越偏离行业常规战略时，所有者权益的价值相关性就越高，而净利润的价值相关性越低。

王茂林等（2015）[116] 选用2008—2010年A股上市公司数据，分析股权结构对会计信息质量的影响。为了反映股票收益率与会计信息质量的相关性，首先建立回归模型，利用普通最小二乘法回归，并在此基础上引入国有股、股权集中度、股权制衡等相关指标进行回归，实证结果可以看出，会计盈余与股票收益率之间存在显著的正相关关系，从股权结构特征来看 EPS 与 State 的交互项显著负相关，说明了国有股显著降低了会计盈余的价值相关性；从股权集中度的角度来看，第一大股东持股比例与盈余的交互项显著为负，这说明第一大股东持股比例越高，会计盈余的价值相关性越低；从股权制衡的角度来看，股权制衡度越高，表明企业中制衡能力越强，会计盈余与股票价格的相关性更强。总体来说，结果表明国有法人股持股比例越高、会计信息价值相关性越低；股权集中度越高，会计盈余的价值相关性越低；股权制衡度越高，会计信息的价值相关性越高。

综上所述，有关会计信息价值相关性的影响因素研究，从因素划分来看可以区分为会计信息内在因素和外在因素，内在因素如盈余持续性、盈余质量等，外在因素如股权结构、市场化程度、制度环境等。从价值相关性的评价方法上看，这类研究主要运用了三种评价方法：一是盈余反应系数 ERC 的比较；二是 R^2 大小比较；三是回归系数的显著性及大小比较。

2.5 本章小结

本章主要针对会计信息价值相关性的评价理论作一简要的综述。从研究内容上看，已获得丰富的研究成果，对于理解会计信息在资本市场中的作用，无疑起到非常大的作用，比如，关于影响因素的研究，研究发现，高杠杆的公司的 ERC 较低，这一发现将支持扩大披露金融工具的性质和数量，包括那些表外项目[45]。

从评价的手段上看，其数量并不多。作为会计信息价值相关性的度量指标，主要包括超额收益、ERC、回归模型的 R^2 以及自变量的回归系数等。如果作为评价相关性的这些指标存在缺陷的话，将影响到会计信息价值相关性理论的可信性。

大部分研究主要通过比较回归模型的拟合优度 R^2 来判断会计信息价值相关性的高低，但由于 R^2 容易受到规模等因素的影响，跨样本下的 R^2 比较可能不具可比性，因而可靠性容易受到质疑（Gu，2007）[117]。现今大部分学者在研究价值相关性时，会同时采用多种方法进行考察，如同时比较 R^2 和回归系数的显著性大小，然而两种方法下的研究结果并不完全一致，对于哪个方法更具有可靠性，已有研究并没有进一步探讨。

或许最为可能的情况是，价值相关性的各评价方法各自都存在适用性和局限性，目前文献也很少涉及，因而当前对于研究会计信息价值相关性的评价理论的研究，首要的任务是应重新审视当前的评价方法，只有基于适当的评价方法，相应的价值相关性理论才有意义。

第 3 章　线性回归的 R^2：性质与谬误

3.1　线性回归模型概述

3.1.1　模型及其假设条件

多元线性回归模型：

$$Y = \beta_0 + \beta_1 X_1 + \cdots + \beta_m X_m + u,\ u \sim N(0, \sigma^2) \tag{3.1}$$

对于总体 $(X_1, X_2, \cdots, X_m; Y)$ 的 1 次独立观测得到 n 个样本：

$$\mathfrak{M} = \{(X_{1t}, X_{2t}, \cdots, X_{mt}; Y_t) | t = 1, 2, \cdots, n\} \tag{3.2}$$

将观测值（3.2）代入回归模型（3.1）有：

$$Y_t = \beta_0 + \beta_1 X_{1t} + \cdots + \beta_m X_{mt} + u_t,\ u_t \sim N(0, \sigma^2) \tag{3.3}$$

其中，$t = 1, 2, \cdots, n$，式（3.3）写成矩阵表达式为：

$$Y = X\beta + U \tag{3.4}$$

其中：

$$Y=\begin{pmatrix}Y_1\\ \vdots\\ Y_m\end{pmatrix},\quad X=\begin{pmatrix}1 & X_{11} & X_{21} & \cdots & X_{m1}\\ 1 & X_{12} & X_{22} & \cdots & X_{m2}\\ & \vdots & \vdots & \vdots & \\ 1 & X_{1n} & X_{2n} & \cdots & X_{mn}\end{pmatrix},\quad \beta=\begin{pmatrix}\beta_1\\ \vdots\\ \beta_m\end{pmatrix},\quad U=\begin{pmatrix}u_1\\ \vdots\\ u_m\end{pmatrix}$$

多元线性回归模型的基本假定如下：

（1）零均值假设，随机误差项的期望值为0，即$E(u_t)=0$，$t=1, 2, \cdots, n$。

（2）同方差假设，对于解释变量$X_1, X_2, \cdots, X_m$的所有观测值，随机误差项具有相同的方差，即：

$$Var(u_t)=\sigma^2,\quad t=1, 2, \cdots, n$$

于是，Y_t的方差也都相同，都等于σ^2，即$Var(Y_t)=\sigma^2$，$t=1, 2, \cdots, n$。

（3）随机误差项彼此之间不相关，即：

$$Cov(u_s, u_t)=0,\quad t\neq s,\quad s, t=1, 2, \cdots, n$$

（4）解释变量是一般变量，不是随机变量，与随机误差项之间彼此不相关，即：

$$Cov(X_{st}, u_t)=0,\quad s=1, 2, \cdots, n,\quad t=1, 2, \cdots, n$$

（5）解释变量$X_1, X_2, \cdots, X_m$之间不存在精确的（完全的）线性关系，即解释变量的样本观测值矩阵X是满秩矩阵，满足如下关系：

$$rank(X)=m+1<n$$

（6）随机误差项服从正态分布，即：

$$u_t \sim N(0, \sigma^2),\quad t=1, 2, \cdots, n$$

于是，被解释变量也服从正态分布，即：

$$Y_t \sim N(\beta_0+\beta_1 X_{1t}+\cdots+\beta_m X_{mt}, \sigma^2),\quad t=1, 2, \cdots, n$$

3.1.2 未知参数的估计

按最小二乘法，从$\min_{\beta_0, \beta_1, \cdots, \beta_m}\sum_{t=1}^{n}(Y_i-\beta_0-\beta_1 X_{1t}-\cdots-\beta_m X_{mt})^2$中计算出样本统计量$\hat{\beta}_0, \hat{\beta}_1, \cdots, \hat{\beta}_m$作为未知参数$\beta_0, \beta_1, \cdots, \beta_m$的无偏估计值。依极值的必要条件，$\hat{\beta}_0, \hat{\beta}_1, \cdots, \hat{\beta}_m$应满足如下条件：

$$\frac{\partial}{\partial\hat{\beta}_k}\sum_{t=1}^{n}(Y_t-\hat{\beta}_0-\hat{\beta}_1 X_{1t}-\cdots-\hat{\beta}_m X_{mt})^2=0,\quad k=0, 1, \cdots, m$$

即$\hat{\beta}_0, \hat{\beta}_1, \cdots, \hat{\beta}_m$应满足正规方程组：

$$\begin{cases}\sum_{t=1}^{n}(Y_t-\hat{\beta}_0-\hat{\beta}_1X_{1t}-\cdots-\hat{\beta}_mX_{mt})=0\\ \sum_{t=1}^{n}(Y_t-\hat{\beta}_0-\hat{\beta}_1X_{1t}-\cdots-\hat{\beta}_mX_{mt})X_{1t}=0\\ \vdots\quad\vdots\quad\vdots\quad\vdots\\ \sum_{t=1}^{n}(Y_t-\hat{\beta}_0-\hat{\beta}_1X_{1t}-\cdots-\hat{\beta}_mX_{mt})X_{mt}=0\end{cases} \tag{3.5}$$

在不存在多重共线性的假设下，由式（3.5）可得未知参数 $\beta_0,\beta_1,\cdots,\beta_m$ 的最小二乘法估计为：

$$\hat{\beta}=(X'X)^{-1}X'Y \tag{3.6}$$

其中，$\hat{\beta}=(\hat{\beta}_0,\hat{\beta}_1,\cdots,\hat{\beta}_m)'$。进一步地，

$$E(\hat{\beta})=\beta，\ Var(\hat{\beta})=\sigma^2(X'X)^{-1} \tag{3.7}$$

则 Y_i 的样本拟合值 $\hat{Y}_i$ 为：

$$\hat{Y}_i=\hat{\beta}_0+\hat{\beta}_1X_{1i}+\cdots+\hat{\beta}_mX_{mi} \tag{3.8}$$

记残差 $e_t=Y_t-\hat{Y}_t$，$X_{0t}\equiv 1$，$t=1, 2, \cdots, n$，则正规方程组（3.5）等价于：

$$\sum_{t=1}^{n}e_tX_{kt}=0，\ k=0, 1, \cdots, m \tag{3.9}$$

对于回归模型中的随机误差项的方差 σ^2 的无偏估计为：

$$\hat{\sigma}^2=\sum_{t=1}^{n}e_t^2/(n-m-1) \tag{3.10}$$

记 $C=(X'X)^{-1}=(C_{ij})$，则未知参数 $\beta_0,\beta_1,\cdots,\beta_m$ 估计值 $\hat{\beta}_0,\hat{\beta}_1,\cdots,\hat{\beta}_m$ 的 t-值为：

$$t(\hat{\beta}_k)=\frac{\hat{\beta}_k}{C_{k+1,k+1}\hat{\sigma}}，\ k=0, 1, \cdots, m \tag{3.11}$$

3.1.3 拟合优度 R^2 与 R^2 评价方法

记 $\bar{Y}=\frac{1}{n}\sum_{i=1}^{n}Y_i$，$\bar{\hat{Y}}=\frac{1}{n}\sum_{i=1}^{n}\hat{Y}_i$，$TSS=\sum_{i=1}^{n}(Y_i-\bar{Y})^2$（总离差平方和），则：

$$\bar{Y}=\bar{\hat{Y}} \tag{3.12}$$

又记 $RSS=\sum_{i=1}^{n}(\hat{Y}_i-\bar{Y})^2$（回归平方和），$ESS=\sum_{i=1}^{n}(Y_i-\hat{Y}_i)^2$（残差平方和），则 $TSS=RSS+ESS$。我们所熟知的 R^2 为：

$$R^2=RSS/TSS \tag{3.13}$$

R^2 的重要意义在于被认为可作为评价模型的解释能力，R^2 越大，模型的解释能力也越大，简称 R^2 评价方法，例如，J. M. 伍德里奇

（2003）在其名著《计量经济学导论：现代观点》（pp.37-38，例 2.8、例 2.9）中提到[118]，被解释变量的变动由模型中的自变量所解释的部分为 R^2，剩下的 $1-R^2$ 部分由模型外的其他变量所解释。又如，靳云汇等（2007）在其《高等计量经济学》（p.91）中指出[119]："一般 R^2 在（0，1）内，如 $R^2=0.95$，表明解释变差占总变差 95%，也表明 X 的线性关系（Xb）对 Y 的解释能力达到 95%。" Peter Kennedy（2008）认为[120]，R^2 是指被解释变量 Y 中的变异性能被解释变量中的变异性所解释的比例。与此类似，张晓峒（2007）在《计量经济学基础》（p.63）中也认为[121]，R^2 是指"被解释变量 Y 中的变异性能被估计的多元回归方程解释的比例"。

由于 R^2 是解释变量个数的增函数，增加解释变量可增加 R^2 但实际并没有增加对模型解释能力，为消除这种影响，修正 R^2 是一个自然的解决办法，即将 R^2 修正为：

$$\bar{R}^2 = 1 - \frac{ESS/(n-m-1)}{TSS/(n-1)} = 1-(1-R^2)\frac{n-1}{n-m-1} \tag{3.14}$$

称式（3.14）中的 $\bar{R}^2$ 为调整 R^2。

鉴于 R^2 被认为可用于评价模型或变量的解释能力，在各类研究中有重要的应用。例如，在会计理论研究领域，回归模型的 R^2 通常被作为会计信息价值相关性的度量（或信息含量）指标，探讨会计信息的价值相关性是否随时间变化而变化的问题。R^2 越大，则表明会计信息价值（或信息含量）相关性越强；反之则越弱。

然而 R^2 评价方法是有缺陷的，例如 Gu（2007）认为[117] R^2 与样本的变异性有关，它只是对特定样本衡量经济模型解释力的方法，即使两个样本的经济基础相同，不同的 R^2 也可能出现，因而很难界定导致不同 R^2 的原因究竟是经济关系的改变引起的还是因样本的差异引起的。张晓峒（2007）也指出[121]，"在实际应用时，一般地说，R^2 或 $\bar{R}^2$ 越大，模型拟合的越好。但是 R^2 或 $\bar{R}^2$ 大到什么程度才算拟合得好，并没有一个绝对的数量标准。另外，R^2 或 $\bar{R}^2$ 仅仅说明了在给定样本条件下，估计的回归方程对于样本观测值的拟合优度，拟合优度并不是评价模型优劣的惟一标准"（p.65）。

对于R^2评价方法的质疑无疑是正确的，但由于缺乏有力的证据，而受到忽视。本章将提供证据证明，即使针对特定样本，R^2也不能作为衡量模型解释力的评价方法。

3.2 R^2的样本依赖性

3.2.1 λ-样本类$\mathfrak{M}^{(\lambda)}$

定义 3.1 设$\bar{\beta}_0,\bar{\beta}_1,\bar{\beta}_2,\cdots,\bar{\beta}_k$为常数，$\lambda>0$，记满足下列的式（3.15）、（3.16）、（3.17）观测值$(X_{1t}^{(\lambda)},X_{2t}^{(\lambda)},\cdots X_{mt}^{(\lambda)};Y_t^{(\lambda)})$的全体为$\mathfrak{M}^{(\lambda)}$，称$\mathfrak{M}^{(\lambda)}$为λ-样本类。

$$Y_t^{(\lambda)}=\bar{\beta}_0+\sum\nolimits_{k=1}^{m}\bar{\beta}_k X_{kt}^{(\lambda)}+\varepsilon_t,\ t=1,2,\cdots,n \tag{3.15}$$

$$X_{kt}^{(\lambda)}=\lambda X_{kt}^{(1)},\quad \forall\lambda>0,\quad k=1,2,\cdots,m \tag{3.16}$$

$$(X^{(\lambda)})'\varepsilon=0,\quad \forall\lambda>0 \tag{3.17}$$

其中，

$$\varepsilon=\begin{pmatrix}\varepsilon_1\\ \vdots\\ \varepsilon_n\end{pmatrix},\quad X^{(\lambda)}=\begin{pmatrix}1 & X_{11}^{(\lambda)} & X_{21}^{(\lambda)} & \cdots & X_{m1}^{(\lambda)}\\ 1 & X_{12}^{(\lambda)} & X_{22}^{(\lambda)} & \cdots & X_{m2}^{(\lambda)}\\ & \vdots & \vdots & \vdots & \\ 1 & X_{1n}^{(\lambda)} & X_{2n}^{(\lambda)} & \cdots & X_{mn}^{(\lambda)}\end{pmatrix}=(e,\alpha_1^{(\lambda)},\cdots,\alpha_m^{(\lambda)}) \tag{3.18}$$

值得指出的是，至少存在$\varepsilon=(\varepsilon_1,\cdots,\varepsilon_n)'$使得条件（3.17）成立。这是因为，$(X^{(1)})'$是$(m+1)\times n$矩阵，只要$n>m+1$，$(X^{(1)})'\varepsilon=0$一定有非零解。由式（3.16），$X_{kt}^{(\lambda)}=\lambda X_{kt}^{(1)}$知，满足$(X^{(1)})'\varepsilon=0$的$\varepsilon$一定满足$(X^{(\lambda)})'\varepsilon=0$。

相应地，运用$\mathfrak{M}^{(\lambda)}$对模型（3.1）或（3.4）进行回归，系数估值、方差、ESS、RSS、R^2及变量的系数的t-值不同分别记为$\hat{\beta}^{(\lambda)}$、$\hat{\sigma}_{(\lambda)}^2$、$RSS^{(\lambda)}$、$ESS^{(\lambda)}$、$R_{(\lambda)}^2$、$t^{(\lambda)}(\hat{\beta}_k)$。

记

$$Y^{(\lambda)}=(Y_1^{(\lambda)},\cdots,Y_n^{(\lambda)})',\quad \bar{\beta}=(\bar{\beta}_1,\cdots,\bar{\beta}_m)' \tag{3.19}$$

对于$\forall\lambda>0$，β、σ^2的估计值为

$$\hat{\beta}^{(\lambda)}=((X^{(\lambda)})'X^{(\lambda)})^{-1}(X^{(\lambda)})'Y^{(\lambda)}=((X^{(\lambda)})'X^{(\lambda)})^{-1}(X^{(\lambda)})'(X^{(\lambda)}\bar{\beta}+\varepsilon)=\bar{\beta} \tag{3.20}$$

$$\hat{\sigma}^2_{(\lambda)} = \sum_{t=1}^{n}\varepsilon_t^2/(n-m-1) = \hat{\sigma}^2_{(1)} = \hat{\sigma}^2 \tag{3.21}$$

记 $\hat{Y}_t^{(\lambda)} = \bar{\beta}_0 + \sum_{k=1}^{m}\bar{\beta}_k X_{kt}^{(\lambda)}$，则 $\mathfrak{M}^{(\lambda)}$ 与 $\mathfrak{M}^{(1)}$ 满足 $Y_t^{(\lambda)} - \hat{Y}_t^{(\lambda)} = Y_t^{(1)} - \hat{Y}_t^{(1)} = \varepsilon_t$，$t = 1, 2, \cdots, n$，$\mathfrak{M}^{(\lambda)}$ 的这个性质是为了满足经典线性回归中的“同方差”假设而设定的。

在现实的经济中，$\mathfrak{M}^{(\lambda)}$ 可以视为对某总体的一种分类，例如，假设 $\bar{\beta}_0, \bar{\beta}_1, \bar{\beta}_2 > 0$，条件（3.15）为 $P_t^{(\lambda)} = \bar{\beta}_0 + \bar{\beta}_1 e_t^{(\lambda)} + \bar{\beta}_2 b_t^{(\lambda)} + \varepsilon_t$，P 为股票的市场价格，e 为每股收益，b 为每股净资产，则此类型下的 $\mathfrak{M}^{(\lambda)}$ 就是依企业盈利状况对样本所作的分类，比如，将 $\lambda \geqslant 10$ 的 $\mathfrak{M}^{(\lambda)}$ 视为高盈利企业样本组、将 $1 \leqslant \lambda < 10$ 的 $\mathfrak{M}^{(\lambda)}$ 视为一般盈利企业样本组、将 $1/2 \leqslant \lambda < 1$ 的 $\mathfrak{M}^{(\lambda)}$ 视为薄利企业样本组、将 $0 \leqslant \lambda < 1/2$ 的 $\mathfrak{M}^{(\lambda)}$ 视为微利企业样本组。

3.2.2 $\mathfrak{M}^{(\lambda)}$ 下回归系数的 t-值

记：

$$K^{(\lambda)} = (X^{(\lambda)})'X^{(\lambda)} = \begin{pmatrix} e' \\ (\alpha_1^{(\lambda)})' \\ \vdots \\ (\alpha_m^{(\lambda)})' \end{pmatrix}(e, \alpha_1^{(\lambda)}, \cdots, \alpha_m^{(\lambda)})$$

$$= \begin{pmatrix} e'e & e'\alpha_1^{(\lambda)} & \cdots & e'\alpha_m^{(\lambda)} \\ (\alpha_1^{(\lambda)})'e & (\alpha_1^{(\lambda)})'\alpha_1^{(\lambda)} & \cdots & (\alpha_1^{(\lambda)})'\alpha_m^{(\lambda)} \\ & \vdots & \vdots & \\ (\alpha_m^{(\lambda)})'e & (\alpha_m^{(\lambda)})'\alpha_1^{(\lambda)} & \cdots & (\alpha_m^{(\lambda)})'\alpha_m^{(\lambda)} \end{pmatrix} \tag{3.22}$$

$$= \begin{pmatrix} n & (B^{(\lambda)})' \\ B^{(\lambda)} & C^{(\lambda)} \end{pmatrix}$$

则：

$$B^{(\lambda)} = \lambda B^{(1)}, \quad C^{(\lambda)} = \lambda^2 C^{(1)} \tag{3.23}$$

令：

$$\begin{pmatrix} n & (B^{(\lambda)})' \\ B^{(\lambda)} & C^{(\lambda)} \end{pmatrix}\begin{pmatrix} a^{(\lambda)} & (D^{(\lambda)})' \\ D^{(\lambda)} & E^{(\lambda)} \end{pmatrix} = \begin{pmatrix} 1 & 0 \\ 0 & I_m \end{pmatrix}$$

则：

$$na^{(\lambda)} + (B^{(\lambda)})'D^{(\lambda)} = 1 \tag{3.24$_1$}$$

$$n(D^{(\lambda)})' + (B^{(\lambda)})'E^{(\lambda)} = 0 \tag{3.24$_2$}$$

$$B^{(\lambda)}a^{(\lambda)} + C^{(\lambda)}D^{(\lambda)} = 0 \qquad (3.24_3)$$

$$B^{(\lambda)}(D^{(\lambda)})' + C^{(\lambda)}E^{(\lambda)} = I_m \qquad (3.24_4)$$

特别地，

$$na^{(1)} + (B^{(1)})'D^{(1)} = 1 \qquad (3.25_1)$$

$$n(D^{(1)})' + (B^{(1)})'E^{(1)} = 0 \qquad (3.25_2)$$

$$B^{(1)}a^{(1)} + C^{(1)}D^{(1)} = 0 \qquad (3.25_3)$$

$$B^{(1)}(D^{(1)})' + C^{(1)}E^{(1)} = I_m \qquad (3.25_4)$$

由于 $B^{(\lambda)} = \lambda B^{(1)}$， $C^{(\lambda)} = \lambda^2 C^{(1)}$ 对于任何 $\lambda > 0$ 成立。只要式（3.25_1）～（3.25_4）成立，令：

$$a^{(\lambda)} = a^{(1)}, \quad D^{(\lambda)} = \lambda^{-1}D^{(1)}, \quad E^{(\lambda)} = \lambda^{-2}E^{(1)} \qquad (3.26)$$

则对于任何 $\lambda > 0$，式（3.24_1）～（3.24_4）成立。故：

$$(K^{(1)})^{-1} = ((X^{(1)})'X^{(1)})^{-1} = \begin{pmatrix} a^{(1)} & (D^{(1)})' \\ D^{(1)} & E^{(1)} \end{pmatrix} \qquad (3.27)$$

$$(K^{(\lambda)})^{-1} = ((X^{(\lambda)})'X^{(\lambda)})^{-1} = \begin{pmatrix} a^{(1)} & \lambda^{-1}(D^{(1)})' \\ \lambda^{-1}D^{(1)} & \lambda^{-2}E^{(1)} \end{pmatrix} \qquad (3.28)$$

比较式（3.27）、（3.28）可知，

$$t^{(\lambda)}(\hat{\beta}_0) = t^{(1)}(\hat{\beta}_0) \qquad (3.29)$$

$$t^{(\lambda)}(\hat{\beta}_k) = \frac{\hat{\beta}_k - \beta_k}{\sqrt{\hat{\sigma}^2_{(\lambda)}(\hat{\beta}_k)}} = \frac{\bar{\beta}_k - \beta_k}{\sqrt{\lambda^{-2}\hat{\sigma}^2_{(1)}(\hat{\beta}_k)}} = \lambda t^{(1)}(\hat{\beta}_k), \quad k = 1, 2, \cdots, m \qquad (3.30)$$

其中 $\hat{\sigma}^2_{(\lambda)}(\hat{\beta}_k)$ 为 $t^{(\lambda)}(\hat{\beta}_k)$ 的方差。显然，

$$\lim_{\lambda \to \infty} t^{(\lambda)}(\hat{\beta}_k) = \infty, \quad \lim_{\lambda \to 0} t^{(\lambda)}(\hat{\beta}_k) = 0 \qquad (3.31)$$

对模型（3.1）或（3.4）运用样本 $\mathfrak{M}^{(\lambda)}$ 进行回归，不同的 $\lambda > 0$ 回归系数及 σ^2 的估值完全一样，解释变量的 t-值的绝对值 $|t^{(\lambda)}(\hat{\beta}_k)|$ 是 λ（$\lambda > 0$）的增函数，λ 越大，$|t^{(\lambda)}(\hat{\beta}_k)|$ 也越大。当 $\lambda \to 0$ 时，$t^{(\lambda)}(\hat{\beta}_k) \to 0$；当 $\lambda \to \infty$ 时，$t^{(\lambda)}(\hat{\beta}_k) \to \infty$。

3.2.3 $\mathfrak{M}^{(\lambda)}$ 下的拟合优度 $R^2_{(\lambda)}$

注意到，

$$RSS^{(\lambda)} = \sum_{t=1}^{n}\left(\hat{Y}_t^{(\lambda)} - \overline{Y^{(\lambda)}}\right)^2 = \lambda^2 \sum_{t=1}^{n}\left(\hat{Y}_t^{(1)} - \overline{Y^{(1)}}\right)^2 = \lambda^2 RSS^{(1)} \qquad (3.32)$$

$$ESS^{(\lambda)}=\sum_{t=1}^{n}\left(Y_t^{(\lambda)}-\hat{Y}_t^{(\lambda)}\right)^2=\sum_{t=1}^{n}\varepsilon_t^2=ESS^{(1)} \tag{3.33}$$

因而，

$$R_{(\lambda)}^2=\frac{RSS^{(\lambda)}}{RSS^{(\lambda)}+ESS^{(1)}}=\frac{\lambda^2 RSS^{(1)}}{\lambda^2 RSS^{(1)}+ESS^{(1)}} \tag{3.34}$$

因此，运用样本$\mathfrak{M}^{(\lambda)}$（$\forall\lambda>0$）对模型（3.1）或（3.4）进行回归，变量系数的估值也完全一样。并且对于方差σ^2的估计也相同，$\hat{\sigma}_{(\lambda)}^2=\hat{\sigma}^2=ESS^{(1)}/(n-m-1)$。

由式（3.34）可知，$R_{(\lambda)}^2$是λ^2的增函数，且：

$$\lim_{\lambda\to\infty}R_{(\lambda)}^2=1,\quad \lim_{\lambda\to 0}R_{(\lambda)}^2=0 \tag{3.35}$$

3.2.4 R^2差异性的来源

由式（3.20）、（3.21），解释变量的样本方差对模型的未知参数的估值可能没有影响，而由式（3.34），如果$\lambda_1>\lambda_2>0$，$R_{(\lambda_1)}^2>R_{(\lambda_2)}^2$。一个值得深入探讨的问题是，导致$R_{(\lambda_1)}^2>R_{(\lambda_2)}^2$的原因是什么。下面试图以样本的变异性即样本方差对此作出解释。

记：

$$SVar(X_k)=\frac{1}{n}\sum_{t=1}^{n}\left(X_{kt}-\bar{X}_k\right)^2 \tag{3.36}$$

表示变量X_k的样本方差。

定义 3.2　以$SVar(X_k^{(\lambda)})=SVar(X_k)|_{\mathfrak{M}^{(\lambda)}}$表示解释变量$X_k$在样本组$\mathfrak{M}^{(\lambda)}$中的样本方差，如果对于任何$k=1,2,\cdots,m$，都有$SVar(X_k^{(\lambda_1)})>SVar(X_k^{(\lambda_2)})$，则称$\mathfrak{M}^{(\lambda_1)}$的样本方差大于$\mathfrak{M}^{(\lambda_2)}$中的，记为$SVar(\mathfrak{M}^{(\lambda_1)})>SVar(\mathfrak{M}^{(\lambda_2)})$。

显然，如果$\lambda_1>\lambda_2>0$，

$$SVar(X_k^{(\lambda_1)})=(\lambda_1/\lambda_2)^2 SVar(X_k^{(\lambda_2)})>SVar(X_k^{(\lambda_2)})$$

$k=1,2,\cdots,m$，因而$SVar(\mathfrak{M}^{(\lambda_1)})>SVar(\mathfrak{M}^{(\lambda_2)})$。$SVar(\mathfrak{M}^{(\lambda_1)})>SVar(\mathfrak{M}^{(\lambda_2)})$是否是导致$R_{(\lambda_1)}^2>R_{(\lambda_2)}^2$的原因。

由式（3.13），$R^2=RSS/TSS=RSS/(RSS+ESS)$，如果模型（3.1）

不存在多重共线性，假定[①]：

$$\sum_{t=1}^{n}\left(X_{kt}-\bar{X}_k\right)\left(X_{lt}-\bar{X}_l\right)\approx 0 \tag{3.37}$$

因此，

$$\begin{aligned}RSS&=\sum_{t=1}^{n}(Y_t-\bar{Y})^2=\sum_{t=1}^{n}\left(\sum_{k=1}^{m}\beta_k(X_{kt}-\bar{X}_k)\right)^2\\&=\sum_{k=1}^{m}\beta_k^2\sum_{t=1}^{n}\left(X_{kt}-\bar{X}_k\right)^2+2\sum_{\substack{k=1\\k<l}}^{m}\beta_k\beta_l\sum_{t=1}^{n}\left(X_{kt}-\bar{X}_k\right)\left(X_{lt}-\bar{X}_l\right)\\&\approx\sum_{k=1}^{m}\beta_k^2\sum_{t=1}^{n}\left(X_{kt}-\bar{X}_k\right)^2=\sum_{k=1}^{m}n\beta_k^2\cdot SVar(X_k)\end{aligned}$$

其中 $SVar(X_k)$ 由式（3.36）确定，表示变量 X_k 的样本方差。如果

$$ESS^{(l)}/n\approx\bar{\sigma}^2 \tag{3.38}$$

$\bar{\sigma}^2$ 为某一常数。则：

$$R^2\approx\frac{\sum_{k=1}^{m}\beta_k^2\cdot SVar(X_k)}{\sum_{k=1}^{m}\beta_k^2\cdot SVar(X_k)+ESS^{(l)}/n}\approx\frac{\sum_{k=1}^{m}\beta_k^2\cdot SVar(X_k)}{\sum_{k=1}^{m}\beta_k^2\cdot SVar(X_k)+\bar{\sigma}^2} \tag{3.39}$$

式（3.38）假设表示样本数要足够多，且回归模型满足同方差的假设，这是因为

$$ESS/n=\frac{n-m-1}{n}\cdot\frac{ESS}{n-m-1}=\frac{n-m-1}{n}\hat{\sigma}^2\approx\bar{\sigma}^2$$

而对于不同的 $\mathfrak{M}^{(\lambda)}$，残差 ESS 为相同，不随 λ 的改变而改变，满足式（3.38）。

在式（3.37）、（3.38）的假设下，R^2 的大小与样本的样本方差有关，解释变量的样本方差越大，R^2 也就越大。因此，在解释变量不存在多重共线性及模型满足同方差假设的前提下，导致 $R^2_{(\lambda_1)}>R^2_{(\lambda_2)}$ 的可能原因是样本方差，样本方差越大，R^2 也越大。下面在 3.5 中以一个实例验证这个结果。

总之，对模型（3.1）或（3.4）运用样本 $\mathfrak{M}^{(\lambda)}$ 进行回归，不同的 $\lambda>0$ 回归系数及 σ^2 的估值完全一样，但是回归的 $R^2_{(\lambda)}$ 及解释变量的 t-值的绝对值 $|t^{(\lambda)}(\hat{\beta}_k)|$ 是 λ（$\lambda>0$）的增函数，λ 越大，$R^2_{(\lambda)}$、$|t^{(\lambda)}(\hat{\beta}_k)|$ 也越大。容易看出，当 $\lambda\to 0$ 时，$R^2_{(\lambda)}\to 0$、$t^{(\lambda)}(\hat{\beta}_k)\to 0$；当 $\lambda\to\infty$ 时，$R^2_{(\lambda)}\to\infty$、$t^{(\lambda)}(\hat{\beta}_k)\to\infty$。可见，样本的变异性可能是造成 $R^2_{(\lambda)}$ 不同的重要原因——如果样本的变异性（样本方差）越高，R^2 也越大。

---

① 作为一个较一般性的结论，X_{kt}、Y_t 略去其上标 $^{(\lambda)}$。

若$R^2_{(\lambda)}$太低的话，对模型是有"惩罚"作用的：解释变量的回归系数估值的显著性水平会降低！因此，只要这种显著性没有低到不可接受的水平，$R^2_{(\lambda)}$的大小应该没有影响模型的解释能力。

3.3 样本混合下的 R^2

3.3.1 两样本组混合下回归的 t-值、R^2 及 R^2 差异性的来源

3.3.1.1 两样本组混合下回归的 t-值、与 R^2

3.2.4 中指出，R^2 的大小可能与样本的变异性有关，并且在样本容量相同的前提下，样本的变异性越高，R^2 也越大。若此命题为真，可进一步探讨样本的变异性对 R^2 的影响程度。一个自然的问题是，如果增加一些变异性更高的样本，R^2 是否随之增加。

假设将样本$\mathfrak{M}^{(\lambda_1)}$与$\mathfrak{M}^{(\lambda_2)}$混合在一起，构成新的样本$\mathfrak{M}^{(\lambda_1\cup\lambda_2)}$，$\mathfrak{M}^{(\lambda_1\cup\lambda_2)}=\mathfrak{M}^{(\lambda_1)}\cup\mathfrak{M}^{(\lambda_2)}$。记：

$$X^{(\lambda_1\cup\lambda_2)}=\begin{pmatrix}X^{(\lambda_1)}\\X^{(\lambda_2)}\end{pmatrix},\quad Y^{(\lambda_1\cup\lambda_2)}=\begin{pmatrix}Y^{(\lambda_1)}\\Y^{(\lambda_2)}\end{pmatrix},\quad \varepsilon^{(\lambda_1\cup\lambda_2)}=\begin{pmatrix}\varepsilon\\\varepsilon\end{pmatrix}$$

则 $X^{(\lambda_1\cup\lambda_2)}\beta=Y^{(\lambda_1\cup\lambda_2)}$，式中有关记号由式（3.18）、(3.19) 确定。其他记号如$\hat{\beta}^{(\lambda_1\cup\lambda_2)}$、$\hat{\sigma}^2_{(\lambda_1\cup\lambda_2)}$、$RSS^{(\lambda_1\cup\lambda_2)}$、$ESS^{(\lambda_1\cup\lambda_2)}$、$R^2_{(\lambda_1\cup\lambda_2)}$、$t^{(\lambda_1\cup\lambda_2)}(\hat{\beta}_k)$均表示基于混合样本$\mathfrak{M}^{(\lambda_1\cup\lambda_2)}$对模型（3.1）进行回归，得到的有关参数、指标的估值。由式（3.17）得：

$$(X^{(\lambda_1\cup\lambda_2)})'\varepsilon^{(\lambda_1\cup\lambda_2)}=X^{(\lambda_1)'}\varepsilon+X^{(\lambda_2)'}\varepsilon=0$$

因而，

$$\begin{aligned}\hat{\beta}^{(\lambda_1\cup\lambda_2)}&=((X^{(\lambda_1\cup\lambda_2)})'X^{(\lambda_1\cup\lambda_2)})^{-1}(X^{(\lambda_1\cup\lambda_2)})'Y^{(\lambda_1\cup\lambda_2)}\\&=((X^{(\lambda_1\cup\lambda_2)})'X^{(\lambda_1\cup\lambda_2)})^{-1}(X^{(\lambda_1\cup\lambda_2)})'(X^{(\lambda_1\cup\lambda_2)}\bar{\beta}+\varepsilon^{(\lambda_1\cup\lambda_2)})\\&=\bar{\beta}\end{aligned}\tag{3.40}$$

也就是用混合的样本$\mathfrak{M}^{(\lambda_1\cup\lambda_2)}$对模型（3.1）进行回归，模型的系数估值没有变化。

注意到：

$$ESS^{(\lambda_1\cup\lambda_2)} = \sum_{t=1}^{n}(Y_t^{(\lambda_1)} - \hat{Y}_t^{(\lambda_1)})^2 + \sum_{t=1}^{n}(Y_t^{(\lambda_2)} - \hat{Y}_t^{(\lambda_2)})^2 = 2\sum_{t=1}^{n}\varepsilon_t^2 = 2ESS^{(l)} \tag{3.41}$$

则：

$$\hat{\sigma}^2_{(\lambda_1\cup\lambda_2)} = \frac{2ESS^{(l)}}{2n-m-1} = \frac{2n-2m-2}{2n-m-1}\cdot\frac{ESS^{(l)}}{n-m-1} = \frac{2n-2m-2}{2n-m-1}\hat{\sigma}^2 < \hat{\sigma}^2 \tag{3.42}$$

也就是用混合样本 $\mathfrak{M}^{(\lambda_1\cup\lambda_2)}$ 下的回归，随机误差项的方差估值变小了。可以证明，运用混合样本 $\mathfrak{M}^{(\lambda_1\cup\lambda_2)}$ 进行回归，系数估计的 t-值比单独运用 $\mathfrak{M}^{(\lambda_1)}$ 或 $\mathfrak{M}^{(\lambda_2)}$ 进行回归的情形提高了不少。假设 $\lambda_1 > \lambda_2 > 0$，即有如下关系：

$$\left|t^{(\lambda_1\cup\lambda_2)}(\hat{\beta}_0)\right| > \sqrt{2}\left|t^{(l)}(\hat{\beta}_0)\right| \tag{3.43}$$

$$\left|t^{(\lambda_1\cup\lambda_2)}(\hat{\beta}_k)\right| > \max\left(\sqrt{2}\left|t^{(\lambda_2)}(\hat{\beta}_k)\right|, \sqrt{1+\lambda_2^2/\lambda_1^2}\cdot\left|t^{(\lambda_1)}(\hat{\beta}_k)\right|\right) \tag{3.44}$$

其中 $k = 1, 2, \cdots, m$，式（3.43）、（3.44）的证明见 3.6.1。

运用 $\mathfrak{M}^{(\lambda_1\cup\lambda_2)}$ 回归后的 R^2 为：

$$R^2_{(\lambda_1\cup\lambda_2)} = \frac{RSS^{(\lambda_1)} + RSS^{(\lambda_2)} + (\lambda_1-\lambda_2)^2 n\left(\overline{Y^{(l)}} - \bar{\beta}_0\right)^2\Big/2}{RSS^{(\lambda_1)} + RSS^{(\lambda_2)} + (\lambda_1-\lambda_2)^2 n\left(\overline{Y^{(l)}} - \bar{\beta}_0\right)^2\Big/2 + 2ESS^{(l)}} \tag{3.45}$$

式（3.45）的证明见 3.6.2。

假设 $\lambda_1 > \lambda_2 > 0$，由式（3.34），$R^2_{(\lambda_1)} > R^2_{(\lambda_2)}$，式（3.45）给出，$R^2_{(\lambda_1\cup\lambda_2)} > R^2_{(\lambda_2)}$。也就是，基于 $\mathfrak{M}^{(\lambda_2)}$ 增加一些变异性更高的样本 $\mathfrak{M}^{(\lambda_1)}$，能够增加回归模型的 R^2。需要研究的是，基于 $\mathfrak{M}^{(\lambda_1)}$，当增加一些变异性更低的样本 $\mathfrak{M}^{(\lambda_2)}$，即使能增加混合后样本的变异性，是否能够增加回归模型的 R^2，即是否有 $R^2_{(\lambda_1\cup\lambda_2)} > R^2_{(\lambda_1)}$。由于，

$$RSS^{(\lambda_2)} + (\lambda_1-\lambda_2)^2 n\left(\overline{Y^{(l)}} - \bar{\beta}_0\right)^2\Big/2 - RSS^{(\lambda_1)}$$

$$= (\lambda_1-\lambda_2)^2 n\left(\overline{Y^{(l)}} - \bar{\beta}_0\right)^2\Big/2 - (\lambda_1^2-\lambda_2^2)RSS^{(l)}$$

$$= \frac{\lambda_2(\lambda_1-\lambda_2)}{2} n\left(\overline{Y^{(l)}} - \bar{\beta}_0\right)^2\left[\left(\frac{\lambda_1}{\lambda_2}-1\right) - 2\left(\frac{\lambda_1}{\lambda_2}+1\right)\frac{RSS^{(l)}}{n\left(\overline{Y^{(l)}} - \bar{\beta}_0\right)^2}\right]$$

$$\triangleq \frac{\lambda_2(\lambda_1-\lambda_2)}{2} n\left(\overline{Y^{(l)}} - \bar{\beta}_0\right)^2\left[(1-2c)\frac{\lambda_1}{\lambda_2} - (1+2c)\right]$$

其中，

$$c = RSS^{(l)} \Big/ \left(n\left(\overline{Y^{(l)}} - \bar{\beta}_0 \right)^2 \right) \tag{3.46}$$

由式（3.46）可得，

$$c = \frac{1/n \sum_{t=1}^{n} \left(\hat{Y}_t - \bar{Y} \right)^2}{(\overline{\hat{Y}^{(l)}} - \bar{\beta}_0)^2} = \frac{1/n \sum_{t=1}^{n} \left[\sum_{k=1}^{m} \bar{\beta}_k \left(X_{kt}^{(l)} - \overline{X_k^{(l)}} \right) \right]^2}{\left[\sum_{k=1}^{m} \bar{\beta}_k \overline{X_k^{(l)}} \right]^2}$$

c 可视为相对离差率。c 的意义如图 3-1 所示，$\hat{Y}_t - \bar{Y}$ 相当于“误差”，而 $\overline{\hat{Y}^{(l)}} - \bar{\beta}_0$ 相当于“真值”，c 相当于用于反映“误差”偏离“真值”的程度，称为“相对离差率”，或许可用于度量样本的拟合程度。c 越小，表示拟合越好。该指标具有不变形性：对于任何 $\lambda > 0$，基于 $\mathfrak{M}^{(\lambda)}$ 回归所得出的相对离差率 c 相同。

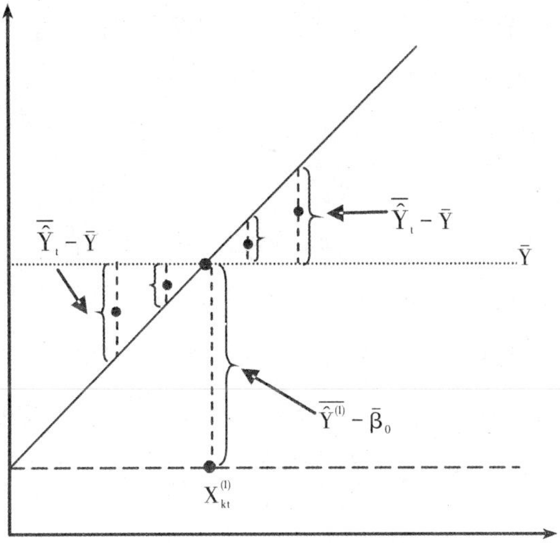

图 3-1 指标 c 意义的示意图

利用相对离差率 c，我们有如下的 **R^2 准则 I**。

R^2 准则 I 设 $\lambda_1 > \lambda_2 > 0$，$\mathfrak{M}^{(\lambda_1)}$ 与 $\mathfrak{M}^{(\lambda_2)}$ 混合在一起，构成新的样本 $\mathfrak{M}^{(\lambda_1 \cup \lambda_2)}$，同一回归模型基于这三种样本的拟合优度 $R^2_{(\lambda_1)}$、$R^2_{(\lambda_2)}$、$R^2_{(\lambda_1 \cup \lambda_2)}$ 之间具有如下关系：

（1）如果 $c \geq 1/2$，$R^2_{(\lambda_2)} < R^2_{(\lambda_1 \cup \lambda_2)} < R^2_{(\lambda_1)}$；

（2）如果 $c < 1/2$，但 $\lambda_1/\lambda_2 < (1+2c)/(1-2c)$，即 λ_1、λ_2 的差异性不

够大时，$R^2_{(\lambda_2)} < R^2_{(\lambda_1 \cup \lambda_2)} < R^2_{(\lambda_1)}$；

（3）如果 $c < 1/2$，且 $\lambda_1/\lambda_2 = (1+2c)/(1-2c)$，即 λ_1、λ_2 具有一定的差异性时，$R^2_{(\lambda_1 \cup \lambda_2)} = R^2_{(\lambda_1)} > R^2_{(\lambda_2)}$；

（4）如果 $c < 1/2$，且 $\lambda_1/\lambda_2 > (1+2c)/(1-2c)$，即 λ_1、λ_2 具有足够大的差异性时，$R^2_{(\lambda_1 \cup \lambda_2)} > R^2_{(\lambda_1)} > R^2_{(\lambda_2)}$。

可见，基于 $\mathfrak{M}^{(\lambda_1)}$，当增加一些变异性更低的样本 $\mathfrak{M}^{(\lambda_2)}$，如果相对离差率 c 太高，$c \geq 1/2$，即使能增加混合后样本的变异性，也不能增加回归模型的 R^2，即有 $R^2_{(\lambda_1 \cup \lambda_2)} < R^2_{(\lambda_1)}$。不过，这个事实不能否定“如果样本规模相同，样本的变异性越高，R^2 也越大”这个命题。这是因为样本规模的提高，也增加了残差，导致 R^2 不能因此而提高。

只有在相对离差率 c 较低，$c < 1/2$，样本差异度足够高，$\lambda_1/\lambda_2 > (1+2c)/(1-2c)$，增加一些变异性更低的样本 $\mathfrak{M}^{(\lambda_2)}$，可增加样本混合后的回归模型的 R^2，即有 $R^2_{(\lambda_1 \cup \lambda_2)} > R^2_{(\lambda_1)} > R^2_{(\lambda_2)}$。这个结论对于“将 R^2 作为评价模型的解释能力指标”是个重大的打击。

3.3.1.2 两样本组混合下回归的 R^2 差异性的来源

需要探讨的是，样本混合后，拟合优度 $R^2_{(\lambda_1 \cup \lambda_2)}$ 与 $R^2_{(\lambda_1)}$、$R^2_{(\lambda_2)}$ 相比发生变化，这种变化是否与样本方差的变化有关。

记变量 X_k 的观测值在 $\mathfrak{M}^{(\lambda_1)}$、$\mathfrak{M}^{(\lambda_2)}$、$\mathfrak{M}^{(\lambda_1 \cup \lambda_2)}$ 中的平均值分别为 $\overline{X_k^{(\lambda_1)}}$、$\overline{X_k^{(\lambda_2)}}$、$\overline{X_k^{(\lambda_1 \cup \lambda_2)}}$，易见 $\overline{X_k^{(\lambda_1)}} = \lambda_1 \overline{X_k^{(1)}}$，$\overline{X_k^{(\lambda_2)}} = \lambda_2 \overline{X_k^{(1)}}$，$\overline{X_k^{(\lambda_1 \cup \lambda_2)}} = \left(\overline{X_k^{(\lambda_1)}} + \overline{X_k^{(\lambda_2)}}\right)\Big/2 = \frac{\lambda_1 + \lambda_2}{2}\overline{X^{(1)}}$。则：

$$
\begin{aligned}
&\sum\nolimits_{t=1}^{n}\left(X_{kt}^{(\lambda_1)} - \overline{X_k^{(\lambda_1 \cup \lambda_2)}}\right)^2 = \sum\nolimits_{t=1}^{n}\left[\left(X_{kt}^{(\lambda_1)} - \overline{X_k^{(\lambda_1)}}\right) + \left(\overline{X_k^{(\lambda_1)}} - \overline{X_k^{(\lambda_1 \cup \lambda_2)}}\right)\right]^2 \\
&= \sum\nolimits_{t=1}^{n}\left(X_{kt}^{(\lambda_1)} - \overline{X_k^{(\lambda_1)}}\right)^2 + n\left(\overline{X_k^{(\lambda_1)}} - \overline{X_k^{(\lambda_1 \cup \lambda_2)}}\right)^2 = \lambda_1^2 \sum\nolimits_{t=1}^{n}\left(X_{kt}^{(1)} - \overline{X_k^{(1)}}\right)^2 + n\left(\overline{X_k^{(\lambda_1)}} - \overline{X_k^{(\lambda_2)}}\right)^2\Big/4 \\
&= \lambda_1^2 n \cdot SVar(X_k^{(1)}) + n(\lambda_1 - \lambda_2)^2 \overline{X_k^{(1)}}^2/4
\end{aligned}
$$

其中，$SVar(X_k^{(1)}) = \frac{1}{n}\sum\nolimits_{t=1}^{n}\left(X_{kt} - \bar{X}_k\right)^2$ 表示变量在样本组 $\mathfrak{M}^{(1)}$ 中的样本方差。同理：

$$\sum_{t=1}^{n}\left(X_{kt}^{(\lambda_2)}-\overline{X_k^{(\lambda_1\cup\lambda_2)}}\right)^2=\lambda_2 n\cdot SVar(X_k^{(1)})+n(\lambda_1-\lambda_2)^2\overline{X_k^{(1)}}^2/4$$

则：

$$\sum_{t=1}^{n}\left(X_{kt}^{(\lambda_1)}-\overline{X_k^{(\lambda_1\cup\lambda_2)}}\right)^2+\sum_{t=1}^{n}\left(X_t^{(\lambda_2)}-\overline{X_k^{(\lambda_1\cup\lambda_2)}}\right)^2$$
$$=n(\lambda_1^2+\lambda_2^2)\cdot SVar(X_k^{(1)})+n(\lambda_1-\lambda_2)^2\overline{X_k^{(1)}}^2/2$$

由于 X_k 在 $\mathfrak{M}^{(\lambda_1)}$ 、$\mathfrak{M}^{(\lambda_2)}$ 的样本方差为 $SVar(X_k^{(\lambda_1)})=\lambda_1^2 SVar(X_k^{(1)})$ 、$SVar(X_k^{(\lambda_2)})=\lambda_2^2 SVar(X_k^{(1)})$，$\mathfrak{M}^{(\lambda_1\cup\lambda_2)}$ 的样本方差为：

$$SVar(X_k^{(\lambda_1\cup\lambda_2)})=(\lambda_1^2+\lambda_2^2)SVar(X_k^{(1)})/2+(\lambda_1-\lambda_2)^2\overline{X_k^{(1)}}^2/4 \tag{3.47}$$

设 $\lambda_1>\lambda_2>0$，由式（3.47）得，$SVar(X_k^{(\lambda_1\cup\lambda_2)})>(\lambda_2^2+\lambda_2^2)SVar(X_k^{(1)})/2=SVar(X_k^{(\lambda_2)})$，$k=1,2,\cdots,m$。可见，方差低的样本混合上方差高的样本后，其方差提高了，即 $SVar(\mathfrak{M}^{(\lambda_1\cup\lambda_2)})>SVar(\mathfrak{M}^{(\lambda_2)})$。相对于方差高的样本，混合上方差低的样本后，其方差是否得以提高了？

$$SVar(X_k^{(\lambda_1\cup\lambda_2)})-SVar(X_k^{(\lambda_1)})=(\lambda_2^2-\lambda_1^2)SVar(X_k^{(1)})/2+(\lambda_1-\lambda_2)^2\overline{X_k^{(1)}}^2/4$$
$$=\frac{1}{4}(\lambda_1^2-\lambda_2^2)\overline{X_k^{(1)}}^2\left[\frac{\lambda_1/\lambda_2-1}{\lambda_1/\lambda_2+1}-\frac{2SVar(X_k^{(1)})}{\overline{X_k^{(1)}}^2}\right]$$

由于 $SVar(X_k^{(\lambda)})/\overline{X_k^{(\lambda)}}^2=SVar(X_k^{(1)})/\overline{X_k^{(1)}}^2$，故可记：

$$d_k=SVar(X_k^{(1)})/\overline{X_k^{(1)}}^2$$

如果 $d_k<1/2$，则 $SVar(X_k^{(\lambda_1\cup\lambda_2)})<SVar(X_k^{(\lambda_1)})$。如果 $d_k<1/2$，则：

$$SVar(X_k^{(\lambda_1\cup\lambda_2)})>SVar(X_k^{(\lambda_1)})\Leftrightarrow\lambda_1/\lambda_2>(1+2d^{(1)})/(1-2d^{(1)}) \tag{3.48}$$

比较式（3.48）与 **R^2 准则 I** 可知，从表达式的形式上看，下列的（1）与（2）是相对应的：

（1）$R^2_{(\lambda_1\cup\lambda_2)}$ 与 $R^2_{(\lambda_1)}$ 的关系；

（2）$SVar(X_k^{(\lambda_1\cup\lambda_2)})$ 与 $SVar(X_k^{(\lambda_1)})$ 的关系。

即我们有如下关于样本混合后变量样本方差变化的**方差准则 I**。

方差准则 I　设 $\lambda_1>\lambda_2>0$，$\mathfrak{M}^{(\lambda_1)}$ 与 $\mathfrak{M}^{(\lambda_2)}$ 混合在一起，构成新的样本 $\mathfrak{M}^{(\lambda_1\cup\lambda_2)}$，变量 X_k 在这三个样本组的样本方差 $SVar(X_k^{(\lambda_1)})$ 、$SVar(X_k^{(\lambda_2)})$ 、$SVar(X_k^{(\lambda_1\cup\lambda_2)})$ 之间具有如下关系：

（1）如果 $d_k \geq 1/2$ ， $SVar(X_k^{(\lambda_2)}) < SVar(X_k^{(\lambda_1 \cup \lambda_2)}) < SVar(X_k^{(\lambda_1)})$ ；

（2）如果 $d_k < 1/2$ ，但 $\lambda_1/\lambda_2 < (1+2d_k)/(1-2d_k)$ ，即 λ_1 、 λ_2 的差异性不够大时， $R^2_{(\lambda_2)} < R^2_{(\lambda_1 \cup \lambda_2)} < R^2_{(\lambda_1)}$ ；

（3）如果 $d_k < 1/2$ ，且 $\lambda_1/\lambda_2 = (1+2d_k)/(1-2d_k)$ ，即 λ_1 、 λ_2 具有一定的差异性时， $SVar(X_k^{(\lambda_1 \cup \lambda_2)}) = SVar(X_k^{(\lambda_1)}) > SVar(X_k^{(\lambda_2)})$ ；

（4）如果 $c < 1/2$ ，且 $\lambda_1/\lambda_2 > (1+2d_k)/(1-2d_k)$ ，即 λ_1 、 λ_2 具有足够大的差异性时， $SVar(X_k^{(\lambda_1 \cup \lambda_2)}) > SVar(X_k^{(\lambda_1)}) > SVar(X_k^{(\lambda_2)})$ 。

对于一元线性回归，则相当简单，这时 c=d，这就意味着当混合样本提高了样本方差，由于判断准则完全相同，因此如果混合样本提高了样本方差，线性回归的 R^2 也就提高了。因此，如果 $SVar(X_k^{(\lambda_1 \cup \lambda_2)}) > SVar(X_k^{(\lambda_1)}) > SVar(X_k^{(\lambda_2)})$ ，则 $R^2_{(\lambda_1 \cup \lambda_2)} > R^2_{(\lambda_1)} > R^2_{(\lambda_2)}$ 。

对于多元线性回归，由于难以确定 c 与 d_k 的关系，只针对混合后所有变量的样本方差都提高或下降的情形作探讨。记：

$$d_{min} = \min_{1 \leq k \leq m}(d_k) ,\quad d_{max} = \max_{1 \leq k \leq m}(d_k)$$

假设式（3.37）成立，可合理假定 $d_{min} \leq c \leq d_{max}$ 。则有如下**方差-R^2准则 I**。

方差-R^2准则 I 设 $\lambda_1 > \lambda_2 > 0$ ， $\mathfrak{M}^{(\lambda_1)}$ 与 $\mathfrak{M}^{(\lambda_2)}$ 混合在一起，构成新的样本 $\mathfrak{M}^{(\lambda_1 \cup \lambda_2)}$ ，假设 $d_{min} \leq c \leq d_{max}$ ，变量在这三个样本组的样本方差变化与回归模型的拟合优度变化之间具有如下关系：

（1）如果 $d_{min} \geq 1/2$ ，则 $SVar(X_k^{(\lambda_2)}) < SVar(X_k^{(\lambda_1 \cup \lambda_2)}) < SVar(X_k^{(\lambda_1)})$ ， $k = 1, 2, \cdots, m$ ， $R^2_{(\lambda_2)} < R^2_{(\lambda_1 \cup \lambda_2)} < R^2_{(\lambda_1)}$ ；

（2）如果 $d_{max} < 1/2$ ，但 $\lambda_1/\lambda_2 < (1+2d_{min})/(1-2d_{min})$ ，即 λ_1 、 λ_2 的差异性不够大时， $SVar(X_k^{(\lambda_2)}) < SVar(X_k^{(\lambda_1 \cup \lambda_2)}) < SVar(X_k^{(\lambda_1)})$ ， $k = 1, 2, \cdots, m$ ， $R^2_{(\lambda_2)} < R^2_{(\lambda_1 \cup \lambda_2)} < R^2_{(\lambda_1)}$ ；

（3）如果 $d_{max} < 1/2$ ，且 $\lambda_1/\lambda_2 > (1+2d_{max})/(1-2d_{max})$ ，即 λ_1 、 λ_2 具有足够大的差异性时， $SVar(X_k^{(\lambda_1 \cup \lambda_2)}) > SVar(X_k^{(\lambda_1)}) > SVar(X_k^{(\lambda_2)})$ ， $k = 1, 2, \cdots, m$ ， $R^2_{(\lambda_1 \cup \lambda_2)} > R^2_{(\lambda_1)} > R^2_{(\lambda_2)}$ 。

比较方差-R^2准则Ⅰ与方差准则Ⅰ可知，假设$d_{min} \leqslant c \leqslant d_{max}$，如果$SVar(X_k^{(\lambda_2)}) < SVar(X_k^{(\lambda_1 \cup \lambda_2)}) < SVar(X_k^{(\lambda_1)})$，$k = 1, 2, \cdots, m$，则必然有下列之一成立：

（1）$d_{min} \geqslant 1/2$；

（2）$d_{max} < 1/2$，$\lambda_1/\lambda_2 < (1 + 2d_{min})/(1 - 2d_{min})$。

因而由R^2准则Ⅰ可知，$R^2_{(\lambda_2)} < R^2_{(\lambda_1 \cup \lambda_2)} < R^2_{(\lambda_1)}$。如果$SVar(X_k^{(\lambda_1 \cup \lambda_2)}) > SVar(X_k^{(\lambda_1)}) > SVar(X_k^{(\lambda_2)})$，$k = 1, 2, \cdots, m$，则$d_{max} < 1/2$，且$\lambda_1/\lambda_2 > (1 + 2d_{max})/(1 - 2d_{max})$，因而由$R^2$准则Ⅰ可知，$R^2_{(\lambda_1 \cup \lambda_2)} > R^2_{(\lambda_1)} > R^2_{(\lambda_2)}$。因此，方差越大，$R^2$也越大。

3.3.2 多样本组混合下回归的t-值、R^2及R^2差异性的来源

3.3.2.1 多样本组混合下回归的t-值与R^2

更一般地，假设将样本$\mathfrak{M}^{(\lambda_1)}$，$\mathfrak{M}^{(\lambda_2)}$，…，$\mathfrak{M}^{(\lambda_p)}$混合在一起，构成新的样本$\mathfrak{M}^{(\lambda_1 \cdots \cup \lambda_p)}$，$\mathfrak{M}^{(\lambda_1 \cdots \cup \lambda_p)} = \bigcup_{h=1}^{p} \mathfrak{M}^{(\lambda_h)}$。记：

$$X^{(\lambda_1 \cdots \cup \lambda_p)} = \begin{pmatrix} X^{(\lambda_1)} \\ \vdots \\ X^{(\lambda_p)} \end{pmatrix}, \quad Y^{(\lambda_1 \cdots \cup \lambda_p)} = \begin{pmatrix} Y^{(\lambda_1)} \\ \vdots \\ Y^{(\lambda_p)} \end{pmatrix}, \quad \varepsilon^{(\lambda_1 \cdots \cup \lambda_p)} = \begin{pmatrix} \varepsilon \\ \vdots \\ \varepsilon \end{pmatrix}$$

则$X^{(\lambda_1 \cdots \cup \lambda_p)}\beta = Y^{(\lambda_1 \cdots \cup \lambda_p)}$，式中有关记号由式（3.18）、（3.19）确定。其他记号如$\hat{\beta}^{(\lambda_1 \cdots \cup \lambda_p)}$、$\hat{\sigma}^2_{(\lambda_1 \cdots \cup \lambda_p)}$、$RSS^{(\lambda_1 \cdots \cup \lambda_p)}$、$ESS^{(\lambda_1 \cdots \cup \lambda_p)}$、$R^2_{(\lambda_1 \cdots \cup \lambda_p)}$、$t^{(\lambda_1 \cdots \cup \lambda_p)}(\hat{\beta}_k)$均表示基于混合样本$\mathfrak{M}^{(\lambda_1 \cdots \cup \lambda_p)}$对模型（3.1）进行回归，得到的有关参数、指标的估值。由式（3.17）可得：

$$(X^{(\lambda_1 \cdots \cup \lambda_p)})'\varepsilon^{(\lambda_1 \cdots \cup \lambda_p)} = X^{(\lambda_1)'}\varepsilon + \cdots + X^{(\lambda_p)'}\varepsilon = 0$$

因而，

$$\begin{aligned} \hat{\beta}^{(\lambda_1 \cdots \cup \lambda_p)} &= ((X^{(\lambda_1 \cdots \cup \lambda_p)})'X^{(\lambda_1 \cdots \cup \lambda_p)})^{-1}(X^{(\lambda_1 \cdots \cup \lambda_p)})'Y^{(\lambda_1 \cdots \cup \lambda_p)} \\ &= ((X^{(\lambda_1 \cdots \cup \lambda_p)})'X^{(\lambda_1 \cdots \cup \lambda_p)})^{-1}(X^{(\lambda_1 \cdots \cup \lambda_p)})'(X^{(\lambda_1 \cdots \cup \lambda_p)}\bar{\beta} + \varepsilon^{(\lambda_1 \cdots \cup \lambda_p)}) \\ &= \bar{\beta} \end{aligned} \tag{3.49}$$

也就是用混合的样本$\mathfrak{M}^{(\lambda_1 \cdots \cup \lambda_p)}$对模型（3.1）进行回归，模型的系数估值没有变化。注意到：

$$ESS^{(\lambda_1 \cdots \cup \lambda_p)} = \sum_{t=1}^{n}(Y_t^{(\lambda_1)} - \hat{Y}_t^{(\lambda_1)})^2 + \cdots + \sum_{t=1}^{n}(Y_t^{(\lambda_p)} - \hat{Y}_t^{(\lambda_p)})^2 = p\sum_{t=1}^{n}\varepsilon_t^2 = pESS^{(1)} \tag{3.50}$$

则，

$$\hat{\sigma}^2_{(\lambda_1\cdots\cup\lambda_p)}=\frac{pESS^{(I)}}{pn-m-1}=\frac{pn-pm-p}{pn-m-1}\cdot\frac{ESS^{(I)}}{n-m-1}=\frac{pn-pm-p}{pn-m-1}\hat{\sigma}^2<\hat{\sigma}^2 \tag{3.51}$$

也就是用混合样本 $\mathfrak{M}^{(\lambda_1\cdots\cup\lambda_p)}$ 下的回归，随机误差项的方差估值变小了。可以证明，运用混合样本 $\mathfrak{M}^{(\lambda_1\cdots\cup\lambda_p)}$ 进行回归，系数估计的 t-值比单独运用 $\mathfrak{M}^{(\lambda_k)}$，$k=1,2,\cdots,p$ 进行回归的情形提高了不少。假设 $\lambda_1>\cdots>\lambda_p$，则 $\mathfrak{M}^{(\lambda_1\cdots\cup\lambda_p)}$ 下回归的 t-值、R^2 为：

$$\left|t^{(\lambda_1\cdots\cup\lambda_p)}(\hat{\beta}_0)\right|>\sqrt{p}\left|t^{(I)}(\hat{\beta}_0)\right| \tag{3.52}$$

$$\left|t^{(\lambda_1\cdots\cup\lambda_p)}(\hat{\beta}_k)\right|>\sqrt{\lambda_1^2+\cdots+\lambda_p^2}\left|t^{(I)}(\hat{\beta}_k)\right| \tag{3.53}$$

$$R^2_{(\lambda_1\cdots\cup\lambda_p)}=\frac{\sum_{h=1}^{p}RSS^{(\lambda_h)}+n\left(\sum_{h=1}^{p}\lambda_h^2-p\bar{\lambda}^2\right)\left(\overline{Y^{(I)}}-\bar{\beta}_0\right)^2}{\sum_{h=1}^{p}RSS^{(\lambda_h)}+n\left(\sum_{h=1}^{p}\lambda_h^2-p\bar{\lambda}^2\right)\left(\overline{Y^{(I)}}-\bar{\beta}_0\right)^2+pESS^{(I)}} \tag{3.54}$$

其中，$\bar{\lambda}=\sum_{h=1}^{p}\lambda_h/p$。式（3.52）、（3.53）、（3.54）的证明见3.6.3、3.6.4。

由式（3.52）、（3.53），$\mathfrak{M}^{(\lambda_1\cdots\cup\lambda_p)}$ 下的回归，t-值提高了。R^2 是否提高，不能一概而论，可由式（3.54）予以讨论。

假设 $\lambda_1>\cdots>\lambda_p>0$，由式（3.34），$R^2_{(\lambda_1)}>\cdots>R^2_{(\lambda_p)}$，式（3.54）给出，$R^2_{(\lambda_1\cdots\cup\lambda_p)}>R^2_{(\lambda_p)}$。也就是，基于 $\mathfrak{M}^{(\lambda_p)}$ 增加一些变异性更高的样本 $\mathfrak{M}^{(\lambda_1)}$，$\mathfrak{M}^{(\lambda_2)}$，…，$\mathfrak{M}^{(\lambda_{p-1})}$，能够增加回归模型的 R^2。需要研究的是，基于 $\mathfrak{M}^{(\lambda_k)}$，当增加某些变异性更低而某些更高的样本，即使能增加混合后样本的变异性，是否能够增加回归模型的 R^2，即是否有 $R^2_{(\lambda_1\cdots\cup\lambda_p)}>R^2_{(\lambda_k)}$？由于，

$$\begin{aligned}\Delta(\lambda_k)&=\sum_{h\neq k}^{p}RSS^{(\lambda_h)}+n\left(\sum_{h=1}^{p}\lambda_h^2-p\bar{\lambda}^2\right)\left(\overline{Y^{(I)}}-\bar{\beta}_0\right)^2-(p-1)RSS^{(\lambda_k)}\\&=n\left(\sum_{h=1}^{p}\lambda_h^2-p\bar{\lambda}^2\right)\left(\overline{Y^{(I)}}-\bar{\beta}_0\right)^2-\left((p-1)\lambda_k^2-\sum_{h\neq k}^{p}\lambda_h^2\right)RSS^{(I)}\\&=\left(\sum_{h=1}^{p}\lambda_h^2-p\bar{\lambda}^2\right)RSS^{(I)}\left(\frac{n\left(\overline{Y^{(I)}}-\bar{\beta}_0\right)^2}{RSS^{(I)}}-\frac{(p-1)\lambda_k^2-\sum_{h\neq k}^{p}\lambda_h^2}{\sum_{h=1}^{p}\lambda_h^2-p\bar{\lambda}^2}\right)\end{aligned} \tag{3.55}$$

$$=\left(\sum_{h=1}^{p}\lambda_h^2-p\bar{\lambda}^2\right)RSS^{(l)}\left(\frac{1}{c}-\frac{(p-1)\lambda_k^2-\sum_{h\neq k}^{p}\lambda_h^2}{\sum_{h=1}^{p}\lambda_h^2-p\bar{\lambda}^2}\right)$$

$$=\left(\sum_{h=1}^{p}\lambda_h^2-p\bar{\lambda}^2\right)RSS^{(l)}\left(\frac{1}{c}-\frac{\lambda_k^2-\overline{\lambda^2}}{\overline{\lambda^2}-\bar{\lambda}^2}\right)$$

其中，

$$\overline{\lambda^2}=\frac{1}{p}\sum_{h=1}^{p}\lambda_h^2$$

c为相对利差率，由式（3.46）确定。由式（3.55)，同样利用相对离差率c，我们有如下的**R^2准则II**。

R^2准则II 将样本$\mathfrak{M}^{(\lambda_1)}$，$\mathfrak{M}^{(\lambda_2)}$，…，$\mathfrak{M}^{(\lambda_p)}$混合在一起，构成新的样本$\mathfrak{M}^{(\lambda_1\cdots\cup\lambda_p)}$，同一回归模型基于这些样本的拟合优度$R^2_{(\lambda_1)}$，$R^2_{(\lambda_2)}$，…，$R^2_{(\lambda_p)}$，$R^2_{(\lambda_1\cdots\cup\lambda_p)}$之间具有如下关系：

（1）如果$\left(\lambda_k^2-\overline{\lambda^2}\right)\Big/\left(\overline{\lambda^2}-\bar{\lambda}^2\right)>1/c$，则$R^2_{(\lambda_p)}<R^2_{(\lambda_1\cdots\cup\lambda_p)}<R^2_{(\lambda_k)}$；

（2）如果$\left(\lambda_k^2-\overline{\lambda^2}\right)\Big/\left(\overline{\lambda^2}-\bar{\lambda}^2\right)=1/c$，则$R^2_{(\lambda_p)}<R^2_{(\lambda_1\cdots\cup\lambda_p)}=R^2_{(\lambda_k)}$；

（3）如果$\left(\lambda_k^2-\overline{\lambda^2}\right)\Big/\left(\overline{\lambda^2}-\bar{\lambda}^2\right)<1/c$，则$R^2_{(\lambda_1\cdots\cup\lambda_p)}>R^2_{(\lambda_k)}>\cdots>R^2_{(\lambda_p)}$。

上述结论或许不太直观，过于抽象，进一步探讨如下。

如果$\lambda_k^2\leqslant\overline{\lambda^2}$，则$\left(\lambda_k^2-\overline{\lambda^2}\right)\Big/\left(\overline{\lambda^2}-\bar{\lambda}^2\right)<0<1/c$，$\mathfrak{M}^{(\lambda_1\cdots\cup\lambda_p)}$下的回归比$\mathfrak{M}^{(\lambda_h)}$下的回归，其$R^2$提高，即有$R^2_{(\lambda_1\cdots\cup\lambda_p)}>R^2_{(\lambda_k)}>\cdots>R^2_{(\lambda_p)}$。而当$\lambda_k^2>\overline{\lambda^2}$时，由于$\lambda_k^2+p\bar{\lambda}^2>(p+1)\overline{\lambda^2}$，可知$\left(\lambda_k^2-\overline{\lambda^2}\right)\Big/\left(\overline{\lambda^2}-\bar{\lambda}^2\right)>p$，而如果$c\geqslant1/p$即$p\geqslant1/c$，则$\left(\lambda_k^2-\overline{\lambda^2}\right)\Big/\left(\overline{\lambda^2}-\bar{\lambda}^2\right)>1/c$，于是，$R^2_{(\lambda_1\cdots\cup\lambda_p)}<R^2_{(\lambda_h)}$。

上述的讨论可将**R^2准则II**较为清晰地表述为如下的**R^2准则II′**。

R^2准则II′ 将样本$\mathfrak{M}^{(\lambda_1)}$，$\mathfrak{M}^{(\lambda_2)}$，…，$\mathfrak{M}^{(\lambda_p)}$混合在一起，构成新的样本$\mathfrak{M}^{(\lambda_1\cdots\cup\lambda_p)}$，同一回归模型基于这些样本的拟合优度$R^2_{(\lambda_1)}$，$R^2_{(\lambda_2)}$，…，$R^2_{(\lambda_p)}$，$R^2_{(\lambda_1\cdots\cup\lambda_p)}$之间具有如下关系：

（1）如果$\lambda_k^2\leqslant\overline{\lambda^2}$，则$R^2_{(\lambda_1\cdots\cup\lambda_p)}>R^2_{(\lambda_k)}>\cdots>R^2_{(\lambda_p)}$。

（2）如果$\lambda_k^2>\overline{\lambda^2}$，则：

①当 $c \geqslant 1/p$ 时，$R^2_{(\lambda_p)} < R^2_{(\lambda_1 \cdots \cup \lambda_p)} < R^2_{(\lambda_k)}$；

②当 $c < 1/p$，$\left(\lambda_k^2 - \overline{\lambda^2}\right) \Big/ \left(\overline{\lambda^2} - \bar{\lambda}^2\right) > 1/c$ 时，$R^2_{(\lambda_p)} < R^2_{(\lambda_1 \cdots \cup \lambda_p)} < R^2_{(\lambda_k)}$；

③当 $c < 1/p$，且 $\left(\lambda_k^2 - \overline{\lambda^2}\right) \Big/ \left(\overline{\lambda^2} - \bar{\lambda}^2\right) = 1/c$ 时，$R^2_{(\lambda_p)} < R^2_{(\lambda_1 \cdots \cup \lambda_p)} = R^2_{(\lambda_k)}$；

④当 $c < 1/p$，且 $\left(\lambda_k^2 - \overline{\lambda^2}\right) \Big/ \left(\overline{\lambda^2} - \bar{\lambda}^2\right) < 1/c$ 时，$R^2_{(\lambda_1 \cdots \cup \lambda_p)} > R^2_{(\lambda_k)} > \cdots > R^2_{(\lambda_p)}$。

R^2 准则 II′的有关结果汇总见表 3-1。

表 3-1 **$\mathfrak{M}^{(\lambda_1 \cdots \cup \lambda_p)}$ $\mathfrak{M}^{(\lambda_k)}$ 下 R^2 的比较**

条件			结论	样本合并后是否提高了 R^2
条件 1	条件 2	条件 3		
$\lambda_k^2 \leqslant \overline{\lambda^2}$	—	—	$R^2_{(\lambda_1 \cdots \cup \lambda_p)} > R^2_{(\lambda_k)} > \cdots > R^2_{(\lambda_p)}$	提高
$\lambda_k^2 > \overline{\lambda^2}$	$c \geqslant 1/p$	—	$R^2_{(\lambda_p)} < R^2_{(\lambda_1 \cdots \cup \lambda_p)} < R^2_{(\lambda_k)}$	降低
	$c < 1/p$	$\left(\lambda_k^2 - \overline{\lambda^2}\right) \Big/ \left(\overline{\lambda^2} - \bar{\lambda}^2\right) > 1/c$	$R^2_{(\lambda_p)} < R^2_{(\lambda_1 \cdots \cup \lambda_p)} < R^2_{(\lambda_k)}$	降低
		$\left(\lambda_k^2 - \overline{\lambda^2}\right) \Big/ \left(\overline{\lambda^2} - \bar{\lambda}^2\right) = 1/c$	$R^2_{(\lambda_p)} < R^2_{(\lambda_1 \cdots \cup \lambda_p)} = R^2_{(\lambda_k)}$	不变
		$\left(\lambda_k^2 - \overline{\lambda^2}\right) \Big/ \left(\overline{\lambda^2} - \bar{\lambda}^2\right) < 1/c$	$R^2_{(\lambda_1 \cdots \cup \lambda_p)} > R^2_{(\lambda_k)} > \cdots > R^2_{(\lambda_p)}$	提高

备注：最后一栏比较的是 $\mathfrak{M}^{(\lambda_1 \cdots \cup \lambda_p)}$ 下的 R^2 与 $\mathfrak{M}^{(\lambda_k)}$ 的 R^2，即 $R^2_{(\lambda_1 \cdots \cup \lambda_p)}$ 与 $R^2_{(\lambda_k)}$ 的对比

根据表 3-1，需要研究的问题是，$R^2_{(\lambda_1 \cdots \cup \lambda_p)}$ 是否可以大于所有的 $R^2_{(\lambda_k)}$。为此，只需研究当 k=1 时，$R^2_{(\lambda_1 \cdots \cup \lambda_p)} > R^2_{(\lambda_1)}$ 是否成立。由于 $\lambda_1 > \cdots > \lambda_p$，因此，$\lambda_1^2 > \overline{\lambda^2}$，要使 $R^2_{(\lambda_1 \cdots \cup \lambda_p)} > R^2_{(\lambda_1)}$，只需 $c < 1/p$，且 $\left(\lambda_k^2 - \overline{\lambda^2}\right) \Big/ \left(\overline{\lambda^2} - \bar{\lambda}^2\right) < 1/c$。而如果 $c \geqslant 1/p$，$R^2_{(\lambda_1 \cdots \cup \lambda_p)} > R^2_{(\lambda_1)}$ 一定不会成立，$R^2_{(\lambda_1 \cdots \cup \lambda_p)} < R^2_{(\lambda_1)}$ 一定成立。只有在 $c < 1/p$ 即 $p < 1/c$ 前提下，当 $\left(\lambda_1^2 - \overline{\lambda^2}\right) \Big/ \left(\overline{\lambda^2} - \bar{\lambda}^2\right) < 1/c$ 时，$R^2_{(\lambda_1 \cdots \cup \lambda_p)} > R^2_{(\lambda_1)}$ 才成立。问题是，是否一定存在 $\lambda_1 > 0$，$\lambda_1 > \cdots > \lambda_p$，满足 $\left(\lambda_1^2 - \overline{\lambda^2}\right) \Big/ \left(\overline{\lambda^2} - \bar{\lambda}^2\right) < 1/c$。由 $\lim_{\lambda_1 \to \infty} \left(\lambda_1^2 - \overline{\lambda^2}\right) \Big/ \left(\overline{\lambda^2} - \bar{\lambda}^2\right) = p$，由极限理论，必存在 $0 < \varepsilon_0 < 1/c - p$，使

得$\left(\lambda_i^2-\overline{\lambda^2}\right)\Big/\left(\overline{\lambda^2}-\bar{\lambda}^2\right)<p+\varepsilon_0<1/c$。

以上的论述表明，存在充分大的$\lambda_1>0$，使得$\left(\lambda_1^2-\overline{\lambda^2}\right)\Big/\left(\overline{\lambda^2}-\bar{\lambda}^2\right)<1/c$，一个问题是$\left(\lambda_1^2-\overline{\lambda^2}\right)\Big/\left(\overline{\lambda^2}-\bar{\lambda}^2\right)$是否具有单调性。表 3-2 至表 3-4 中，$\lambda_{10}\sim\lambda_2$的数据相同，依次为 1~9，只有$\lambda_1$有所不同，分别为 10、15、100，$\left(\lambda_1^2-\overline{\lambda^2}\right)\Big/\left(\overline{\lambda^2}-\bar{\lambda}^2\right)$却分别为 7.45、11.6、10.96，因而$\left(\lambda_1^2-\overline{\lambda^2}\right)\Big/\left(\overline{\lambda^2}-\bar{\lambda}^2\right)$不具有单调性。

表 3-2 $\left(\lambda_k^2-\overline{\lambda^2}\right)\Big/\left(\overline{\lambda^2}-\bar{\lambda}^2\right)$的值

（$\lambda_1=10$，$\lambda_k=11-k$，$k=2, 3, \cdots, 10$）

λ	λ_{10}	λ_9	λ_8	λ_7	λ_6	λ_5	λ_4	λ_3	λ_2	λ_1
	1	2	3	4	5	6	7	8	9	10
$\left(\lambda_k^2-\overline{\lambda^2}\right)\Big/\left(\overline{\lambda^2}-\bar{\lambda}^2\right)$	−4.55	−4.18	−3.58	−2.73	−1.64	−0.30	1.27	3.09	5.15	7.45

表 3-3 $\left(\lambda_k^2-\overline{\lambda^2}\right)\Big/\left(\overline{\lambda^2}-\bar{\lambda}^2\right)$的值

（$\lambda_1=15$，$\lambda_k=11-k$，$k=2, 3, \cdots, 10$）

λ	λ_{10}	λ_9	λ_8	λ_7	λ_6	λ_5	λ_4	λ_3	λ_2	λ_1
	1	2	3	4	5	6	7	8	9	15
$\left(\lambda_k^2-\overline{\lambda^2}\right)\Big/\left(\overline{\lambda^2}-\bar{\lambda}^2\right)$	−3.33	−3.13	−2.80	−2.33	−1.73	−1.00	−0.13	0.87	2.00	11.60

表 3-4 $\left(\lambda_k^2-\overline{\lambda^2}\right)\Big/\left(\overline{\lambda^2}-\bar{\lambda}^2\right)$的值

（$\lambda_1=100$，$\lambda_k=11-k$，$k=2, 3, \cdots, 10$）

λ	λ_{10}	λ_9	λ_8	λ_7	λ_6	λ_5	λ_4	λ_3	λ_2	λ_1
	1	2	3	4	5	6	7	8	9	100
$\left(\lambda_k^2-\overline{\lambda^2}\right)\Big/\left(\overline{\lambda^2}-\bar{\lambda}^2\right)$	−1.26	−1.25	−1.25	−1.24	−1.23	−1.21	−1.20	−1.18	−1.16	10.96

假设相对离差率$c=1/11<1/10$，则$1/c=11$。

$\lambda_1=10$，表 3-2 给出 $\left(\lambda_1^2-\overline{\lambda^2}\right)\Big/\left(\overline{\lambda^2}-\bar{\lambda}^2\right)=7.45<1/c=11$，因此，$R^2_{(\lambda_1\cdots\cup\lambda_p)}>R^2_{(\lambda_1)}>\cdots>R^2_{(\lambda_{10})}$，也就是，$R^2_{(\lambda_1\cdots\cup\lambda_p)}$ 大于所有的 $R^2_{(\lambda_k)}$。

$\lambda_1=15$，表 3-3 给出 $\left(\lambda_1^2-\overline{\lambda^2}\right)\Big/\left(\overline{\lambda^2}-\bar{\lambda}^2\right)=11.6>1/c=11$，因此，$R^2_{(\lambda_1\cdots\cup\lambda_p)}<R^2_{(\lambda_1)}$，而 $\left(\lambda_2-\overline{\lambda^2}\right)\Big/\left(\overline{\lambda^2}-\bar{\lambda}^2\right)=2<1/c=11$，则 $R^2_{(\lambda_1\cdots\cup\lambda_p)}>R^2_{(\lambda_2)}>\cdots>R^2_{(\lambda_{10})}$。也就是，除了 $R^2_{(\lambda_1\cdots\cup\lambda_p)}$ 小于 $R^2_{(\lambda_1)}$，$R^2_{(\lambda_1\cdots\cup\lambda_p)}$ 大于剩下所有的 $R^2_{(\lambda_k)}$，即 $R^2_{(\lambda_1)}>R^2_{(\lambda_1\cdots\cup\lambda_p)}>R^2_{(\lambda_2)}>\cdots>R^2_{(\lambda_{10})}$。

$\lambda_1=100$，表 3-2 给出 $\left(\lambda_1^2-\overline{\lambda^2}\right)\Big/\left(\overline{\lambda^2}-\bar{\lambda}^2\right)=10.96<1/c=11$，因此，$R^2_{(\lambda_1\cdots\cup\lambda_p)}>R^2_{(\lambda_1)}>\cdots>R^2_{(\lambda_{10})}$，也就是，$R^2_{(\lambda_1\cdots\cup\lambda_p)}$ 是否可以大于所有的 $R^2_{(\lambda_k)}$。

3.3.2.2 多样本组混合下回归的 R^2 差异性的来源

样本混合后，拟合优度 $R^2_{(\lambda_1\cdots\cup\lambda_p)}$ 与 $R^2_{(\lambda_1)}$，$R^2_{(\lambda_2)}$，…，$R^2_{(\lambda_p)}$ 相比发生变化，探讨这种变化是否与样本方差的变化有关。

记变量 X_k 的观测值在 $\mathfrak{M}^{(\lambda_1)}$，$\mathfrak{M}^{(\lambda_2)}$，…，$\mathfrak{M}^{(\lambda_p)}$，$\mathfrak{M}^{(\lambda_1\cdots\cup\lambda_p)}$ 的平均值分别为 $\overline{X_k^{(\lambda_1)}}$，$\overline{X_k^{(\lambda_2)}}$，…，$\overline{X_k^{(\lambda_p)}}$，$\overline{X_k^{(\lambda_1\cdots\cup\lambda_p)}}$，易见 $\overline{X_k^{(\lambda_1)}}=\lambda_1\overline{X_k^{(1)}}$，…，$\overline{X_k^{(\lambda_p)}}=\lambda_p\overline{X_k^{(1)}}$，$\overline{X_k^{(\lambda_1\cdots\cup\lambda_p)}}=\left(\overline{X_k^{(\lambda_1)}}+\cdots+\overline{X_k^{(\lambda_p)}}\right)\Big/p=\bar{\lambda}\overline{X_k^{(1)}}$。令：

$$\begin{aligned}\sum_{t=1}^{n}\left(X_{kt}^{(\lambda_1)}-\overline{X_k^{(\lambda_1\cdots\cup\lambda_p)}}\right)^2&=\sum_{t=1}^{n}\left[\left(X_{kt}^{(\lambda_1)}-\overline{X_k^{(\lambda_1)}}\right)+\left(\overline{X_k^{(\lambda_1)}}-\overline{X_k^{(\lambda_1\cdots\cup\lambda_p)}}\right)\right]^2\\&=\sum_{t=1}^{n}\left(X_{kt}^{(\lambda_1)}-\overline{X_k^{(\lambda_1)}}\right)^2+n\left(\overline{X_k^{(\lambda_1)}}-\overline{X_k^{(\lambda_1\cdots\cup\lambda_p)}}\right)^2\\&=\lambda_1^2\sum_{t=1}^{n}\left(X_{kt}^{(1)}-\overline{X_k^{(1)}}\right)^2+n\left(\lambda_1-\bar{\lambda}\right)^2\overline{X_k^{(1)}}^2\\&=\lambda_1^2 n\cdot SVar(X_k^{(1)})+n(\lambda_1-\bar{\lambda})^2\overline{X_k^{(1)}}^2\end{aligned}$$

其中，$SVar(X_k^{(1)})=\dfrac{1}{n}\sum_{t=1}^{n}\left(X_{kt}-\bar{X}_k\right)^2$ 表示变量 X_k 在样本组 $\mathfrak{M}^{(1)}$ 中的样本方差。一般地，

$$\sum_{t=1}^{n}\left(X_{kt}^{(\lambda_h)}-\overline{X_k^{(\lambda_1\cdots\cup\lambda_p)}}\right)^2=\lambda_h^2 n\cdot SVar(X_k^{(1)})+n(\lambda_h-\bar{\lambda})^2\overline{X_k^{(1)}}^2,\quad h=1,2,\cdots,m$$

则

$$\sum_{h=1}^{p}\sum_{t=1}^{n}\left(X_{kt}^{(\lambda_h)}-X_k^{(\lambda_1\cdots\cup\lambda_p)}\right)^2=\sum_{h=1}^{p}\lambda_h^2 n\cdot SVar(X_k^{(1)})+\sum_{h=1}^{p}n(\lambda_h-\bar{\lambda})^2\overline{X_k^{(1)}}^2$$

由于 X_k 在 $\mathfrak{M}^{(\lambda_h)}$ 中的样本方差为 $SVar(X_k^{(\lambda_h)})=\lambda_h^2 SVar(X_k^{(I)})$，$h=1,2,\cdots,m$，$X_k$ 在 $\mathfrak{M}^{(\lambda_1,\lambda_2)}$ 的样本方差为：

$$SVar(X_k^{(\lambda_1\cdots\cup\lambda_p)})=\overline{\lambda^2}SVar(X_k^{(I)})+\left(\overline{\lambda^2}-\bar{\lambda}^2\right)\overline{X_k^{(I)}}^2 \tag{3.56}$$

其中，$\overline{\lambda^2}=\frac{1}{p}\sum_{h=1}^{p}\lambda_h^2$，$\bar{\lambda}=\frac{1}{p}\sum_{h=1}^{p}\lambda_h$。

设 $\lambda_1>\lambda_2>\cdots>\lambda_p>0$，由式（3.56），$SVar(X_k^{(\lambda_1\cdots\cup\lambda_p)})>SVar(X_k^{(\lambda_p)})$。可见，方差低的样本混合上方差高的样本后，其方差提高了。而

$$\begin{aligned}SVar(X_k^{(\lambda_1\cdots\cup\lambda_p)})-SVar(X_k^{(\lambda_h)})&=(\overline{\lambda^2}-\lambda_h^2)SVar(X_k^{(I)})+\left(\overline{\lambda^2}-\bar{\lambda}^2\right)\overline{X_k^{(I)}}^2\\&=\left(\overline{\lambda^2}-\bar{\lambda}^2\right)SVar(X_k^{(I)})\left(\frac{\overline{X_k^{(I)}}^2}{SVar(X_k^{(I)})}-\frac{\lambda_h^2-\overline{\lambda^2}}{\overline{\lambda^2}-\bar{\lambda}^2}\right)\\&=\left(\overline{\lambda^2}-\bar{\lambda}^2\right)SVar(X_k^{(I)})\left(\frac{1}{d_k}-\frac{\lambda_h^2-\overline{\lambda^2}}{\overline{\lambda^2}-\bar{\lambda}^2}\right)\end{aligned}$$

其中

$$d_k=SVar(X_k^{(\lambda)})\Big/\overline{X_k^{(\lambda)}}^2=SVar(X_k^{(I)})\Big/\overline{X_k^{(I)}}^2$$

因此我们有如下关于样本混合后变量样本方差变化的**方差准则 II**。

方差准则 II 设 $\lambda_1>\cdots>\lambda_p>0$，将样本 $\mathfrak{M}^{(\lambda_1)}$，$\mathfrak{M}^{(\lambda_2)}$，…，$\mathfrak{M}^{(\lambda_p)}$，混合在一起，构成新的样本 $\mathfrak{M}^{(\lambda_1\cdots\cup\lambda_p)}$，变量 X_k 在这 p+1 个样本组的样本方差 $SVar(X_k^{(\lambda_1)})$，$SVar(X_k^{(\lambda_2)})$，…，$SVar(X_k^{(\lambda_p)})$，$SVar(X_k^{(\lambda_1\cdots\cup\lambda_p)})$ 之间具有如下关系：

（1）如果 $\left(\lambda_h^2-\overline{\lambda^2}\right)\Big/\left(\overline{\lambda^2}-\bar{\lambda}^2\right)>1/d_k$，则 $SVar(X_k^{(\lambda_p)})<SVar(X_k^{(\lambda_1\cdots\cup\lambda_p)})<SVar(X_k^{(\lambda_h)})$；

（2）如果 $\left(\lambda_h^2-\overline{\lambda^2}\right)\Big/\left(\overline{\lambda^2}-\bar{\lambda}^2\right)=1/d_k$，则 $SVar(X_k^{(\lambda_p)})<SVar(X_k^{(\lambda_1\cdots\cup\lambda_p)})=SVar(X_k^{(\lambda_h)})$；

（3）如果 $\left(\lambda_h^2-\overline{\lambda^2}\right)\Big/\left(\overline{\lambda^2}-\bar{\lambda}^2\right)<1/d_k$，则 $SVar(X_k^{(\lambda_1\cdots\cup\lambda_p)})>SVar(X_k^{(\lambda_h)})>\cdots>SVar(X_k^{(\lambda_p)})$。

以上分析表明，$SVar(X_k^{(\lambda_1\cdots\cup\lambda_p)})$ 与 $SVar(X_k^{(\lambda_h)})$ 的关系，较之 $R^2_{(\lambda_1\cdots\cup\lambda_p)}$ 与

$R^2_{(\lambda_h)}$的关系，从技术层面上看，讨论起来与 R^2**准则** II 完全一致，因而与 R^2**准则** II′相对应，有如下的**方差准则** II′。

方差准则 II′　设 $\lambda_1 > \cdots > \lambda_p > 0$，将样本 $\mathfrak{M}^{(\lambda_1)}$，$\mathfrak{M}^{(\lambda_2)}$，…，$\mathfrak{M}^{(\lambda_p)}$，混合在一起，构成新的样本 $\mathfrak{M}^{(\lambda_1 \cdots \cup \lambda_p)}$，变量 X_k 在这 p+1 个样本组的样本方差 $SVar(X_k^{(\lambda_1)})$，$SVar(X_k^{(\lambda_2)})$，…，$SVar(X_k^{(\lambda_p)})$，$SVar(X_k^{(\lambda_1 \cdots \cup \lambda_p)})$之间具有如下关系：

（1）如果 $\lambda_h^2 \leqslant \overline{\lambda^2}$，则 $SVar(X_k^{(\lambda_1 \cdots \cup \lambda_p)}) > SVar(X_k^{(\lambda_h)}) > \cdots > SVar(X_k^{(\lambda_p)})$。

（2）如果 $\lambda_h^2 > \overline{\lambda^2}$，则：

①当 $d_k \geqslant 1/p$ 时，$SVar(X_k^{(\lambda_p)}) < SVar(X_k^{(\lambda_1 \cdots \cup \lambda_p)}) < SVar(X_k^{(\lambda_h)})$；

②当$d_k < 1/p$，且$\left(\lambda_k^2 - \overline{\lambda^2}\right) \Big/ \left(\overline{\lambda^2} - \bar{\lambda}^2\right) > 1/d_k$时，$SVar(X_k^{(\lambda_p)}) < SVar(X_k^{(\lambda_1 \cdots \cup \lambda_p)})$
$< SVar(X_k^{(\lambda_h)})$；

③当$d_k < 1/p$，且$\left(\lambda_k^2 - \overline{\lambda^2}\right) \Big/ \left(\overline{\lambda^2} - \bar{\lambda}^2\right) = 1/d_k$时，$SVar(X_k^{(\lambda_p)}) < SVar(X_k^{(\lambda_1 \cdots \cup \lambda_p)})$
$= SVar(X_k^{(\lambda_h)})$；

④当$d_k < 1/p$，且$\left(\lambda_k^2 - \overline{\lambda^2}\right) \Big/ \left(\overline{\lambda^2} - \bar{\lambda}^2\right) < 1/d_k$时，$SVar(X_k^{(\lambda_1 \cdots \cup \lambda_p)}) > SVar(X_k^{(\lambda_h)})$
$> \cdots > SVar(X_k^{(\lambda_p)})$。

方差准则 II′的有关结果汇总见表 3-5。

对于一元线性回归，c=d，这就意味着当混合样本提高了样本方差，由于判断准则完全相同，因此如果混合样本提高了样本方差，线性回归的 R^2 也就提高了。因此，如果 $SVar(X_k^{(\lambda_1 \cdots \cup \lambda_p)}) > SVar(X_k^{(\lambda_1)}) > \cdots > SVar(X_k^{(\lambda_p)})$，$k = 1, 2, \cdots, m$，则 $R^2_{(\lambda_1 \cdots \cup \lambda_p)} > R^2_{(\lambda_h)} > \cdots > R^2_{(\lambda_p)}$。

对于多元线性回归，由于难以确定 c 与 d_k的关系，对于只针对混合后所有变量的样本方差都提高或下降的情形作探讨。记

$$d_{min} = min_{1 \leqslant k \leqslant m}(d_k),\quad d_{max} = max_{1 \leqslant k \leqslant m}(d_k)$$

假设式（3.37）成立，近似地，可假定 $d_{min} \leqslant c \leqslant d_{max}$。有如下方差-$R^2$准则 II。

表 3-5　　$SVar(X_k^{(\lambda_1\cdots\cup\lambda_p)})$ 与 $SVar(X_k^{(\lambda_h)})$ 下 R^2 的比较

条件1	条件2	条件3	结论	样本合并后是否提高了R^2
$\lambda_h^2 \leqslant \overline{\lambda^2}$	—	—	$SVar(X_k^{(\lambda_1\cdots\cup\lambda_p)}) > SVar(X_k^{(\lambda_h)}) > \cdots > SVar(X_k^{(\lambda_p)})$	提高
$\lambda_h^2 > \overline{\lambda^2}$	$d_h \geqslant 1/p$	—	$SVar(X_k^{(\lambda_p)}) < SVar(X_k^{(\lambda_1\cdots\cup\lambda_p)}) < SVar(X_k^{(\lambda_h)})$	降低
	$d_h < 1/p$	$\left(\lambda_k^2 - \overline{\lambda^2}\right)\Big/\left(\overline{\lambda^2} - \bar{\lambda}^2\right) > 1/d_h$	$SVar(X_k^{(\lambda_p)}) < SVar(X_k^{(\lambda_1\cdots\cup\lambda_p)}) < SVar(X_k^{(\lambda_h)})$	降低
		$\left(\lambda_k^2 - \overline{\lambda^2}\right)\Big/\left(\overline{\lambda^2} - \bar{\lambda}^2\right) = 1/d_h$	$SVar(X_k^{(\lambda_p)}) < SVar(X_k^{(\lambda_1\cdots\cup\lambda_p)}) = SVar(X_k^{(\lambda_h)})$	不变
		$\left(\lambda_k^2 - \overline{\lambda^2}\right)\Big/\left(\overline{\lambda^2} - \bar{\lambda}^2\right) < 1/d_h$	$SVar(X_k^{(\lambda_1\cdots\cup\lambda_p)}) > SVar(X_k^{(\lambda_h)}) > \cdots > SVar(X_k^{(\lambda_p)})$	提高

备注：最后一栏比较的是，解释变量 X_k 在 $\mathfrak{M}^{(\lambda_1\cdots\cup\lambda_p)}$ 下的样本方差与在 $\mathfrak{M}^{(\lambda_h)}$ 下样本方差，即 $SVar(X_k^{(\lambda_1\cdots\cup\lambda_p)})$ 与 $SVar(X_k^{(\lambda_h)})$ 的对比

方差-R^2准则 II　设 $\lambda_1 > \cdots > \lambda_p > 0$，将样本 $\mathfrak{M}^{(\lambda_1)}$，$\mathfrak{M}^{(\lambda_2)}$，…，$\mathfrak{M}^{(\lambda_p)}$ 混合在一起，构成新的样本 $\mathfrak{M}^{(\lambda_1\cdots\cup\lambda_p)}$，假设 $d_{min} \leqslant c \leqslant d_{max}$，变量在这 p+1 个样本组的样本方差变化与回归模型的拟合优度变化之间具有如下关系：

（1）如果 $\lambda_h^2 \leqslant \overline{\lambda^2}$，则 $SVar(X_k^{(\lambda_1\cdots\cup\lambda_p)}) > SVar(X_k^{(\lambda_h)}) > \cdots > SVar(X_k^{(\lambda_p)})$，且 $R^2_{(\lambda_1\cdots\cup\lambda_p)} > R^2_{(\lambda_k)} > \cdots > R^2_{(\lambda_p)}$。

（2）如果 $\lambda_h^2 > \overline{\lambda^2}$，则：

① 当 $d_{min} \geqslant 1/p$ 时，$SVar(X_k^{(\lambda_p)}) < SVar(X_k^{(\lambda_1\cdots\cup\lambda_p)}) < SVar(X_k^{(\lambda_h)})$，$k = 1, 2, \cdots, m$，$R^2_{(\lambda_p)} < R^2_{(\lambda_1\cdots\cup\lambda_p)} < R^2_{(\lambda_h)}$；

② 当 $d_{max} < 1/p$，且 $\left(\lambda_h^2 - \overline{\lambda^2}\right)\Big/\left(\overline{\lambda^2} - \bar{\lambda}^2\right) > 1/d_{min}$ 时，$SVar(X_k^{(\lambda_p)}) < SVar(X_k^{(\lambda_1\cdots\cup\lambda_p)}) < SVar(X_k^{(\lambda_h)})$，$k = 1, 2, \cdots, m$，$R^2_{(\lambda_p)} < R^2_{(\lambda_1\cdots\cup\lambda_p)} < R^2_{(\lambda_h)}$；

③ 当 $d_{max} < 1/p$，且 $\left(\lambda_h^2 - \overline{\lambda^2}\right)\Big/\left(\overline{\lambda^2} - \bar{\lambda}^2\right) < 1/d_{max}$ 时，

$SVar(X_k^{(\lambda_1 \cdots \cup \lambda_p)}) > SVar(X_k^{(\lambda_h)}) > \cdots > SVar(X_k^{(\lambda_p)})$，$k = 1, 2, \cdots, m$，$R^2_{(\lambda_1 \cdots \cup \lambda_p)} > R^2_{(\lambda_h)} > \cdots > R^2_{(\lambda_p)}$。

比较**方差-R^2准则 II** 与**方差准则 II′**可知，假设 $d_{min} \leqslant c \leqslant d_{max}$，如果 $SVar(X_k^{(\lambda_p)}) < SVar(X_k^{(\lambda_1 \cdots \cup \lambda_p)}) < SVar(X_k^{(\lambda_h)})$，$k = 1, 2, \cdots, m$，则必然有下列之一成立：

（1）$d_{min} \geqslant 1/p$；

（2）$d_{max} < 1/p$，且 $\left(\lambda_h^2 - \overline{\lambda^2}\right) \Big/ \left(\overline{\lambda^2} - \bar{\lambda}^2\right) > 1/d_{min}$。

因而由 **R^2 准则 II′**，$R^2_{(\lambda_p)} < R^2_{(\lambda_1 \cdots \cup \lambda_p)} < R^2_{(\lambda_h)}$。如果 $SVar(X_k^{(\lambda_1 \cdots \cup \lambda_p)}) > SVar(X_k^{(\lambda_h)}) > \cdots > SVar(X_k^{(\lambda_p)})$，$k = 1, 2, \cdots, m$，则 $d_{max} < 1/p$，且 $\left(\lambda_h^2 - \overline{\lambda^2}\right) \Big/ \left(\overline{\lambda^2} - \bar{\lambda}^2\right) < 1/d_{max}$，因而由 **$R^2$准则 II′**，$R^2_{(\lambda_1 \cdots \cup \lambda_p)} > R^2_{(\lambda_1)} > \cdots > R^2_{(\lambda_p)}$。因此，方差越大，$R^2$ 也越大。

3.4 一个实例

以上分析表明，将 R^2 作为模型的解释能力，是不恰当的。R^2 的大小受到两个因素的制约，一是特定的样本，二是总体满足同方差假设。以上的结论是建立在 $\mathfrak{M}^{(\lambda)}$ 对模型进行回归的基础上，为了说明这种方法的现实意义，下面通过一具体实例来进行具体说明。

3.4.1 不同样本下回归模型的 R^2

如果会计信息中的每股净收益 EPS 可用于解释每股市价 P，回归模型为：

$$P_t = \beta_0 + \beta_1 EPS_t + u_t, \quad u_t \sim N(0, \sigma^2)$$

且 β_0，β_1，σ 的真值为 $\beta_0 = 50$，$\beta_1 = 10$，$\sigma = 5$，即正确的模型为 $P_t = 50 + 10EPS_t + u_t$，$u_t \sim N(0, 5^2)$。

（1）假设对于“高盈利企业”的 1 次独立观测得到含 100 个样本的“高盈利样本组”$\mathfrak{M}^{(1)}$ 的样本点 $(X_t^{(1)}; Y_t^{(1)}) = (EPS_t^{(1)}; P_t^{(1)})$ 满足，

$EPS_t^{(1)} = t, \quad P_t = 150 + 35EPS_t^{(1)} + \varepsilon_t$

$\varepsilon_t = 10\sqrt{2}\cos(t\pi/2 - \pi/4)$

$t = 1, 2, \cdots, 100$

显然，

$$\varepsilon_t = \begin{cases} 1 & t = 4k, 4k+1, \quad k = 0, 1, 2, \cdots \\ -1 & t = 4k+2, 4k+3, \quad k = 0, 1, 2, \cdots \end{cases}$$

即当 $t = 1, 2, \cdots, 100$ 时，ε_t 的取值依次为 10，－10，－10，10，10，－10，－10，10，…。因而，

$$\sum_{t=1}^{100}(Y_t^{(1)} - 50 - 10X_t^{(1)}) = \sum_{t=1}^{100}\varepsilon_t = 0$$

$$\sum_{t=1}^{100}(Y_t^{(1)} - 50 - 10X_t^{(1)})X_t^{(1)} = \sum_{t=1}^{100}\varepsilon_t X_t^{(1)} = 0$$

也就是，$\hat{\beta}_0 = \beta_0 = 50$，$\hat{\beta}_1 = \beta_1 = 10$ 满足正规方程组（3.5）。因此，在 $\mathfrak{M}^{(1)}$ 下，模型 $P_t = \beta_0 + \beta_1 EPS_t + u_t$ 中 β_0，β_1 的最小二乘估计 $\hat{\beta}_0 = \beta_0 = 50$，$\hat{\beta}_1 = \beta_1 = 10$。由于样本方差

$$S^{(1)} = S(X_t^{(1)}) = 1/n\sum_{t=1}^{n}(X_t^{(1)} - \overline{X^{(1)}})^2 = 1/n\sum_{t=1}^{n}(X_t^{(1)})^2 - \overline{X^{(1)}}^2$$

可见，$S(X_t^{(\lambda)}) = \lambda^2 S(X_t^{(1)})$。由于n=100，$X_t^{(1)} = t$，$\overline{X^{(1)}} = (n+1)/2 = 50.5$，则：

$S(X_t^{(1)}) = S(EPS_t^{(1)}) = (n-1)(n+1)/12 = 833.25$

$RSS^{(1)}$ =8 332 500，$ESS^{(1)}$ =10 000，$TSS^{(1)}$ =8 342 500

$R_{(1)}^2 = 0.999$

$\hat{\sigma} = 10.1$

n=100

由于

$$Var^{(1)}(\hat{\beta}_0) = \frac{\sum X_t^2}{n\sum(X_t - \bar{X})^2}\sigma^2 = \frac{2(2n+1)}{n(n-1)}\sigma^2 = (0.2015\sigma)^2$$

$$Var^{(1)}(\hat{\beta}_1) = \frac{1}{\sum(X_t - \bar{X})^2}\sigma^2 = \frac{12}{n(n-1)(n+1)}\sigma^2 = (3.4643\times10^{-3}\sigma)^2$$

$\hat{\beta}_0$、$\hat{\beta}_1$ 的 t-值分别为：

$t^{(1)}(\hat{\beta}_0) = 50/(10.1\times0.2015) = 24.57$

$t^{(1)}(\hat{\beta}_1) = 10/(10.1\times3.4643\times10^{-3}) = 285.80$

（2）假定对“一般企业”的 1 次观测得到含 100 个样本的“一般盈利样本组”$\mathfrak{M}^{(0.1)}$：$(X_t^{(0.1)}; Y_t^{(0.1)}) = (EPS_t^{(0.1)}; P_t^{(0.1)})$，其中，

$EPS_t^{(0.1)} = t/10$ ，$P_t^{(0.1)} = 50 + 10EPS_t^{(0.1)} + \varepsilon_t$

$\varepsilon_t = 10\sqrt{2}\cos(t\pi/2 - \pi/4)$

$t = 1, 2, \cdots, 100$

仍有 $\hat{\beta}_0 = \beta_0 = 50$ ，$\hat{\beta}_1 = \beta_1 = 10$ ，但 $RSS^{(0.1)} = 83\ 325$，$ESS^{(0.1)} = 10\ 000$，$TSS^{(0.1)} = 93\ 325$，$R^2_{(0.1)} = 0.89$ 。

样本方差

$S(X_t^{(0.1)}) = S(EPS_t^{(0.1)}) = 0.1^2 S(X_t^{(1)}) = 8.33$

σ 的估计与 $\mathfrak{M}^{(1)}$ 的结果一致，仍为 $\hat{\sigma} = 10.1$ ，$\hat{\beta}_0$ 的 t-值仍为，$\hat{\beta}_1$ 的 t-值为样本下的 1/10，即为 $t^{(0.1)}(\hat{\beta}_1) = 10^{-1} t^{(1)}(\hat{\beta}_1) = 28.58$ 。即 $\hat{\beta}_0$ 、$\hat{\beta}_1$ 的 t-值分别为：

$t^{(0.1)}(\hat{\beta}_0) = t^{(1)}(\hat{\beta}_0) = 24.57$

$t^{(0.1)}(\hat{\beta}_1) = 10^{-1} t^{(1)}(\hat{\beta}_1) = 28.58$

（3）假定对"薄利企业"的 1 次观测得到含 100 个样本的"薄利样本组" $\mathfrak{M}^{(0.01)}$ ：$(X_t^{(0.01)}; Y_t^{(0.01)}) = (EPS_t^{(0.01)}; P_t^{(0.01)})$ ，其中：

$EPS_t^{(0.01)} = t/100$ ，$P_t^{(0.01)} = 50 + 10EPS_t^{(0.01)} + \varepsilon_t$

$\varepsilon_t = 10\sqrt{2}\cos(t\pi/2 - \pi/4)$

$t = 1, 2, \cdots, 100$

仍有 $\hat{\beta}_0 = \beta_0 = 50$ ，$\hat{\beta}_1 = \beta_1 = 10$ ，但 $RSS^{(0.01)} = 833.25$，$ESS^{(0.01)} = 10\ 000$，$TSS^{(0.01)} = 10\ 833.25$，$R^2_{(0.01)} = 0.077$ 。

样本方差

$S(X_t^{(0.01)}) = S(EPS_t^{(0.01)}) = 0.01^2 S(X_t^{(1)}) = 0.0833$

σ 的估计与 $\mathfrak{M}^{(1)}$ 的结果一致，仍为 $\hat{\sigma} = 10.1$ ，$\hat{\beta}_0$ 的 t-值仍为 $t^{(0.01)}(\hat{\beta}_0) = t^{(1)}(\hat{\beta}_0) = 24.57$ ，$\hat{\beta}_1$ 的 t-值为样本下的 1/100，即为 $t^{(0.01)}(\hat{\beta}_1) = 10^{-2} t^{(1)}(\hat{\beta}_1) = 2.86$ 。即 $\hat{\beta}_0$ 、$\hat{\beta}_1$ 的 t-值分别为：

$t^{(0.01)}(\hat{\beta}_0) = t^{(1)}(\hat{\beta}_0) = 24.57$

$t^{(0.01)}(\hat{\beta}_1) = 10^{-2} t^{(1)}(\hat{\beta}_1) = 2.86$

（4）假定对"微利企业"的 1 次观测得到含 100 个样本的"微利样本组" $\mathfrak{M}^{(0.001)}$ ：$(X_t^{(0.001)}; Y_t^{(0.001)}) = (EPS_t^{(0.001)}; P_t^{(0.001)})$ ，其中

$EPS_t^{(0.001)} = t/1\ 000$ ，$P_t^{(0.001)} = 50 + 10EPS_t^{(0.001)} + \varepsilon_t$

$\varepsilon_t = 10\sqrt{2}\cos(t\pi/2 - \pi/4)$

$t = 1, 2, \cdots, 100$

仍有 $\hat{\beta}_0 = \beta_0 = 50$ ，$\hat{\beta}_1 = \beta_1 = 10$ ，但 $RSS^{(0.001)} = 8.33$，$ESS^{(0.001)} = 10\ 000$，$TSS^{(0.001)} = 10\ 008.33$，$R^2_{(0.001)} = 0.0008$ 。

样本方差

$S(X_t^{(0.001)}) = S(EPS_t^{(0.001)}) = 0.001^2 S(X_t^{(1)}) = 0.0008$

σ 的估计与 $\mathfrak{M}^{(1)}$ 的结果一致，仍为 $\hat{\sigma} = 10.1$ ，$\hat{\beta}_0$ 的 t-值仍为 $t^{(0.001)}(\hat{\beta}_0) = t^{(1)}(\hat{\beta}_0) = 24.57$ ，$\hat{\beta}_1$ 的 t-值为样本下的 1/1 000，即为 $t^{(0.01)}(\hat{\beta}_1) = 10^{-3} t^{(1)}(\hat{\beta}_1) = 0.29$ 。即 $\hat{\beta}_0$ 、$\hat{\beta}_1$ 的 t-值分别为：

$t^{(0.001)}(\hat{\beta}_0) = t^{(1)}(\hat{\beta}_0) = 24.57$

$t^{(0.01)}(\hat{\beta}_1) = 10^{-3} t^{(1)}(\hat{\beta}_1) = 0.29$

上述结果汇总见表 3-6。

表 3-6　　**四组样本回归结果比较**

模型：$P_t = \beta_0 + \beta_1 EPS_t + u_t$ ，$u_t \sim N(0, \sigma^2)$

样本	β_0		β_1		σ 估值	SVar（EPS）	R^2
	估值	t-值	估值	t-值			
高盈利样本组 $\mathfrak{M}^{(1)}$	50	25.57	10	285.80	10.1	833.25	0.999
一般盈利样本组 $\mathfrak{M}^{(0.1)}$	50	25.57	10	28.58	10.1	8.33	0.89
薄利样本组 $\mathfrak{M}^{(0.01)}$	50	25.57	10	2.86	10.1	0.08	0.077
微利样本组 $\mathfrak{M}^{(0.001)}$	50	25.57	10	0.29	10.1	0.0008	0.0008

在以上“高盈利样本组”“一般盈利样本组”“薄利样本组”“微利样本组”下，依最小二乘法进行回归分析，对未知参数 β_0 、β_1 的估计值相同，均为 β_0 、β_1 的真值，对 σ 的估计值也相同，为 $\hat{\sigma} = 10.1$ ，接近于 σ 的真值 10。然而 R^2 却差别巨大，分别为 1、0.89、0.077、0.0008。如果以 R^2 作为评价模型的解释能力，在“高盈利样本组”下，模型的解释能力被评价为最大；而在“一般盈利样本组”下，模型的解释能力被评价为很强，在“薄利样本组”“微利样

本组”下，模型的解释能力被评价为很差，R^2只有 0.077，在“微利样本组”下，模型就没有解释能力，连 EPS 系数的显著性检验都没有通过。

然而模型的解释能力应该是相同的，前三个样本下模型的未知参数的显著性通过了检验。至少运用这三个样本可以说明，每股收益每增加 1 单位，股价相应增加 10 单位。第四个样本组，R^2太低，只有 0.0008，因而导致了系数的显著性检验都没有通过。太低的 R^2对于系数的显著性产生一个“惩罚”效应：降低统计量的 t-值，影响了对于系数是否显著为零的判断。换句话说，如果在四组样本下，系数的显著性都通过了检验，其解释了应该是相同的。

从表 3-6 可以看出，R^2越大，解释变量的系数的 t-值越大。而 R^2的大小于样本的方差有密切的关系，从“高盈利样本组”至“微利样本组”，解释变量的样本方差依次为 833.25、8.33、0.08、0.0008。对于“微利样本组”，解释变量的样本方差只有 0.0008，样本几乎是无差异的，因而用这样的数据进行回归分析，得到的 R^2较低，显著性检验无法通过是意料中的事。

3.4.2 两样本混合样本下回归模型的 R^2

考虑将上述四类样本的任意两者进行混合，探讨混合后的 R^2与解释变量的系数 t-值。

样本混合后的解释变量的样本方差由式（3.47）确定，即

$$SVar(X_k^{(\lambda_1\cup\lambda_2)}) = (\lambda_1^2+\lambda_2^2)SVar(X_k^{(l)})/2 + (\lambda_1-\lambda_2)^2\overline{X_k^{(l)}}^2/4$$

由式（3.42），

$$\hat{\sigma}^2_{(\lambda_1\cup\lambda_2)} = 20\,000/198 = 10.05^2$$

一元线性回归未知参数统计量 t-值的计算可利用样本方差、样本均值进行计算。即：

$$Var(\hat{\beta}_0) = \frac{\sum X_t^2}{N\sum(X_t-\bar{X})^2}\sigma^2 = \frac{1}{N}\left(1+\frac{\bar{X}^2}{SVar(X_t)}\right)\sigma^2 \quad (3.57)$$

$$\mathrm{Var}(\hat{\beta}_1)=\frac{1}{\sum(X_t-\bar{X})^2}\sigma^2=\frac{1}{N\cdot \mathrm{SVar}(X_t)}\sigma^2 \tag{3.58}$$

可得到$\mathfrak{M}^{(\lambda_1\cup\lambda_2)}$回归系数的方差：

$$\mathrm{Var}^{(\lambda_1\cup\lambda_2)}(\hat{\beta}_0)=\left[\frac{1}{2n}+\frac{\overline{X^{(\lambda_1\cup\lambda_2)}}^2}{2nS\left(X^{(\lambda_1\cup\lambda_2)}\right)}\right]\sigma^2=\frac{1}{2n}\cdot\left[1+\frac{(\lambda_1+\lambda_2)^2}{4}\frac{\overline{X^{(l)}}^2}{S\left(X^{(\lambda_1\cup\lambda_2)}\right)}\right]\sigma^2$$

$$\mathrm{Var}^{(\lambda_1\cup\lambda_2)}(\hat{\beta}_1)=\frac{1}{2n\cdot \mathrm{SVar}\left(X^{(\lambda_1\cup\lambda_2)}\right)}\sigma^2$$

$\mathfrak{M}^{(\lambda_1\cup\lambda_2)}$下$\hat{\beta}_0$、$\hat{\beta}_1$的t-值分别为：

$$t^{(\lambda_1\cup\lambda_2)}(\hat{\beta}_0)=50/\left(\mathrm{Var}^{(\lambda_1\cup\lambda_2)}(\hat{\beta}_0)\right)^{1/2}$$

$$t^{(\lambda_1\cup\lambda_2)}(\hat{\beta}_1)=10/\left(\mathrm{Var}^{(\lambda_1\cup\lambda_2)}(\hat{\beta}_1)\right)^{1/2}$$

$\mathfrak{M}^{(\lambda_1\cup\lambda_2)}$下的$R^2$由式（3.45）确定，即：

$$R^2_{(\lambda_1\cup\lambda_2)}=\frac{RSS^{(\lambda_1)}+RSS^{(\lambda_2)}+(\lambda_1-\lambda_2)^2 n\left(\overline{Y^{(l)}}-\bar{\beta}_0\right)^2\Big/2}{RSS^{(\lambda_1)}+RSS^{(\lambda_2)}+(\lambda_1-\lambda_2)^2 n\left(\overline{Y^{(l)}}-\bar{\beta}_0\right)^2\Big/2+2ESS^{(l)}}$$

在一元线性回归下，c=d=0.3267，（1+2c）/（1−2c）=4.7714，而$\lambda_1/\lambda_2\geqslant 10>4.7714$。因此，混合后的样本方差、两个样本的，即$\mathfrak{M}^{(\lambda_1\cup\lambda_2)}$的样本方差、$R^2$均大于$\mathfrak{M}^{(\lambda_1)}$、$\mathfrak{M}^{(\lambda_2)}$的。两样本混合后有关参数估值、t-值、样本方差、$R^2$等见表3-7至表3-9。

（1）观测表3-7中“微利样本组”$\mathfrak{M}^{(0.001)}$与其他样本进行混合，可以得到一些不可思议的结论。

“微利样本组”$\mathfrak{M}^{(0.001)}$下回归的，$R^2_{0.001}=0.0008$。若与“薄利样本组”$\mathfrak{M}^{(0.01)}$混合，$R^2_{(0.01\cup 0.001)}=0.086$。虽然相对于$R^2_{0.01}=0.077$，$R^2$提高不多，但相对于$R^2_{0.001}=0.0008$来说，却是提高了100倍以上。回归系数的显著性问题，在$\mathfrak{M}^{(0.001)}$下，$\hat{\beta}_1$的t-值只有0.29，而在$\mathfrak{M}^{(0.001\cup 0.01)}$下，$\hat{\beta}_1$的t-值提高到4.31，提高了20倍以上，而在$\mathfrak{M}^{(0.01)}$下，也只有2.86。这些要归功于样本方差的变化上：从$\mathfrak{M}^{(0.001)}$的0.0008变为$\mathfrak{M}^{(0.01\cup 0.001)}$的0.094，增加了100倍以上。

表 3-7 **两样本组混合下的回归结果比较**

（$\mathfrak{M}^{(0.001)}$ 与其他样本组混合）

模型：$P_t = \beta_0 + \beta_1 EPS_t + u_t$， $u_t \sim N(0, \sigma^2)$

样本	β_0		β_1		σ	SVar	R^2
	估值	t-值	估值	t-值	估值	（EPS）	
微利样本组 $\mathfrak{M}^{(0.001)}$	50	25.57	10	0.29	10.1	0.0008	0.0008
薄利样本组 $\mathfrak{M}^{(0.01)}$	50	25.57	10	2.86	10.1	0.08	0.077
混合：$\mathfrak{M}^{(0.01)} \cup \mathfrak{M}^{(0.001)}$	50	52.11	10	4.31	10.05	0.094	0.085701
微利样本组 $\mathfrak{M}^{(0.001)}$	50	25.57	10	0.29	10.1	0.0008	0.0008
一般盈利样本组 $\mathfrak{M}^{(0.1)}$	50	25.57	10	28.58	10.1	8.33	0.89
混合：$\mathfrak{M}^{(0.1)} \cup \mathfrak{M}^{(0.001)}$	50	55.20	10	45.41	10.05	10.415	0.912409
微利样本组 $\mathfrak{M}^{(0.001)}$	50	25.57	10	0.29	10.1	0.0008	0.0008
高盈利样本组 $\mathfrak{M}^{(1)}$	50	25.57	10	285.80	10.1	833.25	0.998801
混合：$\mathfrak{M}^{(1)} \cup \mathfrak{M}^{(0.001)}$	50	55.51	10	456.61	10.05	1 052.913	0.999051

若“微利样本组”$\mathfrak{M}^{(0.001)}$ 与“一般盈利样本组”$\mathfrak{M}^{(0.1)}$ 混合，$R^2_{(0.1 \cup 0.001)}$ 达到惊人的 0.912，从 $\mathfrak{M}^{(0.001)}$ 的 0.0008 到 $\mathfrak{M}^{(0.1)}$ 的 0.912，提高了 1 100 倍以上，也比 $R^2_{(0.1)}$ 的 0.89 高。回归系数的显著性变化，更为迷人，在 $\mathfrak{M}^{(0.001)}$ 下，$\hat{\beta}_1$ 的 t-值只有 0.29，而在 $\mathfrak{M}^{(0.001 \cup 0.1)}$ 下，$\hat{\beta}_1$ 的 t-值提高到 45.41，提高了 150 倍以上，而在 $\mathfrak{M}^{(0.01)}$ 下，也只有 28.58。这些要归功于样本方差的变化上：从 $\mathfrak{M}^{(0.001)}$ 的 0.0008 变为 $\mathfrak{M}^{(0.1 \cup 0.001)}$ 的 10.415，增加了 130 000 倍以上，以及从 $\mathfrak{M}^{(0.1)}$ 的 8.33 增加为 $\mathfrak{M}^{(0.1 \cup 0.001)}$ 的 10.415，增加了 0.25 倍以上。

若“微利样本组”$\mathfrak{M}^{(0.001)}$ 与“高盈利样本组”$\mathfrak{M}^{(1)}$ 混合，$R^2_{(0.1 \cup 0.001)}$ 达到更为不可思议的 0.999051，从 $R^2_{(0.001)}$ 的 0.0008 到 $R^2_{(0.1 \cup 0.001)}$ 的 0.999051，提高了 12 400 倍以上，也比 $R^2_{(1)}$ 的 0.998801 稍高。回归系数

的显著性变化，也是不可思议的，在$\mathfrak{M}^{(0.001)}$下，$\hat{\beta}_1$的t−值只有0.29，而在$\mathfrak{M}^{(1\cup 0.001)}$下，$\hat{\beta}_1$的t−值提高到456.61，提高了1 570倍以上，而在$\mathfrak{M}^{(1)}$下，也只有285.80。这些也要归功于样本方差的变化上：从$\mathfrak{M}^{(0.001)}$的0.0008变为$\mathfrak{M}^{(1\cup 0.001)}$的1 052.913，增加了1 316 100倍以上，以及的$\mathfrak{M}^{(1)}$的833.25增加为$\mathfrak{M}^{(1\cup 0.001)}$的1 052.913，增加了0.25倍以上。

（2）观测表3−8中“薄利样本组”$\mathfrak{M}^{(0.01)}$与其他样本进行混合，$\hat{\beta}_1$的t−值、R^2变化也很大，但不如$\mathfrak{M}^{(0.001)}$的相应情形。

表3−8 **两样本组混合下的回归结果比较**

（$\mathfrak{M}^{(0.01)}$与其他样本组混合）

模型：$P_t=\beta_0+\beta_1 EPS_t+u_t$，$u_t \sim N(0,\sigma^2)$

样本	β_0		β_1		σ	SVar	R^2
	估值	t−值	估值	t−值	估值	（EPS）	
薄利样本组$\mathfrak{M}^{(0.01)}$	50	25.57	10	2.86	10.1	0.08	0.077
一般盈利样本组$\mathfrak{M}^{(0.1)}$	50	25.57	10	28.58	10.1	8.33	0.89
混合：$\mathfrak{M}^{(0.1)}\cup\mathfrak{M}^{(0.01)}$	50	52.11	10	43.08	10.05	9.37	0.9036
薄利样本组$\mathfrak{M}^{(0.01)}$	50	25.57	10	2.86	10.1	0.08	0.077
高盈利样本组$\mathfrak{M}^{(1)}$	50	25.57	10	285.80	10.1	833.25	0.998801
混合：$\mathfrak{M}^{(1)}\cup\mathfrak{M}^{(0.01)}$	50	55.20	10	454.14	10.05	1 041.54	0.999041

若“薄利样本组”$\mathfrak{M}^{(0.01)}$与“一般盈利样本组”$\mathfrak{M}^{(0.1)}$混合，$R^2_{(0.1\cup 0.01)}$增加到0.9036，从0.08到0.9036，提高了10倍以上，也比$R^2_{(0.1)}$的0.89略高。相比于$\mathfrak{M}^{(0.001)}$与$\mathfrak{M}^{(0.1)}$的混合，从$R^2_{(0.001)}$的0.0008到$R^2_{(0.1\cup 0.001)}$的0.912，提高了1 100倍以上，自然要逊色许多。回归系数的显著性变化，在$\mathfrak{M}^{(0.01)}$下，$\hat{\beta}_1$的t−值为2.86，在$\mathfrak{M}^{(0.1\cup 0.01)}$下，$\hat{\beta}_1$的t−值提高到43.08，从2.86到43.08，提高了15倍左右。相比于$\mathfrak{M}^{(0.001)}$与$\mathfrak{M}^{(0.1)}$的混

合，$\hat{\beta}_1$的t-值从$\mathfrak{M}^{(0.001)}$的0.29变为$\mathfrak{M}^{(0.001\cup0.1)}$的45.41，提高了150倍以上。这些可从比较样本方差的变化知其差异原因：$\mathfrak{M}^{(0.01)}$与$\mathfrak{M}^{(0.1)}$混合，样本方差从$\mathfrak{M}^{(0.01)}$的0.08变为$\mathfrak{M}^{(0.1\cup0.01)}$的9.37，只增加不到118倍，相比于$\mathfrak{M}^{(0.001)}$与$\mathfrak{M}^{(0.1)}$的混合，样本方差从$\mathfrak{M}^{(0.001)}$的0.0008变为$\mathfrak{M}^{(0.1\cup0.001)}$的10.415，增加了130 000倍以上。

若“薄利样本组”$\mathfrak{M}^{(0.01)}$与“高盈利样本组”$\mathfrak{M}^{(1)}$混合，$R^2_{(1\cup0.01)}$增加到0.999041，从0.08到0.999041，提高了不到12倍，比$R^2_{(1)}$的0.998801略高。但相比于$\mathfrak{M}^{(0.001)}$与$\mathfrak{M}^{(1)}$的混合，从$R^2_{(0.001)}$的0.0008到$R^2_{(1\cup0.001)}$的0.999051，提高了1 240倍以上，自然是逊色太多。回归系数的显著性变化，在$\mathfrak{M}^{(0.01)}$下，$\hat{\beta}_1$的t-值为2.86，在$\mathfrak{M}^{(1\cup0.01)}$下，$\hat{\beta}_1$的t-值提高到454.14，从2.86到454.14，提高不超过158倍。相比于$\mathfrak{M}^{(0.001)}$与$\mathfrak{M}^{(1)}$的混合，$\hat{\beta}_1$的t-值从$\mathfrak{M}^{(0.001)}$的0.29变为$\mathfrak{M}^{(1\cup0.001)}$的456.61，提高了1 570倍以上。从比较样本方差的变化也可以知这些差异的原因：$\mathfrak{M}^{(0.01)}$与$\mathfrak{M}^{(1)}$混合，样本方差从$\mathfrak{M}^{(0.01)}$的0.08变为$\mathfrak{M}^{(1\cup0.01)}$的1 041.54，增加了13 019倍左右，相比于$\mathfrak{M}^{(0.001)}$与$\mathfrak{M}^{(1)}$的混合，样本方差从$\mathfrak{M}^{(0.001)}$的0.0008变为$\mathfrak{M}^{(1\cup0.001)}$的1 052.913，增加了1 316 100倍以上，这是双方的巨大差异所在。

（3）观测表3-9中“一般盈利样本组”$\mathfrak{M}^{(0.1)}$与其他样本进行混合，$\hat{\beta}_1$的t-值、R^2变化也很大，但远不如$\mathfrak{M}^{(0.001)}$、$\mathfrak{M}^{(0.01)}$与其他样本混合的相应情形。

“一般盈利样本组”$\mathfrak{M}^{(0.1)}$与“高盈利样本组”$\mathfrak{M}^{(1)}$混合，$R^2_{(1\cup0.1)}$增加到0.998934，从0.89到0.998934，提高了12%左右，与$R^2_{(1)}$的0.998801相差无几。但相比于$\mathfrak{M}^{(0.001)}$与$\mathfrak{M}^{(1)}$的混合，从$R^2_{(0.001)}$的0.0008到$R^2_{(1\cup0.001)}$的0.999051，提高了1 240倍以上，差异不是在同一级别上。与$\mathfrak{M}^{(0.01)}$与$\mathfrak{M}^{(1)}$相混合的情形相对比，从$R^2_{(0.001)}$的0.08到$R^2_{(1\cup0.01)}$的0.999041，提高了10倍以上，差异也是很大的。

表 3-9　**两样本组混合下的回归结果比较**

（$\mathfrak{M}^{(0.1)}$ 与其他样本组混合）

模型：$P_t=\beta_0+\beta_1 EPS_t+u_t$，$u_t \sim N(0,\sigma^2)$

样本	β_0		β_1		σ	SVar	R^2
	估值	t-值	估值	t-值	估值	(EPS)	
一般盈利样本组 $\mathfrak{M}^{(0.1)}$	50	25.57	10	28.58	10.1	8.33	0.89
高盈利样本组 $\mathfrak{M}^{(1)}$	50	25.57	10	285.80	10.1	833.25	0.998801
混合：$\mathfrak{M}^{(1)} \cup \mathfrak{M}^{(0.1)}$	50	52.11	10	430.79	10.05	937.22	0.998934

回归系数的显著性变化，在 $\mathfrak{M}^{(0.1)}$ 下，$\hat{\beta}_1$ 的 t-值为 285.80，在 $\mathfrak{M}^{(1\cup 0.1)}$ 下，$\hat{\beta}_1$ 的 t-值提高到 430.79，从 285.80 到 430.79，提高 0.5 倍左右。相比于 $\mathfrak{M}^{(0.001)}$ 与 $\mathfrak{M}^{(1)}$ 的混合，$\hat{\beta}_1$ 的 t-值从 $\mathfrak{M}^{(0.001)}$ 的 0.29 变为 $\mathfrak{M}^{(1\cup 0.001)}$ 的 456.61，提高了 1 570 倍以上，这不是同一级别上的事。与 $\mathfrak{M}^{(0.01)}$ 与 $\mathfrak{M}^{(1)}$ 相混合的情形相对比，$\hat{\beta}_1$ 的 t-值从 $\mathfrak{M}^{(0.01)}$ 的 2.86 倍到 $\mathfrak{M}^{(1\cup 0.01)}$ 的 454.14，提高了 150 倍以上，差异也是巨大的。

自然，样本方差的变化是其差异原因：与 $\mathfrak{M}^{(1)}$ 混合，样本方差从 $\mathfrak{M}^{(0.1)}$ 的 8.33 变为 $\mathfrak{M}^{(1\cup 0.1)}$ 的 937.22，增加了 110 倍左右，相比于 $\mathfrak{M}^{(0.001)}$ 与 $\mathfrak{M}^{(1)}$ 的混合，样本方差从 $\mathfrak{M}^{(0.001)}$ 的 0.0008 变为 $\mathfrak{M}^{(1\cup 0.001)}$ 的 1 052.913，增加了 1 316 100 倍以上，这是小巫见大巫。与 $\mathfrak{M}^{(1\cup 0.01)}$ 的情形相比，样本方差从 $\mathfrak{M}^{(0.01)}$ 的 0.08 变为 $\mathfrak{M}^{(1\cup 0.01)}$ 的 1 041.54，增加了 13 019 倍左右，差异是巨大的。

3.4.3　三样本混合下回归模型的 R^2

考虑将上述四类样本的任意三者进行混合，探讨混合后的 R^2 与解释变量的系数 t-值。

样本混合后的解释变量的样本方差由式（3.56）确定，即：

$$S\,Var(X_k^{(\lambda_1\cdots\cup\lambda_3)})=\overline{\lambda^2}S\,Var(X_k^{(l)})+\left(\overline{\lambda^2}-\bar{\lambda}^2\right)\overline{X_k^{(l)}}^2$$

其中，$\overline{\lambda^2}=\frac{1}{3}\sum_{h=1}^{3}\lambda_h^2$，$\bar{\lambda}=\frac{1}{3}\sum_{h=1}^{3}\lambda_h$。

由式（3.51），

$$\hat{\sigma}^2_{(\lambda_1\cdots\cup\lambda_3)}=30\,000/298=10.03^2$$

一元线性回归未知参数统计量 t-值的计算可利用样本方差、样本均值进行计算，由式（3.57）、（3.58）确定，可得到$\mathfrak{M}^{(\lambda_1\cdots\cup\lambda_3)}$回归系数的方差：

$$Var^{(\lambda_1\cdots\cup\lambda_3)}(\hat{\beta}_0)=\left[\frac{1}{3n}+\frac{\overline{X^{(\lambda_1\cdots\cup\lambda_3)}}^2}{3nSVar\left(X^{(\lambda_1\cdots\cup\lambda_3)}\right)}\right]\sigma^2=\frac{1}{3n}\cdot\left[1+\bar{\lambda}^2\frac{\overline{X^{(l)}}^2}{SVar\left(X^{(\lambda_1\cdots\cup\lambda_3)}\right)}\right]\sigma^2$$

$$Var^{(\lambda_1\cdots\cup\lambda_3)}(\hat{\beta}_1)=\frac{1}{2n\cdot SVar\left(X^{(\lambda_1\cdots\cup\lambda_3)}\right)}\sigma^2$$

$\mathfrak{M}^{(\lambda_1\cdots\cup\lambda_3)}$下$\hat{\beta}_0$、$\hat{\beta}_1$的 t-值分别为：

$$t^{(\lambda_1\cdots\cup\lambda_3)}(\hat{\beta}_0)=50/\left(Var^{(\lambda_1\cdots\cup\lambda_3)}(\hat{\beta}_0)\right)^{1/2}$$

$$t^{(\lambda_1\cdots\cup\lambda_3)}(\hat{\beta}_1)=10/\left(Var^{(\lambda_1\cdots\cup\lambda_3)}(\hat{\beta}_1)\right)^{1/2}$$

$\mathfrak{M}^{(\lambda_1\cdots\cup\lambda_3)}$下的 R^2 由式（3.54）确定，即：

$$R^2_{(\lambda_1\cdots\cup\lambda_3)}=\frac{\sum_{h=1}^{3}RSS^{(\lambda_h)}+n\left(\sum_{h=1}^{3}\lambda_h^2-3\bar{\lambda}^2\right)\left(\overline{Y^{(l)}}-\bar{\beta}_0\right)^2}{\sum_{h=1}^{3}RSS^{(\lambda_h)}+n\left(\sum_{h=1}^{3}\lambda_h^2-3\bar{\lambda}^2\right)\left(\overline{Y^{(l)}}-\bar{\beta}_0\right)^2+3ESS^{(l)}}$$

其中，$\bar{\lambda}=\sum_{h=1}^{3}\lambda_h/3$。

记示性指标，

$$\Delta(\lambda_k)=\left(\lambda_k^2-\overline{\lambda^2}\right)\Big/\left(\overline{\lambda^2}-\bar{\lambda}^2\right) \tag{3.59}$$

$\bar{\lambda}=\sum_{h=1}^{p}\lambda_h/p$，$\overline{\lambda^2}=\frac{1}{p}\sum_{h=1}^{p}\lambda_h^2$。则当 $\lambda_k>\bar{\lambda}$ 时，$\Delta(\lambda_k)>p$。

这里 p=3，$\lambda_1>\lambda_2>\lambda_3$，由于 $\lambda_i/\lambda_{i+1}\geqslant 10$，$i=1,2$，所有 $\lambda_2,\lambda_3<\bar{\lambda}$，由 R^2 准则 II，$R^2_{(\lambda_1\cdots\cup\lambda_3)}>R^2_{(\lambda_2)}>R^2_{(\lambda_3)}$。$\lambda_1>\bar{\lambda}$，在一元线性回归下，c=d=0.3267<1/3，1/c=3.06，只有当 $\Delta(\lambda_1)<1/c=3.06$，$R^2_{(\lambda_1\cdots\cup\lambda_3)}>R^2_{(\lambda_1)}$。两样本混合后有关参数估值、t-值、样本方差、$R^2$ 等见表 3-10 至表 3-14。

表3-10 三组样本混合（$\mathfrak{M}^{(0.1)}\cup\mathfrak{M}^{(0.01)}\cup\mathfrak{M}^{(0.001)}$）下回归结果比较

模型：$P_t=\beta_0+\beta_1 EPS_t+u_t$，$u_t\sim N(0,\sigma^2)$

样本	β_0		β_1		σ 估值	SVar（EPS）	R^2
	估值	t-值	估值	t-值			
单样本组							
一般盈利样本组$\mathfrak{M}^{(0.1)}$	50	25.57	10	28.58	10.1	8.33	0.89
薄利样本组$\mathfrak{M}^{(0.01)}$	50	25.57	10	2.86	10.1	0.08	0.077
微利样本组$\mathfrak{M}^{(0.001)}$	50	25.57	10	0.29	10.1	0.0008	0.0008
三样本组混合							
混合：$\mathfrak{M}^{(0.1)}\cup\mathfrak{M}^{(0.01)}\cup\mathfrak{M}^{(0.001)}$	50	71.90594	10	48.53996	10.03	7.9010	0.887652
两样本组混合							
混合：$\mathfrak{M}^{(0.1)}\cup\mathfrak{M}^{(0.001)}$	50	55.20	10	45.41	10.05	10.415	0.912409
混合：$\mathfrak{M}^{(0.01)}\cup\mathfrak{M}^{(0.001)}$	50	52.11	10	4.31	10.05	0.094	0.085701
混合：$\mathfrak{M}^{(0.1)}\cup\mathfrak{M}^{(0.01)}$	50	52.11	10	43.08	10.05	9.37	0.9036

备注：c<1/3，判别值$\Delta(0.1)=3.31982>1/c=3.06$，因此$R^2_{(0.1\cup 0.01\cup 0.001)}<R^2_{(0.1)}$

表 3-11 三组样本混合（$\mathfrak{M}^{(1)} \cup \mathfrak{M}^{(0.01)} \cup \mathfrak{M}^{(0.001)}$）下回归结果比较

模型：$P_t = \beta_0 + \beta_1 EPS_t + u_t$， $u_t \sim N(0,\sigma^2)$							
样本	β_0		β_1		σ	SVar	R^2
	估值	t-值	估值	t-值	估值	（EPS）	
单样本组							
高盈利样本组 $\mathfrak{M}^{(1)}$	50	25.57	10	285.80	10.1	833.25	0.998801
薄利样本组 $\mathfrak{M}^{(0.01)}$	50	25.57	10	2.86	10.1	0.08	0.077
微利样本组 $\mathfrak{M}^{(0.001)}$	50	25.57	10	0.29	10.1	0.0008	0.0008
三样本组混合							
混合：$\mathfrak{M}^{(1)} \cup \mathfrak{M}^{(0.01)} \cup \mathfrak{M}^{(0.001)}$	50	74.43714	10	499.9932	10.03	838.3179	0.998809
两样本组混合							
混合：$\mathfrak{M}^{(1)} \cup \mathfrak{M}^{(0.001)}$	50	55.51	10	456.61	10.05	1 052.913	0.999051
混合：$\mathfrak{M}^{(0.01)} \cup \mathfrak{M}^{(0.001)}$	50	52.11	10	4.31	10.05	0.094	0.085701
混合：$\mathfrak{M}^{(1)} \cup \mathfrak{M}^{(0.01)}$	50	55.20	10	454.14	10.05	1 041.54	0.999041
备注：c<1/3，判别值 $\Delta(1) = 3.032935 < 1/c = 3.06$，因此 $R^2_{(1\cup 0.01\cup 0.001)} > R^2_{(1)}$							

如表 3-10 所示，若“微利样本组”$\mathfrak{M}^{(0.001)}$与“一般盈利样本组”$\mathfrak{M}^{(0.1)}$、“薄利样本组”$\mathfrak{M}^{(0.01)}$混合，由于 $R^2_{(0.1\cup 0.01\cup 0.001)}$ 为 0.888，从 $\mathfrak{M}^{(0.001)}$ 下的 0.0008 到 0.888，提高了 1 000 倍以上，从 $\mathfrak{M}^{(0.01)}$ 下的 0.077 到 0.888，提高了 10 倍以上，这是因为 $\lambda_2 = 0.01, \lambda_3 = 0.001 < \bar{\lambda} = (0.1 + 0.01 + 0.001)/3$。$R^2_{(0.1\cup 0.01\cup 0.001)}$ 为 0.888 也比 $R^2_{(0.1)}$ 的 0.89 略低，这是因为 $\Delta(0.1) = 3.31982 > 1/c = 3.06$。这些差异可通过样本方差方面的差异来解释：$\mathfrak{M}^{(0.1\cup 0.01\cup 0.001)}$ 的样本方差为 7.9010，而 $\mathfrak{M}^{(0.001)}$ 的仅为 0.0008，$\mathfrak{M}^{(0.01)}$ 的为 0.08，$\mathfrak{M}^{(0.1)}$ 的为 8.33，样本方差越大，R^2 也越大。回归系数的显著性变化，在 $\mathfrak{M}^{(0.1\cup 0.01\cup 0.001)}$ 下，$\hat{\beta}_1$ 的 t-值为 48.54，在 $\mathfrak{M}^{(0.001)}$ 下，$\hat{\beta}_1$ 的

t−值为 0.29，在 $\mathfrak{M}^{(0.01)}$ 下，$\hat{\beta}_1$ 的 t−值为 2.86，在 $\mathfrak{M}^{(0.1)}$ 下，$\hat{\beta}_1$ 的 t−值为 28.58。但是，这些差异并不能完全由样本方差的差异来解释。$\mathfrak{M}^{(0.1\cup0.01\cup0.001)}$ 的样本方差比 $\mathfrak{M}^{(0.1)}$ 的小，但 t−值大，这反映了 t−值的高低除了样本方差有关外，还与样本容量有关，除非样本差异非常大。不过样本容量对于 t−值有影响的，由式（3.52）、（3.53）、（3.57）、（3.58）可知，样本容量越大，t−值越大。因此，除非样本方差足够大，否则样本容量对 t−值的影响不容小觑。

如表 3−10 所示，与两样本混合下的 R^2 相比，$R^2_{(0.1\cup0.01\cup0.001)}$ 只比 $R^2_{(0.01\cup0.001)}$ 的 0.085701 高，但比 $R^2_{(0.1\cup0.001)}$ 的 0.912 以及 $R^2_{(0.1\cup0.01)}$ 的 0.9036 都低。这些差异可以完全通过样本方差方面的差异来解释，因为 $\mathfrak{M}^{(0.1\cup0.01\cup0.001)}$ 的样本方差为 7.9010，$\mathfrak{M}^{(0.1\cup0.001)}$ 下的为 10.415，$\mathfrak{M}^{(0.01\cup0.001)}$ 下的为 0.094，$\mathfrak{M}^{(0.1\cup0.01)}$ 下的为 9.37。t−值方面，$\mathfrak{M}^{(0.1\cup0.01\cup0.001)}$ 下的为 48.54，然而在两样本混合方面，在 $\mathfrak{M}^{(0.1\cup0.001)}$ 下的 t−值为 45.41，在 $\mathfrak{M}^{(0.01\cup0.001)}$ 下的为 4.31，在 $\mathfrak{M}^{(0.1\cup0.01)}$ 下的为 43.08，也就是 $\mathfrak{M}^{(0.1\cup0.01\cup0.001)}$ 下的 t−值是三者中最高的。这反映了 t−值的高低除了样本方差有关外，还与样本容量有关，除非样本差异非常大。

如表 3−11 所示，若“微利样本组”$\mathfrak{M}^{(0.001)}$ 与“高盈利样本组”$\mathfrak{M}^{(1)}$、“薄利样本组”$\mathfrak{M}^{(0.01)}$ 混合，由于由于 $\Delta(0.1)=3.03<1/c=3.06$，由 R^2 准则 II，$R^2_{(1\cup0.01\cup0.001)}>R^2_{(1)}>R^2_{(0.01)}>R^2_{(0.001)}$。详言之，$\mathfrak{M}^{(1\cup0.01\cup0.001)}$ 下的 R^2 为 0.998809，从 $\mathfrak{M}^{(0.001)}$ 下的 0.0008 到 0.998809，提高了 1 200 倍以上，从 $\mathfrak{M}^{(0.01)}$ 下的 0.077 到 0.998809，$R^2_{(1\cup0.01\cup0.001)}$ 的 0.998809 比 $R^2_{(1)}$ 的 0.998801 略高。在 $\mathfrak{M}^{(1\cup0.01\cup0.001)}$ 下，$\hat{\beta}_1$ 的 t−值为 499.99，在 $\mathfrak{M}^{(0.001)}$ 下，$\hat{\beta}_1$ 的 t−值为 0.29，在 $\mathfrak{M}^{(0.01)}$ 下，$\hat{\beta}_1$ 的 t−值为 2.86，在 $\mathfrak{M}^{(1)}$ 下，$\hat{\beta}_1$ 的 t−值为 285.80。这些差异也可通过样本方差来解释：$\mathfrak{M}^{(1\cup0.01\cup0.001)}$ 的样本方差为 838.32，而 $\mathfrak{M}^{(0.001)}$ 的仅为 0.0008，$\mathfrak{M}^{(0.01)}$ 的为 0.08，$\mathfrak{M}^{(1)}$ 的为 833.25，样本方差越大，R^2、t−值也越大。不过样本容量对于 t−值是有影响的，除非样本方差足够大，否则样本容量对 t−值的影响不容小觑。

与两样本混合下的 R^2 相比，$R^2_{(1\cup0.01\cup0.001)}$ 只比 $R^2_{(0.01\cup0.001)}$ 的 0.085701

高，但比 $R^2_{(1\cup0.001)}$ 的 0.999051 以及 $R^2_{(1\cup0.01)}$ 的 0.999041 都低。这些差异可通过样本方差方面的差异来解释，因为 $\mathfrak{M}^{(1\cup0.01\cup0.001)}$ 的样本方差为 833.32，$\mathfrak{M}^{(1\cup0.001)}$ 下的为 1 052.91，$\mathfrak{M}^{(0.01\cup0.001)}$ 下的为 0.094，$\mathfrak{M}^{(1\cup0.01)}$ 下的为 1 041.54。t-值方面，$\mathfrak{M}^{(1\cup0.01\cup0.001)}$ 下的为 499.99，然而在两样本混合方面，在 $\mathfrak{M}^{(1\cup0.001)}$ 下的 t-值为 456.61，在 $\mathfrak{M}^{(0.01\cup0.001)}$ 下的为 4.31，在 $\mathfrak{M}^{(1\cup0.01)}$ 下的为 454.14，也就是 $\mathfrak{M}^{(1\cup0.01\cup0.001)}$ 下的 t-值是三者中最高的。这反映了 t-值的高低除了样本方差有关外，还与样本容量有关，除非样本差异非常大。

“微利样本组” $\mathfrak{M}^{(0.001)}$ 与“高盈利样本组” $\mathfrak{M}^{(1)}$、“一般盈利样本组” $\mathfrak{M}^{(0.1)}$ 混合即 $\mathfrak{M}^{(1\cup0.1\cup0.001)}$ 下 R^2、t-值变化，“薄利样本组” $\mathfrak{M}^{(0.01)}$ 与“高盈利样本组” $\mathfrak{M}^{(1)}$、一般盈利样本组” $\mathfrak{M}^{(0.1)}$ 混合即 $\mathfrak{M}^{(1\cup0.1\cup0.01)}$ 下 R^2、t-值变化，有关分析与上述的类似，见表 3-12、表 3-13。

表 3-12　**三组样本混合（$\mathfrak{M}^{(1)}\cup\mathfrak{M}^{(0.1)}\cup\mathfrak{M}^{(0.001)}$）下回归结果比较**

模型：$P_t=\beta_0+\beta_1 EPS_t+u_t$，$u_t\sim N(0,\sigma^2)$							
样本	β_0		β_1		σ 估值	SVar (EPS)	R^2
	估值	t-值	估值	t-值			
单样本组							
高盈利样本组 $\mathfrak{M}^{(1)}$	50	25.57	10	285.80	10.1	833.25	0.998801
一般盈利样本组 $\mathfrak{M}^{(0.1)}$	50	25.57	10	28.58	10.1	8.33	0.89
微利样本组 $\mathfrak{M}^{(0.001)}$	50	25.57	10	0.29	10.1	0.0008	0.0008
三样本组混合							
混合：$\mathfrak{M}^{(1)}\cup\mathfrak{M}^{(0.1)}\cup\mathfrak{M}^{(0.001)}$	50	72.16054	10	487.0944	10.03	795.6222	0.998745
两样本组混合							
混合：$\mathfrak{M}^{(1)}\cup\mathfrak{M}^{(0.001)}$	50	55.51	10	456.61	10.05	1 052.913	0.999051
混合：$\mathfrak{M}^{(0.1)}\cup\mathfrak{M}^{(0.001)}$	50	55.20	10	45.41	10.05	10.415	0.912409
混合：$\mathfrak{M}^{(1)}\cup\mathfrak{M}^{(0.1)}$	50	52.11	10	430.79	10.05	937.22	0.998934
备注：c<1/3，判别值 $\Delta(1)=3.284184>1/c=3.06$，因此 $R^2_{(1\cup0.1\cup0.001)}<R^2_{(1)}$							

表 3-13 三组样本混合（$\mathfrak{M}^{(1)}\cup\mathfrak{M}^{(0.1)}\cup\mathfrak{M}^{(0.01)}$）下回归结果比较

模型：$P_t=\beta_0+\beta_1 EPS_t+u_t$，$u_t\sim N(0,\sigma^2)$

样本	β_0		β_1		σ估值	SVar（EPS）	R^2
	估值	t-值	估值	t-值			
单样本组							
高盈利样本组$\mathfrak{M}^{(1)}$	50	25.57	10	285.80	10.1	833.25	0.998801
一般盈利样本组$\mathfrak{M}^{(0.1)}$	50	25.57	10	28.58	10.1	8.33	0.89
薄利样本组$\mathfrak{M}^{(0.01)}$	50	25.57	10	2.86	10.1	0.08	0.077
三样本组混合							
混合：$\mathfrak{M}^{(1)}\cup\mathfrak{M}^{(0.1)}\cup\mathfrak{M}^{(0.01)}$	50	71.90594	10	485.3996	10.03	790.0952	0.998736
两样本组混合							
混合：$\mathfrak{M}^{(1)}\cup\mathfrak{M}^{(0.01)}$	50	55.20	10	454.14	10.05	1 041.54	0.999041
混合：$\mathfrak{M}^{(0.1)}\cup\mathfrak{M}^{(0.01)}$	50	52.11	10	43.08	10.05	9.37	0.9036
混合：$\mathfrak{M}^{(1)}\cup\mathfrak{M}^{(0.1)}$	50	52.11	10	430.79	10.05	937.22	0.998934

备注：c<1/3，判别值 $\Delta(1)=3.31982>1/c=3.06$，因此 $R^2_{(1\cup0.1\cup0.01)}<R^2_{(1)}$

以上的分析验证了一个命题：样本方差越大，R^2、t-值也越大；样本容量越大，t-值越大。将这三组样本进行混合，四种混合样本由于其样本容量相同，其回归的 R^2、t-值就完全取决于样本方差的大小，见表 3-14。

表 3-14 三组样本混合（$\mathfrak{M}^{(1)}\cup\mathfrak{M}^{(0.1)}\cup\mathfrak{M}^{(0.01)}$）下四种回归结果比较

模型：$P_t=\beta_0+\beta_1 EPS_t+u_t$，$u_t\sim N(0,\sigma^2)$

样本	β_0		β_1		σ估值	SVar (EPS)	R^2
	估值	t-值	估值	t-值			
混合：$\mathfrak{M}^{(0.1)}\cup\mathfrak{M}^{(0.01)}\cup\mathfrak{M}^{(0.001)}$	50	71.90594	10	48.53996	10.03	7.9010	0.887652
混合：$\mathfrak{M}^{(1)}\cup\mathfrak{M}^{(0.1)}\cup\mathfrak{M}^{(0.01)}$	50	71.90594	10	485.3996	10.03	790.0952	0.998736
混合：$\mathfrak{M}^{(1)}\cup\mathfrak{M}^{(0.1)}\cup\mathfrak{M}^{(0.001)}$	50	72.16054	10	487.0944	10.03	795.6222	0.998745
混合：$\mathfrak{M}^{(1)}\cup\mathfrak{M}^{(0.01)}\cup\mathfrak{M}^{(0.001)}$	50	74.43714	10	499.9932	10.03	838.3179	0.998809

3.4.4 四样本混合下回归模型的 R^2

考虑将上述四类样本进行混合，探讨混合后的 R^2 与解释变量的系数 t-值。

样本混合后的解释变量的样本方差由式（3.56）确定，即

$$SVar(X_k^{(\lambda_1\cdots\cup\lambda_4)})=\overline{\lambda^2}SVar(X_k^{(1)})+\left(\overline{\lambda^2}-\bar{\lambda}^2\right)\overline{X_k^{(1)}}^2,$$

其中，$\overline{\lambda^2}=\frac{1}{4}\sum_{h=1}^{3}\lambda_h^2$，$\bar{\lambda}=\frac{1}{4}\sum_{h=1}^{4}\lambda_h$。

由式（3.51），

$$\hat{\sigma}^2_{(\lambda_1\cdots\cup\lambda_4)}=40\ 000/398=10.03^2$$

一元线性回归未知参数统计量 t-值的计算可利用样本方差、样本均值进行计算，由式（3.57）、（3.58）确定，可得到 $\mathfrak{M}^{(\lambda_1\cdots\cup\lambda_4)}$ 回归系数的方差为：

$$Var^{(\lambda_1\cdots\cup\lambda_4)}(\hat{\beta}_0)=\left[\frac{1}{4n}+\frac{\overline{X^{(\lambda_1\cdots\cup\lambda_4)}}^2}{4nS\left(X^{(\lambda_1\cdots\cup\lambda_4)}\right)}\right]\sigma^2=\frac{1}{4n}\cdot\left[1+\bar{\lambda}^2\frac{\overline{X^{(1)}}^2}{S\left(X^{(\lambda_1\cdots\cup\lambda_4)}\right)}\right]\sigma^2$$

$$Var^{(\lambda_1\cdots\cup\lambda_4)}(\hat{\beta}_1)=\frac{1}{2n\cdot S\left(X^{(\lambda_1\cdots\cup\lambda_4)}\right)}\sigma^2$$

$\mathfrak{M}^{(\lambda_1\cdots\cup\lambda_4)}$ 下 $\hat{\beta}_0$、$\hat{\beta}_1$ 的 t-值分别为：

$$t^{(\lambda_1\cdots\cup\lambda_4)}(\hat{\beta}_0)=50/\left(Var^{(\lambda_1\cdots\cup\lambda_4)}(\hat{\beta}_0)\right)^{1/2}$$

$$t^{(\lambda_1\cdots\cup\lambda_4)}(\hat{\beta}_1)=10/\left(Var^{(\lambda_1\cdots\cup\lambda_4)}(\hat{\beta}_1)\right)^{1/2}$$

$\mathfrak{M}^{(\lambda_1\cdots\cup\lambda_4)}$ 下的 R^2 由式（3.54）确定，即：

$$R^2_{(\lambda_1\cdots\cup\lambda_4)}=\frac{\sum_{h=1}^{4}RSS^{(\lambda_h)}+n\left(\sum_{h=1}^{4}\lambda_h^2-4\bar{\lambda}^2\right)\left(\overline{Y^{(l)}}-\bar{\beta}_0\right)^2}{\sum_{h=1}^{4}RSS^{(\lambda_h)}+n\left(\sum_{h=1}^{4}\lambda_h^2-4\bar{\lambda}^2\right)\left(\overline{Y^{(l)}}-\bar{\beta}_0\right)^2+4ESS^{(l)}}$$

其中，$\bar{\lambda}=\sum_{h=1}^{4}\lambda_h/4$。

$\lambda_i=10^{1-i}$，$i=1, 2, 3, 4$。因此，$\lambda_2, \lambda_3, \lambda_4<\bar{\lambda}$，由 R^2 准则 II，$R^2_{(\lambda_1\cdots\cup\lambda_4)}>R^2_{(\lambda_2)}>R^2_{(\lambda_3)}>R^2_{(\lambda_4)}$。在一元线性回归下，c=d=0.3267>1/3，由 R^2 准则 II′，$R^2_{(\lambda_1\cdots\cup\lambda_3)}<R^2_{(\lambda_1)}$。四样本混合后有关参数估值、t-值、样本方差、$R^2$ 等见表 3-15 的最后一行。

由表 3-15 可以看出，$\mathfrak{M}^{(\lambda_1\cdots\cup\lambda_4)}$ 下 $\hat{\beta}_0$、$\hat{\beta}_1$ 的 t-值分别为 87.47、511.37，是基于其他样本组回归中最高的。$\mathfrak{M}^{(\lambda_1\cdots\cup\lambda_4)}$ 下的 R^2，为 0.998482，与单样本组的相比，只比 $\mathfrak{M}^{(\lambda_1)}$ 下的 0.998801 低，比其他的都高；与两样本组的相比，$\mathfrak{M}^{(\lambda_1\cdots\cup\lambda_4)}$ 下的 R^2 只比 $\mathfrak{M}^{(0.01)}\cup\mathfrak{M}^{(0.001)}$、$\mathfrak{M}^{(0.1)}\cup\mathfrak{M}^{(0.01)}$、$\mathfrak{M}^{(0.1)}\cup\mathfrak{M}^{(0.001)}$ 下的 0.085701、0.9036、0.912409 高，但比 $\mathfrak{M}^{(1)}\cup\mathfrak{M}^{(0.1)}$、$\mathfrak{M}^{(1)}\cup\mathfrak{M}^{(0.01)}$、$\mathfrak{M}^{(1)}\cup\mathfrak{M}^{(0.001)}$ 下的 0.998934、0.999041、0.999051 略低，但事实上是无差异的；与三样本组混合的相比，$\mathfrak{M}^{(\lambda_1\cdots\cup\lambda_4)}$ 下的 R^2 比 $\mathfrak{M}^{(0.1)}\cup\mathfrak{M}^{(0.01)}\cup\mathfrak{M}^{(0.001)}$ 下的 0.887652 高，比 $\mathfrak{M}^{(1)}\cup\mathfrak{M}^{(0.1)}\cup\mathfrak{M}^{(0.01)}$、$\mathfrak{M}^{(1)}\cup\mathfrak{M}^{(0.1)}\cup\mathfrak{M}^{(0.001)}$、$\mathfrak{M}^{(1)}\cup\mathfrak{M}^{(0.01)}\cup\mathfrak{M}^{(0.001)}$ 下的 0.998736、0.998745、0.998809 略低，但事实上是无差异的。

表 3-15 **各样本组及其混合回归结果的汇总比较**

模型：$P_t = \beta_0 + \beta_1 EPS_t + u_t$，$u_t \sim N(0, \sigma^2)$

样本	β_0		β_1		σ 估值	SVar（EPS）	R^2
	估值	t-值	估值	t-值			
单样本组							
高盈利样本组 $\mathfrak{M}^{(1)}$	50	25.57	10	285.80	10.1	833.25	0.998801
一般盈利样本组 $\mathfrak{M}^{(0.1)}$	50	25.57	10	28.58	10.1	8.33	0.89
薄利样本组 $\mathfrak{M}^{(0.01)}$	50	25.57	10	2.86	10.1	0.08	0.077
微利样本组 $\mathfrak{M}^{(0.001)}$	50	25.57	10	0.29	10.1	0.0008	0.0008
两样本组混合							
混合：$\mathfrak{M}^{(0.01)} \cup \mathfrak{M}^{(0.001)}$	50	52.11	10	4.31	10.05	0.094	0.085701
混合：$\mathfrak{M}^{(0.1)} \cup \mathfrak{M}^{(0.01)}$	50	52.11	10	43.08	10.05	9.37	0.9036
混合：$\mathfrak{M}^{(0.1)} \cup \mathfrak{M}^{(0.001)}$	50	55.20	10	45.41	10.05	10.415	0.912409
混合：$\mathfrak{M}^{(1)} \cup \mathfrak{M}^{(0.1)}$	50	52.11	10	430.79	10.05	937.22	0.998934
混合：$\mathfrak{M}^{(1)} \cup \mathfrak{M}^{(0.01)}$	50	55.20	10	454.14	10.05	1 041.54	0.999041
混合：$\mathfrak{M}^{(1)} \cup \mathfrak{M}^{(0.001)}$	50	55.51	10	456.61	10.05	1 052.913	0.999051
三样本组混合							
混合：$\mathfrak{M}^{(0.1)} \cup \mathfrak{M}^{(0.01)} \cup \mathfrak{M}^{(0.001)}$	50	71.84057	10	48.53996	10.03	7.9010	0.887652
混合：$\mathfrak{M}^{(1)} \cup \mathfrak{M}^{(0.1)} \cup \mathfrak{M}^{(0.01)}$	50	71.84057	10	485.3996	10.03	790.0952	0.998736
混合：$\mathfrak{M}^{(1)} \cup \mathfrak{M}^{(0.1)} \cup \mathfrak{M}^{(0.001)}$	50	72.09599	10	487.0944	10.03	795.6222	0.998745
混合：$\mathfrak{M}^{(1)} \cup \mathfrak{M}^{(0.01)} \cup \mathfrak{M}^{(0.001)}$	50	74.38043	10	499.9932	10.03	838.3179	0.998809
四样本组混合							
混合：$\mathfrak{M}^{(1 \cup 0.1 \cup 0.01 \cup 0.001)}$	50	87.47237	10	511.3713	10.03	657.68	0.998482

由于表 3-15 不能很直观地看出样本方差与 R^2 的关系，故将表 3-15 中的 15 组样本组按方差大小进行排序，将其方差与 R^2 的对应关系汇总到表 3-16 中。由表中所给的数据容易看出，方差越大，R^2 也越

大。由于难以将方差与R^2直接画成一条曲线，作一转换，将样本方差替换为其序号，以样本的序号作为横坐标，以样本的R^2作为纵坐标，则可得到一条基于样本组的样本方差大小排序的R^2曲线，如图3-2所示，图中的R^2曲线是一条随方差增大而增大的曲线。

表3-16　　**样本组方差与R^2对应表**

模型：$P_t = \beta_0 + \beta_1 EPS_t + u_t$，$u_t \sim N(0, \sigma^2)$								
序号	方差	R^2	序号	方差	R^2	序号	方差	R^2
1	0.0008	0.0008	6	9.37	0.9036	11	833.25	0.998801
2	0.08	0.077	7	10.415	0.912409	12	838.3179	0.998809
3	0.094	0.085701	8	657.68	0.998482	13	937.22	0.998934
4	7.9010	0.887652	9	790.0952	0.998736	14	1 041.54	0.999041
5	8.33	0.89	10	795.6222	0.998745	15	1 052.913	0.999051

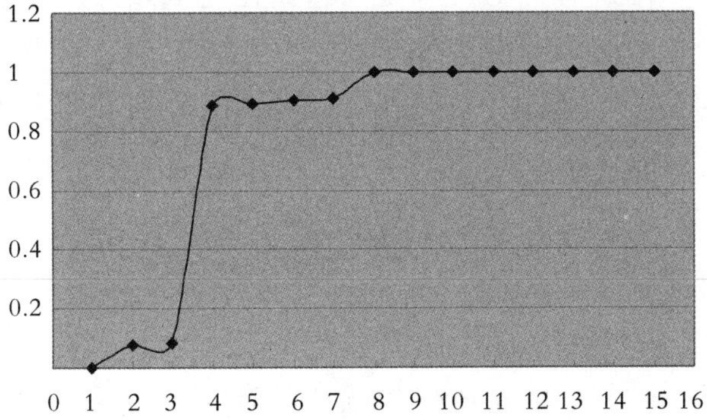

横坐标表示表3-16中样本方差的顺序号，越小代表样本方差越小；纵坐标表示相应样本下的R^2

图3-2　方差大小与R^2的对应关系图

3.5　回归模型R^2之“解释能力”的谬误性

R^2的重要意义在于被认为可作为评价模型的解释能力，R^2越大，模型的解释能力也越大。虽然R^2评价方法被认为具有一定的缺陷，但基于某特定样本可用于评价模型的解释能力。本章所提供的证据证明，即使针对特定样本，R^2也不能作为衡量模型解释力的评价方法。

这个问题可从两样本或多样本混合下的R^2变化加以分析。

考虑两样本混合的情形。由式（3.35），$\lim_{\lambda\to\infty}R^2_{(\lambda)}=1$，$\lim_{\lambda\to\infty}R^2_{(\lambda)}=0$，必存在 $\lambda_1>\lambda_2>0$，且 $\lambda_1/\lambda_2>(1+2c)/(1-2c)$，使得 $R^2_{(\lambda_2)}=0.0005$，$R^2_{(\lambda_1)}=0.90$。假设 $c<1/2$，3.4 中的实例可以表明，这样的 c 是存在的，则 $R^2_{(\lambda_1\cup\lambda_2)}>R^2_{(\lambda_1)}>R^2_{(\lambda_2)}$，不妨设 $R^2_{(\lambda_1\cup\lambda_2)}=0.92$。以 $\mathfrak{M}^{(\lambda_1)}$ 表示“高盈利企业样本组”、$\mathfrak{M}^{(\lambda_2)}$ 表示“微利企业样本组”，则 $\mathfrak{M}^{(\lambda_1\cup\lambda_2)}$ 就表示“高、微盈利企业样本组”。将模型（3.1）以“微利企业样本组”进行回归的 R^2 仅为 0.0005，而以“高、微盈利企业样本组”进行回归的 R^2 却高达 0.92，提高了 1 000 倍以上。如果以 R^2 作为评价模型的解释能力，在“微利企业样本组”下，模型的解释能力仅为 0.0005。在“高、微盈利企业样本组”下，模型的解释能力高达 0.92，这就意味着 0.92 的模型解释能力对于“微利企业样本组”与“高盈利企业样本组”都是适用的。一个问题是，模型（3.1）基于“微利企业样本组”的解释能力应该是 0.0005 还是 0.92？如果是前者，这与前面的分析结论 0.92 相矛盾；而如果是后者，那还有可能更高，比如选更大的 $\lambda_1>0$，使得 $R^2_{(\lambda_1)}=0.95$，这时模型的解释能力就是 0.95 以上。因此，哪怕是作为针对一个特定样本，R^2 也难以用于评价模型的解释能力。

3.4 中的实例反映了上述的“R^2 难以胜任评价模型的解释能力”这一事实。若“微利样本组”$\mathfrak{M}^{(0.001)}$ 与“一般盈利样本组”$\mathfrak{M}^{(0.1)}$ 混合，$R^2_{(0.1\cup0.001)}$ 达到惊人的 0.912，从 $\mathfrak{M}^{(0.001)}$ 的 0.0008 到 $\mathfrak{M}^{(0.1)}$ 的 0.912，提高了 1 100 倍以上，也比 $R^2_{(0.1)}$ 的 0.89 高。模型（3.1）基于“微利样本组”$\mathfrak{M}^{(0.001)}$ 的解释能力是 0.0008 还是 0.912？如果是 0.912，那么按照这个逻辑，还可以更高些，比如，将“微利样本组”$\mathfrak{M}^{(0.001)}$ 与“高盈利样本组”$\mathfrak{M}^{(1)}$ 混合，$R^2_{(0.1\cup0.001)}$ 达到更为不可思议的 0.999051，从 $R^2_{(0.001)}$ 的 0.0008 到 $R^2_{(0.1\cup0.001)}$ 的 0.999051，提高了 12 400 倍以上，也比 $R^2_{(1)}$ 的 0.998801 稍高。按照上述逻辑，模型（3.1）基于“微利样本组”$\mathfrak{M}^{(0.001)}$ 的解释能力既不是 0.0008 也不是 0.912，而是 0.998801。如此看来，模型（3.1）基于“微利样本组”$\mathfrak{M}^{(0.001)}$ 就

无法予以确定。

简言之，$R^2_{(0.001)}=0.008$，$R^2_{(0.1\cup 0.001)}=0.912$，上述的分析表明，不能认为模型（3.1）基于“微利样本组”$\mathfrak{M}^{(0.001)}$的解释能力是0.912，我们就只能认为模型（3.1）基于“微利样本组”$\mathfrak{M}^{(0.001)}$的解释能力还是0.0008，一个自然的问题是，如何解读模型（3.1）基于$\mathfrak{M}^{(0.01)}\cup\mathfrak{M}^{(0.1)}$的解释力为0.912。

如果将0.912作为模型（3.1）对$\mathfrak{M}^{(0.01)}\cup\mathfrak{M}^{(0.1)}$的“平均解释能力”，由于模型（3.1）基于子样本$\mathfrak{M}^{(0.001)}$的解释能力0.0008小于整体平均的0.912，那么另一子样本$\mathfrak{M}^{(0.1)}$的解释能力应该大于0.912，然而模型（3.1）基于另一子样本$\mathfrak{M}^{(0.1)}$的R^2只有0.89，是小于0.912的。此矛盾表明，“平均解释能力”也是说不通的。

换一个角度讲，模型（3.1）基于$\mathfrak{M}^{(0.01)}\cup\mathfrak{M}^{(0.1)}$的$R^2=0.912$代表了对样本的“整体解释能力”，不是平均的解释能力，对其子样本的解释能力不超过整体的解释能力，也就是模型（3.1）基于$\mathfrak{M}^{(0.001)}$、$\mathfrak{M}^{(0.1)}$的解释能力不超过0.912。按照这个逻辑探讨R^2作为模型解释能力指标也是有问题的。考虑“微利样本组”$\mathfrak{M}^{(0.001)}$与“一般盈利样本组”$\mathfrak{M}^{(0.1)}$、“薄利样本组”$\mathfrak{M}^{(0.01)}$混合问题。模型（3.1）基于$\mathfrak{M}^{(0.1)}\cup\mathfrak{M}^{(0.01)}\cup\mathfrak{M}^{(0.001)}$的$R^2$只有0.887652，按照“整体解释能力”说，模型（3.1）基于各个子样本$\mathfrak{M}^{(0.001)}$、$\mathfrak{M}^{(0.01)}$、$\mathfrak{M}^{(0.1)}$的解释能力都不超过0.887652，然而模型（3.1）基于子样本$\mathfrak{M}^{(0.1)}$的R^2却是0.89，大于0.887652，因而“整体解释能力”也是说不通的。

总之，导致“R^2难以胜任评价模型的解释能力”的根源在于，这种所谓的“解释能力”概念上模糊不清，没有确切的内涵，经不起仔细的推敲。以上的分析表明，依据这种模糊不清的“解释能力”概念，无法界定模型（3.1）针对特定样本$\mathfrak{M}$的子样本的解释能力，因此，即使是将R^2作为评价模型（3.1）针对某特定样本$\mathfrak{M}$的解释能力，也是不可行的。

3.6 有关结论的证明

3.6.1 式（3.43）、（3.44）的证明

记：

$$K^{(1)}=(X^{(1)})'X^{(1)}=\begin{pmatrix} n & (B^{(1)})' \\ B^{(1)} & C^{(1)} \end{pmatrix}\triangleq\begin{pmatrix} n & B' \\ B & C \end{pmatrix} \tag{3.60}$$

其中，$B^{(1)}=B$，$C^{(1)}=C$。由于

$$\begin{pmatrix} 1 & -\frac{1}{n}B' \\ B & I_m \end{pmatrix}\begin{pmatrix} \frac{1}{n} & 0 \\ 0 & (C-\frac{1}{n}BB')^{-1} \end{pmatrix}\begin{pmatrix} 1 & 0 \\ -\frac{1}{n}B & I_m \end{pmatrix}\begin{pmatrix} n & B' \\ B & C \end{pmatrix}=\begin{pmatrix} 1 & 0 \\ 0 & I_m \end{pmatrix}$$

因此，

$$\begin{aligned}\begin{pmatrix} n & B' \\ B & C \end{pmatrix}^{-1}&=\begin{pmatrix} 1 & -\frac{1}{n}B' \\ B & I_m \end{pmatrix}\begin{pmatrix} \frac{1}{n} & 0 \\ 0 & (C-\frac{1}{n}BB')^{-1} \end{pmatrix}\begin{pmatrix} 1 & 0 \\ -\frac{1}{n}B & I_m \end{pmatrix}\\&=\begin{pmatrix} \frac{1}{n}+\frac{1}{n^2}B'(C-\frac{1}{n}BB')^{-1}B & -\frac{1}{n}B'(C-\frac{1}{n}BB')^{-1} \\ -\frac{1}{n}(C-\frac{1}{n}BB')^{-1}B & (C-\frac{1}{n}BB')^{-1} \end{pmatrix}\end{aligned} \tag{3.61}$$

另一方面，由于

$$\begin{pmatrix} (1-\frac{1}{n}B'C^{-1}B)^{-1} & 0 \\ 0 & C^{-1} \end{pmatrix}\begin{pmatrix} 1 & 0 \\ -B(1-\frac{1}{n}B'C^{-1}B)^{-1} & I_m \end{pmatrix}\begin{pmatrix} 1/n & -\frac{1}{n}B'C^{-1} \\ 0 & I_m \end{pmatrix}\begin{pmatrix} n & B' \\ B & C \end{pmatrix}=\begin{pmatrix} 1 & 0 \\ 0 & I_m \end{pmatrix}$$

因此，

$$\begin{aligned}\begin{pmatrix} n & B' \\ B & C \end{pmatrix}^{-1}&=\begin{pmatrix} (1-\frac{1}{n}B'C^{-1}B)^{-1} & 0 \\ 0 & C^{-1} \end{pmatrix}\begin{pmatrix} 1 & 0 \\ -B(1-\frac{1}{n}B'C^{-1}B)^{-1} & I_m \end{pmatrix}\begin{pmatrix} 1/n & -\frac{1}{n}B'C^{-1} \\ 0 & I_m \end{pmatrix}\\&=\begin{pmatrix} \frac{1}{n}(1-\frac{1}{n}B'C^{-1}B)^{-1} & -\frac{1}{n}(1-\frac{1}{n}B'C^{-1}B)^{-1}B'C^{-1} \\ -\frac{1}{n}C^{-1}B(1-\frac{1}{n}B'C^{-1}B)^{-1} & C^{-1}+\frac{1}{n}C^{-1}B(1-\frac{1}{n}B'C^{-1}B)^{-1}B'C^{-1} \end{pmatrix}\end{aligned} \tag{3.62}$$

比较式（3.61）与式（3.62）方块矩阵的左上角与右下角，有

$$(1-\frac{1}{n}B'C^{-1}B)^{-1}=1+\frac{1}{n}B'(C-\frac{1}{n}BB')^{-1}B \tag{3.63}$$

$$(C-\frac{1}{n}BB')^{-1}=C^{-1}+C^{-1}B(n-B'C^{-1}B)^{-1}B'C^{-1} \tag{3.64}$$

令：

$$\begin{aligned}K^{(\lambda_1\cup\lambda_2)}&=\begin{pmatrix} X^{(\lambda_1)} \\ X^{(\lambda_2)} \end{pmatrix}'\begin{pmatrix} X^{(\lambda_1)} \\ X^{(\lambda_2)} \end{pmatrix}=\left((X^{(\lambda_1)})'(X^{(\lambda_2)})'\right)\begin{pmatrix} X^{(\lambda_1)} \\ X^{(\lambda_2)} \end{pmatrix}\\&=(X^{(\lambda_1)})'X^{(\lambda_1)}+(X^{(\lambda_2)})'X^{(\lambda_2)}\\&=\begin{pmatrix} 2n & (\lambda_1+\lambda_2)B' \\ (\lambda_1+\lambda_2)B & (\lambda_1^2+\lambda_2^2)C \end{pmatrix}\triangleq\begin{pmatrix} N & \widetilde{B}' \\ \tilde{B} & \tilde{C} \end{pmatrix}\end{aligned} \tag{3.65}$$

其中，$N=2n$，$\tilde{B}=(\lambda_1+\lambda_2)B$，$\tilde{C}=(\lambda_1^2+\lambda_2^2)C$。

由式（3.61）、（3.62）可得：

$$\begin{pmatrix} N & \tilde{B}' \\ \tilde{B} & \tilde{C} \end{pmatrix}^{-1}=\begin{pmatrix} \frac{1}{N}(1-\frac{1}{N}\tilde{B}'\tilde{C}^{-1}\tilde{B})^{-1} & -\frac{1}{N}(1-\frac{1}{N}\tilde{B}'\tilde{C}^{-1}\tilde{B})^{-1}\tilde{B}'\tilde{C}^{-1} \\ -\frac{1}{N}\tilde{C}^{-1}\tilde{B}(1-\frac{1}{N}\tilde{B}'\tilde{C}^{-1}\tilde{B})^{-1} & \tilde{C}^{-1}+\frac{1}{N}\tilde{C}^{-1}\tilde{B}(1-\frac{1}{N}\tilde{B}'\tilde{C}^{-1}\tilde{B})^{-1}\tilde{B}'\tilde{C}^{-1} \end{pmatrix}$$
$$=\begin{pmatrix} \frac{1}{N}+\frac{1}{N^2}\tilde{B}'(\tilde{C}-\frac{1}{N}\tilde{B}\tilde{B}')^{-1}\tilde{B} & -\frac{1}{N}\tilde{B}'(\tilde{C}-\frac{1}{n}\tilde{B}\tilde{B}')^{-1} \\ -\frac{1}{N}(\tilde{C}-\frac{1}{N}\tilde{B}\tilde{B}')^{-1}\tilde{B} & (\tilde{C}-\frac{1}{N}\tilde{B}\tilde{B}')^{-1} \end{pmatrix} \quad (3.66)$$

比较式（3.66）右边的右下角两种矩阵分块表达可得：

$$(\tilde{C}-\tfrac{1}{N}\tilde{B}\tilde{B}')^{-1}=\tilde{C}^{-1}+N^{-1}\tilde{C}^{-1}\tilde{B}(1-N^{-1}\tilde{B}'\tilde{C}^{-1}\tilde{B})^{-1}\tilde{B}'\tilde{C}^{-1}$$
$$=(\lambda_1^2+\lambda_2^2)^{-1}C^{-1}+\frac{1}{2n}\frac{(\lambda_1+\lambda_2)^2(\lambda_1^2+\lambda_2^2)^{-2}}{[1-1/(2n)(\lambda_1+\lambda_2)^2(\lambda_1^2+\lambda_2^2)^{-1}B'C^{-1}B]^{-1}}C^{-1}BB'C^{-1} \quad (3.67)$$
$$=(\lambda_1^2+\lambda_2^2)^{-1}\left\{C^{-1}+\frac{1}{n}\frac{\phi}{[1-\phi n^{-1}B'C^{-1}B]^{-1}}C^{-1}BB'C^{-1}\right\}$$

其中，

$$\phi=\frac{(\lambda_1+\lambda_2)^2}{2\lambda_1^2+2\lambda_2^2}\in(0,1] \quad (3.68)$$

记：

$$\left(K^{(\lambda_1\cup\lambda_2)}\right)^{-1}=(k^{-1}_{ij,(\lambda_1\cup\lambda_2)})_{(m+1)\times(m+1)}，\quad \left(K^{(l)}\right)^{-1}=(k^{-1}_{ij,(l)})_{(m+1)\times(m+1)} \quad (3.69_1)$$

$$C^{-1}=(c^{-1}_{ij})_{m\times m}，\quad C^{-1}BB'C^{-1}=(t_{ij})_{m\times m} \quad (3.69_2)$$

$$z=n^{-1}B'C^{-1}B \quad (3.69_2)$$

式（3.69_1）至式（3.69_3）中的有关矩阵由式（3.60）、（3.65）确定。则由式（3.67），

$$k^{-1}_{i+1,i+1,(\lambda_1\cup\lambda_2)}=\frac{1}{\lambda_1^2+\lambda_2^2}\left[c^{-1}_{ii}+\frac{1}{n}\frac{\phi}{(1-\phi z)^{-1}}t_{ii}\right]，\quad i=1,2,\cdots,m \quad (3.70)$$

由式（3.60），$K^{(l)}$是正定矩阵，其分块矩阵C，因此$C^{-1}=(C-\frac{1}{n}BB')^{-1}$也是正定矩阵，$B'(C-\frac{1}{n}BB')^{-1}B>0$，$(1-z)^{-1}=(1-n^{-1}B'C^{-1}B)^{-1}=1+\frac{1}{n}B'(C-\frac{1}{n}BB')^{-1}B>1$，可见，

$$0<z<1 \quad (3.71)$$

$\frac{\phi}{[1-\phi z]^{-1}}$是$\phi$的增函数，因而$\frac{\phi}{[1-\phi z]^{-1}}\leqslant\frac{1}{[1-z]^{-1}}$，当且仅当在$\phi=1$时取等号。

比较式（3.66）右边的左上角两种矩阵分块表达可得，并由式（3.71）可得：

$$k^{-1}_{1,1,(\lambda_1\cup\lambda_2)}=\frac{1}{2n}\left(1-\frac{1}{2n}\frac{(\lambda_1+\lambda_2)^2}{\lambda_1^2+\lambda_2^2}B'C^{-1}B\right)^{-1}$$
$$=\frac{1}{2}\left[\frac{1}{n}(1-\phi z)^{-1}\right]<\frac{1}{2}\left[\frac{1}{n}(1-z)^{-1}\right]=\frac{1}{2}k^{-1}_{1,1,(1)} \tag{3.72}$$

式（3.42）给出 $\hat{\sigma}^2_{(\lambda_1\cup\lambda_2)}<\hat{\sigma}^2$，由式（3.72），

$$\left|t^{(\lambda_1\cup\lambda_2)}(\hat{\beta}_0)\right|=\frac{\left|\hat{\beta}_0-\beta_0\right|}{\sqrt{k^{-1}_{1,1,(\lambda_1\cup\lambda_2)}\hat{\sigma}^2_{(\lambda_1,\lambda_2)}}}>\sqrt{2}\frac{\left|\hat{\beta}_0-\beta_0\right|}{\sqrt{k^{-1}_{1,1,(1)}\hat{\sigma}^2}}=\sqrt{2}\left|t^{(1)}(\hat{\beta}_0)\right| \tag{3.73}$$

式（3.43）获证。由式（3.70）、（3.71）以及 $\dfrac{\phi}{[1-\phi z]^{-1}}$ 是 ϕ 的增函数，可得：

$$k^{-1}_{i+1,i+1,(\lambda_1\cup\lambda_2)}<\frac{1}{\lambda_1^2+\lambda_2^2}\left[c^{-1}_{ii}+\frac{1}{n}\frac{1}{(1-z)^{-1}}t_{ii}\right]=\frac{1}{\lambda_1^2+\lambda_2^2}k^{-1}_{i+1,i+1,(1)} \tag{3.74}$$

$k=1,2,\cdots,m$。由式（3.42），$\hat{\sigma}^2_{(\lambda_1\cup\lambda_2)}<\hat{\sigma}^2$，以及式（3.74）有：

$$\left|t^{(\lambda_1\cup\lambda_2)}(\hat{\beta}_k)\right|=\frac{\left|\hat{\beta}_k-\beta_k\right|}{\sqrt{k^{-1}_{i+1,i+1,(\lambda_1\cup\lambda_2)}\hat{\sigma}^2_{(\lambda_1,\lambda_2)}}}>\sqrt{\lambda_1^2+\lambda_2^2}\frac{\left|\hat{\beta}_k-\beta_k\right|}{\sqrt{k^{-1}_{i+1,i+1,(1)}\hat{\sigma}^2}}$$
$$=\sqrt{\lambda_1^2+\lambda_2^2}\left|t^{(1)}(\hat{\beta}_k)\right| \tag{3.75}$$

由式（3.30），$t^{(\lambda_1)}(\hat{\beta}_k)=\lambda_1 t^{(1)}(\hat{\beta}_k)$，$t^{(\lambda_2)}(\hat{\beta}_k)=\lambda_2 t^{(2)}(\hat{\beta}_k)$，则当 $\lambda_1>\lambda_2>0$ 时，$\left|t^{(\lambda_1\cup\lambda_2)}(\hat{\beta}_k)\right|>\sqrt{2}\left|t^{(\lambda_2)}(\hat{\beta}_k)\right|$，$\left|t^{(\lambda_1\cup\lambda_2)}(\hat{\beta}_k)\right|\geqslant\sqrt{1+\lambda_2^2/\lambda_1^2}\cdot\left|t^{(\lambda_1)}(\hat{\beta}_k)\right|$，式（3.44）获证。

3.6.2 式（3.45）的证明

记变量 X_k 的观测值在 $\mathfrak{M}^{(\lambda_1)}$、$\mathfrak{M}^{(\lambda_2)}$、$\mathfrak{M}^{(\lambda_1\cup\lambda_2)}$ 中的平均值分别为 $\overline{X_k^{(\lambda_1)}}$、$\overline{X_k^{(\lambda_2)}}$、$\overline{X_k^{(\lambda_1\cup\lambda_2)}}$，易见 $\overline{X_k^{(\lambda_1)}}=\lambda_1\overline{X_k^{(1)}}$，$\overline{X_k^{(\lambda_2)}}=\lambda_2\overline{X_k^{(1)}}$，$\overline{X_k^{(\lambda_1\cup\lambda_2)}}=\left(\overline{X_k^{(\lambda_1)}}+\overline{X_k^{(\lambda_2)}}\right)\Big/2$。令：

$$S_1(t)=\sum\nolimits_{k=1}^{m}\beta_k\left(X_{kt}^{(\lambda_1)}-\overline{X_k^{(\lambda_1)}}\right)$$
$$S_2=\sum\nolimits_{k=1}^{m}\beta_k\left(\overline{X_k^{(\lambda_1)}}-\overline{X_k^{(\lambda_2)}}\right)\Big/2$$

则：

$$\sum\nolimits_{t=1}^{n}S_1^{\,2}(t)=RSS^{(\lambda_1)}$$

$$\sum_{t=1}^{n} S_1(t)\cdot S_2 = S_2\cdot\sum_{t=1}^{n}\sum_{k=1}^{m}\beta_k\left(X_{kt}^{(\lambda_1)}-\overline{X_k^{(\lambda_1)}}\right)$$
$$= S_2\cdot\sum_{t=1}^{n}\left(\sum_{k=1}^{m}\beta_k X_{kt}^{(\lambda_1)}-\sum_{k=1}^{m}\beta_k\overline{X_k^{(\lambda_1)}}\right)$$
$$= S_2\cdot\sum_{t=1}^{n}\left(\sum_{k=1}^{m}\beta_k X_{kt}^{(\lambda_1)}-\sum_{k=1}^{m}\beta_k\overline{X_k^{(\lambda_1)}}\right)$$
$$= S_2\cdot\sum_{t=1}^{n}\left(\hat{Y}_t^{(\lambda_1)}-\overline{\hat{Y}^{(\lambda_1)}}\right)=0$$

以及

$$\sum_{t=1}^{n} S_2^2 = nS_2^2 = n\left(\sum_{k=1}^{m}\beta_k\left(\overline{X_k^{(\lambda_1)}}-\overline{X_k^{(\lambda_2)}}\right)\Big/2\right)^2$$
$$=\frac{(\lambda_1-\lambda_2)^2 n}{4}\left(\sum_{t=1}^{n}\beta_k\overline{X_k^{(l)}}\right)^2=\frac{(\lambda_1-\lambda_2)^2 n}{4}\left(\overline{Y^{(l)}}-\bar{\beta}_0\right)^2$$

混合的样本对模型（3.1）进行回归的 RSS：

$$RSS^{(\lambda_1\cup\lambda_2)}=\sum_{t=1}^{n}(\hat{Y}_t^{(\lambda_1)}-\bar{Y})^2+\sum_{t=1}^{n}(\hat{Y}_t^{(\lambda_2)}-\bar{Y})^2$$
$$=\sum_{t=1}^{n}\left(\hat{Y}_t^{(\lambda_1)}-\overline{\hat{Y}_t^{(\lambda_1)}}\right)^2+\sum_{t=1}^{n}\left(\hat{Y}_t^{(\lambda_2)}-\overline{\hat{Y}_t^{(\lambda_2)}}\right)^2$$
$$=\sum_{t=1}^{n}\left[\sum_{k=1}^{m}\beta_k\left(X_t^{(\lambda_1)}-\overline{X_k^{(\lambda_1\cup\lambda_2)}}\right)\right]^2+\sum_{t=1}^{n}\left[\sum_{k=1}^{m}\beta_k\left(X_t^{(\lambda_2)}-\overline{X_k^{(\lambda_1\cup\lambda_2)}}\right)\right]^2$$
$$=J_1+J_2$$

其中，

$$J_1=\sum_{t=1}^{n}\left[\sum_{k=1}^{m}\beta_k\left(X_{kt}^{(\lambda_1)}-\overline{X_k^{(\lambda_1\cup\lambda_2)}}\right)\right]^2$$
$$=\sum_{t=1}^{n}\left[\sum_{k=1}^{m}\beta_k\left(X_{kt}^{(\lambda_1)}-\overline{X_k^{(\lambda_1)}}\right)+\sum_{k=1}^{m}\beta_k\left(\overline{X_k^{(\lambda_1)}}-\overline{X_k^{(\lambda_2)}}\right)\Big/2\right]^2$$
$$=\sum_{t=1}^{n}\left(S_1(t)+S_2\right)^2=\sum_{t=1}^{n}\left(S_1(t)^2+2S_1(t)\cdot S_2+S_2^2\right)$$
$$=\sum_{t=1}^{n}S_1(t)^2+\sum_{t=1}^{n}S_2^2$$
$$=RSS^{(\lambda_1)}+(\lambda_1-\lambda_2)^2 n\left(\overline{Y^{(l)}}-\bar{\beta}_0\right)^2\Big/4$$

同理，

$$J_2=\sum_{t=1}^{n}\left[\sum_{k=1}^{m}\beta_k\left(X_{kt}^{(\lambda_2)}-\overline{X_k^{(\lambda_1\cup\lambda_2)}}\right)\right]^2$$
$$=RSS^{(\lambda_2)}+(\lambda_1-\lambda_2)^2 n\left(\overline{Y^{(l)}}-\bar{\beta}_0\right)^2\Big/4$$

因此，

$$RSS^{(\lambda_1\cup\lambda_2)}=RSS^{(\lambda_1)}+RSS^{(\lambda_2)}+(\lambda_1-\lambda_2)^2 n\left(\overline{Y^{(l)}}-\bar{\beta}_0\right)^2\Big/2$$

而由式（3.41），$ESS^{(\lambda_1\cup\lambda_2)}=2ESS^{(l)}$，则：

$$RR^2_{(\lambda_1\cup\lambda_2)}=\frac{RSS^{(\lambda_1\cup\lambda_2)}}{RSS^{(\lambda_1\cup\lambda_2)}+ESS^{(\lambda_1\cup\lambda_2)}}$$
$$=\frac{RSS^{(\lambda_1)}+RSS^{(\lambda_2)}+(\lambda_1-\lambda_2)^2 n\left(\overline{Y^{(l)}}-\bar{\beta}_0\right)^2\Big/2}{RSS^{(\lambda_1)}+RSS^{(\lambda_2)}+(\lambda_1-\lambda_2)^2 n\left(\overline{Y^{(l)}}-\bar{\beta}_0\right)^2\Big/2+2ESS^{(l)}}$$

式（3.45）获证。

3.6.3 式（3.52）、（3.53）的证明

令：

$$K^{(\lambda_1\cdots\cup\lambda_p)}=\begin{pmatrix}X^{(\lambda_1)}\\ \vdots\\ X^{(\lambda_2)}\end{pmatrix}'\begin{pmatrix}X^{(\lambda_1)}\\ \vdots\\ X^{(\lambda_2)}\end{pmatrix}=\left((X^{(\lambda_1)})'\cdots(X^{(\lambda_p)})'\right)\begin{pmatrix}X^{(\lambda_1)}\\ \vdots\\ X^{(\lambda_p)}\end{pmatrix}$$
$$=(X^{(\lambda_1)})'X^{(\lambda_1)}+\cdots+(X^{(\lambda_p)})'X^{(\lambda_p)} \tag{3.76}$$
$$=\begin{pmatrix}pn & (\lambda_1+\cdots+\lambda_p)B'\\ (\lambda_1+\cdots+\lambda_p)B & (\lambda_1^2+\cdots+\lambda_p^2)C\end{pmatrix}\triangleq\begin{pmatrix}\bar{N} & \bar{B}'\\ \bar{B} & \bar{C}\end{pmatrix}$$

其中，$\bar{N}=pn$，$\bar{B}=(\lambda_1+\cdots+\lambda_p)B$，$\bar{C}=(\lambda_1^2+\cdots+\lambda_p^2)C$。

由式（3.61）、（3.62）可得：

$$\begin{pmatrix}\bar{N} & \bar{B}'\\ \bar{B} & \bar{C}\end{pmatrix}^{-1}=\begin{pmatrix}\frac{1}{\bar{N}}(1-\frac{1}{\bar{N}}\bar{B}'\bar{C}^{-1}\bar{B})^{-1} & -\frac{1}{\bar{N}}(1-\frac{1}{\bar{N}}\bar{B}'\bar{C}^{-1}\bar{B})^{-1}\bar{B}'\bar{C}^{-1}\\ -\frac{1}{\bar{N}}\bar{C}^{-1}\bar{B}(1-\frac{1}{\bar{N}}\bar{B}'\bar{C}^{-1}\bar{B})^{-1} & \bar{C}^{-1}+\frac{1}{\bar{N}}\bar{C}^{-1}\bar{B}(1-\frac{1}{\bar{N}}\bar{B}'\bar{C}^{-1}\bar{B})^{-1}\bar{B}'\bar{C}^{-1}\end{pmatrix}$$
$$=\begin{pmatrix}\frac{1}{\bar{N}}+\frac{1}{\bar{N}^2}\bar{B}'(\bar{C}-\frac{1}{\bar{N}}\bar{B}\bar{B}')^{-1}\bar{B} & -\frac{1}{\bar{N}}\bar{B}'(\bar{C}-\frac{1}{\bar{N}}\bar{B}\bar{B}')^{-1}\\ -\frac{1}{\bar{N}}\bar{B}'(\bar{C}-\frac{1}{\bar{N}}\bar{B}\bar{B}')^{-1}\bar{B} & (\bar{C}-\frac{1}{\bar{N}}\bar{B}\bar{B}')^{-1}\end{pmatrix} \tag{3.77}$$

比较式（3.77）右边的右下角两种矩阵分块表达可得：

$$(\bar{C}-\frac{1}{\bar{N}}\bar{B}\bar{B}')^{-1}=\bar{C}^{-1}+\bar{N}^{-1}\bar{C}^{-1}\bar{B}(1-\bar{N}^{-1}\bar{B}'\bar{C}^{-1}\bar{B})^{-1}\bar{B}'\bar{C}^{-1}$$
$$=(\lambda_1^2+\cdots+\lambda_p^2)^{-1}C^{-1}+\frac{1}{pn}\frac{(\lambda_1+\cdots+\lambda_p)^2(\lambda_1^2+\cdots+\lambda_p^2)^{-2}}{[1-1/(pn)(\lambda_1+\cdots+\lambda_p)^2(\lambda_1^2+\cdots+\lambda_p^2)^{-1}B'C^{-1}B]^{-1}}C^{-1}BB'C^{-1}$$
$$=(\lambda_1^2+\cdots+\lambda_p^2)^{-1}\left\{C^{-1}+\frac{1}{n}\frac{\bar{\phi}}{[1-\bar{\phi}n^{-1}B'C^{-1}B]^{-1}}C^{-1}BB'C^{-1}\right\} \tag{3.78}$$

其中，

$$\bar{\phi}=\frac{(\lambda_1+\cdots+\lambda_p)^2}{p\lambda_1^2+\cdots+p\lambda_p^2}\in(0,1) \tag{3.79}$$

记：

$$\left(K^{(\lambda_1\cdots\cup\lambda_p)}\right)^{-1}=(k^{-1}_{ij,(\lambda_1\cdots\cup\lambda_p)})_{(m+1)\times(m+1)}\text{，}\quad\left(K^{(l)}\right)^{-1}=(k^{-1}_{ij,(l)})_{(m+1)\times(m+1)} \tag{3.80$_1$}$$

$$C^{-1}=(c^{-1}_{ij})_{m\times m}\text{，}\quad C^{-1}BB'C^{-1}=(t_{ij})_{m\times m} \tag{3.80$_2$}$$

$$z=n^{-1}B'C^{-1}B \tag{3.80$_3$}$$

式（3.80₁）至式（3.80₃）中的有关矩阵由式（3.60）、（3.76）确定。则由式（3.78），

$$k^{-1}_{i+1,i+1,(\lambda_1\cdots\cup\lambda_p)}=\frac{1}{\lambda_1^2+\cdots+\lambda_p^2}\left[c^{-1}_{ii}+\frac{1}{n}\frac{\bar{\phi}}{(1-\bar{\phi}z)^{-1}}t_{ii}\right]\text{，}\quad k=1,2,\cdots,m \tag{3.81}$$

由式（3.60），$K^{(l)}$ 是正定矩阵，其分块矩阵 C，因此 $C^{-1}=(C-\frac{1}{n}BB')^{-1}$ 也是正定矩阵，$B'(C-\frac{1}{n}BB')^{-1}B>0$，$(1-z)^{-1}=(1-n^{-1}B'C^{-1}B)^{-1}=1+\frac{1}{n}B'(C-\frac{1}{n}BB')^{-1}B>1$，可见，

$$0<z<1 \tag{3.82}$$

$\dfrac{\bar{\phi}}{(1-\bar{\phi}z)^{-1}}$ 是 $\bar{\phi}$ 的增函数，因而 $\dfrac{\bar{\phi}}{(1-\bar{\phi}z)^{-1}}\leqslant\dfrac{1}{(1-z)^{-1}}$，当且仅当在 $\bar{\phi}=1$ 时取等号。

比较式（3.77）右边的左上角两种矩阵分块表达可得，并由式（3.82）可得：

$$\begin{aligned}k^{-1}_{1,1,(\lambda_1\cdots\cup\lambda_p)}&=\frac{1}{pn}\left(1-\frac{1}{pn}\frac{(\lambda_1+\cdots+\lambda_p)^2}{\lambda_1^2+\cdots+\lambda_p^2}B'C^{-1}B\right)^{-1}\\&=\frac{1}{p}\left[\frac{1}{n}\left(1-\bar{\phi}z\right)^{-1}\right]<\frac{1}{p}\left[\frac{1}{n}\left(1-z\right)^{-1}\right]=\frac{1}{p}k^{-1}_{1,1,(l)}\end{aligned} \tag{3.83}$$

式（3.51）给出 $\hat{\sigma}^2_{(\lambda_1\cdots\cup\lambda_p)}<\hat{\sigma}^2$，由式（3.83），

$$\left|t^{(\lambda_1\cdots\cup\lambda_p)}(\hat{\beta}_0)\right|=\frac{\left|\hat{\beta}_0-\beta_0\right|}{\sqrt{k^{-1}_{1,1,(\lambda_1\cdots\cup\lambda_p)}\hat{\sigma}^2_{(\lambda_1\cdots\cup\lambda_p)}}}>\sqrt{p}\frac{\left|\hat{\beta}_0-\beta_0\right|}{\sqrt{k^{-1}_{1,1,(l)}\hat{\sigma}^2}}=\sqrt{p}\left|t^{(l)}(\hat{\beta}_0)\right| \tag{3.84}$$

式（3.52）获证。由式（3.81）、（3.82）以及 $\dfrac{\bar{\phi}}{[1-\bar{\phi}z]^{-1}}$ 是 $\bar{\phi}$ 的增函数，可得：

$$k^{-1}_{i+1,i+1,(\lambda_1\cdots\cup\lambda_p)}<\frac{1}{\lambda_1^2+\cdots+\lambda_p^2}\left[c^{-1}_{ii}+\frac{1}{n}\frac{1}{(1-z)^{-1}}t_{ii}\right]=\frac{1}{\lambda_1^2+\cdots+\lambda_p^2}k^{-1}_{i+1,i+1,(l)} \tag{3.85}$$

$k=1,2,\cdots,m$。由式（3.51）$\hat{\sigma}^2_{(\lambda_1\cdots\cup\lambda_p)}<\hat{\sigma}^2$，并结合式（3.85），有

$$\left|t^{(\lambda_1\cdots\cup\lambda_p)}(\hat{\beta}_k)\right|=\frac{\left|\hat{\beta}_k-\beta_k\right|}{\sqrt{k^{-1}_{i+1,i+1,(\lambda_1\cdots\cup\lambda_p)}\hat{\sigma}^2_{(\lambda_1\cdots\cup\lambda_p)}}}>\sqrt{\lambda_1^2+\cdots+\lambda_p^2}\frac{\left|\hat{\beta}_k-\beta_k\right|}{\sqrt{k^{-1}_{i+1,i+1,(1)}\hat{\sigma}^2}}$$
$$=\sqrt{\lambda_1^2\cdots+\lambda_p^2}\left|t^{(1)}(\hat{\beta}_k)\right| \tag{3.86}$$

式（3.53）获证。

3.6.4 式（3.54）的证明

假设将样本 $\mathfrak{M}^{(\lambda_1)}$，$\mathfrak{M}^{(\lambda_2)},\cdots,\mathfrak{M}^{(\lambda_p)}$混合在一起，构成新的样本 $\mathfrak{M}^{(\lambda_1\cdots\cup\lambda_p)}$，$\mathfrak{M}^{(\lambda_1\cdots\cup\lambda_p)}=\bigcup_{h=1}^{p}\mathfrak{M}^{(\lambda_h)}$。

记变量 X_k 的观测值在 $\mathfrak{M}^{(\lambda_1)}$，$\mathfrak{M}^{(\lambda_2)}$，…，$\mathfrak{M}^{(\lambda_p)}$，$\mathfrak{M}^{(\lambda_1\cdots\cup\lambda_p)}$ 中的平均值分别为 $\overline{X_k^{(\lambda_1)}}$、$\overline{X_k^{(\lambda_2)}}$、…、$\overline{X_k^{(\lambda_p)}}$、$\overline{X_k^{(\lambda_1\cdots\cup\lambda_p)}}$，易见 $\overline{X_k^{(\lambda_1)}}=\lambda_1\overline{X_k^{(1)}}$，…，$\overline{X_k^{(\lambda_p)}}=\lambda_p\overline{X_k^{(1)}}$，$\overline{X_k^{(\lambda_1\cdots\cup\lambda_p)}}=\left(\overline{X_k^{(\lambda_1)}}+\cdots+\overline{X_k^{(\lambda_p)}}\right)\Big/p$。令：

$$S_1(t,\lambda_h)=\sum_{k=1}^{m}\beta_k\left(X_{kt}^{(\lambda_h)}-\overline{X_k^{(\lambda_h)}}\right)$$

$$S_2(\lambda_h)=\sum_{k=1}^{m}\beta_k\left(\overline{X_k^{(\lambda_h)}}-\overline{X_k^{(\lambda_1\cdots\cup\lambda_p)}}\right),\quad h=1,2,\cdots,m$$

则：

$$\sum_{t=1}^{n}S_1^2(t,\lambda_h)=\sum_{t=1}^{n}\left[\sum_{k=1}^{m}\beta_k\left(X_{kt}^{(\lambda_h)}-\overline{X_k^{(\lambda_h)}}\right)\right]^2=RSS^{(\lambda_h)}$$

$$\begin{aligned}\sum_{t=1}^{n}S_1(t)\cdot S_2(\lambda_h)&=S_2(\lambda_h)\cdot\sum_{t=1}^{n}\sum_{k=1}^{m}\beta_k\left(X_{kt}^{(\lambda_1)}-\overline{X_k^{(\lambda_1)}}\right)\\&=S_2(\lambda_h)\cdot\sum_{t=1}^{n}\left(\sum_{k=1}^{m}\beta_kX_{kt}^{(\lambda_1)}-\sum_{k=1}^{m}\beta_k\overline{X_k^{(\lambda_1)}}\right)\\&=S_2(\lambda_h)\cdot\sum_{t=1}^{n}\left(\sum_{k=1}^{m}\beta_kX_{kt}^{(\lambda_1)}-\sum_{k=1}^{m}\beta_k\overline{X_k^{(\lambda_1)}}\right)\\&=S_2(\lambda_h)\cdot\sum_{t=1}^{n}\left(\hat{Y}_t^{(\lambda_1)}-\overline{\hat{Y}^{(\lambda_1)}}\right)=0\end{aligned}$$

以及

$$\begin{aligned}S_2(\lambda_h)^2&=\left[\sum_{k=1}^{m}\beta_k\left(\overline{X_k^{(\lambda_h)}}-\overline{X_k^{(\lambda_1\cdots\cup\lambda_p)}}\right)\right]^2\\&=(\lambda_h-\bar{\lambda})^2\left(\sum_{t=1}^{n}\beta_k\overline{X_k^{(1)}}\right)^2=(\lambda_k-\bar{\lambda})^2\left(\overline{Y^{(1)}}-\bar{\beta}_0\right)^2\end{aligned}$$

混合的样本对模型（3.1）进行回归的 RSS：

$$
\begin{aligned}
RSS^{(\lambda_1\cdots\cup\lambda_p)} &= \sum_{t=1}^{n}(\hat{Y}_t^{(\lambda_1)}-\bar{Y})^2+\cdots+\sum_{t=1}^{n}(\hat{Y}_t^{(\lambda_p)}-\bar{Y})^2 \\
&= \sum_{t=1}^{n}\left(\hat{Y}_t^{(\lambda_1)}-\overline{\hat{Y}_t^{(\lambda_1)}}\right)^2+\cdots+\sum_{t=1}^{n}\left(\hat{Y}_t^{(\lambda_p)}-\overline{\hat{Y}_t^{(\lambda_p)}}\right)^2 \\
&= \sum_{t=1}^{n}\left[\sum_{k=1}^{m}\beta_k\left(X_t^{(\lambda_1)}-\overline{X_k^{(\lambda_1\cdots\cup\lambda_p)}}\right)\right]^2+\cdots+\sum_{t=1}^{n}\left[\sum_{k=1}^{m}\beta_k\left(X_t^{(\lambda_p)}-\overline{X_k^{(\lambda_1\cdots\cup\lambda_p)}}\right)\right]^2 \\
&= J_1+\cdots+J_p
\end{aligned}
$$

其中，

$$
\begin{aligned}
J_1 &= \sum_{t=1}^{n}\left[\sum_{k=1}^{m}\beta_k\left(X_{kt}^{(\lambda_1)}-\overline{X_k^{(\lambda_1\cdots\cup\lambda_p)}}\right)\right]^2 \\
&= \sum_{t=1}^{n}\left[\sum_{k=1}^{m}\beta_k\left(X_{kt}^{(\lambda_1)}-\overline{X_k^{(\lambda_1)}}\right)+\sum_{k=1}^{m}\beta_k\left(\overline{X_k^{(\lambda_1)}}-\overline{X_k^{(\lambda_1\cdots\cup\lambda_p)}}\right)\right]^2 \\
&= \sum_{t=1}^{n}\left(S_1(t)+S_2(\lambda_1)\right)^2 \\
&= \sum_{t=1}^{n}\left(S_1(t)^2+2S_1(t)\cdot S_2(\lambda_1)+S_2(\lambda_1)^2\right) \\
&= \sum_{t=1}^{n}S_1(t)^2+nS_2(\lambda_1)^2 \\
&= RSS^{(\lambda_1)}+(\lambda_1-\bar{\lambda})^2 n\left(\overline{Y^{(l)}}-\bar{\beta}_0\right)^2
\end{aligned}
$$

一般地，

$$
\begin{aligned}
J_h &= \sum_{t=1}^{n}\left[\sum_{k=1}^{m}\beta_k\left(X_{kt}^{(\lambda_h)}-\overline{X_k^{(\lambda_1\cdots\cup\lambda_p)}}\right)\right]^2 \\
&= RSS^{(\lambda_h)}+(\lambda_h-\bar{\lambda})^2 n\left(\overline{Y^{(l)}}-\bar{\beta}_0\right)^2
\end{aligned}
$$

因此，

$$
\begin{aligned}
RSS^{(\lambda_1\cdots\cup\lambda_p)} &= \sum_{k=1}^{p}RSS^{(\lambda_k)}+n\left(\overline{Y^{(l)}}-\bar{\beta}_0\right)^2\sum_{h=1}^{p}(\lambda_h-\bar{\lambda})^2 \\
&= \sum_{h=1}^{p}RSS^{(\lambda_h)}+n\left(\overline{Y^{(l)}}-\bar{\beta}_0\right)^2\sum_{k=1}^{p}(\lambda_h-\bar{\lambda})^2 \\
&= \sum_{h=1}^{p}RSS^{(\lambda_h)}+n\left(\sum_{h=1}^{p}\lambda_h^2-p\bar{\lambda}^2\right)\left(\overline{Y^{(l)}}-\bar{\beta}_0\right)^2
\end{aligned}
$$

而由式（3.50），$ESS^{(\lambda_1\cdots\cup\lambda_p)}=pESS^{(l)}$，则

$$
R^2_{(\lambda_1\cdots\cup\lambda_p)}=\frac{\sum_{h=1}^{p}RSS^{(\lambda_h)}+n\left(\sum_{h=1}^{p}\lambda_h^2-p\bar{\lambda}^2\right)\left(\overline{Y^{(l)}}-\bar{\beta}_0\right)^2}{\sum_{h=1}^{p}RSS^{(\lambda_h)}+n\left(\sum_{h=1}^{p}\lambda_h^2-p\bar{\lambda}^2\right)\left(\overline{Y^{(l)}}-\bar{\beta}_0\right)^2+pESS^{(l)}}
$$

式（3.54）获证。

3.7 本章小结

本章引入一类满足式（3.15）至式（3.17）的 λ－样本类 $\mathfrak{M}^{(\lambda)}$，探讨经典线性回归模型（3.1）即：

$$Y_t = \beta_0 + \beta_1 X_{1t} + \cdots + \beta_m X_{mt} + u_t,\ u_t \sim N(0, \sigma^2)$$

针对 $\mathfrak{M}^{(\lambda)}$ 以及 λ－样本类的混合样本 $\mathfrak{M}^{(\lambda_1 \cup \cdots \cup \lambda_p)}$ 进行回归分析的 R^2、t－值的特征，以及如何随 $\mathfrak{M}^{(\lambda)}$ 的变化而变化的问题。

模型（3.1）针对样本 $\mathfrak{M}^{(\lambda)}$ 进行回归分析，对于 $\forall\lambda > 0$，关于未知参数的估值是相同的，但 R^2、解释变量的 t－值的绝对值是 λ 的增函数，随 λ 的增加而增加。R^2 差异巨大，可从 0 至 1 之间任意变化，而解释变量的 t－值的绝对值，可以再 0 到 ∞ 之间任意变化。有关结论见式（3.29）、（3.30）、（3.31）、（3.34）、（3.35）。

将不同的 λ－样本类 $\mathfrak{M}^{(\lambda_1)}, \mathfrak{M}^{(\lambda_2)}, \cdots, \mathfrak{M}^{(\lambda_p)}$ 进行混合得到混合样本 $\mathfrak{M}^{(\lambda_1 \cup \cdots \cup \lambda_p)}$，探讨针对 $\mathfrak{M}^{(\lambda_1 \cup \cdots \cup \lambda_p)}$ 进行回归分析的 R^2、t－值与样本混合前的 R^2、t－值的关系。较样本混合前解释变量的 t－值，混合后的 t－值提高了（指的是 t－值的绝对值），见式（3.43）、（3.44）、（3.52）、（3.53）。而 R^2 的变化较为复杂，与解释变量的样本方差的变化状况有关。就低方差的样本而言，低方差的样本与高方差的样本混合后，模型（3.1）以混合后的样本进行回归所得出的 R^2 有可能变大了许多倍，但是混合样本的 R^2 是否比混合前高方差样本的 R^2 高，并不能一概而论。有关结果见 R^2 准则 I、R^2 准则 II 以及方差准则 I、方差准则 II、R^2－方差准则 I、R^2－方差准则 II。由于样本混合后能够提高，由此引出的一个问题就是无法确定模型（3.1）针对混合前的样本的解释能力。可见，即使是针对某特定样本，R^2 也无法用以评价模型的解释能力。以 R^2 作为模型或变量解释能力的评价指标，是 R^2 认识上的误区。

本章指出，如果模型满足同方差假设、不存在多重共线性，R^2 的大小受到样本的特定性的影响。样本的特定性可能就是指样本的变异性即样本方差，变异性越高，R^2 越大。可见，R^2 可能没有其他的意义。

第 4 章　会计信息价值相关性的评价指标与方法

4.1　概述

会计信息价值相关性的评价理论，对于投资理财、会计实践、准则制定以及会计理论研究来说，具有无与伦比的重要性。例如，关于会计信息是否具有价值相关性的研究，能为投资理财提供信息导向。如果会计具有价值相关性，任何的投资理财都不能忽视会计信息，而如果不具有价值相关性，则无须关注会计信息。但是，如果会计信息不具有价值相关性，对于会计实践、准则制定则是一场灾难，这就意味着以往所进行会计实践、准则制定等工作没有任何意义，而会计的理论研究更是一文不值。幸运的是，当前几乎所有的研究都表明，会计信息是具有价值相关性的。

会计信息价值相关性的评价理论研究，并不只是停留在会计信息是否具有价值相关性的问题上，其他重要问题的研究有助于深入地了解诸如会计信息的增量信息含量、信息含量的相对高低、相关性的变化趋势、影响因素等问题。这些问题虽然重要，但一个更为基本的问题是会计信息价值相关水平如何确定。只有确定了会计信息价值相关性水平的度量指标，才能据以设定相应的方法。

当前用于度量会计信息价值性水平的指标主要包括：超额回报、盈余反应系数、R^2、等水平-标准差指标、市场反应系数，或者说分为 R^2 类指标、非 R^2 类指标两大类。这些指标被普遍地运用在当前的会计信息价值相关性的实证研究之中，对于这些指标的基础性问题，例如，这些指标作为度量价值相关性的理论依据是什么、不同指标对会计信息价值相关性的评价结果是否有影响、指标的适用条件是什么等，在当前的会计信息价值相关性的理论研究中，未曾有系统的研究。在实际运用中，选什么指标作为会计信息价值相关性水平的度量指标，往往只是根据研究的实际需要而定，并非受到某种理论的指导，对于研究结论的可信性造成巨大的伤害。

从外延上看，“会计信息的信息含量”应包含“会计信息的价值相关性”，也就是说，“会计信息具有价值相关性”，应逻辑蕴含“会计信息具有信息含量”；但反之不然。本书对这两个概念不加区分，主要遵从叙述的方便，将两者看成是内涵相同的两个概念——会计信息具有信息含量是因为会计信息具有价值相关性，会计信息的价值相关性是会计信息具有信息含量的具有内涵。这样的技术性处理，是因为有时以信息含量来叙述价值相关性会比较简洁。

本章首先阐述会计信息价值相关性的各主要评价指标的评价原理（4.2），探讨各指标的适用条件、理论基础及其合理性，提出以“解释能力”“不可忽略性”作为选择评价指标的依据，据以从各指标中选择最合适的评价指标（4.3 至 4.4）。其中 4.3 探讨了 R^2 类指标的严重缺陷，并指出该指标不宜作为会计信息价值相关性的评价指标；4.4 探讨了评价指标应具备的理论标准，并指出最适合作为会计信息价值相关性的评价指标应该是市场反应系数指标。但尚未有一套基于该指标、可用于评价各类问题的方法体系。因此，本章的另一个重要任务就是，构建基于市场反应系数的方法体系，能用以研究会计信息价值相关性的各类评价问题（4.5 至 4.8）。其中 4.5 探讨解释变量的联动性；4.6 至 4.8 构建基于市场反应系数的方法体系。

4.2 会计信息价值相关性的主要评价指标

会计信息价值相关性的评价理论研究，需要确定会计信息价值相关性的评价指标，据以评价会计信息的增量信息含量、信息含量的相对高低、相关性的变化趋势、影响因素等问题。当前用于度量会计信息价值性水平的指标可分为 R^2 类指标、非 R^2 类指标两大类，主要包括：超额回报、盈余反应系数、R^2、等水平-标准差指标、市场反应系数。这里主要介绍各类指标，并阐述其评价原理。

1）超额回报

会计的目标在于提供决策有用的信息，这就产生了验证会计是否实现该目标的需要。尽管难以设计实验来直接检验会计信息对使用者的决策影响，但是如果资本市场是有效的，我们就能够通过观测股票市场价格对新信息作出的反应来检验会计信息的决策有用性。

有效市场理论认为[122]，证券市场存在三种效率，即弱式有效（weak-form efficiency）、半强式有效（semi-strong-form efficiency）、强式有效（strong-form efficiency）。在弱式有效市场中，证券价格只包含历史价格信息，现在的市场价格充分反映了有关该证券的所有历史价格信息。证券价格变动完全是随机的，任何投资者都不可能通过使用任何方法分析这些历史价格信息来获取超额回报。在半强式有效市场中，证券价格不仅反映了该证券过去的信息，而且反映了所有有关该证券的公开信息，包括有关公司的历史信息、公司经营和公司财务报告，以及公开的宏观经济及其他公开可用信息。除非投资者了解内幕信息，否则不可能通过分析公开信息而获取超额回报。在强式有效市场中，市场参与者掌握一切信息，包括公开和未公开的信息，现在的市场价格不仅反映了该证券的历史信息和所有的公开信息，而且还反映了任何交易者掌握的私人信息。强式有效市场中没有投资者能依靠所谓的内幕信息来获取超额回报，任何证券分析和试图搜索内幕信息的行为都是徒劳的。

能够利用内幕信息获得超额回报的市场都不是强式有效市场，在强式有效市场，会计信息是没有信息含量的，因为会计信息无论公开与否，都已经反映到证券价格中。鉴于现实中的市场是无法达到强式有效的，我们这里定义的有效市场就是半强式有效。在半强式有效的市场中，市场因新信息而变得更有效。掌握新信息的投资者应“迅速”行动，否则，其他投资者就会抢先一步，这样就会减少甚至消除新信息所带来的新利益。

投资者针对新信息的“迅速”行动，导致证券市场价格的变化。也就是说，证券市场价格变化体现了市场对新信息的反应，新信息解释了证券市场价格之所以变化的原因，基于此，证券价格就被认为具有信息含量。可见，探讨信息含量的问题可转化为对证券价格的探讨。

有效市场可以对所有的信息包括会计信息与非会计信息作出反应，如果证券的市场价格对会计信息作出反应，便可以证明会计信息的决策有用性。这一点非常重要，因为会计信息是以权责发生制为原则，依据一套程序、方法加工出来的估计数，是很难从经济理论上证明其具有决策有用性的。比如，会计信息主要是历史成本信息，就算是公允价值的会计信息，也仅仅是计量日的公允价值，而由于对外披露的滞后性，至披露日也成了事实上的历史成本信息，而历史成本被认为是沉没成本，被认为是与决策无关的成本。由于难以从经济理论上证明会计信息的决策有用性，若离开了有效市场，是很难证明会计信息的决策有用性的。

如果会计信息具有决策有用性，证券价格就会因会计信息变化而发生变化，会计信息就被认为具有价值相关性。将证券价格变化中因会计信息而导致变化的部分，称为“超额回报”，意指假如没有这些信息，就不会有证券价格的这些变化，据此就可以证明会计信息的价值相关性。

将会计信息的价值相关性与证券的“超额回报”相联系，通过评价“超额回报”是否为显著零，来判断会计信息是否具有价值相关性。在实证中，计量并评价“超额回报”的方法是事件研究方法。最先提出事件研究方法的是 Dolly（1933）[123]，而 Ball 和 Brown（1968）[39]、Fama

等人（1969）[124] 的研究使事件研究得以最终“成熟”。其中，Ball 和 Brown（1968）最早采用了累计超额回报的方法检验了年报的会计信息含量及其对股票价格的影响。

“信息公告”被认定为一个事件，如果新增的信息具有信息含量，将“迅速”地反映到股价中去。事件研究中首先需要确定的是“事件定义”问题。就会计信息的价值相关性问题而言，会计信息的披露可确定为一个事件，但仅仅如此简单化地定义事件是不够的。需要对事件的特征作出界定，将事件划分为“好消息事件”与“坏消息事件”。因为资本市场存在预期，市场未预期到的好消息将引发证券价格的上升，而市场未预期到的坏消息则引发证券价格的下跌。对于要研究会计盈余的信息含量而言，则可将超预期盈余的披露作为“好消息事件”，而低于预期盈余的披露则作为“坏消息事件”。

确定了事件以后，则要计算超额回报（abnormal return，AR）。虽然资本市场存在预期，好消息或坏消息可能提前反映到股价上，但市场可能不那么有效，好消息或坏消息也可能滞后反映到股价上，因而需确定一个观测期间，称为“事件窗”，如图 4-1 所示。

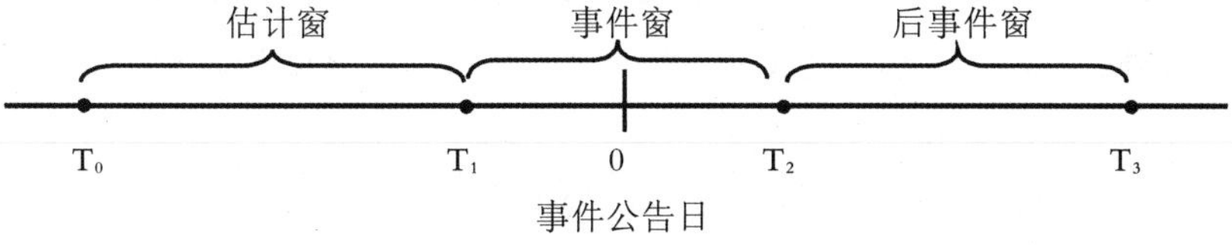

图 4-1　估计窗、事件窗、后事件窗

超额回报 AR 的计算公式为：

$$AR_{it} = R_{it} - \hat{R}_{it} \tag{4.1}$$

其中，R_{it} 为股票 i 在 $t \in [T_1, T_2]$ 内的实际回报，而 $\hat{R}_{it}$ 为股票 i 在 $t \in [T_1, T_2]$ 内的正常回报的估计值。所谓正常回报是指假定该事件没有发生的情况下，公司股价的“正常”预期回报。AR_{it} 就是股票 i 在 $t \in [T_1, T_2]$ 内的超额回报。如果是好消息事件的话，就有会有正的超额回报；而如果是坏消息事件的话，就有会有负的超额回报。

事件的 N 个样本公司在 $t \in [T_1, T_2]$ 的平均超额回报（average abnormal return，AAR），AAR_t 为：

$$AAR_t = \frac{1}{N}\sum_{i=1}^{N} AR_{it} \tag{4.2}$$

将 $[\tau_1, \tau_2]$ 内的平均超额回报累加起来就得到累积平均超额回报（cumulative average abnormal return，CAAR），$CAAR(\tau_1, \tau_2)$ 为：

$$CAAR(\tau_1, \tau_2) = \sum_{t=\tau_1}^{\tau_2} AAR_t = \frac{1}{N}\sum_{t=\tau_1}^{\tau_2}\sum_{i=1}^{N} AR_{it} \tag{4.3}$$

其中，$[\tau_1, \tau_2]$ 事件窗 $[T_1, T_2]$ 内的窄窗口 $[\tau_1, \tau_2] \subseteq [T_1, T_2]$。如果 $CAAR(\tau_1, \tau_2)$ 显著异于零，则说明该事件对股价影响显著；否则，说明该事件对公司股价影响并不显著，或者说影响没有通过证券市场反映出来。检验方法可参见文献[125]。

公司股价的正常预期回报的估计值 $\hat{R}_{it}$ 通常有以下几种方法：

（1）常数均值回归模型：以估计窗的平均回报作为公司事件窗 $[T_1, T_2]$ 内的正常回报的预期值，即：

$$\hat{R}_{it} = \frac{1}{T_1 - T_0 - 1}\sum_{t=T_0+1}^{T_1-1} R_{it}, \quad t \in [T_1, T_2] \tag{4.4}$$

式（4.1）超额回报 AR 的计算公式为：

$$AR_{it} = R_{it} - \hat{R}_{it} = R_{it} - \left(\sum_{t=T_0+1}^{T_1-1} R_{it}\right) \Big/ (T_1 - T_0 - 1)$$

（2）市场调整回归模型，假定每家公司在事件窗 (T_0, T_1) 内每一天的正常回报就是市场回报 R_{mt}，式（4.1）超额回报 AR 的计算公式为：

$$AR_{it} = R_{it} - \hat{R}_{it} = R_{it} - R_{mt}, \quad t \in [T_1, T_2]$$

（3）市场回归模型。以市场回归模型

$$R_{it} = \alpha_i + \beta_i R_{mt} + u_{it}, \quad t \in [T_1, T_2] \tag{4.5}$$

作为公司事件窗 $[T_1, T_2]$ 内的正常回报的预期值。至于式（4.5）中的参数 α_i、β_i 则用估计窗 (T_0, T_1) 内的数据予以估计。

事件研究方法之于会计信息价值相关性问题的探索犹如神来之笔，通过确定“好消息事件”与“坏消息事件”下股票的超额回报是否为零，能够很直观地展现出会计信息对于投资决策的影响，因而对于会计信息价值性问题的研究功不可没。

2）盈余反应系数

如果将超预期盈余的披露作为“好消息事件”，而低于预期盈余的披露则作为“坏消息事件”，累积平均超额回报 CAAR 是平均意义上市场对好消息和坏消息的反应。平均数掩盖了各种差异，问题是，为什么一些公司的超额回报高于平均数，而另一些公司的则低于平均数。如果能够知道这一问题的答案，则有助于提高投资者如何使用会计信息问题的理解，改进会计报告的披露具有重要的意义[45]。

因此，对累积平均超额回报CAAR指标进行某种修正是必要的，修正的一个自然的思路就是识别市场对盈余信息的不同反应，这就是盈余反应系数（earnings response coefficient，ERC）。所谓盈余反应系数是指某一证券的超额回报相对于发行该证券的公司报告盈余中的非预期因素的反应程度[45]，即：

$$ERC=\frac{CAR_{it}(\tau_1,\tau_2)}{UE_{iT}}=\frac{\sum_{t=\tau_1}^{\tau_2}AR_{it}}{E_{iT}-E(E_{iT})}=\frac{\sum_{t=\tau_1}^{\tau_2}AR_{it}}{E_{iT}-\hat{E}_{iT}} \quad (4.6)$$

其中，$CAR_{it}(\tau_1,\tau_2)$表示事件窗$[\tau_1,\tau_2]$公司i的累积超额回报，UE_{iT}表示公司i的上年度未预期盈余，如果以上年度的前一年度的每股收益EPS_{T-1}作为上年度的每股收益EPS_T的预期值，除以公司股票价格P_{τ_1}，则未预期盈余为：

$$UE_{iT}=(EPS_T-EPS_{T-1})/P_{\tau_1} \quad (4.7)$$

式（4.6）以回归模型来表示为：

$$CAR_{it}=\beta_0+\beta_1 UE_{iT}+\varepsilon_{it} \quad (4.8)$$

回归模型（4.8）中的系数β_1就是盈余反应系数ERC。

盈余反应系数ERC的研究存在两个方向：一是关于ERC的计量；二是关于ERC差异的解释即对ERC影响因素的解释。ERC差异的研究对于会计信息价值相关性问题研究的重要性是不言而喻的，比如，高杠杆的公司ERC较低，这一结果支持“金融工具的确认、计量与报告”的重要性，因为一项金融工具确认为负债或权益会影响到公司的资产负债率。又如，盈余持续性高的公司ERC较高，这一发现支持利润表应该按有助于预测盈余持续性的特征进行披露，从计量属性上看，应选择应计制，而不是现金制，因为应计制下的盈余比现金制下的盈余更具有持续性；从经济活动的性质看，应分为营业活动与营业外活动，营业活动产生的现金流更具有持续性。

3）市场反应系数：兼评超额回报与盈余反应系数的缺陷

“超额回报”与“盈余反应系数”对于验证会计信息的价值相关性具有里程碑意义，能够直观地观测到会计信息价值相关性的存在性与程度。当公司披露了超预期盈余的“好消息”时，如果市场“超额回报”大于零，则证明了会计信息具有价值相关性，而“盈余反应系数”则表明了会计信息具有价值相关性水平的高低。

“超额回报”与“盈余反应系数”的适用前提条件是半强式有效市场假设。在半强式有效的市场，所有公开的信息会立即反映到股价上，否则，新信息所带来的新利益就会因其他投资者的抢先行动而减少乃至消除。因此，在会计信息的披露日，如果“超额回报”为零，则会计信息将被认为不具有价值相关性。

在现实的市场中，对信息的反应可能因预期而提前反映到股价中，也可能因市场不那么有效而滞后反映到股价中去。如果在会计信息披露日证券的“超额回报”为零，可能不能认定会计信息不具有价值相关性。因为在会计信息披露日前期或后期的“超额回报”并不为零，此情形也可说明，会计信息影响了投资者的投资决策。事实上，如果会计信息已被市场所完全预期，虽然会计信息披露日证券的“超额回报”为零，但会计信息的披露起到了证实以前预期的作用。如果市场对会计信息滞后反应，这表明市场对会计信息的理解需要时间，也需要付出代价，而其后如果有超额回报，也证明了会计信息的确影响了投资者的投资决策。正是基于市场对会计信息的反应可能提前或滞后，因而在事件研究法中并不是仅仅观测信息披露日的市场反应，而是设定一个称为事件窗的观测期 $[T_1, T_2]$。

实证研究中设定事件窗 $[T_1, T_2]$ 的这种处理方法看似合理，事实上违背了半强式有效的市场假设，因为在半强式有效市场下，新的信息会立即反映到股价上去的，而不会出现滞后的情形。而且从技术层面上看，事件窗 $[T_1, T_2]$ 的选择带有一定的主观性，事件窗的选择也影响了估计窗 (T_0, T_1) 的选择。同时“超额回报”与“盈余反应系数”的计算还需要估计正常回报、未预期会计盈余，这些都是难以准确估算的，影响了研究结论的可信度。

当前对于该问题的研究大量采用基于净剩余收益回归模型[29]的回归分析方法如收益回归模型或如下的价格回归模型：

$$P = \lambda_0 + \lambda_1 \cdot EPS + \lambda_2 \cdot NAPS + \varepsilon,\ \varepsilon \sim N(0, \sigma^2) \quad (4.9)$$

其中，P 表示每股市价，EPS 表示每股收益，NAPS 表示每股净资产。EPS、NAPS 的系数在经济意义上 λ_1 、 λ_2 分别表示每股市价对每股收益、每股净资产的反应系数，称为市场反应系数。

回归模型（4.9）只需要假定市场是弱式有效即可。

弱式有效市场与半强式有效市场相比，信息的处理能力可能较弱，只有那些掌握专门分析工具的专业投资者才能对公司所披露的信息作出全面、正确、及时和理性的解读和判断，一般投资者很难做到这些。因而，在弱式有效市场上，证券价格完全反映了所有的历史价格信息，但不能立即反映所有已公开的信息。会计信息一经披露毕竟是历史信息，尽管这些信息当前未被反映到股价中，但最终必将充分反映到股价中去，以使得任何挖掘历史价格信息的行为都不能获得超额回报。

为便于市场充分理解公司所披露的会计信息，我们可以选择披露日后的某一日期对证券价格进行观测。如果证券价格中反映了会计信息，则表明会计信息具有价值相关性；如果证券价格没有反映会计信息，则只是表明在观测日，会计信息不具有价值相关性，可适当延后一段时间再进行观测。

在弱式有效市场假设下，回归模型（4.9）可用于探讨“披露日后的某一日期证券价格是否反映会计信息”这一会计信息价值相关性问题。在实证研究中，我们以披露日后的某一日期的股价数据与披露日的会计信息进行回归分析，如果回归模型（4.9）中的市场反应系数 λ_1 、 λ_2 显著异于零，则表明会计信息反映到股价上，也就是会计信息具有价值相关性。

与事件研究法下的“超额回报”或“盈余反应系数”相比，回归模型（4.9）中的市场反应系数 λ_1 、 λ_2 可以排除其他因素的干扰，而前者则不能。

以“超额回报”的计算为例，由式（4.1），股票 i 在 $t\in[T_1, T_2]$ 内的超额回报 $AR_{it}=R_{it}-\hat{R}_{it}$，事件的 N 个样本公司在 $t\in[T_1, T_2]$ 的平均超额回报 $AAR_t=\left(\sum_{i=1}^{N}AR_{it}\right)\Big/N$，将 $[\tau_1, \tau_2]$ 事件窗 $[T_1, T_2]$ 内的窄窗口 $[\tau_1, \tau_2]$ 内的平均超额回报累加起来就得到累积平均超额回报 $CAAR(\tau_1,\tau_2)=\sum_{t=\tau_1}^{\tau_2}AAR_t$。需要指出的是，$AR_{it}$、$AAR_t$、$CAAR(\tau_1,\tau_2)$ 的计算是为了反映特定事件对股价的影响，并不能排除事件窗 $[T_1, T_2]$ 内的针对公司 i 的其他信息的影响，比如，特定事件为“超预期盈余”，但这些指标的计算并不能排除其他信息如“超预期股利支付率”的影响。

“盈余反应系数”的计算更是有失公允，因为该指标直接将“超额回报”全部归因于“超预期盈余”，没有考虑其他因素的影响，而这正是不同公司的“盈余反应系数”有所不同的根源之所在。

由回归模型（4.9），当其他因素不变时，有：

$$\Delta_{EPS}P=\lambda_1\cdot\Delta EPS \tag{4.10}$$

$$\Delta_{NAPS}P=\lambda_2\cdot NAPS \tag{4.11}$$

假设 $\lambda_1,\lambda_2>0$，式（4.10）、（4.11）表明，当其他因素不变时，每股收益、每股净资产每增加（或减少）1 个单位，每股市价增加（或减少）λ_1、λ_2 单位；对于 $\lambda_1,\lambda_2<0$ 的情形，有类似的结论。因此，排除了其他因素的干扰后，λ_1 只体现股价对于每股收益的反应，λ_2 只体现股价对于每股净资产的反应。

更为重要的是，“超额回报”与“盈余反应系数”一次只能检验一种信息的价值相关性问题，不能检验多种信息的增量信息与联合信息，而回归模型（4.9）则可以做到这一切。按照 Biddle（1995）等的思想[58]，所谓增量信息含量是指给定一种或一类信息的情况下，增加另一种或另一类信息所增加的信息含量。基于此定义，增量信息含量在统计学上可看成是条件期望的问题——如果要检验每股净资产是否具有增量信息含量，则相当于检验在给定每股收益 EPS 的条件下增加 NAPS 是否增加信息含量的问题。利用回归模型（4.9），则需检验的假设为：

$$E(P|EPS, NAPSP)=E(P|EPS)$$

只要回归模型（4.9）中 NAPS 的系数显著异于零，则可认为每股净资产具有增量信息含量。而关于联合信息方面，当其他因素不变时，有：

$$\Delta P=\lambda_1\cdot\Delta EPS+\lambda_2\cdot\Delta NAPS \tag{4.12}$$

假设 $\lambda_1,\lambda_2>0$，式（4.12）表明，当其他因素不变时，每股收益、每股净资产同时增加（或减少）1 个单位①，每股市价增加（或减少）$\lambda_1+\lambda_2$ 单位；对于 $\lambda_1,\lambda_2<0$ 的情形，有类似的结论。

4）R^2 类指标

将股价与会计信息的代理变量如每股收益 EPS、每股净资产 NAPS 进行回归分析，如回归模型（4.9），用这种回归分析的方法探讨会计信息的价值相关性问题，的确有许多方便之处。这种方法的过度使用可能就是利用回归模型的拟合优度 R^2 作为价值相关性的度量指标，因为 R^2 被认为可用于度量回归模型的解释能力。例如，在某一样本下回归模型（4.9）的 R^2 为 90%，则回归模型（4.9）被认为解释股价变动的 90%，也就是说，以每股收益 EPS、每股净资产 NAPS 解释了股价变动的 90%，股价变动剩下的 10%，由其他变量来解释。

这方面代表性的研究如 Collins D.W 等的工作[96]，他们认为，回归模型的拟合优度 R^2 可用来作为会计信息价值相关性的度量指标，并将 R^2 进行分解为增量信息含量、联合信息含量、公共信息含量，略加说明如下。

为探讨每股收益 EPS、每股净资产 NAPS 的增量信息含量、联合信息含量、公共信息含量，构建如下回归模型：

$$P=\alpha_0+\alpha_1\cdot EPS+\varepsilon,\ \ \varepsilon\sim N(0,\sigma^2) \tag{4.13}$$

$$P=\beta_0+\beta_1\cdot NAPS+\varepsilon,\ \ \varepsilon\sim N(0,\sigma^2) \tag{4.14}$$

以及回归模型（4.9），即：

$$P=\lambda_0+\lambda_1\cdot EPS+\lambda_2\cdot NAPS+\varepsilon,\ \ \varepsilon\sim N(0,\sigma^2)$$

记回归模型（4.9）、（4.13）、（4.14）的拟合优度 R^2 分别为 R_T^2、R_2^2、R_3^2，由于拟合优度 R^2 可用来作为会计信息价值相关性的度量指

① 这里假定每股收益、每股净资产同时增加（或减少）1 个单位，这个假设可能不合理，这个问题在 4.5 中将加以详细讨论。

标，则 R_T^2 表示 NAPS、EPS 的联合信息含量，R_2^2、R_3^2 分别表示 NAPS、EPS 的信息含量。

如图 4-2 所示，NAPS、EPS 的信息含量在图中分别用 R_2^2、R_3^2 表示，其联合信息含量用 R_T^2 表示，$R_T^2 < R_2^2 + R_3^2$。进一步地看，NAPS、EPS 的信息含量中有些是它们公共的信息含量，图中用 R_C^2 表示。显然，$R_2^2 + R_3^2 - R_C^2 = R_T^2$，因此：

$$R_C^2 = R_2^2 + R_3^2 - R_T^2$$

可表示 NAPS、EPS 的公共信息含量。而

$$R_E^2 = R_2^2 - R_C^2 = R_T^2 - R_3^2$$

则表示 EPS 的增量信息含量，相应地，

$$R_{BV}^2 = R_3^2 - R_C^2 = R_T^2 - R_2^2$$

则表示 NAPS 的增量信息含量。

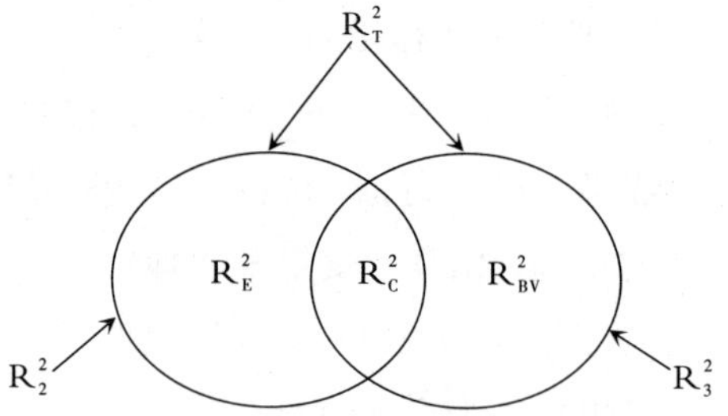

图 4-2 增量信息含量、公共信息含量、联合信息含量、信息含量

为了调查会计信息价值相关性随时间变化的规律，也就是检验 R_{BV}^2、R_E^2、R_T^2 是否随时间变化而变化的规律，可建立如下的回归模型：

$$R_t^2 = \gamma_0 + \gamma_1 \cdot TIME + \varepsilon,\ \varepsilon \sim N(0, \sigma^2) \tag{4.15}$$

其中，R_t^2 为观测年份的 R_{BV}^2、R_E^2、R_T^2，TIME 为相应的观测年份。通过检验 TIME 的系数是否显著为零、大于零、小于零来判断会计信息价值相关性是否随时间变化而变化的规律。

基于拟合优度 R^2 作为度量会计信息价值相关性水平高低的方法，称为 R^2 评价方法。当前，关于会计信息价值相关性变化趋势的研究，R^2 评价方法已成为一种"标准"的评价方法。在该方法下，一般观察 R^2 是否随时间的推移而变化，如果 R^2 显著变大，则表明会计信息价值相关性增强；反之则会减弱，如文献［70，71，84~87，90，94］。

如果 R^2 评价方法是合适的，在应用上的确有其方便之处，并且也具有其他方法所不具备的优点。例如在评价增量信息含量方面，依据 Collins D.W 等所设计的方法[96]，利用 R^2 类指标能够评价出增量信息含量、联合信息含量、公共信息含量，而运用 Biddle 等方法，则无法得到这一方面的结果。然而 R^2 评价方法所具有的缺陷，导致评价结论的可信度值得怀疑。

5）等水平–标准差指标

另外一种似乎与 R^2 评价方法有关但不能归类于此类方法的评价方法，是用于探讨会计信息对比信息含量（relative information content）的“等水平–标准差指标”，如文献［41，61］。利用 Vuong 检验[59]，从备择回归模型中选择残差小的回归模型作为最佳回归模型，依此来判断会计信息价值相关性水平的相对高低。虽然对于同一个样本，残差小的回归模型，其拟合优度 R^2 较大，这类方法似乎与 R^2 评价方法有关，但实质完全不同。

为叙述方便，一个变量被选为解释变量称为“显变量”，否则则称为“隐变量”。从最本质上看，对比信息含量问题的 Vuong 检验是在同一样本下通过解释变量的不同选择探测随机误差项的标准差的差异，以这种差异作为评价解释变量的信息含量差异的依据。这种检验方法是基于各种信息的信息含量总水平既定的前提下作出的，检验的逻辑依据是，一个变量如果不作为解释变量，其信息含量体现在随机误差项的标准差之中，针对解释变量的两种不同选择，如果标准差变大了，则说明该选择下的“隐变量”的信息含量增加了。这种利用信息含量总水平相等，运用随机误差项的标准差作为评价会计信息含量的指标暂且命名为“等水平–标准差指标”。

由于对比信息含量的研究意味着要从两个或多个指标中选择一个价值相关性最高的指标，因而在实证检验中，可以将所要比较的指标作为解释变量，以股票的价格或股票的回报作为被解释变量，建立两个回归模型，利用 Vuong 检验[59]，R^2 显著最大的回归模型为最佳回归模型，相应地，最佳回归模型中拟被比较的解释变量为价值相关性水平最高的指标。例如，假设需检验每股收益 EPS 是否比每股经营活动净现流

CFOPS 具有更强的价值相关性，设立下列的回归模型（4.16）$_1$、（4.16）$_2$：

$$P=\alpha_0+\alpha_1\cdot CFOPS+\alpha_2\cdot NAPS+\varepsilon,\ \varepsilon\sim N(0,\sigma_1^2) \tag{4.16$_1$}$$

$$P=\beta_0+\beta_1\cdot EPS+\beta_2\cdot NAPS+u,\ u\sim N(0,\sigma_2^2) \tag{4.16$_2$}$$

其中，P 表示每股市价，CFOPS 表示每股经营活动净现流，NAPS 表示每股净资产。通过 Vuong 检验，如果模型（4.16）$_1$的残差显著大于模型（4.16）$_2$的，则回归模型（4.16）$_2$优于回归模型（4.16）$_1$，EPS 比 CFOPS 具有更强的价值相关性。在“H_0：回归模型（4.16）$_1$、（4.16）$_2$无差异，H_1：回归模型（4.16）$_2$优于回归模型（4.16）$_1$”的假设下，检验的统计量为：

$$Z=\frac{LR_n}{\sqrt{n}\,\hat{w}_n}\xrightarrow{D}N(0,1) \tag{4.17}$$

其中，

$$LR_n=n\ln\frac{\hat{\sigma}_1}{\hat{\sigma}_2}+\left(\frac{\sum_{i=1}^{n}u_i^2}{\hat{\sigma}_2^2}-\frac{\sum_{i=1}^{T}\varepsilon_i^2}{\hat{\sigma}_1^2}\right) \tag{4.18}$$

$$\hat{w}_n^2=\frac{1}{n}\sum_{i=1}^{n}\left[\ln\frac{\hat{\sigma}_1}{\hat{\sigma}_2}+\left(\frac{u_i^2}{2\hat{\sigma}_2^2}-\frac{\varepsilon_i^2}{2\hat{\sigma}_1^2}\right)\right]^2-\left\{\frac{1}{n}\sum_{i=1}^{n}\left(\ln\frac{\hat{\sigma}_1}{\hat{\sigma}_2}+\frac{u_i^2}{2\hat{\sigma}_2^2}-\frac{\varepsilon_i^2}{2\hat{\sigma}_1^2}\right)\right\}^2 \tag{4.19}$$

n 为样本容量，$\sum_{i=1}^{n}\varepsilon_i^2$、$\sum_{i=1}^{n}u_i^2$ 分别为模型（4.16）$_1$、模型（4.16）$_2$的残差平方和。

如果经检验，回归模型（4.16）$_2$优于回归模型（4.16）$_1$，事实上检验的是 $\sigma_1^2>\sigma_2^2$。也就是说，回归模型（4.16）$_2$的随机误差项的标准差小于回归模型（4.16）$_1$的，对比这两个回归模型的解释变量，则意味着以 EPS 为解释变量比以 CFOPS 为解释变量，随机波动的幅度变小了，EPS 为解释变量的解释能力比以 CFOPS 为解释变量的更强了。

这个方法既有 R^2的成分，又有标准差的成分，是否是合理的，与其他指标对会计信息价值相关性进行评价的结果是否一致，4.4 中我们将会对此进一步讨论。

4.3 R^2评价方法的缺陷性

回归模型的拟合优度 R^2，在当前会计信息价值相关性的理论研究中，有其重要的地位，被普遍用于度量会计信息价值相关性水平高低，对于会计信息价值相关性变化趋势的研究，R^2评价方法已然成为一种“标准”的评价方法。R^2评价方法，在应用上的确有其方便之处，并且也具有其他方法所不具备的优点。将 R^2作为度量会计信息价值相关性水平高低的指标，其基本逻辑是 R^2可用于衡量回归模型的解释能力，至少可以用于衡量针对特定回归模型的解释能力。在第 3 章中，我们发现，即使是针对特定的样本，回归模型的 R^2也无法作为衡量回归模型解释能力的指标。

这里我们将进一步探讨，如果强行将 R^2作为度量会计信息价值相关性水平高低的指标，其评价结果是否可信的问题。为了便于阅读和各章内容的相对独立以及本章的叙述，首先将第 3 章中的有关结果进行归纳与简述。

4.3.1 R^2评价方法的缺陷之一：理论基础薄弱（误将 R^2作为回归模型解释能力的评价指标）

考虑一般的回归模型：

$$Y_t = \beta_0 + \beta_1 X_{1t} + \cdots + \beta_m X_{mt} + u_t,\ u_t \sim N(0,\sigma^2)\ ,\quad t = 1, 2, \cdots, n \tag{4.20}$$

式（3.3）写成矩阵表达式为：

$$Y = X\beta + U \tag{4.21}$$

其中，

$$Y = \begin{pmatrix} Y_1 \\ \vdots \\ Y_m \end{pmatrix},\quad X = \begin{pmatrix} 1 & X_{11} & X_{21} & \cdots & X_{m1} \\ 1 & X_{12} & X_{22} & \cdots & X_{m2} \\ & \vdots & \vdots & \vdots & \\ 1 & X_{1n} & X_{2n} & \cdots & X_{mn} \end{pmatrix},\quad \beta = \begin{pmatrix} \beta_1 \\ \vdots \\ \beta_m \end{pmatrix},\quad U = \begin{pmatrix} u_1 \\ \vdots \\ u_m \end{pmatrix}$$

按最小二乘法，从 $\min_{\beta_0,\beta_1,\cdots,\beta_m}\sum_{i=1}^{n}(Y_i - \beta_0 - \beta_1 X_{1i} - \cdots - \beta_m X_{mi})^2$ 中计算出样本统计量 $\hat{\beta}_0, \hat{\beta}_1, \cdots, \hat{\beta}_m$ 作为未知参数 $\beta_0, \beta_1, \cdots, \beta_m$ 的无偏估计值。即：

$$\hat{\beta}=(X'X)^{-1}X'Y \tag{4.22}$$

其中，$\hat{\beta}=(\hat{\beta}_0,\hat{\beta}_1,\cdots,\hat{\beta}_m)'$。$Y_i$ 的样本拟合值 $\hat{Y}_i$ 为：

$$\hat{Y}_i=\hat{\beta}_0+\hat{\beta}_1X_{1i}+\cdots+\hat{\beta}_mX_{mi} \tag{4.23}$$

记残差 $e_t=Y_t-\hat{Y}_t$， $t=1, 2, \cdots, n$，对于回归模型中的随机误差项的方差 σ^2 的无偏估计为：

$$\hat{\sigma}^2=\sum_{t=1}^{n}e_t^2/(n-m-1) \tag{4.24}$$

记 $\bar{Y}=\frac{1}{n}\sum_{i=1}^{n}Y_i$， $\bar{\hat{Y}}=\frac{1}{n}\sum_{i=1}^{n}\hat{Y}_i$， $TSS=\sum_{i=1}^{n}(Y_i-\bar{Y})^2$（总离差平方和），则 $\bar{Y}=\bar{\hat{Y}}$。又记 $RSS=\sum_{i=1}^{n}(\hat{Y}_i-\bar{Y})^2$（回归平方和），$ESS=\sum_{i=1}^{n}(Y_i-\hat{Y}_i)^2$（残差平方和），则 $TSS=RSS+ESS$。我们所熟知的 R^2 为：

$$R^2=RSS/TSS \tag{4.25}$$

在回归分析中，回归模型的 R^2 通常被认为能用于衡量回归模型的解释能力，至少可以用于衡量回归模型针对特定样本的解释能力。在第3章中，我们用了一章的篇幅，深入地探讨了这一问题，即使是针对特定的样本，回归模型的 R^2 也无法作为衡量回归模型解释能力的指标。究其原因，其实是因为回归模型的解释能力是一个未被确切定义的模糊概念，因而用回归模型的 R^2 事实上难以完成衡量回归模型解释能力这一使命。详见第3章，这里为阅读方便，择其主要内容，简述如下。

在第3章中引入一类满足式（3.15）~（3.17）的 λ－样本类 $\mathfrak{M}^{(\lambda)}$，将不同的两个 λ－样本类 $\mathfrak{M}^{(\lambda_1)}$、$\mathfrak{M}^{(\lambda_2)}$进行混合，得到混合样本 $\mathfrak{M}^{(\lambda_1)}\cup\mathfrak{M}^{(\lambda_2)}$。回归模型（4.20）基于 $\mathfrak{M}^{(\lambda_1)}$、$\mathfrak{M}^{(\lambda_2)}$、$\mathfrak{M}^{(\lambda_1)}\cup\mathfrak{M}^{(\lambda_2)}$ 进行回归的 R^2 的变化较为复杂，与解释变量的样本方差的变化状况有关。就低方差的样本而言，低方差的样本与高方差的样本混合后，回归模型（4.20）以混合后的样本进行回归所得出的 R^2 有可能变大了许多倍，但是混合样本的 R^2 是否比混合前高方差样本的 R^2 高，并不能一概而论，既可能变大，也可能变小。

回归模型（4.20）基于 $\mathfrak{M}^{(\lambda_1)}$、$\mathfrak{M}^{(\lambda_2)}$、$\mathfrak{M}^{(\lambda_1)}\cup\mathfrak{M}^{(\lambda_2)}$进行回归的 R^2 分别记为 $R^2_{(\lambda_1)}$、$R^2_{(\lambda_2)}$、$R^2_{(\lambda_1\cup\lambda_2)}$，假设 $R^2_{(\lambda_1\cup\lambda_2)}>R^2_{(\lambda_1)}>R^2_{(\lambda_2)}$，不妨设

$R^2_{(\lambda_1 \cup \lambda_2)} = 0.92$，$R^2_{(\lambda_2)} = 0.0005$，$R^2_{(\lambda_1)} = 0.90$。如果将 R^2 作为针对特定样本回归模型的解释能力，那么回归模型（4.20）针对 $\mathfrak{M}^{(\lambda_1)} \cup \mathfrak{M}^{(\lambda_2)}$ 的解释能力就是 92%，能否说回归模型（4.20）针对 $\mathfrak{M}^{(\lambda_1)}$，$\mathfrak{M}^{(\lambda_2)}$ 的解释能力都是 92%？但问题是回归模型（4.20）针对样本 $\mathfrak{M}^{(\lambda_1)}$、$\mathfrak{M}^{(\lambda_2)}$ 的 R^2 分别为 0.90、0.0005。

以混合样本 $\mathfrak{M}^{(\lambda_1)} \cup \mathfrak{M}^{(\lambda_2)}$ 下回归模型的 R^2 作为子样本的解释能力，也就意味着回归模型针对样本 $\mathfrak{M}^{(\lambda_2)}$ 的解释能力为 92%，而不是 0.05%。但问题是，可以选择其他的 $\lambda_1 > 0$，使得 $R^2_{(\lambda_1 \cup \lambda_2)} = 0.95$，这时回归模型针对 $\mathfrak{M}^{(\lambda_2)}$ 解释能力既不是 0.05%，也不是 92%，而是 95%。可见，依此逻辑，是无法确定回归模型针对某特定样本的解释能力的。

如果不以混合样本 $\mathfrak{M}^{(\lambda_1)} \cup \mathfrak{M}^{(\lambda_2)}$ 下回归模型的 R^2 作为子样本的解释能力，而回归模型针对样本 $\mathfrak{M}^{(\lambda_1)}$、$\mathfrak{M}^{(\lambda_2)}$ 的解释能力仍以其针对子样本 $\mathfrak{M}^{(\lambda_1)}$、$\mathfrak{M}^{(\lambda_2)}$ 分别回归的 R^2 即 0.90、0.0005 来衡量的话，问题是回归模型（4.20）针对 $\mathfrak{M}^{(\lambda_1)} \cup \mathfrak{M}^{(\lambda_2)}$ 的 92%的解释能力到底解释了什么？这是一个无法回避的问题。下面以“平均解释能力”及“整体解释能力”加以阐述。

如果将 92%作为回归模型（4.20）对 $\mathfrak{M}^{(\lambda_1)} \cup \mathfrak{M}^{(\lambda_2)}$ 的“平均解释能力”，由于回归模型（4.20）基于子样本 $\mathfrak{M}^{(\lambda_2)}$ 的解释能力 0.05%小于整体平均的 92%，那么另一子样本 $\mathfrak{M}^{(\lambda_1)}$ 的解释能力应该大于 92%，然而回归模型（4.20）基于另一子样本 $\mathfrak{M}^{(\lambda_1)}$ 的 R^2 只有 90%，是小于 92%的。此矛盾表明，“平均解释能力”也是说不通的。

换一个角度讲，回归模型（4.20）基于 $\mathfrak{M}^{(\lambda_1)} \cup \mathfrak{M}^{(\lambda_2)}$ 的 R^2=0.92 代表了对样本的“整体解释能力”，不是平均的解释能力，对其子样本的解释能力不超过整体的解释能力，也就是回归模型（4.20）基于 $\mathfrak{M}^{(\lambda_1)}$、$\mathfrak{M}^{(\lambda_2)}$ 的解释能力不超过 92%。在这个案例中，这是可以讲得通的。但是这个逻辑在其他情形是不适用的。比如，可以选择其他的 $\lambda_1 > 0$，使得 $R^2_{(\lambda_1)} = 0.91$，$R^2_{(\lambda_1 \cup \lambda_2)} = 0.85$。按照“整体解释能力”说，回归模型（4.20）基于各个子样本 $\mathfrak{M}^{(\lambda_1)}$、$\mathfrak{M}^{(\lambda_2)}$ 的解释能力都不超过 85%，然而回

归模型（3.1）基于子样本$\mathfrak{M}^{(\lambda_1)}$的$R^2$却是0.91，大于0.85，因而“整体解释能力”也是说不通的。

上述分析表明，由于回归模型的解释能力是一个没有经过确切定义的模糊概念，因而将R^2用于评价回归模型的解释能力哪怕是针对特定样本的解释能力，也是不可行的。

4.3.2 R^2评价方法的缺陷之二：适用条件不具现实性

R^2评价方法将R^2用于评价会计信息价值相关性水平的高低，越大的R^2表明会计信息价值相关性越高，这一评价方法事实上是基于R^2可用于评价回归模型的解释能力这一基本论断之上。4.3.1的分析表明，这一论断是错误的，因而R^2评价方法的合理性是令人担忧的。

依R^2评价方法，价格回归模型即回归模型（4.9）重述如下：

$$P = \lambda_0 + \lambda_1 \cdot EPS + \lambda_2 \cdot NAPS + \varepsilon,\ \varepsilon \sim N(0, \sigma^2)$$

对于市场A比市场B具有更高的R^2，则市场A会计信息的价值相关性高于市场B的。由于较高的R^2被认为是一种解释能力的体现——会计信息比其他信息更能解释股价变动，因而R^2评价方法的基本逻辑是，如果市场A的会计信息比其他信息更能解释股价的变动，就信息解释股价变动能力而言，市场A的会计信息解释能力强于市场B的，市场A的会计信息的价值相关性就理所当然地被认为高于市场B的。姑且不论该逻辑依据的正确性，从方法论上看，R^2评价方法实质上是通过对两种价值相关性（会计信息的与其他信息的）相对高低进行评价来间接地确定会计信息价值相关性水平高低的。因此，该方法是一种间接比较的评价方法而不是直接比较的评价方法。

直观地，以$R^2:(1-R^2)$表示该市场中会计信息与其他信息的价值相关性的相对水平之比值，简称“相对价值相关性水平比”，R^2评价方法的基本逻辑可叙述为，“相对价值相关性水平比”越高，会计信息的价值相关性更高。例如，基于市场A与市场B的数据，如果回归模型（4.9）的拟合优度市场A的高于市场B的，$R_A^2 > R_B^2$，则因为市场A的“相对价值相关性水平比”高于市场B的，即$R_A^2:(1-R_A^2) > R_B^2:(1-R_B^2)$，

依 R^2评价方法的基本逻辑，市场 A 的会计信息价值相关性水平就被认为应高于市场 B 的。

下面的案例 4.1，以一日常生活的例子来直观地阐述 R^2评价方法之逻辑依据的前提条件。

案例 4.1：间接评价方法之“等水平假设”

要评价学校 A、学校 B 男生学习成绩的高低，以 R^2评价方法的原理，不是直接比较这两个学校男生成绩的高低，而是先对学校 A、学校 B 中的男生、女生的学习成绩进行比较，如果学校 A 男生的学习成绩高于同校的女生，学校 B 男生的学习成绩低于同校的女生，则学校 A 男生的学习成绩被认为高于学校 B 男生的。而由一般常识就可以知道，用这种间接评价方法所评价出来的结果可能是荒谬的，学校 A 男生的学习成绩虽然高于同校的女生，但仍有可能低于学校 B 男生的。只有当学校 A、学校 B 学生的成绩总体上是相同的，这种间接评价方法才是正确的。

由案例 4.1，除非能证明 A、B 两市场信息的价值相关性总水平是相同的，否则，从方法论上看，作为一种间接比较的评价方法，R^2评价方法在逻辑上是有很大缺陷的。换言之，R^2评价方法的正确性需要建立在“等水平假设”的基础之上，即假设 A、B 两市场的各种信息包括会计信息与非会计信息的价值相关性总水平是相等的。

由于“等水平假设”，假定市场 A、B 两市场的各种信息价值相关性总水平是相同的，这就意味着，如果市场 A 的会计信息的价值相关性水平较市场 B 的高，则市场 A 其他信息的价值相关性水平较市场 B 的反而要低。因此，“等水平假设”可等价地叙述为“补偿机制假设”，即 A、B 两市场的各种信息之间的价值相关性总是此消彼长的，一种信息价值相关性的提高必引起其他信息价值相关性的降低，反之亦然。

但是，目前尚不清楚的是，“等水平假设”或“补偿机制假设”的理论基础和现实基础是什么？在什么条件下，这两个假设是成立的？或者说，市场 A 的各种信息价值相关性总水平为什么要与市场 B 的相同？当市场 A 的会计信息的价值相关性水平比市场 B 的高，就其他信息的价值相关性水平而言，为什么市场 A 的要比市场 B 的低，为什么不会也高？这些问题，目前尚无法予以回答。

4.3.3 R^2 评价方法的缺陷之三：评价结论不可信

依 R^2 评价方法，“相对价值相关性水平比”即 $R^2:(1-R^2)$ 能够真正体现市场中会计信息与其他信息这两者的价值相关性的相对水平，R^2 越大，会计信息比其他信息更能解释股价变动即 $R^2:(1-R^2)$ 也越高。如果避开“等水平假设”或“补偿机制假设”的理论基础和现实基础问题，R^2 评价方法或许是正确的。基于上述缘由，当前需要探讨的问题是，较高的 R^2（$R^2>0.5$）是否意味着股价变动的大部分由会计信息来解释，由其他信息解释的部分占很小的一部分，仅为 $1-R^2$。为此，先来研究下列的案例 4.2。

案例 4.2：R^2 之解释能力悖论

为研究 A 市场的上市公司会计信息的价值相关性问题，对该市场的 1003 次进行独立观测，将所得的样本数据运用模型（4.9）进行回归分析，常数项以及解释变量 EPS、NAPS 均显著异于零。回归结果如下：

$$\hat{P} = 15 + 20EPS + 5NAPS$$

$$(3.11)\ (4.20)\quad (4.20)$$

$$n = 1\,003,\ R^2 = 0.8,\ ESS = 100\,000,\ \hat{\sigma}^2 = 10^2$$

依 R^2 评价方法，$R^2=0.8$ 表明会计信息可解释股价变动的 80%，而股价变动的 20%由其他信息予以解释。换句话说，会计信息的解释力强于其他信息。

如果没有新增会计信息，股价的变动就是由其他信息而非会计信息的变动所引起。这种变动需要运用回归模型（4.9）的随机误差项 ε 的方差 σ^2 予以评价。由 $\varepsilon \sim N(0,\sigma^2)$，则股价在 $\pm 3\sigma$ 之间变化的概率为 0.999。在本例中，σ^2 的无偏估计为 $\hat{\sigma}^2 = ESS/(n-m-1) = 100$。因而股价在 ±30 之间变化的概率为 0.999。

假设当前的 EPS=3，NAPS=30，未来 EPS、NAPS 在 ±1 之间变化的概率为 0.999。由估计的回归方程，EPS、NAPS 的系数分别为 20、5，因而 EPS、NAPS 在 ±1 之间变化将导致股价在 ±25 之间变化的概率为 0.999。

将会计信息与其他信息对股价的影响综合起来分析，会计信息的异动解释了股价在 ±25 之间的变动，而其他信息的异动解释了股价在 ±30 之间变化。可见，其他信息对股价变动的解释能力似乎应强于会计信息。此分析表明，"R^2=0.8 意味着会计信息的解释力强于其他信息"并不成立。

由案例 4.2，可得到"R^2之解释能力悖论"——"较高的 R^2"总被认为能而实际上却不能隐含"会计信息的价值相关性高于其他信息的"。也就是说，价格回归模型的 R^2 与会计信息对股价变动的解释能力没有关系，必然会忽略绝对量所具有的重要意义。

4.3.4 R^2评价方法的缺陷之四：难以修正

案例 4.2 旨在证明，较高的 R^2 与会计信息的价值相关性水平之间没有必然的联系，在较高的 R^2 下，其他信息的价值相关性可能比会计信息的还高。这个例子引出两个问题，其一是例子本身可能是不可信的，因为该例子在较高的 R^2（R^2=0.8）和较大的残差（ESS=100 000，以至于得到 σ^2 的较大估计值 $\hat{\sigma}^2=10^2$）的基础上得到"R^2之解释能力悖论"。而如果 R^2 较高，能得到残差较小的结论，例如 ESS=1 000，$\hat{\sigma}^2=1$，就不会得到上述的"R^2之解释能力悖论"。

其二，假设案例 4.2 是可信的，之所以得到"R^2之解释能力悖论"的结论，是因为 R^2 不够大，也就是说，在足够大的 R^2 下，就不会得到上述的"R^2之解释能力悖论"。

基于上述缘由，R^2 评价方法的合理性依赖于如下的 R^2 命题。

R^2 命题：对于相同的样本数，R^2 越大，残差越小。

为了验证 R^2 命题的真伪，假设运用两个独立的样本组 1、2 对回归模型（4.20）进行回归分析，样本组 1 与样本组 2 解释变量的观测值相同，而被解释变量的观测值后者为前者的 μ 倍，即样本组 1、2 为：

$$\mathfrak{M}_1=\{(X_i;Y_i)|(X_i;Y_i)=(X_{1i},X_{2i},\cdots,X_{mi};Y_i),\ i=1,2,\cdots,n\}$$

$$\mathfrak{M}_2=\{(X_i;Z_i)|(X_i;Z_i)=(X_{1i},X_{2i},\cdots,X_{mi};Z_i)$$

$Z_i=\{\mu Y_i,\ (X_i;Y_i)\in M_1,\ i=1,2,\cdots,n\}$

则有：

$Y=X\beta^{(1)}+U$，$\mu Y=X\beta^{(2)}+U$

由式（4.22），未知参数的估计量分别为 $\hat{\beta}^{(1)}=(X'X)^{-1}X'Y$，$\hat{\beta}^{(2)}=(X'X)^{-1}X'Z=(X'X)^{-1}X'(\mu Y)=\mu\hat{\beta}^{(1)}$。即：

$$\hat{\beta}^{(2)}=\mu\hat{\beta}^{(1)} \tag{4.26}$$

故有 $\hat{Z}_i=\mu\hat{Y}_i$，$i=1,2,\cdots,n$，相应地，

$TSS^{(1)}=\sum_{i=1}^{n}(Y_i-\bar{Y})^2$，$RSS^{(1)}=\sum_{i=1}^{n}(\hat{Y}_i-\bar{Y})^2$，$ESS^{(1)}=\sum_{i=1}^{n}(Y_i-\hat{Y}_i)^2$

注意到 $\bar{Z}=\mu\bar{Y}$，由 $\hat{\beta}^{(2)}=\mu\hat{\beta}^{(1)}$ 得，$\hat{Z}_i=\mu\hat{Y}_i$，

$$\begin{cases}TSS^{(2)}=\sum_{i=1}^{n}(Z_i-\bar{Z})^2=\mu^2\sum_{i=1}^{n}(Y_i-\bar{Y})^2=\mu^2 TSS^{(1)}\\ RSS^{(2)}=\sum_{i=1}^{n}(\hat{Z}_i-\bar{Z})^2=\mu^2\sum_{i=1}^{n}(\hat{Y}_i-\bar{Y})^2=\mu^2 RSS^{(1)}\\ ESS^{(2)}=\sum_{i=1}^{n}(Z_i-\hat{Z}_i)^2=\mu^2\sum_{i=1}^{n}(Y_i-\hat{Y}_i)^2=\mu^2 ESS^{(1)}\end{cases} \tag{4.27}$$

因此，$R_2^2=RSS^{(2)}/TSS^{(2)}=RSS^{(1)}/TSS^{(1)}=R_1^2$，即样本组 1 与样本组 2 关于回归模型（4.20）的 R^2 相同，然而关于样本组 2 的回归分析的残差 $ESS^{(2)}$ 是样本组 1 的回归分析的残差 $ESS^{(1)}$ 的 μ^2 倍。可见，同样的 R^2，尽管样本数相同，残差可以任意大，R^2 命题是伪命题。

4.3.5 R^2 评价方法的不可适用性

如果 R^2 能够用于衡量模型的解释能力，R^2 评价方法或许是一个接受的方法。但 R^2 可用于衡量模型的解释能力，是一个错误的命题，导致 R^2 评价方法的理论基础薄弱，失去了理论根基，R^2 评价方法从一开始就失去了可信性。如果强行以 R^2 作为“会计信息价值相关性程度”或“会计信息的信息含量”的评价指标，三大致命缺陷的存在——适用条件不具现实性、评价结论不可信、难以修正，使得 R^2 评价方法难以有任何适用性可言。

简言之，R^2 评价方法是一个被广泛使用但事实上不具有任何适用性的评价方法，应予以放弃，寻找新的评价方法。

4.4 会计信息价值相关性评价指标的选择

R^2评价方法是一种最主要的评价方法，可用于会计信息价值性评价理论研究的各个主题之中，该评价方法所固有的致命缺陷对于会计信息价值相关性的研究无疑是场灾难，导致所有基于R^2评价方法的研究结论都难以令人信服。一个迫在眉睫的问题是，需重新审视各类评价指标的适用性，希望能在各类指标中选择最合适的指标，在此基础上，构建会计信息价值相关性评价方法，对于会计理论研究来说，这是极为重要的一项研究工作，既是挑战，也是机遇。

虽然R^2评价方法用于评价会计信息价值相关性水平，有难堪此重任之嫌，但该方法所依据的“解释能力说”仍有可取之处。不论会计信息价值相关性的最基本含义如何界定，从实证角度来看，若会计信息具有较高的价值相关性，应该能够在实证研究中观测到会计信息对股价的较大影响，然而这种影响力是不可直观地观测的，需要借助实证分析工具予以估计。此类问题实证分析应遵循的基本范式是，对于所观测到的股价及股价变动的结果，寻找其原因是否是与会计信息有关，以及相关性程度如何。这种分析模式的“专业”表达就是，会计信息是否对股价及股价变动具有解释能力及其程度如何，等等。简言之，基于实证的角度，要评价会计信息价值相关性水平，“解释能力说”是不二选择。

虽然R^2评价方法存在致命缺陷，但该方法所信奉的基本信条——“解释能力说”是正确的。换句话说，R^2评价方法的缺陷性的根源，并非是其所依据的理论假设——“解释能力说”之错，而是错在评价指标的设定上。以R^2作为“会计信息价值相关性程度”的评价指标，依据的是一个错误的命题：R^2可用于衡量模型的解释能力，导致一步步陷入错误的泥潭：（1）适用条件不具现实性；（2）评价结论不可信；（3）难以修正。当然，对于“解释能力说”的内涵没有进行深入探讨，也是导致R^2评价方法的缺陷性的基本原因之一。如果对“解释能力说”的内涵哪怕进行了最基本的描述，可能都不会选择R^2作为“会计信息价值相关性程度”的评价指标，因此，对于“解释能力”内涵的探讨是构建会计信息价值相关性评价方法的首要任务。

对于评价指标的选择标准来说，“解释能力”是一条重要的标准。本节针对各类指标进行对比，在“解释能力”与“不可忽略性”标准下，着重论述了“市场反应系数”作为最佳评价指标的问题。

4.4.1 会计信息价值相关性水平的评价依据

如果会计信息具有决策有用性，则必然会反映到股价上。由于无法直接观测到投资者在进行投资决策时，是否利用了会计信息，只能通过观测会计信息与股票价格之间的关联性，来间接地验证会计信息是否具有决策有用性这一重要问题。因此，会计信息价值相关性的问题“由果索因”的问题，学术上称为之为探讨所谓的“解释能力”的问题。至此，我们明确了会计信息价值相关性问题的本质——一个“由果索因”的问题。

对于这种“由果索因”即“解释能力”的问题，需要探讨如何评判解释能力的高低的问题。如果股价都没有变化，那只能说明所有信息对于股价都没有影响。因此，信息解释能力的高低必然体现在对股价变动的解释能力上。因此，我们要解释的确切问题是“股价的变动”，而不是笼统的股价！

可见，信息的解释能力，就是信息对于股价变动的解释能力，此乃会计信息价值相关性的第一层含义。如果会计信息的解释能力越强，则其价值相关性水平越高，反之亦然。解释能力的高低又包含两层含义：（1）同样的新增信息量，是否能解释更多的股价变动；（2）股价的单位变动，是否需要更少的新增信息量。例如，如果“每股收益”具有较高的价值相关性，即“每股收益”具有对股价变动较强的解释能力，这就意味着（1）每股收益每变动 1 个单位，能解释的股价变动更多；（2）股价变动 1 个单位，所需要的“每股收益的变动值”更少。

以上基于方法论的角度，将“会计信息价值相关性水平”等同于“会计信息的解释能力”，为“会计信息价值相关性问题”的研究指明了方向。从“会计信息价值相关性问题”的本质上来看，由于该问题是“由果索因”问题——基于市场反应的“果”间接探讨投资者决策行为的"因"，研究目的是为了理解投资者在投资决策中对会计信息使用问题，因此，如果会计信息价值相关性水平越高，则意味着投资者在投资决策中将更多利用会计信息。由此，我们得到了会计信息的价值相关性水平的第二层含义：不可忽略性。

所谓不可忽略性，即信息对于投资决策的不可忽略性。越是不可忽略的信息，该信息就具有越强的价值相关性。如果信息 X 比信息 Y 具有更高的价值相关性，那么，假如信息 X 在投资决策中可忽略，则信息 Y 也一定可忽略；而如果信息 X 在投资决策中不可忽略，则信息 Y 在投资决策可能可忽略，也可能不可忽略。

会计信息价值相关性的评价指标，至少应该满足上述的"解释能力说"与"不可忽略说"这两个理论要求。

4.4.2 市场反应系数评价指标的适用性

由价格回归模型（4.9），即

$$P=\lambda_0+\lambda_1\cdot EPS+\lambda_2\cdot NAPS+\varepsilon,\ \varepsilon\sim N(0,\sigma^2),$$

前文已述及，λ_1、λ_2 可分别表示股价对每股收益、每股净资产的反应程度，称为市场反应系数。当其他因素不变时，有

$$\Delta_{EPS}P=\lambda_1\cdot\Delta EPS \tag{4.28}$$

$$\Delta_{NAPS}P=\lambda_2\cdot NAPS \tag{4.29}$$

假设 $\lambda_1,\lambda_2>0$，式（4.28）、（4.29）表明，当其他因素不变时，每股收益、每股净资产每增加（或减少）1 个单位，每股市价增加（或减少）λ_1、λ_2 单位；对于 $\lambda_1,\lambda_2<0$ 的情形，有类似的结论。

如果 $|\lambda_1|$、$|\lambda_2|$ 越大，则表示会计信息的价值相关性水平越高。这种基于"市场反应系数"所构建的会计信息价值相关性的评价方法称为"市场反应程度评价方法"。"反应程度评价方法"是一种直接的评价方法，不需要 R^2 评价方法的"等水平假设"或"补偿机制假设"，这是该方法的优越性，需要进一步阐述的是，这种方法是否满足上述的"解释能力说"与"不可忽略说"的理论要求。

从解释能力方面来看，如果 $|\lambda_1|$、$|\lambda_2|$ 越大，假设 $\lambda_1,\lambda_2>0$，即

λ_1、λ_2越大，则表明信息（每股收益或每股净资产）对于股价变动的解释能力越大。这种解释能力的强弱主要体现在如下两方面。一是，每股收益或每股净资产每变动1个单位，能解释的股价变动更多；二是，股价变动1个单位，所需要的每股收益或每股净资产变动更少。

例如，市场A适用的反应系数为$\lambda_1^A = 20$、$\lambda_2^A = 8$，市场B适用的反应系数为$\lambda_1^B = 16$、$\lambda_2^B = 4$，则市场A、B的每股收益同样变动1元，可以解释市场A20元的股价变动，但只能解释市场B16元的股价变动；或者，市场A、B的每股净资产同样变动1元，可以解释市场A8元的股价变动，但只能解释市场B4元的股价变动。反过来，如果市场A、B皆有1元的股价变动，若皆由每股收益来解释，市场A只需其有0.05元的变动即可，而市场B则需要其有0.0625元的变动；若由每股净资产来解释，则市场A只需其有0.125元的变动即可，而市场B则需要其有0.25元的变动。对于其他情形，可类似讨论。“反应程度评价方法”满足上述的“解释能力说”的理论要求。

可见，市场反应程度评价方法满足上述的“解释能力说”。

从“不可忽略说”的理论要求来看，是信息对于投资者投资决策的重要性程度。如果信息对投资决策越是不可忽略的，该信息就具有越强的价值相关性。反之，如果信息X比信息Y具有更高的价值相关性，那么，假如信息X在投资决策中可忽略，则信息Y也一定可忽略；而如果信息X在投资决策中不可忽略，则信息Y在投资决策可能可忽略，也可能不可忽略。

如果$|\lambda_1|$、$|\lambda_2|$越大，假设$\lambda_1, \lambda_2 > 0$，即λ_1、λ_2越大，则表明投资者进行投资决策越不可忽视会计信息的作用。投资者投资决策中越不可忽视的信息，则该信息具有越高的价值相关性。

仍以上述市场A、B的$\lambda_1^A = 20$、$\lambda_2^A = 8$、$\lambda_1^B = 16$、$\lambda_2^B = 4$为例来说明这个问题。如果投资者不可忽视市场B中会计信息的作用，也一定不可忽视市场A中会计信息的作用。这个结论事实上是不证自明的，例如，如果投资者认为不可忽视每股收益对市场B股价的影响，也就是，投资者认为市场B的每股收益变动1元引起该市场的16元股价变动，对于投资决策这是不可忽视的重要信息，那么市场A的每股收益变动1元引起该市场的20价变动更是不可忽视的信息。但是，如果投资者不可忽视市场A中会计信息的作用，未必不可忽视市场B中会计信息的作用。对于其他情形，可类似讨论。“反应程度评价方法”满足上述的“不可忽略说”的理论要求。

“反应程度评价方法”虽然能满足上述的“解释能力说”与“不可忽略说”的理论要求，由于该方法以股价对每股收益、每股净资产的反应程度 λ_1 、 λ_2 作为评价会计信息价值相关性的方法，因而股价的高低对会计信息相关性水平的评价可能具有重大的影响，可能导致高股价反应出高会计信息价值相关性水平，低股价反应低会计信息价值相关性水平，即所谓的“高（低）股价-高（低）相关度”困境，其合理性需要进一步予以阐述。

4.4.3 牛市、熊市中市场反应系数评价指标的适用性

运用熊市与牛市的数据进行回归分析，依据“反应程度评价方法”，结果很可能是在牛市中的股价对每股收益、每股净资产的反应程度高于熊市，产生所谓的“高（低）股价-高（低）相关度”困境。

设熊市的样本组1为 $\mathfrak{M}_1=\{(EPS_i, NAPS_i; MVPS_{1i})|i=1, 2, \cdots, n\}$，牛市的样本组2为 $\mathfrak{M}_2=\{(EPS_i, NAPS_i; MVPS_{2i})|MVPS_{2i}=\mu MVPS_{1i}, i=1, 2, \cdots, n\}$，即也就是说，样本组1与样本组2解释变量的观测值相同，而股价后者为前者的 μ 倍， $\mu>1$ 。按回归模型（4.9），则由式（4.25）、（4.26）、（4.27）有：

$$\lambda_1^{(2)}=\mu\lambda_1^{(1)}，\ \lambda_2^{(2)}=\mu\lambda_2^{(1)}，\ \hat{\sigma}^{(2)}=\mu\hat{\sigma}^{(1)} \tag{4.30}$$

由于 $\mu>1$ ，依据“反应程度评价方法”，牛市的会计信息价值相关性高于熊市的，“高（低）股价-高（低）相关度”的结局是存在的。

依“反应程度评价方法”，高股价下会计信息可能被评价为高相关度，而低股价下会计信息可能被评价为低相关度。换言之，会计信息相关度高可能是因为股价高，而相关度低可能是因为股价低。或者说，价值相关性高低可能取决于股价的高低，无关其他因素。“高（低）股

价-高（低）相关度”困境因此而生。如果难以破解此困境，“反应程度评价方法”很难令人信服。

“高（低）股价-高（低）相关度”困境的核心内容是支撑会计信息价值相关性高低的理由可能是股价的高低，这与我们关于会计信息价值相关性的如下的直观判断相冲突：（i）价值相关性高低与股价高低无关；（ii）股价应能够反映会计信息，且股价越能够反映会计信息，会计信息的价值相关性就越高。依此直观判断（i）与（ii），无论是牛市还是熊市，只要股价能够反映会计信息，其价值相关性程度在牛市与在熊市就应该是相同的。

直观判断（ii）“股价应能够反映会计信息”表明，如果会计信息发生变动，股价对此的反应应体现在股价的变动上。如果股价的变动源于会计信息的变动，会计信息对于股价具有解释能力。因此，直观判断（ii）等同于“会计信息对于股价应具有解释能力，会计信息越能够解释股价，会计信息的价值相关性就越高”。基于此，会计信息如每股收益变动 1 个单位，由式（4.28），在解释每股市价变动方面，牛市的强于熊市的，因而牛市的会计信息的价值相关性应高于熊市的。可见，基于解释能力的视角，直观判断（i）与（ii）本身就是相互冲突的。直观判断不足以否定“反应程度评价方法”的合理性。

可见，“高（低）股价-高（低）相关度”并非是一种困境，而应该是客观事实。不过其内容应该描述为，在会计信息相同的情形下，高股价反映高会计信息价值相关性水平，低股价反映低会计信息价值相关性水平，这符合“解释能力说”或“不可忽略说”的理论要求。

况且，除了会计信息的价值相关性方面，牛市的强于熊市的。其他信息价值相关性方面，牛市的也强于熊市的。价格回归模型（4.9）的随机误差项 $\sigma \sim N(0,\sigma^2)$，则股价在 $\pm 3\sigma$ 之间变化的概率为 0.999，这意味着股价在 $\pm 3\sigma$ 之间变动可由非会计信息的其他信息来解释。由于牛市的随机误差项是熊市的 μ 倍，即 $\hat{\sigma}^{(2)} = \mu\hat{\sigma}^{(1)}$，牛市股价在 $\pm 3\mu\hat{\sigma}^{(1)}$ 而熊市股价在 $\pm 3\hat{\sigma}^{(1)}$ 之间变动可由非会计信息的其他信息来解释，由 $\mu > 1$，非会计信息解释股价变动的能力方面，牛市的也高于熊市的。

简言之，同样的信息，对于股价的影响，牛市的市场反应均强于熊市的。依“解释能力说”或“不可忽略说”，所有的信息包括会计信息与其他信息，其价值相关性牛市的也强于熊市的。这一点，对于我们理解牛市与熊市股价的变动机理是很有帮助的。

4.4.4 其他评价指标的适用性比较

1）R^2

很显然，R^2评价方法无法满足“解释能力说”与“不可忽略说”。因为根据4.3的有关论述，R^2的大小与会计信息对股价变动的解释能力高低没有关联，因而在“解释能力说”与“不可忽略说”下，R^2评价方法并不适用于对会计信息价值相关性的评价。这里不再赘述。

2）“超额回报”与“盈余反应系数”

“超额回报”与“盈余反应系数”对于验证会计信息的价值相关性具有里程碑意义，能够直观地观测到会计信息价值相关性的存在性与程度。“超额回报”指标是市场对特定事件的平均回报，不能体现公司层面上“超额回报”差异性的问题，因而不能作为评价会计信息价值相关性水平的指标，换句话说，该指标不能满足“解释能力说”的要求。

与“市场反应系数”的有关验证方法相类似，容易验证，“盈余反应系数”满足“解释能力说”与“不可忽略说”的要求。因而，“盈余反应系数”作为会计信息价值相关性的评价指标是适当的。

但是，“盈余反应系数”指标的缺陷性也是很明显的。第一，该指标适用的前提条件是半强式有效市场假设。而在实证中是没有坚持这一信条的，而是选择事件窗作为观测时段，而且事件窗的选择带有一定的随意性。第二，“盈余反应系数”的计算还需要估计正常回报、未预期会计盈余，但是这一些都是难以准确估算的。第三，“盈余反应系数”的计算更是有失公允，因为该指标直接将“超额回报”全部归因于“超预期盈余”，而没有考虑其他因素的影响，这正是不同公司的“盈余反应系数”有所不同的根源所在。

与“盈余反应系数”指标相比，“市场反应系数”并不具有这些缺陷。可见，就评价会计信息的价值相关性水平而言，后者更有优势。因而，在许多场合，价格回归模型（4.9），即：

$$P=\lambda_0+\lambda_1\cdot EPS+\lambda_2\cdot NAPS+\varepsilon,\ \varepsilon\sim N(0,\sigma^2)$$

股价对每股收益市场反应系数 λ_1 也被称为盈余反应系数。

3）等水平-标准差指标

对于会计信息对比信息含量（relative information content）的研究，通常利用 Vuong 检验[59]，从备择回归模型中选择残差小的回归模型作为最佳回归模型，依此来判断会计信息价值相关性水平的相对高低。对于同一个样本，残差小的回归模型，其拟合优度 R^2 较大，这类方法看似与 R^2 评价方法有关，但实质上是没有关系的。这种将标准差作为评价会计信息价值相关性水平的相对高低的依据，其依据来自各信息的信息含量总水平相等这一前提。因而在这种情形下运用随机误差项的标准差作为评价会计信息含量的指标，被命名为“等水平-标准差指标”。当然，该指标的适用性需要作一番讨论。

以检验每股收益 EPS 与每股经营活动净现流 CFOPS 之间的对比信息含量为例，通过设立回归模型 $(4.16)_1$、$(4.16)_2$，即：

$$P=\alpha_0+\alpha_1\cdot CFOPS+\alpha_2\cdot NAPS+\varepsilon,\ \varepsilon\sim N(0,\sigma_1^2)$$

$$P=\beta_0+\beta_1\cdot EPS+\beta_2\cdot NAPS+u,\ u\sim N(0,\sigma_2^2)$$

其中，P 表示每股市价，CFOPS 表示每股经营活动净现流，NAPS 表示每股净资产。需检验的假设为：

H_0：$\sigma_1^2=\sigma_2^2$；

H_1：$\sigma_1^2>\sigma_2^2$。

如果经检验拒绝 H_0，则接受 H_1，EPS 的价值相关性就被认为强于 CFOPS 的。

如果 $\sigma_1^2>\sigma_2^2$，则表明随机误差项回归模型 $(4.16)_2$ 的方差小于回归模型 $(4.16)_1$ 的。回归模型 $(4.16)_2$ 的其他信息包含 CFOPS，而回归模型 $(4.16)_1$ 的其他信息包含 EPS，除此之外，似乎没有其他的差异。方差越小，说明能解释的股价变动也越小，因此从其他信息对股价的解释来看，EPS 的价值相关性就被认为强于 CFOPS 的。从对投资者决策的影响来说，方差越大，信息含量也越大，对投资者越不可忽略。因此，如果 $\sigma_1^2>\sigma_2^2$，则表明 EPS 比 CFOPS 对投资决策越具有不可忽略性。可见，等水平-标准差指标能够满足“解释能力说”与“不可忽略说”这两个理论要求。

运用图 4-3，可更为直观地论述，以等水平-标准差指标作为会计信息对比信息含量的比较指标的合理性问题。为简单起见，假设要比较的问题是每股收益 EPS 与每股净资产 NAPS 之间的对比信息含量，设定的回归模型为：

$$P=\alpha_0+\alpha_1\cdot EPS+u,\ u\sim N(0,\sigma_1^2) \tag{4.31}$$

$$P=\beta_0+\beta_1\cdot NAPS+v,\ v\sim N(0,\sigma_2^2) \tag{4.32}$$

需检验的假设为：

H_0： $\sigma_1^2=\sigma_2^2$；

H_1： $\sigma_1^2>\sigma_2^2$。

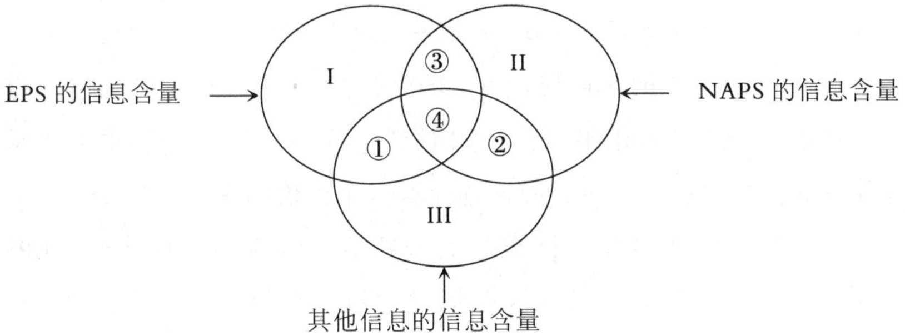

图 4-3 信息含量的构成

图 4-3 的各部分所表现的信息含量有所不同，其中，“I”“II”“III”为“增量信息”，而“①”“②”“③”“④”为“公共信息”。EPS 的信息含量由图中的 I 组成，NAPS 的信息含量由图中的 II、②、③、④组成；而其他信息的信息含量则由图中的 III、①、②、④组成。在模型（4.31）中，以 EPS 为解释变量，则意味着，模型所蕴含的信息量方面有如下构成：

解释变量（EPS 的信息含量）：I、①、③、④

其他信息（包括 NAPS 的信息含量）：II、III、②

模型（4.32）以 NAPS 为解释变量，则意味着，模型所蕴含的信息量方面有如下构成：

解释变量（NAPS 的信息含量）：II、②、③、④

其他信息（包括 EPS 的信息含量）：I、III、①

如果 σ_1、σ_2 对应的信息分别为 II、III、②与 I、III、①，如果 $\sigma_1>\sigma_2$，则意味着：

II+III+②>I+III+①

即 II+②>I+①，因而，

II+②+③+④>I+①+③+④

上述关系式表明 NAPS 的信息含量高于 EPS 的信息含量。

但问题是，市场反应系数可能出现 $\alpha_1>\beta_1>0$，如果 EPS、NAPS 同样变动 1 单位，EPS 能解释 α_1 单位的股价变动，NAPS 只能解释 β_1 单位的股价变动，这可能意味着 EPS 对于股价的解释能力强于 NAPS 的。由此，引出下列问题：

问题（1）：$\sigma_1^2>\sigma_2^2$ 与 $\alpha_1>\beta_1>0$ 是否可能存在？

问题（2）：如果 $\sigma_1^2>\sigma_2^2$ 与 $\alpha_1>\beta_1>0$ 同时存在，是否意味着以“市场反应系数”和以“等水平-标准差指标”为评价指标，评价的结果是相互冲突的？如果相互冲突，应该选择哪一个评价结果？

问题（3）：图 4-3 中不同信息的公共信息含量指的是什么？EPS 与 NAPS 是不同的信息，其共同的信息含量究竟指的是什么？Collins D.W 等[96]的研究中也有公共信息部分，但这是一个未经确切定义的模糊概念。

对于问题（1），从理论上看，是可能存在的。接上述例子，假设要比较的问题是，每股收益 EPS 与每股净资产 NAPS 之间的对比信息含量，设定的回归模型（4.31）、（4.32），需要检验的假设为：

H_0：$\sigma_1^2=\sigma_2^2$；

H_1：$\sigma_1^2>\sigma_2^2$。

设在某一样本下，回归的结果为：

$$P_i=2+20EPS_{1i}+\varepsilon_{1i} \tag{4.33}$$

$$P_i=6+4NAPS_i+\varepsilon_{2i} \tag{4.34}$$

其中，ε_{1i}、ε_{2i} 为残差，满足：

$$\varepsilon_{2i}=(-1)^{i-1}\sigma,\quad \sigma>0 \text{ 为常数},\quad i=1, 2, \cdots, T \tag{4.35}$$

$$\sum_{i=1}^{T}\varepsilon_{1i}^2 = 4\sum_{i=1}^{T}\varepsilon_{2i}^2 = 4T\sigma^2 \tag{4.36}$$

$$\varepsilon_{1i}^2 \leqslant 2M\varepsilon_{2i}^2 = 2M\sigma^2, \quad i = 1, 2, \cdots, T \tag{4.37}$$

因此，

$$\hat{\sigma}_1^2 = \frac{\sum_{i=1}^{T}\varepsilon_{1i}^2}{T-2} = \frac{4T\sigma^2}{T-2}, \quad \hat{\sigma}_2^2 = \frac{\sum_{i=1}^{T}\varepsilon_{2i}^2}{T-2} = \frac{T\sigma^2}{T-2} \tag{4.38}$$

所以，

$$\hat{\sigma}_1^2 = 4\hat{\sigma}_2^2, \quad \frac{\sum_{i=1}^{T}\varepsilon_{1i}^2}{\hat{\sigma}_1^2} = \frac{\sum_{i=1}^{T}\varepsilon_{2i}^2}{\hat{\sigma}_2^2} \tag{4.39}$$

由式（4.18）、（4.39），有：

$$LR_T = T\ln\frac{\hat{\sigma}_1}{\hat{\sigma}_2} + \left(\frac{\sum_{i=1}^{T}\varepsilon_{2i}^2}{\hat{\sigma}_2^2} - \frac{\sum_{i=1}^{T}\varepsilon_{1i}^2}{\hat{\sigma}_1^2}\right) = T\ln 2$$

由式（4.19）、（4.35）~（4.37）以及式（4.39），有：

$$\begin{aligned}
\hat{w}_T^2 &= \frac{1}{T}\sum_{i=1}^{T}\left[\ln\frac{\hat{\sigma}_1}{\hat{\sigma}_2} + \left(\frac{\varepsilon_{2i}^2}{2\hat{\sigma}_2^2} - \frac{\varepsilon_{1i}^2}{2\hat{\sigma}_1^2}\right)\right]^2 - \left\{\frac{1}{T}\sum_{i=1}^{T}\left(\ln\frac{\hat{\sigma}_1}{\hat{\sigma}_2} + \frac{\varepsilon_{2i}^2}{2\hat{\sigma}_2^2} - \frac{\varepsilon_{1i}^2}{2\hat{\sigma}_1^2}\right)\right\}^2 \\
&= \frac{1}{T}\sum_{i=1}^{T}\left(\frac{\varepsilon_{2i}^2}{2\hat{\sigma}_2^2} - \frac{\varepsilon_{1i}^2}{2\hat{\sigma}_1^2}\right)^2 = \frac{1}{4T\hat{\sigma}_2^4}\sum_{i=1}^{T}\left(\frac{\hat{\sigma}_2^2}{\hat{\sigma}_1^2}\varepsilon_{1i}^2 - \varepsilon_{2i}^2\right)^2 \\
&= \frac{1}{4T\hat{\sigma}_2^4}\sum_{i=1}^{T}\left(\frac{1}{4}\varepsilon_{1i}^2 - \sigma^2\right)^2 = \frac{1}{4T\hat{\sigma}_2^4}\left(\sum_{i=1}^{T}\frac{1}{16}\varepsilon_{1i}^4 - \frac{\sigma^2}{2}\sum_{i=1}^{T}\varepsilon_{1i}^2 + T\sigma^4\right) \\
&\leqslant \frac{\sigma^4}{4T\hat{\sigma}_2^4}\left(\frac{4M^2T}{16} - T\right) = \frac{\sigma^4}{16\hat{\sigma}_2^4}\left(M^2 - 1\right) \\
&< \frac{M^2}{16}
\end{aligned}$$

所以，

$$Z = \frac{LR_T}{\sqrt{T}\,\hat{w}_T} > \frac{T\ln 2}{\sqrt{T}\,M/4} = \frac{\sqrt{T}\ln 16}{M} \to \infty, \quad T \to \infty$$

因而拒绝 H_0，接受 H_1，即 $\sigma_1^2 > \sigma_2^2$。这个结果将被认定为每股净资产 NAPS 的价值相关性要强于每股收益 EPS 的。然而，比较市场反应系数，由式（4.33）、（4.34），$\hat{\alpha}_1 = 20$，$\hat{\beta}_1 = 4$。假设 α_1、β_1 的真值为 $\alpha_1 = \hat{\alpha}_1 = 20$，$\beta_1 = \hat{\beta}_1 = 4$，也就是，市场反应系数方面，EPS 的大于 NAPS 的。

当然，需要说明一下这个案例的合理性问题，就是现实中是否会存在这样关系的数据类型。

由式（4.33）、（4.34）可知：

$$P_i = 2 + 20EPS_i + \varepsilon_{1i} = 6 + 4NAPS_i + \varepsilon_{2i}$$

因而，

$$EPS_i = 0.2 + 0.2NAPS_i - 0.05\varepsilon_{1i} + (-1)^{i-1} \cdot 0.05\sigma \tag{4.40}$$

所以现实中满足式（4.40）的 EPS 与 NAPS 是可能存在的。

以上分析表明，问题（1）在理论上看是可能存在的。

对于问题（2），我们作如下的对比分析。

与上述假设相同，α_1、β_1的真值为 $\alpha_1 = \hat{\alpha}_1 = 20$，$\beta_1 = \hat{\beta}_1 = 4$。进一步假定 EPS、NAPS 变动±1 单位的概率为 0.999，由式（4.31）在其他因素不变的前提下，EPS 可以解释股价变动的±20 的概率为 0.999；NAPS 可以解释股价变动的±4 的概率为 0.999。因而 $\alpha_1 > \beta_1 > 0$ 表明 EPS 对于股价的解释能力应强于 NAPS 的。

可见，"R^2-标准差"与"市场反应系数"两种评价方法评价的结果相互冲突的，也许是有可能存在的。不过，由于 EPS、NAPS 是不同的信息，由式（4.40），假定它们以相同的概率变动±1 单位，可能是不太合适的。

依上述思路，假定 NAPS 以 0.999 的概率变动±1 单位，相应地，EPS 以 0.999 的概率只变动±0.15 单位，而不是±1 单位。这就意味着，在其他因素不变的前提下，NAPS 可以解释股价变动的±4 的概率为 0.999，相应地，EPS 可以解释股价变动的±20×0.15=±3 的概率为 0.999。尽管 $\alpha_1 > \beta_1 > 0$，对股价变动的解释能力，NAPS 仍然强于 EPS。

上述分析表明，"R^2-标准差"与"市场反应系数"两种评价方法评价的结果可能产生"貌似冲突"的现象，其原因有可能是有关自变量的变动假设可能不合理。在上述例子中，EPS、NAPS 变动±1 单位的概率为 0.999 的这种假设可能不合理，也就是对于不同的解释变量，不能作变动值相同的假设。不过假定以 0.999 的概率，NAPS 变动±1 单位，EPS 变动±0.15 单位，这些假定合理吗？0.999 的概率如何计算出的？如果说这仅仅是假定的，那么这个假定合理性如何等？

因此，基于对问题（2）的研究需要，我们将探讨，如果 NAPS 以 0.999 的概率变动±1 单位，EPS 将以 0.999 的概率变动几个单位，或者说，以 0.999 的概率，NAPS 变动与 EPS 变动的相对比值为多少？只有这个问题探讨清楚了，才能确定采用“市场反应系数”与“等水平-标准差指标”两种指标，对会计信息的对比信息含量的评价结果是否存在冲突的问题。也就是说，为研究问题（2），需首先研究“解释变量的同概率变动”问题。我们将在 4.5、4.8 中探讨这一问题。

对于问题（3），我们将在 4.7 中探讨。

4.5 解释变量的同概率变动及有关信息含量的对比指标

在“案例 4.2：R^2之解释能力悖论”中，我们假定运用模型(4.9)，对某一观测样本进行回归分析，回归结果如下：

$$\hat{P} = 15 + 20EPS + 5NAPS$$
$$(3.11)\ (4.20)\quad (4.20)$$
$$n = 1\,003,\ R^2 = 0.8,\ ESS = 100\,000,\ \hat{\sigma}^2 = 10^2$$

并假设当前的 EPS=3，NAPS=30，未来的 EPS、NAPS 在 ±1 之间变化的概率为 0.999。由估计的回归方程，EPS、NAPS 的系数分别为 20、5，因而 EPS、NAPS 在 ±1 之间变化可导致股价在 ±25 之间变化的概率为 0.999。另外，由 $\varepsilon \sim N(0,\sigma^2)$，$\hat{\sigma}^2 = 100$，则意味着股价在 $\pm 3\sigma$ 即 ±30 之间变化的概率为 0.999。一言概之，会计信息的异动解释了股价在 ±25 之间的变动，而其他信息的异动解释了股价在 ±30 之间变化。由此得出结论并断言：其他信息对股价变动的解释能力似乎应强于会计信息，“R^2=0.8 意味着会计信息的解释力强于其他信息”并不成立。

但在 4.6 中，我们事实上已经指出了假定 EPS、NAPS 在 ±1 之间变化的概率为 0.999，过于主观，可能没有理论依据。不过，由“4.3 中 4.3.1”，R^2并不能代表模型的解释能力，即使“未来 EPS、NAPS 在 ±1 之间变化的概率为 0.999”没有理论根据，也不影响“R^2=0.8 并不意味着会计信息的解释力强于其他信息”这个结论的正确性。

但是“解释变量的同概率变动”问题，对于探讨“市场反应系数”与“等水平-标准差指标”两种指标对会计信息的对比信息含量的评价结果是否存在冲突的问题，是非常重要的。为简单起见，这里采用价格模型即模型（4.9)，通过间接测算而不是测算的方法，探测以 0.999 的概率，EPS、NAPS未来将变动多少才算是合理的问题。为此，先重引模型（4.9），即：

$$P=\lambda_0+\lambda_1\cdot EPS+\lambda_2\cdot NAPS+\varepsilon,\ \varepsilon\sim N(0,\sigma^2)$$

为叙述方便，假定所有参数的回归值等于真值，即 $\lambda_0=\hat{\lambda}_0$，$\lambda_1=\hat{\lambda}_1$，$\lambda_2=\hat{\lambda}_2$，$\sigma^2=\hat{\sigma}^2$。由 $\varepsilon\sim N(0,\sigma^2)$，模型（4.9）表明EPS与NAPS以外的其他信息引起股价在 $\pm3\sigma=\pm3\hat{\sigma}$ 之间变化的概率为0.999。换句话说，以0.999概率，EPS与NAPS以外的其他信息可解释股价在 $\pm3\sigma=\pm3\hat{\sigma}$ 之间的变化。

将EPS与NAPS对股价P分别进行回归，即模型（4.31）与（4.32），分别重述如下：

$$P=\alpha_0+\alpha_1\cdot EPS+u,\ u\sim N(0,\sigma_1^2)$$

$$P=\beta_0+\beta_1\cdot NAPS+v,\ v\sim N(0,\sigma_2^2)$$

同样假定，所有参数的回归值等于真值，即 $\alpha_0=\hat{\alpha}_0$，$\alpha_1=\hat{\alpha}_1$，$\sigma_1=\hat{\sigma}_1$；$\beta_0=\hat{\beta}_0$，$\beta_1=\hat{\beta}_1$，$\sigma_2=\hat{\sigma}_2$。

模型（4.9）与模型（4.31）相比，随机误差项中所包含的信息含量方面，后者除了包含前者的以外，还包含了信息NAPS的信息含量。因此，股价在 $\pm3\sigma_1=\pm3\hat{\sigma}_1$ 之间的变动，其中，属于NAPS以外信息的信息含量部分应该为 $3\sigma=3\hat{\sigma}$，属于信息NAPS的信息含量部分应该为 $3(\hat{\sigma}_1-\hat{\sigma})$；同理，模型（4.9）与模型（4.32）相比，属于信息EPS的信息含量部分应该为 $3(\hat{\sigma}_2-\hat{\sigma})$。

假设股价 $3(\hat{\sigma}_2-\hat{\sigma})$、$3(\hat{\sigma}_1-\hat{\sigma})$ 所需要的EPS、NAPS的变动上限分别为 $\Delta_{EPS-max}$、$\Delta_{NAPS-max}$，由模型（4.31）、（4.32）知：

$$\hat{\alpha}_1\cdot\Delta_{EPS-max}=3(\hat{\sigma}_2-\hat{\sigma}),\ \hat{\beta}_1\cdot\Delta_{NAPS-max}=3(\hat{\sigma}_1-\hat{\sigma})$$

即

$$\Delta_{EPS-max}=\frac{3(\hat{\sigma}_2-\hat{\sigma})}{\hat{\alpha}_1},\ \Delta_{NAPS-max}=\frac{3(\hat{\sigma}_1-\hat{\sigma})}{\hat{\beta}_1} \tag{4.41}$$

这意味着EPS未来在 $\pm\Delta_{EPS-max}=\pm3(\hat{\sigma}_2-\hat{\sigma})/\hat{\alpha}_1$、NAPS未来在 $\pm\Delta_{NAPS-max}=\pm3(\hat{\sigma}_1-\hat{\sigma})/\hat{\beta}_1$ 之间变动的概率为0.999。

由式（4.9）、（4.41）及上述的有关讨论可以得到有意义的结论是关于解释能力的对比。先将要点汇总如下：

①以 0.999 的概率，EPS 与 NAPS 以外的其他信息可解释股价在 $\pm 3\sigma = \pm 3\hat{\sigma}$ 之间的变化；

②以 0.999 的概率，EPS 未来在 $\pm\Delta_{EPS-max} = \pm 3(\hat{\sigma}_2 - \hat{\sigma})/\hat{\alpha}_1$ 、NAPS 未来在 $\pm\Delta_{NAPS-max} = \pm 3(\hat{\sigma}_1 - \hat{\sigma})/\hat{\beta}_1$ 之间变动；

③EPS 变动 1 单位引起股价的 $\hat{\alpha}_1$ 单位变动，NAPS 变动 1 单位引起股价的 $\hat{\beta}_1$ 的变动。

根据以上要点，可以知道，以 0.999 的概率，股价的总变动为：

$$\Delta_{P-max} = \hat{\lambda}_1 \cdot \frac{3(\hat{\sigma}_2 - \hat{\sigma})}{\hat{\alpha}_1} + \hat{\lambda}_2 \cdot \frac{3(\hat{\sigma}_1 - \hat{\sigma})}{\hat{\beta}_1} + 3\hat{\sigma} \tag{4.42}$$

各信息的解释能力可定义如下：

$$\begin{cases} ExPower(EPS) = \hat{\lambda}_1 \cdot \dfrac{3(\hat{\sigma}_2 - \hat{\sigma})}{\hat{\alpha}_1} \Big/ \Delta_{P-max} \\ ExPower(NAPS) = \hat{\lambda}_2 \cdot \dfrac{3(\hat{\sigma}_1 - \hat{\sigma})}{\hat{\beta}_1} \Big/ \Delta_{P-max} \\ ExPower(others) = 3\hat{\sigma} / \Delta_{P-max} \end{cases} \tag{4.43}$$

其中，ExPower 表示信息的解释能力。

由式（4.41）容易得到，以 0.999 的概率，EPS、NAPS 未来的变动上限比为：

$$\Delta_{EPS-max} / \Delta_{NAPS-max} = \frac{\hat{\beta}_1}{\hat{\alpha}_1} \cdot \frac{\hat{\sigma}_2 - \hat{\sigma}}{\hat{\sigma}_1 - \hat{\sigma}} \tag{4.44}$$

由式（4.43）可以得到 EPS、NAPS 的解释能力之比为：

$$RaExPower_{EPS-NAPS} = \frac{ExPower(EPS)}{ExPower(NAPS)} = \frac{\hat{\lambda}_1}{\hat{\lambda}_2} \cdot \frac{\hat{\beta}_1}{\hat{\alpha}_1} \cdot \frac{\hat{\sigma}_2 - \hat{\sigma}}{\hat{\sigma}_1 - \hat{\sigma}}$$

在结束本节前需要指出的是，本节是在假定解释变量之间不存在“公共信息含量”“交互信息含量”的前提下，对“解释变量的同概率变动及有关信息含量的对比”问题所作的探讨，对于一般性的应用来说，上述的分析结论是够用的。后文将根据分析问题的需要，探讨另一个更为一般的专题，即在“交互信息含量”的前提下，探讨“解释变量的同概率变动及有关信息含量的对比”问题。

最后需要界定一下有关概念，本节中所探讨的“解释变量的同概率论变动”并非是指两个解释变量以相同的概率同时变动多少，而是指两个解释变量以相同的概率独立变动多少，例如上文中“②以 0.999 的概率，EPS 未来在 $\pm\Delta_{EPS-max}=\pm3(\hat{\sigma}_2-\hat{\sigma})/\hat{\alpha}_1$、NAPS 未来在 $\pm\Delta_{NAPS-max}=\pm3(\hat{\sigma}_1-\hat{\sigma})/\hat{\beta}_1$ 之间变动”是指 EPS 未来将以 0.999 的概率在 $\pm\Delta_{EPS-max}$ 之间变动，NAPS 未来将以 0.999 的概率在 $\pm\Delta_{NAPS-max}$ 之间变动。因此，这里所称“同概率”或“以 0.999 的概率”都是指解释变量在 0.999 的概率下，在各自可能的变动区域里变动，无关其他变量的变动，也不是指各变量同时变动，当然也包含它们可能同时变动。

案例 4.3：信息含量的比较

基于某一年深市上市公司的数据，模型（4.9）、（4.31）、（4.32）的回归结果如下：

$$\begin{aligned}&\hat{P}=6.56 + 11.39EPS + 1.42NAPS\\&\quad(10.55)\ (11.79)\qquad (6.49)\\&n=654,\ R^2=0.443,\ ESS=52\ 159.27,\ \hat{\sigma}=8.95\end{aligned} \tag{4.45}$$

$$\begin{aligned}&\hat{P}=9.48 + 15.61EPS\\&\quad(21.39)\ (21.17)\\&n=654,\ R^2=0.407,\ ESS=55\ 533.86,\ \hat{\sigma}_1=9.23\end{aligned} \tag{4.46}$$

$$\begin{aligned}&\hat{P}=5.17 + 3.16NAPS\\&\quad(7.69)\ (17.69)\\&n=654,\ R^2=0.324,\ ESS=63\ 303.86,\ \hat{\sigma}_2=9.85\end{aligned} \tag{4.47}$$

经计算，模型（4.31）、（4.32）的 Vuong 检验的 Z=88.12，可以接受 $\sigma_1^2<\sigma_2^2$ 的假设，也就可以接受假设：EPS 的价值相关性强于 NAPS 的。这是利用“R^2–标准差”指标进行评价的结果。

由式（4.45）～（4.47），$\hat{\sigma}=8.95$，$\hat{\sigma}_1=9.23$，$\hat{\sigma}_2=9.85$，$\hat{\alpha}_1=15.61$，$\hat{\beta}_1=3.16$，并由式（4.44）可以计算出以 0.999 的概率，EPS、NAPS 未来的变动上限比为：

$$\Delta_{EPS-max}/\Delta_{NAPS-max}=\frac{\hat{\beta}_1}{\hat{\alpha}_1}\cdot\frac{\hat{\sigma}_2-\hat{\sigma}}{\hat{\sigma}_1-\hat{\sigma}}=0.65 \tag{4.48}$$

式（4.48）表明，以 0.999 的概率，NAPS 变动 1 单位，EPS 变动 0.65 单位。注意到 1/0.65=1.54，则有如下的回归结果：

$$\begin{aligned}&\hat{P}=6.56 + 5.97\cdot1.54EPS + 1.42\cdot(1.54EPS+NAPS)\\&\quad(10.55)\ (7.55)\qquad\qquad (6.49)\\&n=654,\ R^2=0.443,\ ESS=52\ 159.27,\ \hat{\sigma}=8.95\end{aligned} \tag{4.49}$$

式（4.49）表明，NAPS 变动 1 单位，EPS 变动 0.65 单位即 1.54EPS 变动 1 单位，1.54EPS+NAPS 变动 2 单位，将引起股价的 8.95 单位（5.97+1.42×2）的变动。由于 1.54EPS 的系数 5.97 显著大于零，因而尽管以 0.999 的概率，NAPS 变动 1 单位，EPS 变动 0.65 单位，但从对股价的解释能力来说，EPS 还多解释了 5.97 单位的股价变动。因而 EPS 的价值相关性强于 NAPS 的，与 Vuong 的检验相一致。

最后需要计算一下各种信息相对解释能力的评价问题。由式（4.45），$\hat{\lambda}_1 = 11.39$，$\hat{\lambda}_2 = 1.42$，并由（式 4.42）可得：

$$\begin{aligned}\Delta_{P-max} &= 11.39 \times \frac{3 \times 0.9}{15.61} + 1.42 \times \frac{3 \times 0.28}{3.16} + 3 \times 8.95 \\ &= 1.97 + 0.38 + 26.85 \\ &= 29.2\end{aligned}$$

由式（4.43）可得各种信息的相对解释能力为：

$$\begin{cases} \text{ExPower(EPS)} = 0.067 \\ \text{ExPower(NAPS)} = 0.013 \\ \text{ExPower(others)} = 0.920 \end{cases} \tag{4.50}$$

从式（4.50）中可以看出，EPS 对于股价变动的解释能力要强于 NAPS 的，虽然 EPS 的解释能力仅为 0.067，而 NAPS 的解释能力更低，只有 0.013，两者只比为 5.15∶1。EPS、NAPS 两者的解释能力总和也只有仅为 0.08，但由于影响股价变动的原因有许多，况且 EPS、NAPS 仅仅是会计信息中的两种具有代表性的会计信息，这两者能够解释股价变动的 8%，其实也不算低了。

4.6 不同总体同类会计信息价值相关性水平的比较

如果“R^2 评价法”是正确的，该方法在应用上是有其方便之处的，如 Collins D.W 等[96]的研究中，以回归模型（4.9）、（4.13）、（4.14）的拟合优度 R^2 评价单项会计信息如净收益、净资产的价值相关性水平，以及净收益、净资产的联合价值相关性水平。然而对于“反应程度评价方法”而言，应用上不那么方便，需要建立相应的评价方法。

4.6.1 评价方法设计

对于要比较市场A、B的会计信息价值相关性这类问题来说，假设市场A、B适用的反应系数分别为λ_{1A}、λ_{2A}，λ_{1B}、λ_{2B}。不妨假设$\lambda_{1A}\geqslant 0$、$\lambda_{2A}\geqslant 0$，$\lambda_{1B}\geqslant 0$、$\lambda_{2B}\geqslant 0$。如果$\lambda_{1A}\geqslant\lambda_{1B}\geqslant 0$、$\lambda_{2A}\geqslant\lambda_{2B}\geqslant 0$，其中至少有一个不等式不等号严格成立，则市场A的会计信息价值相关性水平高于市场B的。然而现实的情况往往并不能保证上述不等式同向成立，比如，比较的结果可能为$\lambda_{1A}>\lambda_{1B}$、$\lambda_{2A}<\lambda_{2B}$。这种情形下，难以直接比较两个市场的会计信息价值相关性水平问题，可采用“等价-比较评价”的方法来解决这个问题。

上述评价方法详述如下。

第一，基本评价：进行“反应程度评价方法”的基本评价。

假设市场A、B适用的反应系数满足同向可比，即$\lambda_{1A}\geqslant\lambda_{1B}$、$\lambda_{2A}\geqslant\lambda_{2B}$（或$\lambda_{1A}\leqslant\lambda_{1B}$、$\lambda_{2A}\leqslant\lambda_{2B}$）。如果其中至少有一个不等式不等号严格成立，则市场A的会计信息价值相关性水平高于（低于）市场B的；否则，两市场的会计信息价值相关性水平是无差异的。

第二，补充评价：进行“反应程度评价方法”的“等价-比较”评价。

假设市场A、B适用的反应系数不满足同向可比，为叙述方便，不妨假设步骤一比较的结果为$\lambda_{1A}>\lambda_{1B}$、$\lambda_{2A}<\lambda_{2B}$，则进行下列的“等价-比较”评价程序。

程序1：假定两个市场中的股价对每股收益的反应程度相等，即假定$\tilde{\lambda}_{1A}=\tilde{\lambda}_{1B}$，然后比较两个市场中的股价对每股净资产的反应程度，假设比较结果为$\tilde{\lambda}_{2A}\geqslant\tilde{\lambda}_{2B}$（或$\tilde{\lambda}_{2A}\leqslant\tilde{\lambda}_{2B}$）。

程序2：假定股价两个市场中的对每股净资产的反应程度相等，即假定$\tilde{\lambda}_{2A}=\tilde{\lambda}_{2B}$，然后比较股价对每股收益的反应程度，假设比较结果为$\tilde{\lambda}_{1A}\geqslant\tilde{\lambda}_{1B}$（或$\tilde{\lambda}_{1A}\leqslant\tilde{\lambda}_{1B}$）。

程序3：如果以上两程序中至少有一个不等号严格成立，则市场A的会计信息价值相关性水平高于（低于）市场B的；否则，两市场的会计信息价值相关性是无差异的。

下面探讨上述评价方法的理论基础。

股利折现回归模型认为，企业的内在价值是企业发放的现金股利的现值。若会计信息能传递未来盈利能力的信息，而公司股利的发放是以公司盈利为基础，如果将公司盈利能力理解为“每股收益”，并进一步假定“每股收益”具有增长率为 ρ ，且公司将“每股收益”作为股利全部发放给股东，那么依股利折现回归模型，公司内在价值（每股）为：

$$IVPS_t = EPS_t/(r-\rho) \text{。} \tag{4.51}$$

其中，$IVPS_t$ 表示每股的内在价值，r 为必要的折现率。

公司的盈利能力也可界定为“净资产收益率”（return on equity，ROE），$ROE = EPS/NAPS$ 。如果企业的净资产收益率 ROE 越高，企业未来的增长性 ρ 可能就越低，反之则反是。简单地说，ρ 与“净资产收益率”的倒数 1/ROE 可能存在正相关关系。由式（4.51）：

$$IVPS_t/EPS_t = 1/(r-\rho) = 1/r + \rho/r^2 + \rho^2/r^3 + \cdots \approx 1/r + \rho/r^2$$

上述假设转变为一个可检验的假设 A：市盈率与净资产收益率的倒数正相关。该假设事实上等同于假设 B：每股收益、每股净资产具有价值相关性①。

进一步地，假设 $\rho = \varphi(ROE) = cr^2/ROE$ ，$\rho/r < 1$ ，有：

$$\begin{aligned} IVPS_t &= \frac{EPS_t}{r-\rho} = \frac{EPS_t}{r}\cdot\frac{1}{1-\rho/r} \\ &= \frac{EPS_t}{r}\cdot(1+\rho/r+\rho^2/r^2+\cdots) \end{aligned} \tag{4.52}$$

如果忽略式（4.52）中的 ρ/r 以后的项，则：

$$IVPS_t \approx \frac{EPS_t}{r}\cdot(1+\rho/r) = \frac{EPS_t}{r} + c\cdot NAPS \tag{4.53}$$

估值回归模型（4.53）可以看成是价格回归模型（4.9）的理论基础。

如果忽略式（4.52）中的 ρ^2/r^2 以后的项，利用假设 $\rho = \varphi(ROE) = cr^2/ROE$ ，则：

---

① 为简单起见，假设 $\rho = 1/ROE$ ，注意到 $EPS/ROE = NAPS$ ，由 $IVPS_t/EPS_t = 1/r + \rho/r^2$ ，则 $IVPS_t = EPS_t/r + NAPS_t/r^2$ 。因而“假设 A：市盈率与净资产收益率的倒数成正相关”等同于“假设 B：每股收益、每股净资产具有价值相关性”，有大量的证据表明假设 B 是成立的，因而假设 A 在实证上也应该是成立的。第 7 章中我们将对此假设进行检验。

$$IVPS_t \approx \frac{EPS_t}{r} \cdot (1 + \rho/r + \rho^2/r^2)$$
$$= \frac{EPS_t}{r} + c \cdot NAPS + c^2 r \cdot ROE^{-1} \cdot NAPS \quad (4.54)$$
$$= \frac{EPS_t}{r} + (c + c^2 r \cdot ROE^{-1}) \cdot NAPS$$

估值回归模型（4.54）也有两项，分别是 $r^{-1} \cdot EPS_t$ 与 $(c + c^2 r \cdot ROE^{-1}) \cdot NAPS$，前一项指出，如果对于市场 A、B 的资产估值，采用的折现率相同时，可以假定两个市场的股价对每股收益的市场反应相等，均为 1/r，需比较的是各自市场的股价对每股净资产的市场反应 $c + c^2 r \cdot ROE^{-1}$，因而模型（4.54）是上述评价方法中"补充评价中的程序 1"的理论基础。

模型（4.54）可改写为：

$$IVPS_t \approx \frac{EPS_t}{r} \cdot (1 + \rho/r + \rho^2/r^2)$$
$$= (1/r + c^2 rROE^{-2}) \cdot EPS_t + c \cdot NAPS_t \quad (4.55)$$

估值回归模型（4.55）也有两项，分别是 $(1/r + c^2 rROE^{-2}) \cdot EPS_t$ 与 $c \cdot NAPS$，后一项指出，如果对于市场 A、B 的资产估值时采用的折现率相同，并且参数 c 也相同，可以假定两个市场的股价对每股净资产的市场反应相等，均为 cr，需比较的是各自市场的股价对每股收益的市场反应 $1/r + c^2 rROE^{-2}$，因而模型（4.55）是上述评价方法中"补充评价中的程序 2"的理论基础。

上述评价方法中"补充评价中的程序 3"是"补充评价中的程序 1、2"的逻辑延伸。

4.6.2 评价模型与方法

假定需评价的问题是，市场 A 会计信息价值相关性水平与市场 B 的相比较，基于以上的分析，按照"反应程度评价方法"，可建立如下的"反应程度评价方法"评价回归模型进行基本评价与"等价-可比"评价检验。

步骤一，进行"反应程度评价方法"的基本评价检验，以验证市场 A、B 适用的反应系数满足是否同向可比。

$$\begin{aligned}P &= \lambda_0 + \lambda_{1B} \cdot EPS + \mu_1 \cdot \delta \cdot EPS + \lambda_{2B} \cdot NAPS + \mu_2 \cdot \delta \cdot NAPS + \varepsilon \\ &= \lambda_0 + (\lambda_{1B} + \mu_1\delta) \cdot EPS + (\lambda_{2B} + \mu_2\delta) \cdot NAPS + \varepsilon,\ \varepsilon \sim N(0, \sigma^2)\end{aligned} \tag{4.56}$$

其中，δ 为虚拟变量，当样本属于市场 A 的样本组时，取 1；否则，取 0。

回归模型（4.56）表示，市场 B 的股价对 EPS、NAPS 的反应系数分别为 λ_{1B} 、 λ_{2B} ；市场 A 的股价对 EPS、NAPS 的反应系数分别为 $\lambda_{1A} = \lambda_{1B} + \mu_1$ 、 $\lambda_{2A} = \lambda_{2B} + \mu_2$ 。

（1）如果检验结果为 $\lambda_{1B}, \lambda_{2B} \geqslant 0$ （或者 $\lambda_{1B}, \lambda_{2B} \leqslant 0$ ）， $\mu_i \geqslant 0$,（或者 $\mu_i \leqslant 0$ ）， $i = 1,2$ ，并且 μ_1、μ_2 之中至少有一者显著大于零（小于零），则市场 A 的会计信息价值相关性高于（低于）市场 B 的。此检验结果表明市场 A、B 适用的反应系数满足同向可比，检验工作到此为止。

（2）如果检验结果为 $\lambda_{1B}, \lambda_{2B} \geqslant 0$ ，且 $\mu_i \leqslant 0$ ， $i = 1,2$ ，则 $\lambda_{1A} = \lambda_{1B} + \mu_1 \leqslant \lambda_{1B}$ ， $\lambda_{2A} = \lambda_{2B} + \mu_2 \leqslant \lambda_{2B}$ ，难以比较 $|\lambda_{1A}|$ 与 λ_{1B} 、 $|\lambda_{2A}|$ 与 λ_{2B} 的大小，则需补充检验：

$$\begin{aligned}P &= \lambda_0 + \lambda_{1A} \cdot EPS + \rho_1 \cdot (1-\delta) \cdot EPS + \lambda_{2A} \cdot NAPS + \rho_2 \cdot (1-\delta) \cdot NAPS + \varepsilon \\ &= \lambda_0 + (\lambda_{1A} + \rho_1(1-\delta)) \cdot EPS + (\lambda_{2A} + \rho_2(1-\delta)) \cdot NAPS + \varepsilon,\ \varepsilon \sim N(0, \sigma^2)\end{aligned} \tag{4.57}$$

如果检验结果为 $\lambda_{1A}, \lambda_{2A} \geqslant 0$ ， $\rho_1, \rho_2 \geqslant 0$ ，且 ρ_1、ρ_2 至少有一者显著大于零，则市场 A 的会计信息价值相关性低于市场 B 的。而如果检验结果为 $\lambda_{1A}, \lambda_{2A} \leqslant 0$ ， $\rho_1, \rho_2 \geqslant 0$ ，对市场 A 的每一 EPS、NAPS 数据作变号变换即乘以“-1”的变换，其他数据保持不变，即将 $\mathfrak{M}_A$ 变换为：

$$\tilde{\mathfrak{M}}_A = \{(-EPS_{iA}, -NAPS_{iA}; P_{iA}) | (EPS_{iA}, NAPS_{iA}; P_{iA}) \in \mathfrak{M}_A, i = 1, 2, \cdots, n\}$$

运用变换后的联合数据 $\tilde{\mathfrak{M}} = \tilde{\mathfrak{M}}_A \cup \mathfrak{M}_B$ 按模型（4.56）或（4.57）进行回归分析，可以得到 $\tilde{\lambda}_{1A} = -\lambda_{1A} > 0$ 、 $\tilde{\lambda}_{2A} = -\lambda_{2A} > 0$ 。

（3）如果市场 A、B 适用的反应系数不满足同向可比，则进行下列的步骤二。

步骤二，进行“反应程度评价方法”的“等价-比较”评价检验。

如果 $\mu_i \geqslant 0$, $i = 1,2$ ，不同时成立，比如 $\mu_1 > 0$ ， $\mu_2 < 0$ 。在此情形下可进行“反应程度评价方法”的进行如下的“等价-比较”评价检验程序 1 与程序 2。

程序 1：假定市场 A、B 中的股价对于 EPS 的反应水平相同，或者说，关于这两个市场中的股价对 EPS 的反应水平，假定其差异是可忽略不计的，但关于 NAPS 的反应水平可能不同。建立如下的检验回归模型，即回归模型（4.58）。

$$\begin{aligned}P &= \lambda_0 + \lambda_1 \cdot EPS + \lambda_{2B} \cdot NAPS + \mu_2 \cdot \delta \cdot NAPS + \varepsilon \\ &= \lambda_0 + \lambda_1 \cdot EPS + (\lambda_{2B} + \mu_2 \delta) \cdot NAPS + \varepsilon \\ &\varepsilon \sim N(0, \sigma^2)\end{aligned} \tag{4.58}$$

回归模型（4.58）表示，市场 B 的股价对 EPS、NAPS 的反应系数分别为 $\lambda_{1B} = \lambda_1$ 、 λ_{2B} ；市场 A 的股价对 EPS、NAPS 的反应系数分别为 $\lambda_{1A} = \lambda_1$ 、 $\lambda_{2A} = \lambda_{2B} + \mu_2$ 。如果检验的结果为显著地 $\mu_2 = 0$ ，表明两市场会计信息价值相关性水平是无差异的。其他可能的检验结果如下：

（1）如果检验结果为，显著地， $\lambda_{2B} \geqslant 0$ ，且 $\mu_2 > 0$ ，则表明在 $\lambda_{1A} = \lambda_{1B} = \lambda_1$ 的假设下，显著地有 $\lambda_{2A} > \lambda_{2B} \geqslant 0$ ，在此假定下市场 A 的会计信息价值相关性水平高于市场 B 的。

（2）如果检验结果为，显著地， $\lambda_{2B} \leqslant 0$ ，且 $\mu_2 < 0$ ，则显著地有 $\lambda_{2A} = \lambda_{2B} + \mu_2 < \lambda_{2B} \leqslant 0$ ，可以认定为 $|\lambda_{2A}| > |\lambda_{2B}| \geqslant 0$ ，在此假定下市场 A 的会计信息价值相关性水平高于市场 B 的。

（3）如果检验结果为，显著地， $\lambda_{2B} \geqslant 0$ ，且 $\mu_2 < 0$ ，由于 $\lambda_{2A} = \lambda_{2B} + \mu_2$ ，虽然显著地有 $\lambda_{2A} = \lambda_{2B} + \mu_2 < \lambda_{2B}$ ，由于难以比较 $|\lambda_{2A}|$ 与 λ_{2B} 的大小关系，需要进行如下的补充检验。

$$\begin{aligned}P &= \lambda_0 + \lambda_1 \cdot EPS + \lambda_{2A} \cdot NAPS + \upsilon_2 \cdot (1-\delta) \cdot NAPS + \varepsilon \\ &= \lambda_0 + \lambda_1 \cdot EPS + (\lambda_{2A} + \upsilon_2 (1-\delta)) \cdot NAPS + \varepsilon \\ &\varepsilon \sim N(0, \sigma^2)\end{aligned} \tag{4.59}$$

回归模型（4.59）表示，市场 B 的股价对 EPS、NAPS 的反应系数分别为 $\lambda_{1B} = \lambda_1$ 、 $\lambda_{2B} = \lambda_{2A} + \upsilon_2$ ；市场 A 的股价对 EPS、NAPS 的反应系数分别为 $\lambda_{1A} = \lambda_1$ 、 λ_{2A} 。

①如果检验结果为，显著地， $\lambda_{2A} > 0$ ，且 $\upsilon_2 > 0$ ，则 $0 < \lambda_{2A} < \lambda_{2B} = \lambda_{2A} + \upsilon_2$ ，显著地成立。在此假定下市场 A 的会计信息价值相关性水平低于市场 B 的。

②如果检验结果为，显著地， $\lambda_{2A} < 0$ ，且 $\upsilon_2 > 0$ ，则需要再次进行

补充检验。记市场 A、市场 B 的有关数据如下：

$\mathfrak{M}_A=\{(EPS_{iA}, NAPS_{iA}; P_{iA})|i=1, 2, \cdots, n\}$

$\mathfrak{M}_B=\{(EPS_{iB}, NAPS_{iB}; P_{iB})|i=1, 2, \cdots, m\}$

以模型（4.59）进行回归分析时，运用的是两市场的联合数据 $\mathfrak{M}=\mathfrak{M}_A\cup\mathfrak{M}_B$。对市场 A 的每一个 NAPS 数据作变号变换即乘以“-1”的变换，其他数据保持不变，即将 $\mathfrak{M}_A$ 变换为：

$\tilde{\mathfrak{M}}_A=\{(EPS_{iA}, -NAPS_{iA}; P_{iA})|(EPS_{iA}, NAPS_{iA}; P_{iA})\in\mathfrak{M}_A, i=1, 2, \cdots, n\}$

运用变换后的联合数据 $\tilde{\mathfrak{M}}=\tilde{\mathfrak{M}}_A\cup\mathfrak{M}_B$ 按模型（4.59）进行回归分析，可以得到 $\tilde{\lambda}_{2A}=-\lambda_{2A}>0$。

已有的检验已经知道 $\lambda_{2B}>0$，如果 $\upsilon_2>0$ 显著成立，可以认定为 $\lambda_{2B}>|\lambda_{2A}|>0$，表示在此假定下市场 B 的会计信息价值相关性水平高于市场 A 的；如果 $\upsilon_2<0$ 显著成立，可以认定为 $|\lambda_{2A}|>\lambda_{2B}>0$，表示在此假定下市场 A 的会计信息价值相关性水平高于市场 B 的[①]。

（4）如果 $\lambda_{2B}\leq 0$，且 $\mu_2>0$，难以比较 $|\lambda_{2A}|$ 与 $|\lambda_{2B}|$ 的大小关系。需要判定是否显著地有 $\lambda_{2A}<0$，按模型（4.59）进行回归分析。

① 如果检验结果为，显著地，$\lambda_{2A}<0$，且 $\upsilon_2<0$，则由 $\lambda_{2B}=\lambda_{2A}+\upsilon_2<\lambda_{2A}<0$ 知 $|\lambda_{2A}|<|\lambda_{2B}|$ 显著地成立，在此假定下市场 A 的会计信息价值相关性水平低于市场 B 的。

②如果检验结果为，显著地，$\lambda_{2A}>0$，且 $\upsilon_2<0$，则对市场 B 的每一个 NAPS 数据作变号变换即乘以“-1”的变换，其他数据保持不变，即将 $\mathfrak{M}_B$ 变换为：

$\tilde{\mathfrak{M}}_B=\{(EPS_{iB}, -NAPS_{iB}; P_{iB})|(EPS_{iB}, NAPS_{iB}; P_{iB})\in\mathfrak{M}_B, i=1, 2, \cdots, m\}$

运用变换后的联合数据 $\tilde{\mathfrak{M}}=\mathfrak{M}_A\cup\tilde{\mathfrak{M}}_B$ 按（4.58）进行回归分析，同样地，市场 B 的股价对 EPS、NAPS 的反应系数分别为 $\lambda_{1B}=\lambda_1$、$\tilde{\lambda}_{2B}=-\lambda_{2B}$；市场 A 的股价对 EPS、NAPS 的反应系数分别为 $\lambda_{1A}=\lambda_1$、$\lambda_{2A}=\tilde{\lambda}_{2B}+\mu_2$，可以得到 $\tilde{\lambda}_{2B}=-\lambda_{2B}>0$。

---

① 变换后的联合数据 $\tilde{\mathfrak{M}}=\tilde{\mathfrak{M}}_A\cup\mathfrak{M}_B$ 也可以按模型（4.56）进行回归分析，市场 B 的股价对 EPS、NAPS 的反应系数分别为 $\lambda_{1B}=\lambda_1$、λ_{2B}；市场 A 的股价对 EPS、NAPS 的反应系数分别为 $\lambda_{1A}=\lambda_1$、$\tilde{\lambda}_{2A}=-\lambda_{2A}=\lambda_{2B}+\mu_2$。如果检验结果为 $\lambda_{2B}>0$、$\mu_2>0$ 显著成立，可以认定为 $|\lambda_{2A}|>\lambda_{2B}>0$，表示在此假定下市场 A 的会计信息价值相关性水平高于市场 B 的；如果检验结果为 $\lambda_{2B}>0$、$\mu_2<0$ 显著成立，则可以认定为 $0<\tilde{\lambda}_{2A}=-\lambda_{2A}=\lambda_{2B}+\mu_2<\lambda_{2B}$，即 $\lambda_{2B}>|\lambda_{2A}|>0$，表示在此假定下市场 B 的会计信息价值相关性水平高于市场 A 的。

已有的检验已经知道 $\lambda_{2A}>0$，如果 $\mu_2>0$ 显著成立，可以认定为 $\lambda_{2A}>|\lambda_{2B}|>0$，表示在此假定下市场 A 的会计信息价值相关性水平高于市场 B 的；如果 $\mu_2<0$ 显著成立，可以认定为 $|\lambda_{2B}|>\lambda_{2A}>0$，表示在此假定下市场 A 的会计信息价值相关性水平高于市场 B 的。

程序 2：假定市场 A、B 中的股价对于 NAPS 的反应水平相同，或者说，关于这两个市场中的股价对 NAPS 的反应水平，假定其差异是可忽略不计的，但关于 EPS 的反应水平可能不同。建立如下的检验回归模型，即回归模型（4.60）。

$$\begin{aligned} P &= \lambda_0+\lambda_{1B}\cdot EPS+\mu_1\cdot\delta\cdot EPS+\lambda_2\cdot NAPS+\varepsilon \\ &= \lambda_0+(\lambda_{1B}+\mu_1\delta)\cdot EPS+\lambda_2\cdot NAPS+\varepsilon \qquad (4.60) \\ \varepsilon &\sim N(0,\sigma^2) \end{aligned}$$

回归模型（4.60）表示，市场 B 的股价对 EPS、NAPS 的反应系数分别为 λ_{1B}、$\lambda_{2B}=\lambda_2$；市场 A 的股价对 EPS、NAPS 的反应系数分别为 $\lambda_{1A}=\lambda_{1B}+\mu_1$、$\lambda_{2A}=\lambda_2$。可能的检验结果与程序 1 相同，可比照程序 1 的检验过程进行检验。这里不再赘述。

程序 3：假设上述的程序 1、2 检验的结果是相容的，不存在相互冲突的情形，且其中有一程序检验结果表明某市场如市场 A 的会计信息价值相关性水平高于（低于）另一市场如市场 B 的，则可以认定市场 A 的会计信息价值相关性水平高于（低于）市场 B 的；否则，两市场的会计信息价值相关性是无差异的。

4.7 增量信息、交互信息含量的评价

4.7.1 Biddle 等的增量信息含量评价方法及其缺陷

按照 Biddle 等（1995）的思想[58]，增量信息含量事实上比较的是两种信息例如（X，Y）联合信息含量是否比较 X 与 Y 中单独一方的信息含量是否要大的问题，即：

$$\text{Info}(X, Y) \geq \text{Info}(Y)? \qquad (4.61)$$

$$\text{Info}(X, Y) \geq \text{Info}(X)? \qquad (4.62)$$

其中，Info 表示信息含量。若式（4.61）成立，则表明信息 X 具有增量信息含量；如果式（4.62）成立，则表明信息 Y 具有增量信息含量。否则，则没有。也就是说，信息 X 具有增量信息是指（X，Y）的联合信息含量 Info（X，Y）扣去信息 Y 的信息含量 Info（Y）后的剩余部分，此剩余部分被认为是给定 Y 下 X 的信息含量 Info（X|Y）；同样，信息 Y 具有增量信息同样可被认定为是给定信息 X 下信息 Y 的信息含量 Info（Y|X），是（X，Y）的联合信息含量 Info（X，Y）扣去信息 X 的信息含量 Info（X）后的剩余部分。以形式化表达方式便可以得到如下的增量信息表达式（4.63）、（4.64）。

$$\text{Info}(X, Y) - \text{Info}(Y) = \text{Info}(X|Y) \tag{4.63}$$

$$\text{Info}(X, Y) - \text{Info}(X) = \text{Info}(Y|X) \tag{4.64}$$

Biddle 等[58] 给出增量信息含量的具体种类如图 4-4 所示。

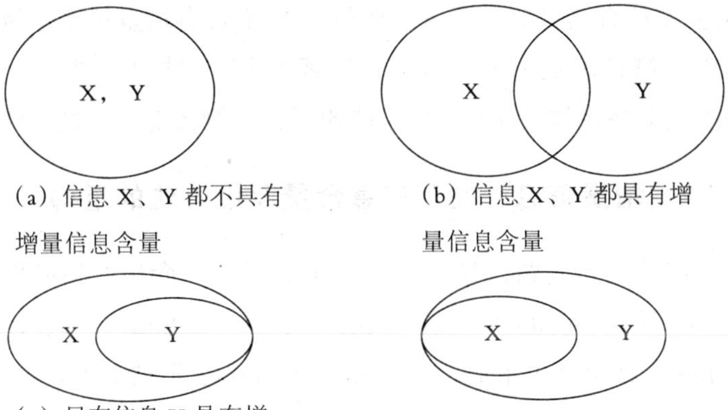

（a）信息 X、Y 都不具有增量信息含量

（b）信息 X、Y 都具有增量信息含量

（c）只有信息 X 具有增量信息含量

（d）只有信息 Y 具有增量信息含量

图 4-4 增量信息含量的种类

根据以上论述，会计信息是否具有信息增量（incremental information content）的内涵可界定为，在给定一种或一类信息下，另一种或一类信息是否具有增量信息含量，因而可用于探讨新增的信息是否具有增量信息含量，对于准则制定机构、对于投资者具有重要意义。基于此思想，假设需探讨每股净资产 NAPS 是否具有增量信息含量，只要研究在给定 EPS 的前提下，增加新的信息 NAPS，是否增新的信息含量，即：

$$E(P|EPS, NAPSP) = E(P|EPS)$$

增量信息含量在统计学上看是条件期望的问题，如果采用回归分析的方法，观测所要研究的会计信息的代理变量的回归系数是否显著异于零即可。只要回归模型（4.9）即：

$$P = \lambda_0 + \lambda_1 \cdot EPS + \lambda_2 \cdot NAPS + \varepsilon,\ \ \varepsilon \sim N(0, \sigma^2)$$

中 NAPS 的系数显著异于零，则可认定每股净资产具有增量信息含量。

但是 Biddle 等[58]的检验方法有一定的缺陷。比如，图 4-4 中的(a)，X、Y 都不具有增量信息含量，假定 X、Y 分别为每股收益 EPS、每股净资产 NAPS，那么以回归模型（4.9）进行回归，是不是意味着 X、Y 的回归系数就显著为零？是不是意味着信息 X 能完全替代信息 Y？如果不能的话，这种情况如何进行检验？又如，图 4-4 中的（c），只有信息 X 具有增量信息含量，而信息 Y 不具有增量信息含量，在实证检验中，信息 Y 的回归系数应该显著为零，同样的问题是，信息 X 是不是能完全替代信息 Y？如果不能的话，这种情况如何进行检验？

4.7.2 增量信息、交互信息含量评价方法的重构

为了回答上述问题，我们利用图 4-5 对信息含量的构成作一番探讨，并不再采用 Biddle 等的记号 Info（X|Y）与 Info（Y|X），保留使用记号 Info，并另外采用记号 IncInfo、ConInfo。请读者留意。

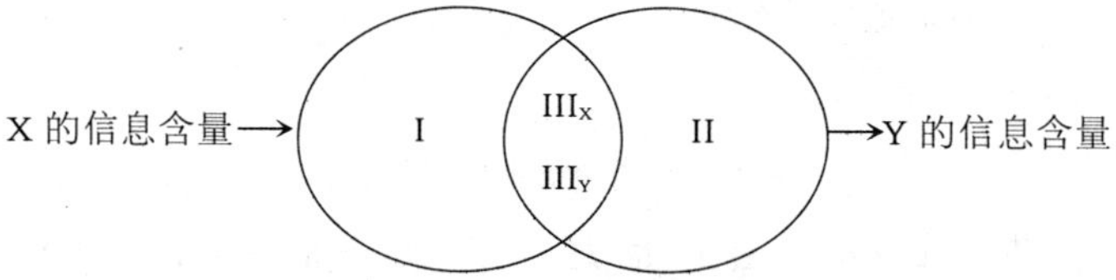

图 4-5 信息含量的构成

由图 4-5，信息 X、信息 Y 的信息含量分别为：

$$\text{Info}(X) = I + III_X,\ \ \text{Info}(Y) = II + III_Y \tag{4.65}$$

信息 X、信息 Y 的增量信息含量分别为：

$$\text{IncInfo}(X) = I,\ \ \text{IncInfo}(Y) = II \tag{4.66}$$

其中，IncInfo 表示增量信息。在图 4-5 中，III_X、III_Y 通常被认为

是“公共”部分，很容易被认为就是信息X、信息Y的“公共”信息含量，也就是$III_X=III_Y$。但是不同的信息，作用完全相同，这样的信息应该说比较少见，准确地说，应该称为“交互信息含量”，因此，

$$Info(X,Y)=IncInfo(X)+Info(X\hat{}Y)+IncInfo(Y) \quad (4.67)$$

其中，Info（X^Y）表示信息X、信息Y的交互信息含量。

$$Info(X\hat{}Y)=ConInfo(X|Y)+ConInfo(Y|X) \quad (4.68)$$

ConInfo(X|Y)表示在给定信息Y的前提下信息X的信息含量，而ConInfo(Y|X)表示在给定信息X的前提下信息Y的信息含量①。因此，

$$Info(X)=IncInfo(X)+ConInfo(X|Y) \quad (4.69)$$

$$Info(Y)=IncInfo(Y)+ConInfo(Y|X) \quad (4.70)$$

由式（4.67）~（4.70）可得，

$$Info(X,Y)=Info(X)+Info(Y) \quad (4.71)$$

且

$$Info(X,Y)-Info(X)=IncInfo(Y)+ConInfo(Y|X) \quad (4.72)$$

$$Info(X,Y)-Info(Y)=IncInfo(X)+ConInfo(X|Y) \quad (4.73)$$

与Biddle等[58]的研究结论不同，式（4.72）、（4.73）表明，（X，Y）的联合信息含量Info（X，Y）扣去信息Y的信息含量Info（Y）后的剩余部分，并非就是信息X的增量信息含量IncInfo（X），还应包括信息Y对信息X所产生的交互影响ConInfo（X|Y）；（X，Y）的联合信息含量Info（X，Y）扣去信息X的信息含量Info（X）后的剩余部分，并非就是信息Y的增量信息含量IncInfo（Y），还应包括信息X对信息Y所产生的交互影响ConInfo（Y|X）。

下面探讨信息含量如何评价问题。假设满足上述信息含量评价需要的模型为：

$$P=\beta_0+\varphi(X)+g(X,Y)+\phi(Y)+u,\ u\sim N(0,\sigma^2) \quad (4.74)$$

则

① ConInfo(X|Y)、ConInfo(Y|X)表示的是交互信息含量，相当于图4-5中的III_X、III_Y；而式（4.63）、（4.64）中Info（X|Y）、Info（Y|X）用的是Biddle等的记号，表示的是增量信息含量，相当于图4-5中的I，II；以这里的记号示之，即是IncInfo（X）=I，IncInfo（Y）=II。请读者注意区别。

$$E(P|X,Y)=\beta_0+\varphi(X)+g(X,Y)+\phi(Y) \quad (4.75)$$

因此，

$$\frac{\partial E(P|X,Y)}{\partial X}=\varphi'(X)+g'_X(X,Y)$$

$$\frac{\partial E(P|X,Y)}{\partial Y}=\phi'(Y)+g'_Y(X,Y)$$

基于市场反应系数作为信息含量评价指标的视角，信息 X、信息 Y 的增量信息含量、交互信息含量、信息含量可形式化地表示为如下的式（4.76）、（4.77）。

$$\begin{cases}IncInfo(X)=\varphi'(X)\\ConInfo(X|Y)=g'_X(X,Y)\\Info(X)=\varphi'(X)+g'_X(X,Y)\end{cases} \quad (4.76)$$

$$\begin{cases}IncInfo(Y)=\phi'(Y)\\ConInfo(Y|X)=g'_Y(X,Y)\\Info(Y)=\phi'(Y)+g'_Y(X,Y)\end{cases} \quad (4.77)$$

假设 g(X, Y) 的二阶偏导数连续，则：

$$g''_{XY}(X,Y)=g''_{YX}(X,Y) \quad (4.78)$$

由式（4.76）、（4.77）、（4.78），为简单起见，可设 $\varphi(X)=\beta_1X$，$\phi(Y)=\beta_2Y$，$g(X,Y)=\beta_2XY$，代入式（4.74），可得一个含增量信息、公共交互信息的简单的回归模型如下：

$$P=\beta_0+\beta_1X+\beta_2XY+\beta_3Y+u,\ u\sim N(0,\sigma^2) \quad (4.79)$$

在模型（4.79）下，信息 X、信息 Y 的增量信息含量、交互信息含量、信息含量可形式化地表示为：

$$\begin{cases}IncInfo(X)=\beta_1\\ConInfo(X|Y)=\beta_2Y\\Info(X)=\beta_1+\beta_2Y\end{cases} \quad (4.80)$$

$$\begin{cases}IncInfo(Y)=\beta_3\\ConInfo(Y|X)=\beta_2Y\\Info(Y)=\beta_3+\beta_2Y\end{cases} \quad (4.81)$$

在式（4.79）下，图 4-4 中的（a)，信息 X、Y 都不具有增量信息含量，实证检验的结果应该是，β_1、β_3 显著为零，而 β_2 显著易于零；图 4-4 中的（b)，信息 X、Y 都具有增量信息含量，实证检验的结果应该是，β_1、β_2、β_3 显著易于零；图 4-4 中的（c)，只有信息 X 具有增量信息含量，实证检验的结果应该是，β_1、β_2显著易于零，β_3显著为零；图 4-4 中的（d），只有信息 Y 具有增量信息含量，实证检验的结果应该是，β_3、β_2显著易于零，β_1显著为零。

4.8 会计信息的对比信息含量的评价

准则制定机构等机构经常要面对会计信息对比信息含量的评价问题，它们要在多种可供选择的会计处理方法中，选择一种或若干种具有更多信息含量的处理方法。按照 Biddle 等的定义[58]，会计信息对比信息含量（relative information content），指的是一种或一类会计信息是否比另一种或另一类会计信息具有更多的信息含量。

从定义上看，会计信息的增量信息含量与对比信息含量不同的是，前者比较的是两种信息（X，Y）联合信息含量是否比较其中 X 与 Y 中的单独一方的信息含量要大的问题，即比较的问题是 Info（X，Y）是否大于 Info（Y），以及 Info（X，Y）是否大于 Info（X）的问题。如果 Info（X，Y）>Info（Y）成立，则表明信息 X 具有增量信息含量；如果 Info（X，Y）>Info（X）成立，则表明信息 Y 具有增量信息含量。然而信息 X 与信息 Y 对比信息含量的比较问题，是直接比较 Info（X）是否大于 Info（Y）的问题。

简言之，增量信息含量的比较问题为：

Info（X，Y）≥Info（Y）？若“>”成立，X 具有增量信息含量；

Info（X，Y）≥Info（X）？若“>”成立，Y 具有增量信息含量。

对比信息含量的比较问题为：

Info（X）>Info（Y）？若成立，X 比 Y 具有更多的信息含量；

Info（X）=Info（Y）？若成立，X 与 Y 具有相等的信息含量；

Info（X）<Info（Y）？若成立，X 比 Y 具有更多的信息含量。

4.8.1 Vuong 检验下的对比信息含量的评价

1）现行的基于公共信息含量下的 Vuong 检验

可见，从概念上看，是不需要涉及信息 X 与信息 Y 的联合信息含量 Info（X，Y）的有关评价问题。但是，Biddle 等认为[58]，增量信息含量的评价问题与对比信息含量的评价问题具有密切的联系。由式(4.63)、(4.64)，即：

Info（X，Y）-Info（Y）=IncInfo（X）

Info（X，Y）-Info（X）=IncInfo（Y）

因此，

$$\text{Info}(X) > \text{Info}(Y) \Leftrightarrow \text{IncInfo}(X) > \text{IncInfo}(Y) \tag{4.82}$$

$$\text{Info}(X) < \text{Info}(Y) \Leftrightarrow \text{IncInfo}(X) < \text{IncInfo}(Y) \tag{4.83}$$

$$\text{Info}(X) = \text{Info}(Y) \Leftrightarrow \text{IncInfo}(X) = \text{IncInfo}(Y) \tag{4.84}$$

式（4.82）~（4.84）可用图 4-6 直观地表示出来[58]。

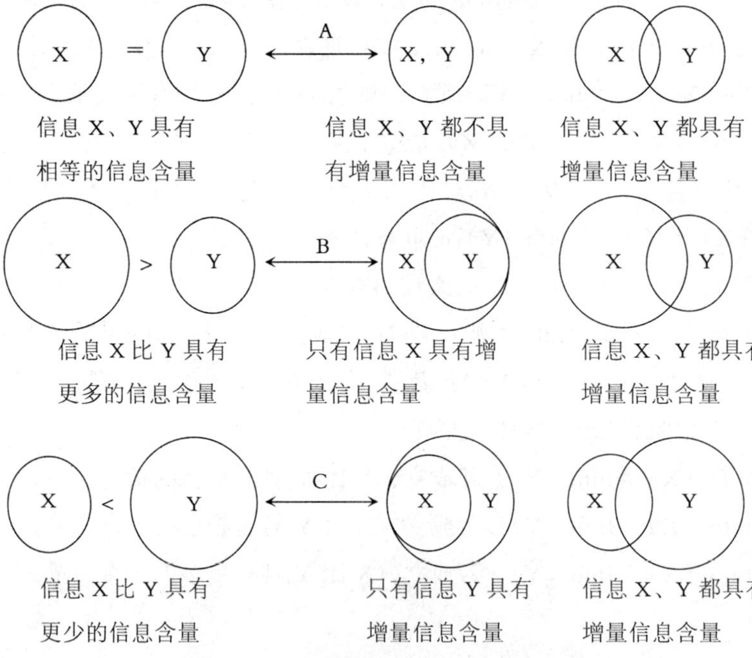

图 4-6 增量信息含量与对比信息含量

Biddle 等的评价方法认为，信息 X、Y 含有公共的信息含量部分，

记为 $Info(X\cap Y)$，相当于图 4-4 中的 III_X 与 III_Y 看成是相同的，也就是，$III_X=III_Y$。

记全部的信息为“all”，除信息 X、Y 以外的信息记为“$others_0$”，则有：

$$\begin{aligned}Info(all) &= IncInfo(X) + IncInfo(Y) + Info(X\cap Y) + Info(others_0)\\ &= IncInfo(X) + Info(X\cap Y) + Info(others_1)\\ &= IncInfo(Y) + Info(X\cap Y) + Info(others_2)\end{aligned}$$

其中，$Info(others_1) = IncInfo(Y) + Info(others_0)$，$Info(others_2) = IncInfo(X) + Info(others_0)$。于是，如果 $Info(others_1) < Info(others_2)$，就是，$IncInfo(X) > IncInfo(Y)$。这个分析结论的意义在于，如果以股价 P 为被解释变量，以 X 和其他非 Y 的变量为解释变量，则 Y 的增量信息含量包含在随机误差项中，即为 $Info(others_1)$；以股价 P 为被解释变量，以 Y 和其他非 X 的变量为解释变量，则 X 的增量信息含量包含在随机误差项中，即为 $Info(others_2)$。这样问题就可转化为利用 Vuong 检验[59]，从备择回归模型中选择残差小的回归模型作为最佳回归模型，依此来判断会计信息价值相关性水平的相对高低。

重复上述已有的论述，以检验每股收益 EPS 与每股经营活动净现流 CFOPS 之间的对比信息含量为例，通过设立回归模型 $(4.16)_1$、$(4.16)_2$，即：

$$P=\alpha_0+\alpha_1\cdot CFOPS+\alpha_2\cdot NAPS+\varepsilon,\ \ \varepsilon\sim N(0,\sigma_1^2)$$

$$P=\beta_0+\beta_1\cdot EPS+\beta_2\cdot NAPS+u,\ \ u\sim N(0,\sigma_2^2)$$

其中，P 表示每股市价，CFOPS 表示每股经营活动净现流，NAPS 表示每股净资产。需检验的假设为 H_0：$\sigma_1^2=\sigma_2^2$；H_1：$\sigma_1^2>\sigma_2^2$。如果经 Vuong 检验拒绝 H_0，则接受 H_1。由于：

$$Info(others_1)=Info(\sigma_1^2)=IncInfo(EPS)+Info(others_0)$$

$$Info(others_2)=Info(\sigma_2^2)=IncInfo(CFOPS)+Info(others_0)$$

$\sigma_1^2>\sigma_2^2$ 则意味着，$Info(others_1)>Info(others_2) \Leftrightarrow IncInfo(EPS)>IncInfo(CFOPS)$，因而，EPS 的价值相关性就被认为强于 CFOPS 的。

2）基于交互信息含量下的 Vuong 检验方法的构建

仍然采用 Biddle 等的定义，会计信息 X 与 Y 的对比信息含量比较问题看成是直接比较 Info（X）是否大于 Info（Y）的问题。与上述的记号相同，全部的信息为“all”，除信息 X、Y 以外的信息记为“$others_0$”，则有：

$$Info(all) = Info(X) + Info(Y) + Info(others_0)$$

其中，Info（X）、Info（Y）满足式（4.69）、（4.70），即：

$$Info(X) = IncInfo(X) + ConInfo(X|Y)$$

$$Info(Y) = IncInfo(Y) + ConInfo(Y|X)$$

因此，

$$\begin{aligned} Info(all) &= IncInfo(X) + ConInfo(X|Y) + IncInfo(Y) + ConInfo(Y|X) + Info(others_0) \\ &= IncInfo(X) + ConInfo(X|Y) + Info(others_1) \\ &= IncInfo(Y) + ConInfo(Y|X) + Info(others_2) \end{aligned}$$

其中，Info（$others_1$）=Info（Y）+Info（$others_0$），Info（$others_2$）= Info（X）+Info（$others_0$）。剩下的论述与上述论述的原理相一致，略有差异，请留意其中的区别。

如果 Info（$others_1$）<Info（$others_2$），等价于，Info（X）>Info（Y），这一点与“1. 基于公共信息含量下的 Vuong 检验”的相应分析不同。这个分析结论的意义在于，如果以股价 P 为被解释变量，以 X、XY 和其他非 Y 的变量为解释变量，则 Y 的增量信息含量包含在随机误差项中，即为 Info（$others_1$）；以股价 P 为被解释变量，以 Y、XY 和其他非 X 的变量为解释变量，则 X 的增量信息含量包含在随机误差项中，即为 Info（$others_2$）。这样问题就可转化为利用 Vuong 检验[59]，从备择回归模型中选择残差小的回归模型作为最佳回归模型，依此来判断会计信息价值相关性水平的相对高低。

仍以检验每股收益 EPS 与每股经营活动净现流 CFOPS 之间的对比信息含量为例，通过设立回归模型：

$$P = \alpha_0 + \alpha_1 \cdot CFOPS + \alpha_2 \cdot NAPS + \alpha_3 \cdot CFOPS \cdot EPS + \varepsilon,\ \varepsilon \sim N(0, \sigma_1^2)$$

$$P = \beta_0 + \beta_1 \cdot EPS + \beta_2 \cdot NAPS + \beta_3 CFOPS \cdot EPS + u,\ u \sim N(0, \sigma_2^2)$$

其中，P 表示每股市价，CFOPS 表示每股经营活动净现流，NAPS 表示每股净资产。需检验的假设为 H_0：$\sigma_1^2 = \sigma_2^2$；H_1：$\sigma_1^2 > \sigma_2^2$。如果经 Vuong 检验拒绝 H_0，则接受 H_1。由于：

$$Info(others_1) = Info(\sigma_1^2) = Info(EPS) + Info(others_0)$$

$$\text{Info}(\text{others}_2)=\text{Info}(\sigma_2^2)=\text{Info}(\text{CFOPS})+\text{Info}(\text{others}_0)$$

$\sigma_1^2>\sigma_2^2$ 则意味着，$\text{Info}(\text{others}_1)>\text{Info}(\text{others}_2)\Leftrightarrow \text{Info}(\text{EPS})>\text{Info}(\text{CFOPS})$，因而，EPS 的价值相关性就被认为强于 CFOPS 的。

4.8.2 基于交互信息含量下的解释变量同概率变动

市场反应程度评价方法下关于会计信息价值相关性水平的评价，需要测定解释变量的同概率变动问题。再次强调一下，解释变量的同概率变动，是指两个解释变量以相同的概率，独立而并非同时各变动若干个单位。其实质是指，以相同的概率，被解释变量的某些变动是由各解释变量各变动若干单位所确定的。例如 $\Delta_{EPS-max}=3$，$\Delta_{CFOPS-max}=2$，概率为 0.999。其真正含义是，$\Delta_{EPS-max}=3$ 意味着，当其他因素不变时，以 0.999 的概率，股价的变动是因为 EPS 在 ±3 之间的变动所引起的；$\Delta_{CFOPS-max}=2$ 意味着，当其他因素不变时，以 0.999 的概率，股价的变动是因为 NAPS 在 ±2 之间的变动所引起的。这就意味着，当我们考虑解释变量对被解释变量的解释能力问题时，不需要考虑解释变量的一切变动，只考虑其可能变动。上述问题简单地称为，解释变量的同概率变动问题。因此，这里所称“同概率”或“以 0.999 的概率”都是指解释变量在概率下，在各自可能的变动区域里变动，无关其他变量的变动，也不是指各变量同时变动，当然也包含它们可能同时变动。

在变量之间的公共信息前提下的“解释变量同概率变动问题”，将难以求出解释变量的变动上限，理由见“附注”。下面基于 EPS、CFOPS 交互信息含量的前提，以每股收益 EPS 与每股经营活动净现流 CFOPS 之间为例，探讨解释变量的同概率变动问题。

由于需考虑交互信息含量，设立回归模型时，需要增加 EPS、CFOPS 的交乘项 EPS·CFOPS，为提高方法的代表性，以 NAPS 作为控制变量，设立以下回归模型。

$$P=\gamma_0+\gamma_1\cdot EPS+\gamma_2\cdot CFOPS+\gamma_3\cdot EPS\cdot CFOPS+\gamma_4\cdot NAPS+\varepsilon,\quad \varepsilon\sim N(0,\sigma^2) \tag{4.85}$$

$$P=\phi_0+\phi_1\cdot EPS+\phi_2\cdot EPS\cdot CFOPS+\phi_3\cdot NAPS+u,\quad u\sim N(0,\sigma_1^2) \tag{4.86}$$

$$P=\varphi_0+\varphi_1\cdot CFOPS+\varphi_2 EPS\cdot CFOPS+\varphi_3\cdot NAPS+v,\quad v\sim N(0,\sigma_2^2) \tag{4.87}$$

$$P=\alpha_0+\alpha_1\cdot EPS+\xi,\quad \xi\sim N(0,\tau_1^2) \tag{4.88}$$

$$P=\beta_0+\beta_1\cdot CFOPS+\eta,\quad \eta\sim N(0,\tau_2^2) \tag{4.89}$$

其中，P 表示每股市价，CFOPS 表示每股经营活动净现流，NAPS 表示每股净资产。

通过回归分析，分别估计式（4.85）~（4.89）中的参数值。全部的信息为“all”，除信息 EPS、CFOPS、NAPS 以外的信息记为“$others_0$”，为叙述简单起见，并记

X=EPS，Y=CFOPS，Z=NAPS

则有

Info（all）=Info（X）+Info（Y）+Info（Z）+Info（$others_0$）

由式（4.69）、（4.70），

$$Info(X)=IncInfo(X)+ConInfo(X|Y)$$

$$Info(Y)=IncInfo(Y)+ConInfo(Y|X)$$

因此，

$$\begin{aligned}Info(all)&=IncInfo(X)+ConInfo(X|Y)+Info(Y)+Info(Z)+Info(others_0)\\&=IncInfo(X)+ConInfo(X|Y)+Info(Z)+Info(others_1)\\&=IncInfo(Y)+ConInfo(Y|X)+Info(Z)+Info(others_2)\end{aligned}$$

其中，Info（$others_1$）=Info（Y）+Info（$others_0$），Info（$others_2$）= Info（X）+Info（$others_0$）。由此，立得：

$$Info(X)=Info(others_2)-Info(others_0)=Info(\sigma_2^2)-Info(\sigma^2) \tag{4.90}$$

$$Info(Y)=Info(others_1)-Info(others_0)=Info(\sigma_1^2)-Info(\sigma^2) \tag{4.91}$$

随机误差项服从正态分布，表明其他信息解释了股价变动 3 个标准差之间的变动。由式（4.90），$Info(X)=Info(\sigma_2^2)-Info(\sigma^2)$，股价变动中的 $3(\hat{\sigma}_2-\hat{\sigma})$ 应由 EPS 来解释，也就是说，以 0.999 的概率，EPS 解释了股价在 $\pm3(\hat{\sigma}_2-\hat{\sigma})$ 之间的变动。

由于在交互信息下，$Info(X)=IncInfo(X)+ConInfo(X|Y)$，但是事实上很难区分 IncInfo（X）和 ConInfo（X|Y），因而也就很难通过区分增量信息含量与交互信息含量，以实现获取信息 X 的变动上限的目的。式（4.88）是关于信息 X 即 EPS 的信息含量的一个模型，该模型不区分增量信息与交互信息或公共信息，可以作为总体意义上的信息含量的模型。因此，平均地，股价变动 $3(\hat{\sigma}_2-\hat{\sigma})$ 所需要的 EPS 的变动上限

$\Delta_{EPS-max}$ 满足 $\hat{\alpha}_1\Delta_{EPS-max}=3(\hat{\sigma}_2-\hat{\sigma})$，即：

$$\Delta_{EPS-max}=\frac{3(\hat{\sigma}_2-\hat{\sigma})}{\hat{\alpha}_1} \tag{4.92}$$

同样的理由，给出股价变动 $3(\hat{\sigma}_1-\hat{\sigma})$ 所需要的 CFOPS 的变动上限 $\Delta_{CFOPS-max}$ 满足 $\hat{\beta}_1\Delta_{CFOPS-max}=3(\hat{\sigma}_1-\hat{\sigma})$，即：

$$\Delta_{CFOPS-max}=\frac{3(\hat{\sigma}_1-\hat{\sigma})}{\hat{\beta}_1} \tag{4.93}$$

这意味着 EPS 未来在 $\pm\Delta_{EPS-max}=\pm3(\hat{\sigma}_2-\hat{\sigma})/\hat{\alpha}_1$ 、CFOPS 未来在 $\pm\Delta_{CFOPS-max}=\pm3(\hat{\sigma}_1-\hat{\sigma})/\hat{\beta}_1$ 之间变动的概率为 0.999。由式（4.92）、（4.93），以 0.999 的概率，EPS、CFOPS 未来的变动上限比为：

$$\frac{1}{k}=\Delta_{EPS-max}/\Delta_{CFOPS-max}=\frac{\hat{\beta}_1}{\hat{\alpha}_1}\cdot\frac{\hat{\sigma}_2-\hat{\sigma}}{\hat{\sigma}_1-\hat{\sigma}} \tag{4.94}$$

附注：

如果考虑的是，变量之间的公共信息前提下的“解释变量同概率变动问题”，将难以求出解释变量的变动上限。与上述记号相同，不考虑控制变量的问题。

$$\begin{aligned}\text{Info(all)}&=\text{IncInfo(X)}+\text{ConInfo}(X\cap Y)+\text{IncInfo(Y)}+\text{Info}(\text{others}_0)\\&=\text{IncInfo(X)}+\text{ConInfo}(X\cap Y)+\text{Info}(\text{others}_1)\\&=\text{IncInfo(Y)}+\text{ConInfo}(X\cap Y)+\text{Info}(\text{others}_2)\end{aligned}$$

其中，Info（others_1）=IncInfo（Y）+Info（others_0），Info（others_2）= IncInfo（X）+Info（others_0）。由此，立得

$$\text{IncInfo(X)}=\text{Info}(\text{others}_2)-\text{Info}(\text{others}_0)=\text{Info}(\sigma_2^2)-\text{Info}(\sigma^2)$$

$$\text{IncInfo(Y)}=\text{Info}(\text{others}_1)-\text{Info}(\text{others}_0)=\text{Info}(\sigma_1^2)-\text{Info}(\sigma^2)$$

随机误差项服从正态分布，表明其他信息解释了股价变动 3 个标准差之间的变动。由于 $\text{IncInfo(X)}=\text{Info}(\sigma_2^2)-\text{Info}(\sigma^2)$，股价变动中的 $3(\hat{\sigma}_2-\hat{\sigma})$ 应由 EPS 的增量信息来解释，但是由于难以区分增量信息与公共信息，因而也就无法确定关于增量信息的市场反应系数，无法确定变量的变动上限。

4.8.3 市场反应程度评价方法下的对比信息含量的评价

市场反应程度评价方法下关于会计信息价值相关性水平的评价，其

要旨是比较"市场反应系数的大小，比如要比较的是每股收益 EPS 与每股净资产 NAPS 的价值相关性水平的高低，也就是它们对比信息含量的大小，在该方法下，需要比较的是这两种信息的市场反应系数的高低，其原理是每变动 1 单位，因变量相应变动几单位。这种评价方法对于同种信息在不同的市场进行评价是可行的，但对于同一市场，不同的信息可能是行不通的。原因在于如果假定 NAPS 变动 1 单位，EPS 也变动 1 单位，可能不具有现实性。这是因为，在实证中，采用的数据是报告期末 NAPS 的数据，报告期 EPS 的数据，由于存在股利分配、募集新股、债转股等因素的影响，报告期 EPS 的变动 1 单位，可能不会引起报告期末 NAPS 的变动 1 单位。

举例来说，如果以 0.999 的概率，NAPS 变动 1 单位，EPS 变动 0.4 单位，在探讨 NAPS、EPS 对股价 P 的解释能力差别时，不是考虑它们各自变动 1 单位情形下的对股价 P 的解释能力差别，而是考虑 NAPS 变动 1 单位，EPS 变动 0.4 单位，它们对股价解释能力的差别。为此，我们可设立如下模型：

$$P = \beta_0 + \beta_1 \cdot 2.5EPS + \beta_2 \cdot (2.5EPS + NAPS) + u, \quad u \sim N(0, \sigma^2) \tag{4.95}$$

在模型（4.95）中，将 EPS 变换为"新变量"2.5EPS，新变量变动 1 单位，相当于原变量 EPS 变动 0.4 单位。新变量 2.5EPS 的市场反应系数为 $\beta_1 + \beta_2$，NAPS 的市场反应系数为 β_2，假如 $\beta_1, \beta_2 > 0$。这意味着，在 EPS 变动 0.4 单位，能解释的股价变动为 $\beta_1 + \beta_2$，NAPS 变动 1 单位，能解释的股价变动为 β_2，由于 EPS 变动 0.4 单位，而 NAPS 变动 1 单位，是合理的假设，且 $\beta_1 + \beta_2 > \beta_2 > 0$，因而 EPS 的信息含量或价值相关性水平要高于 NAPS 的。

因此，运用市场反应程度评价方法，需要考虑解释变量的同概率变动问题。

1）基于公共信息含量的市场反应程度评价方法

仍以检验每股收益 EPS 与每股经营活动净现流 CFOPS 之间的对比信息含量为例，基于 EPS、CFOPS 公共信息含量的前提，探讨 EPS、CFOPS 的对比信息含量的问题，由于不需要考虑 EPS、CFOPS 的交互影响问题，设立模型时不需要 EPS、CFOPS 的交乘项 EPS·CFOPS，为使模型更具一般性，可增加一些控制变量如每股净资产 NAPS。

由于需要考虑解释变量的同概率变动问题，但在信息之间的这种并不清楚其确切含义的概念下，事实上是无法获得解释变量的变动上项，不过将其代以交互信息含量下解释变量的变动上项，应该是合适的。由（4.94），以 0.999 的概率，EPS、CFOPS 未来的变动上限比为：

$$\frac{1}{k}=\Delta_{EPS-max}/\Delta_{CFOPS-max}=\frac{\hat{\beta}_1}{\hat{\alpha}_1}\cdot\frac{\hat{\sigma}_2-\hat{\sigma}}{\hat{\sigma}_1-\hat{\sigma}}$$

为评价 EPS、CFOPS 的对比信息含量，建立如下的回归模型（4.96）：

$$P=\lambda_0+\lambda_1\cdot k\cdot EPS+\lambda_2\cdot(k\cdot EPS+CFOPS)+\lambda_3\cdot NAPS+\varepsilon,\quad \varepsilon\sim N(0,\sigma^2) \tag{4.96}$$

新变量 k·EPS 的市场反应系数为 $\lambda_1+\lambda_2$，CFOPS 的市场反应系数为 λ_2。要比较的问题是 $|\lambda_1+\lambda_2|$ 是否大于 $|\lambda_2|$ 的问题。

（1）如果检验的结果为显著地，$\lambda_1,\lambda_2>0$ 或 $\lambda_1,\lambda_2<0$ 成立，则 $|\lambda_1+\lambda_2|>|\lambda_2|$，因而 EPS 的对比信息含量要大于 CFOPS 的；

（2）如果检验的结果为显著地，$\lambda_2>0$，$\lambda_1<0$，则作补充检验。

$$P=\mu_0+\mu_1\cdot(k\cdot EPS+CFOPS)+\mu_2\cdot CFOPS+\mu_3\cdot NAPS+\varepsilon,\quad \varepsilon\sim N(0,\sigma^2) \tag{4.97}$$

式（4.92）中新变量 k·EPS 的市场反应系数为 μ_1，CFOPS 的市场反应系数为 $\mu_1+\mu_2$。

①如果检验结果为 $\mu_1,\mu_2>0$，则 CFOPS 的对比信息含量要大于 EPS 的；

②如果检验结果为 $\mu_1<0$，$\mu_2>0$，则需作变号变换，将 ϕ·EPS 乘以（−1）即为 (−k·EPS)，重新按式（4.96）或（4.97）进行分析；

（3）如果检验的结果为显著地，$\lambda_1>0$，$\lambda_2<0$，则进行与（2）相类似的检验步骤。

2）基于交互信息含量的市场反应程度评价方法

仍以检验每股收益 EPS 与每股经营活动净现流 CFOPS 之间的对比信息含量为例，基于 EPS、CFOPS 交互信息含量的视角，探讨 EPS、CFOPS 的对比信息含量的问题，设立回归模型时，需要考虑 EPS、CFOPS 的交乘项 EPS·CFOPS，并以 NAPS 作为控制变量。为使模型更具一般性，可增加一些控制变量如每股净资产 NAPS。

由式（4.94），以 0.999 的概率，EPS、CFOPS 未来的变动上限比为：

$$\frac{1}{k} = \Delta_{EPS-max}/\Delta_{CFOPS-max} = \frac{\hat{\beta}_1}{\hat{\alpha}_1} \cdot \frac{\hat{\sigma}_2 - \hat{\sigma}}{\hat{\sigma}_1 - \hat{\sigma}}$$

为评价 EPS、CFOPS 的对比信息含量，则设立如下的回归模型（4.98）：

$$P = \lambda_0 + \lambda_1 \cdot k \cdot EPS + \lambda_2 \cdot (k \cdot EPS + CFOPS) + \lambda_3 \cdot k \cdot EPS \cdot CFOPS + \lambda_4 NAPS + \varepsilon, \quad \varepsilon \sim N(0, \sigma^2) \tag{4.98}$$

新变量 $k \cdot EPS$ 的市场反应系数为 $\lambda_1 + \lambda_2 + \lambda_3 \cdot CFOPS$，CFOPS 的市场反应系数为 $\lambda_2 + \lambda_3 \cdot k \cdot EPS$。其中，新变量 $k \cdot EPS$ 的增量信息影响为 $\lambda_1 + \lambda_2$，CFOPS 对新变量 $k \cdot EPS$ 的交互影响为 $\lambda_3 \cdot CFOPS$；CFOPS 的增量信息影响为 λ_2，新变量 $k \cdot EPS$ 对 CFOPS 的影响为 $\lambda_3 \cdot k \cdot EPS$。

虽然无法直接比较 $\lambda_3 \cdot CFOPS$ 与 $\lambda_3 \cdot k \cdot EPS$ 的信息含量，但是可以确定的是，如果 CFOPS 变动 1 单位，EPS 变动 1/k 单位即 $k \cdot EPS$ 变动 1 单位，对股价的影响是一样的，都是 λ_3 单位，因而可以将其视为对一方对另一方的影响程度相同。因而对于 EPS、CFOPS 的对比信息含量的比较，可以简化为要比较的问题是 $|\lambda_1 + \lambda_2|$ 是否大于 $|\lambda_2|$ 的问题。

（1）如果检验的结果为显著地，$\lambda_1, \lambda_2 > 0$ 或 $\lambda_1, \lambda_2 < 0$ 成立，则 $|\lambda_1 + \lambda_2| > |\lambda_2|$，因而 EPS 的对比信息含量要大于 CFOPS 的；

（2）如果检验的结果为显著地，$\lambda_2 > 0$，$\lambda_1 < 0$，则作补充检验。

$$P = \mu_0 + \mu_1 \cdot (k \cdot EPS + CFOPS) + \mu_2 \cdot CFOPS + \mu_3 \cdot k \cdot EPS \cdot CFOPS + \mu_4 \cdot NAPS + \varepsilon, \quad \varepsilon \sim N(0, \sigma^2) \tag{4.99}$$

式（4.90）中新变量 $k \cdot EPS$ 的市场反应系数为 μ_1，CFOPS 的市场反应系数为 $\mu_1 + \mu_2$。

①如果检验结果为 $\mu_1, \mu_2 > 0$，则 CFOPS 的对比信息含量要大于 EPS 的；

②如果检验结果为 $\mu_1 < 0$，$\mu_2 > 0$，则需作变号变换，将 $k \cdot EPS$ 乘以（−1）即为 $(-k \cdot EPS)$，重新按式（4.98）或（4.99）进行分析；

（3）如果检验的结果为显著地，$\lambda_1 > 0$，$\lambda_2 < 0$，与（2）的检验步

骤相同。

4.8.4 两种评价方法的对比

从理论上看，这两种评价方法所得出的结论应该是一致的。如果不一致，应进一步查明原因；寻求经济理论的支持，选择符合理论预期的结果；如果无法查明原因，也无法获得有关经济理论的支持，应以本章所建立的基于交互信息含量下的 Vuong 检验方法下的结论为主，其他方法可以作为稳健性检验，这是因为本章所建立的市场反应程度评价方法本身还需进一步完善，以及解释变量的同概率变动上限比可能存在计算误差等，而影响了评价的结论。

不过，市场反应程度评价方法与 Vuong 检验方法相比，具有一个重要的优势，就是可用于探讨一种信息对另一种信息的优势随某因素的变化而变化的情况，见第 7 章的有关实证分析。

最后以一个案例结束本节。

案例 4.4：信息含量的比较

案例 4.3 中基于某一年深市上市公司的数据，在 EPS、NAPS 之间不存在公共信息或公共交互信息的前提下，用 Vuong 检验和市场反应程度评价方法，验证了假设：EPS 的价值相关性强于 NAPS 的。这里将在 EPS、NAPS 之间存在公共信息、公共交互信息的前提下，用 Vuong 检验和市场反应程度评价方法，进一步验证假设。

模型（4.85）~（4.89）的回归结果如下：

$$\hat{P} = \underset{(12.40)}{7.86} + \underset{(5.00)}{6.14}EPS + \underset{(4.18)}{0.94}NAPS + \underset{(6.59)}{1.13}EPS \cdot NAPS \tag{4.100}$$

$n = 654,\ R^2 = 0.478,\ ESS = 48\,893.19,\ \hat{\sigma} = 8.67$

$$\hat{P} = \underset{(23.23)}{9.85} + \underset{(6.29)}{7.54}EPS + \underset{(8.31)}{1.37}EPS \cdot NAPS \tag{4.101}$$

$n = 654,\ R^2 = 0.464,\ ESS = 50\,204.41,\ \hat{\sigma}_1 = 8.78$

$$\hat{P} = \underset{(12.52)}{8.06} + \underset{(5.65)}{1.24}NAPS + \underset{(12.67)}{1.69}EPS \cdot NAPS \tag{4.102}$$

$n = 654,\ R^2 = 0.458,\ ESS = 50\,774.17,\ \hat{\sigma}_2 = 8.83$

$$\hat{P} = 9.48 + 15.61EPS \quad (4.103)$$
$$(21.39) \quad (21.17)$$
$$n = 654,\ R^2 = 0.407,\ ESS = 55\,533.86,\ \hat{\tau}_1 = 9.23$$

$$\hat{P} = 5.17 + 3.16NAPS \quad (4.104)$$
$$(7.69) \quad (17.69)$$
$$n = 654,\ R^2 = 0.324,\ ESS = 63\,303.86,\ \hat{\tau}_2 = 9.85$$

经计算，模型（4.86）、（4.87）的 Vuong 检验的 Z=25.56，可以接受 $\sigma_1^2 < \sigma_2^2$ 的假设，也就可以接受假设：EPS 的价值相关性强于 NAPS 的。这是利用“R^2-标准差”指标进行评价的结果。

由式（4.100）~（4.104），$\hat{\sigma} = 8.67$，$\hat{\sigma}_1 = 8.78$，$\hat{\sigma}_2 = 8.83$，$\hat{\alpha}_1 = 15.61$，$\hat{\beta}_1 = 3.16$，并由式（4.94）可以计算出以 0.999 的概率，EPS、NAPS 未来的变动上限比为：

$$\Delta_{EPS-max}/\Delta_{NAPS-max} = \frac{\hat{\beta}_1}{\hat{\alpha}_1} \cdot \frac{\hat{\sigma}_2 - \hat{\sigma}}{\hat{\sigma}_1 - \hat{\sigma}} = 0.29 \quad (4.105)$$

式（4.105）表明，以 0.999 的概率，NAPS 变动 1 单位，EPS 变动 0.29 单位。

在 EPS、NAPS 之间存在公共信息的前提下，注意到 1/0.29=3.45，由式（4.96）有如下的回归结果：

$$\hat{P} = 6.56 + 1.88 \cdot 3.45EPS + 1.42 \cdot (3.45EPS + NAPS) \quad (4.106)$$
$$(10.55) \quad (4.11) \quad (6.49)$$
$$n = 654,\ R^2 = 0.443,\ ESS = 52\,159.27,\ \hat{\sigma} = 8.95$$

式（4.106）表明，NAPS 变动 1 单位，EPS 变动 0.29 单位即 1.54EPS 变动 1 单位，3.45EPS+NAPS 变动 2 单位，将引起股价的 4.72 单位（1.88+1.42×2）的变动。由于 3.45EPS 的系数 1.88 显著大于零，因而尽管以 0.999 的概率，NAPS 变动 1 单位，EPS 变动 0.29 单位，但从对股价的解释能力来说，EPS 还多解释了 1.88 单位的股价变动。因而 EPS 的价值相关性强于 NAPS 的，与该情形下的 Vuong 检验相一致（这种情形下的 Vuong 检验与案例 4.3 的相同）。

在 EPS、NAPS 之间存在公共交互信息的前提下，注意到 1/0.29=3.45，由式（4.99）有如下的回归结果：

$$\hat{P}=7.86+0.84\cdot 3.45EPS+0.94\cdot(3.45EPS+NAPS)+0.33\cdot 3.45EPS\cdot NAPS$$

$$(12.39)\quad(1.79)\qquad\qquad(4.18)\qquad\qquad(6.59)$$

$$n=654,\ R^2=0.478\quad ESS=48\,893.19,\ \hat{\sigma}=8.67 \tag{4.107}$$

式（4.106）表明，NAPS 变动 1 单位，EPS 变动 0.29 单位，则 3.45EPS 变动 1 单位，3.45EPS+NAPS 变动 2 单位，将引起股价的 2.97 单位（0.84+0.94×2）的变动。由于 3.45EPS 的系数 0.84 的 t-值为 1.79，p-值为 0.0737，在 5%水平下（p-值=0.0737 是双侧检验的显著性水平，从单侧检验来说，只需 0.0737 的一半即可）显著大于零，因而尽管以 0.999 的概率，NAPS 变动 1 单位，EPS 变动 0.29 单位，但从对股价的解释能力来说，EPS 还多解释了 0.84 单位的股价变动。因而 EPS 的价值相关性强于 NAPS 的，与该情形下的 Vuong 检验相一致。

综合案例 4.3、案例 4.4 可以得到一个基本结论是，无论是基于 EPS 与 NAPS 是否存在公共信息含量、是否存在交互信息含量，无论是基于哪一种情形下的 Vuong 检验还是基于哪一种情形下的市场反应程度评价方法，所检验出来的结果是一致的，都表明，EPS 具有比 NAPS 更多的信息含量，能够解释更多的股价变动。

4.9 本章小结

本章着重探讨了会计信息价值相关性的评价指标的适用性与方法的可行性问题。这是非常基础性的问题，关乎评价理论的发展进程与评价结论的可信性。然而对于评价问题，可用的指标与方法其实并不多，并且尚未形成一个能适用于各种评价问题的指标与方法。

评价指标是评价方法的基础，如果评价指标是不恰当的，哪怕评价方法再先进，也是徒劳的。评价指标可分为 R^2 类与非 R^2 类指标。R^2 通常被认为可用于评价模型的解释能力，但是这是人们一厢情愿的行为，R^2 难堪此重任，哪怕是针对特定样本也无法作为模型的解释能力的评价指标，但是，此方法经常此指标被广泛地应用在会计信息价值相关性的各种理论研究中，然而该方法存有“理论基础薄弱”“适用条件不具现实性”“评价结论不可靠”“难以修正”等严重缺陷，导致基于该方法的研究结论难以令人信服。

其他指标被称为非 R^2 类指标，作为会计信息相关性水平的评价指标，为了探讨这些指标的适用性问题，提出了“解释能力说”与“不可忽略说”这两个评价标准。基于此类标准，这些非 R^2 类指标都具有一定的适用性。通过分析比较，其中最合适的指标当属“市场反应系数”与“等水平-标准差指标”，后者就当前的应用来说，只局限于对比信息含量问题的评价上。

就当前所涉及的评价问题来看，主要包括“不同总体同类会计信息价值相关性水平”、“增量信息含量”、“交互信息含量”以及“对比信息含量”的评价问题，其中“交互信息含量”的评价在当前的研究中很少有文献涉及，当然 Collins 等以 R^2 类指标作为评价指标对此问题有所涉及，但 R^2 的缺陷，导致该方法的评价结论不可信。当前并没有一套成熟的评价方法，可处理所有的评价问题。本章构建基于“市场反应系数”指标、可适用于这些评价问题的一套称为“市场反应程度评价方法”的评价方法。

值得一提的是，针对“对比信息含量”的评价问题，区分为基于“公共信息含量”与“交互信息含量”两种情况，分别设置评价模型予以评价，可运用当前所普遍采用的基于“等水平-标准差指标”Vuong检验，也可采用本章所建立的市场反应程度评价方法”。

客观地说，本章以“市场反应系数”所建立的对这些问题的处理方法，一定还存有缺陷。或许，提出问题或许比解决问题更为重要，这个问题将引发今后的进一步研究。

第 5 章　中国资本市场会计信息价值相关性的变迁

5.1　概述

改革开放以来，我国经济体制已发生了根本性变革，促进了会计规范体系的改革与发展。20 世纪 90 年代初是我国市场经济体制的起步阶段，也是我国资本市场和股份制企业的试点阶段。为规范上市公司会计核算及其会计信息披露，财政部、国家体改委于 1992 年 5 月 23 日发布了《股份制试点企业会计制度——会计科目和会计报表》，规定经批准设立的股份制试点企业自 1992 年 1 月 1 日起执行该制度。该制度规范了企业进行会计工作所使用的会计科目和对外报告的主要报表——资产负债表、利润表和财务状况变动表。该制度的颁布实施，揭开了企业会计制度全面改革的序幕。同年 11 月 16 日，财政部发布了具有里程碑意义的《企业会计准则——基本准则》，自 1993 年 7 月 1 日起执行，这是新中国会计史上第一部不分行业、不分所有制、不分经营形式的统一的会计规范，标志着我国会计准则进入一个沿着市场化、国际化方向行进的持续改革发展时期。

1997 年，财政部首次发布了第一个具体会计准则——《企业会计准则——关联方关系及其交易的披露》。此后，又陆续发布了 16 项具体会计准则。这一系列具体会计准则的对外发布，标志着以准则来规范会计核算与披露的会计改革迈出重要的一步。因为基本准则是原则性的，只能从原则上指导会计核算与披露，对于具体的会计交易与事项的确认、计量和报告，不能予以直接的指导，例如，对于关联方交易如何进行核算与披露，基本准则就无法给予明确的、具体的指导意见。而《企业会计准则——关联方关系及其交易的披露》作为具体的会计准则，规范企业应如何就这类交易与事项进行核算与报告。

但是，这段时期财政部所发布的企业会计准则，不能满足会计工作中多样化业务核算的需要，作为一个重要的补充机制，财政部于 2000 年 12 月 29 日发布了《企业会计制度》，自 2001 年 1 月 1 日起执行，并于 2011 年 11 月 27 日发布了《金融企业会计制度》，自 2002 年 1 月 1 日起执行。这一时期的会计规范的特点是，如果会计准则有规范的，应执行会计准则，没有的，则执行《企业会计制度》或《金融企业会计制度》，形成了企业会计制度和企业会计准则并存的会计规范体系。

自 1993 年至 2006 年，这个时期的会计准则及会计制度，在指导思想、财务报告的目标定位、会计计量属性、会计信息质量要求，甚至制度的文本格式等诸多方面仍然没有跳出原有的框架，与国际会计准则仍有较大的差异。尽管如此，但是不可否认的是，这一时期的会计规范，是我国会计改革沿着市场化方向改革、并逐步向国际会计准则接轨直至基本趋同的必不可少的且极为重要的阶段性成果，为我国会计准则实现与国际会计准则的基本趋同提供宝贵的经验和理论支持。

2006 年是我国会计发展的新起点。同年 2 月 15 日财政部修订并发布新的基本准则和 38 号具体会计准则，自 2007 年 1 月 1 日起执行，我国的会计准则首次实现了行业、业务的全覆盖，会计核算与报告不再区分金融企业与非金融企业，全部按企业会计准则的要求进行核算与对外披露信息。此后，在 2014 年，财政部又修订了 5 项具体准则，包括《企业会计准则第 2 号——长期股权投资》《企业会计准则第 9 号——职工薪酬》《企业会计准则第 30 号——财务报表列报》《企业会计准则第 33 号——合并财务报表》《企业会计准则第 37 号——金融工具列报》，新增 3 项具体准则，包括《企业会计准则第 39 号——公允价值计量》《企业会计准则第 40 号——合营安排》《企业会计准则第 41 号——在其他主体中权益的披露》。当前，我国会计准则已最终实现了与国际会计准则的实质性趋同，会计准则的发展进入了一个新的历史阶段。

可以认为，新准则的发布与实施，表明我国会计准则已经完成了由计划经济会计模式向市场经济会计模式的转变，从此进入一个新的历史发展时期。据财政部网站报道[126]，2015 年 10 月，中华人民共和国财政部与国际财务报告准则基金会联合声明，双方认为中国企业会计准则实现了与国际财务报告准则的实质性趋同，并且中国企业会计准则的实施显著提升了中国企业财务报告的质量及其透明度。

我国企业会计准则的发展，除了与国际财务报告准则的实质性趋同这一重大成就以外，一个不容忽视的成就是，从准则所规范的内容演变来看，企业执行会计准则，的确有助于提高会计信息的质量。新会计准则更加重视会计报表的决策有用性，增强所披露的会计信息对未来现金流的时间、金额、不确定性的预测能力。

例如，关于分期收款收入的确认，旧准则是在合同约定应收款的收款期分期确认收入，这种会计处理相当于将一笔收入分解为几笔收入递延确认，导致同样的业务因收款方式不同而对收入的确认、计量、报告的差异，导致少记当期收入，多记以后各期营业收入。这不仅违背权责发生制原则，也不利于报表使用者对于盈余持续性的准确预期。新准则则将满足收入确认条件的分期收款销售按其公允价值确认为当期收入，将公允价值与长期应收款之间的差额作为财务收益在未来确认。这种会计核算与报告将营业收入与财务收益区分开来，无疑对于预测盈余的持续性以及对于预测未来现金流的时间、金额、不确定性是有帮助的。

又如，新准则突破收入的实现原则，将有关资产的公允价值变动损益确认为当期损益。例如，将交易性金融资产期末以公允价值计量，有助于预测该金融资产未来现金流的时间、金额与不确定性。同时，将公允价值变动计入当期损益，确认资产的持有损益，有助于评价企业管理金融资产的能力。

会计信息质量的提高理应能提高会计信息的价值相关性。但是，会计信息的价值相关性水平是否提高，还要看外在因素——资本市场的有效性的发展状况。

中国资本市场是中国经济改革和发展的产物，从其诞生的第一天起，就承载着推动中国经济体制和社会资源配置方式的变革，改变了长期以来金融体系高度依赖以银行为主的间接融资的格局，有利于金融风险的防范，为中国经济发展提供巨大的资金支持。例如，为建设创新型国家，以资本为纽带，可引导和支持生产要素向创新型企业集聚，促进科技成果向生产力的转化。通过资本市场发挥资源配置的作用，可实现资源跨地区和跨产业的整合，通过市场化方式转变经济发展方式，促进产业结构的优化升级。

内生于中国经济改革发展需要的中国资本市场，是一个“新兴加转轨”的市场。由于市场本身制度设计上的局限，中国资本市场在发展中的确存在一些深层次问题和结构性矛盾。这些问题和矛盾只有在不断深化改革才能得以解决。一系列的法律法规的出台有助于完善市场基本制度和恢复市场的基本功能。例如，为规范证券的交易与发行，在市场成立之初，国务院证券委员会于 1993 年 4 月 22 日正式颁布实施《股票发行与交易管理暂行条例》，1999 年 7 月 1 日，《证券法》正式实施；为积极推进资本市场的改革开放和稳定发展，2004 年 1 月 31 日出台了《国务院关于推进资本市场改革开放和稳定发展的若干意见》即“国九条”；2006 年，修订后的《公司法》和《证券法》开始实施，有关资本市场监管法规和部门规章也得到了相应的调整与完善。

经过 20 多年的发展，法律法规不断完善，我国资本市场的功能和效率也在不断完善和发展之中。陈小悦、陈晓和顾斌（1997）[127]，屈博、庞金峰（2016）[128] 等诸多学者的研究均表明，中国股票市场已经达到弱势有效。高蓉、周爱民、向兵等（2012）研究表明[129]，中国股市自建立初期经历重大动荡后，市场有效性的显著性逐渐增加，金融危机前，市场有效性的显著性降低，金融危机后，市场有效性又开始上升。

越是有效的市场，投资者越是不可忽略高质量的会计信息，投资者必须对其所掌握的会计信息作出反应，否则必将蒙受损失或抵销持有信息的好处。因此，市场的效率与会计信息质量的不断提升，将表现为会计信息价值相关性的提高。一个重要问题是，会计信息的价值相关性是否已如理论预期的那样，随着时间的推移伴随着准则质量的提高、市场效率的提高而提高。

当前，对上述问题虽然已从事了一些研究，但是所采用的方法，大多采用的 Collins D.W 等的 R^2 评价方法[42]，如张景奇、唐英力、邓志琼运用价格模型，对我国沪深两市 A 股 1990—2003 年共 8 179 个样本的股价与年报会计信息进行了实证分析。研究表明，我国上市公司会计信息价值相关性自 1999 年起开始稳步上升，并研究了价值相关性水平变动的影响因素[90]。漆江娜，罗佳运用收益模型、价格模型[91]，以中国证券市场 1993—2007 年的数据对此进行了实证研究。研究结果表明，中国资本市场会计信息的价值相关性并没有伴随准则质量的不断提高而提高。

然而在第 3 章和第 4 章中，我们提供了足够的理由证明，R^2 不能作为会计信息价值相关性的评价指标，R^2 评价方法存有“理论基础薄弱”“适用条件不具现实性”“评价结论不可靠”“难以修正”等严重缺陷，导致基于该方法的研究结论难以令人信服。为此，本章将放弃 R^2 评价方法，采用更为合理的市场反应评价方法，探讨会计信息价值相关性的变迁问题。

本章以我国深沪股市 1993—2015 年上市公司的数据为样本，选取每股收益 EPS、每股净资产 NAPS 作为利润表、资产负债表的代理指标，运用市场反应程度评价方法，考察 EPS、NAPS 的增量信息含量、交互信息含量、联合信息含量的变迁问题。

5.2 研究假设

从 1997 年的第一个具体准则，到 2006 年覆盖全行业、全业务的新会计准则，再到 2015 年 10 月，中华人民共和国财政部与国际财务报告准则基金会联合声明，双方认为中国企业会计准则实现了与国际财务报告准则的实质性趋同，我国企业会计准则的质量得到了质的飞跃。另一方面，对于资本市场的一系列法律、法规等监管制度的出台，也将使得我国资本市场效率得到了提高。因此，我国会计信息的价值相关性理应得到不断提高。因此，本章提出如下的研究假设。

H1：我国会计信息价值相关性水平总体上呈上升趋势。

这里以 EPS、NAPS 作为利润表、资产负债表的代理指标，H1 探讨的是 EPS、NAPS 的增量信息含量、交互信息含量、联合信息含量是否呈上升趋势的问题。H1 可通过下列假设予以检验。

H1a：每股收益 ESP 的增量信息含量呈上升趋势。

H1b：每股净资产 NAPS 的增量信息含量呈上升趋势。

H1c：ESP 与 NAPS 的交互信息含量呈上升趋势。

H1d：ESP 与 NAPS 的联合信息含量呈上升趋势。

但是，必须看到，会计信息价值相关性水平的变迁趋势必将受到各种因素的影响。有些因素有助于促进会计信息价值相关性水平的提升，有些因素则抑制价值相关性水平的提升。这里着重从企业会计准则的修订与完善、行业差异、企业规模、企业亏损、财务杠杆等方面探讨这些因素对我国企业价值相关性的变迁的影响。

1）企业会计规范体现的改善与会计信息价值相关性水平的变迁趋势

企业会计准则的不断修订与完善，有助于从制度上保证会计信息质量，能够增强会计信息价值相关性水平的上升趋势。我们提出如下的假设 2，即：

H2：企业会计规范体现的改善能够促进会计信息价值相关性的上升趋势。

假设 2 可以分解为如下的 H2a~H2d。

H2a：企业会计规范体现的改善能够促进 ESP 的增量信息含量的上升趋势。

H2b：企业会计规范体现的改善能够促进 NASP 的增量信息含量的上升趋势。

H2c：企业会计规范体现的改善能够促进 ESP 与 NAPS 的交互信息含量的上升趋势。

H2d：企业会计规范体现的改善能够促进 ESP 与 NAPS 的联合信息含量的上升趋势。

2）行业的差异化趋势与会计信息价值相关性水平的变迁趋势

企业的行业差异，导致会计的业务处理差异，影响了会计信息的可比性。因此随着行业差异性的扩大，会计信息的可比性将降低，必将抑制会计信息价值相关性水平的上涨趋势。相反，如果行业趋于集中，将有助于促进会计信息价值相关性的上涨趋势。基于此，我们提出如下的假设 3，即：

H3：上市公司行业的集中化趋势能够促进会计信息价值相关性的上升趋势。

H3a：上市公司行业的集中化趋势能够促进 ESP 的增量信息含量的上升趋势。

H3b：上市公司行业的集中化趋势能够促进 NASP 的增量信息含量的上升趋势。

H3c：上市公司行业的集中化趋势能够促进 ESP 与 NAPS 的交互信息含量的上升趋势。

H3d：上市公司行业的集中化趋势能够促进 ESP 与 NAPS 的联合信息含量的上升趋势。

3）企业盈利能力的变异性趋势与会计信息价值相关性水平的变迁趋势

会计盈余具有价值相关性的一个重要原因，当期的盈余数据可用于预测未来的盈余及未来的现金流等情况。这个判断是基于一个正常的盈利企业来说的，当企业处于亏损状态时，要预测企业未来的盈利状况及有关现金流状况，就是一件困难的事情了。我们提出如下的假设4，即：

H4：企业的亏损性趋势将抑制会计信息价值相关性的上升趋势。

H4a：企业的亏损性趋势将抑制 ESP 的增量信息含量的上升趋势。

H4b：企业的亏损性趋势将抑制 NASP 的增量信息含量的上升趋势。

H4c：企业的亏损性趋势将抑制 ESP 与 NAPS 的交互信息含量的上升趋势。

H4d：企业的亏损性趋势将抑制 ESP 与 NAPS 的联合信息含量的上升趋势。

4）企业规模的变异性趋势与会计信息价值相关性水平的变迁趋势

如果企业披露的会计信息，无论企业规模大小，信息质量是一样的，那么，企业规模的变异对会计信息价值相关性水平的变迁趋势不会产生影响。由于企业的规模越大，越能受到社会各方的关注，企业的各种对外公开信息越会受到的理解。关注度提升，如果能对企业产生激励作用与监督作用，将促使企业提供质量更高的会计信息，提高会计信息的价值相关性。基于此，我们提出如下的假设5，即：

H5：企业规模的增大化趋势将促进会计信息价值相关性的上升趋势。

H5a：企业规模的增大化趋势将促进 ESP 的增量信息含量的上升趋势。

H5b：企业规模的增大化趋势将促进 NASP 的增量信息含量的上升趋势。

H5c：企业规模的增大化趋势将促进 ESP 与 NAPS 的交互信息含量的上升趋势。

H5d：企业规模的增大化趋势将促进 ESP 与 NAPS 的联合信息含量的上升趋势。

5）企业财务杠杆的变异性趋势与会计信息价值相关性水平的变迁趋势

如果企业的资产负债率越高，意味着企业的破产风险越高，相对于企业的盈利能力来说，企业的偿债能力对于企业的生存发展可能更具有重要的意义。企业的生存与发展，首先需维持的是生存问题，其后才是发展目标。即使企业的盈利能力很强，但是如果资产负债率很大，企业的财务风险仍很大。因此，随着资产负债率的上升，净资产的价值相关性将呈现提升趋势，而盈余的价值相关性则呈现下降趋势。基于此，我们提出如下的假设 6，即：

H6：企业资产负债率提高趋势对会计信息价值相关性的趋势变化没有影响。

H6a：企业资产负债率提高趋势能够抑制 ESP 的增量信息含量的上升趋势。

H6b：企业资产负债率提高趋势能够促进 NASP 的增量信息含量的上升趋势。

H6c：企业资产负债率提高趋势对 ESP 与 NAPS 的交互信息含量的变迁趋势没有影响。

H6d：企业资产负债率提高趋势对 ESP 与 NAPS 的联合信息含量的变迁趋势没有影响。

5.3 研究设计

5.3.1 模型设计与变量选择

尽管 Collins D.W 等基于 R^2 所设计的方法[42]存有评价结论不可靠等严重缺陷，从评价的内容来看，利用 R^2 能够评价出增量信息含量、联合信息含量、公共信息含量，而运用 Biddle 等的方法[58]，则无法评价这方面的问题。运用第 4 章中所建立的关于“增量信息、交互信息含量”的市场反应程度评价方法，建立如下模型（5.1）。

$$P_{iT} = \lambda_{0T} + \lambda_{1T}\cdot EPS_{iT} + \lambda_{2T}\cdot NAPS_{iT} + \lambda_{3T}\cdot EPS_{iT}\cdot NAPS_{iT} + \varepsilon_T,\ \varepsilon_T \sim N(0,\sigma_T^2) \tag{5.1}$$

i=1，2，…，n，T=1993，1994，…，2015。如果系数 λ_1、λ_2、λ_3 显著异于零，则说明 EPS、NAPS 以及它们的交互信息具有信息含

量。其中，

P_{iT}——公司 i 报告年度的下一年 4 月 30 日的收盘价，被解释变量；

EPS_{iT}——公司 i 报告年度的每股收益，作为利润表的价值相关性的代理变量；

$NAPS_{iT}$——公司 i 报告年度末的每股净资产，作为资产负债表的价值相关性的代理变量。

为检验会计信息价值相关性的变迁趋势，仿照 Collins D.W 等的方法[42]，建立如下的检验模型（5.2）。

$$\hat{\lambda}_{kT} = \rho_{k0} + \rho_{k1} \cdot TIME + \zeta_k,\ \zeta_k \sim N(0, \theta_k^2) \tag{5.2}$$

其中，$k = 1, 2, 3$，TIME=1993，1994，…，2015。通过是否显著地有 $\rho_{k1} > 0$ 或 $\rho_{k1} < 0$，来判断 EPS、NAPS 以及它们的交互信息是否具有随时间变化而变化的趋势。

但是，这种检验方法，尚无法检验出 EPS、NAPS 的联合信息含量。为此，需再作如下的检验：

$$P_{iT} = \mu_{0T} + \mu_{1T} \cdot EPS_{iT} + \mu_{2T} \cdot NAPS_{iT} + \zeta_T, \zeta_T \sim N(0, \omega_T^2) \tag{5.3}$$

可以用 $|\hat{\mu}_1| + |\hat{\mu}_2|$ 作为 EPS、NAPS 的联合信息含量。但是这种方法要求 EPS 变动 1 单位，NAPS 也变动 1 单位，可能不具有现实性。正如第 4 章中所指出的那样，在实证中，采用的数据是报告期末 NAPS 的数据、报告期 EPS 的数据，由于存在股利分配、募集新股、债转股等因素的影响，报告期 EPS 变动 1 单位，可能不会引起报告期末 NAPS 变动 1 单位。

运用市场反应程度评价方法，需要考虑解释变量的同概率变动问题。为此，设立下列模型：

$$P_{iT} = \phi_{0T} + \phi_{1T} \cdot EPS_{iT} + \phi_{2T} \cdot EPS_{iT} \cdot NAPS_{iT} + u_T,\ u_T \sim N(0, \sigma_{1T}^2) \tag{5.4}$$

$$P_{iT} = \varphi_{0T} + \varphi_{1T} \cdot NAPS_{iT} + \varphi_{2T} EPS_{iT} \cdot NAPS_{iT} + v_T,\ v_T \sim N(0, \sigma_{2T}^2) \tag{5.5}$$

$$P_{iT} = \alpha_{0T} + \alpha_{1T} \cdot EPS_{iT} + \xi_T,\ \xi_T \sim N(0, \tau_{1T}^2) \tag{5.6}$$

$$P_{iT} = \beta_{0T} + \beta_{1T} \cdot NAPS_{iT} + \eta_T,\ \eta_T \sim N(0, \tau_{2T}^2) \tag{5.7}$$

由第 4 章的式（4.93），以 0.999 的概率，EPS_T、$NAPS_T$的变动上限比为：

$$K_T = \Delta_{EPS-max} / \Delta_{NAPS-max} = \frac{\hat{\beta}_{1T}}{\hat{\alpha}_{1T}} \cdot \frac{\hat{\sigma}_{2T} - \hat{\sigma}_T}{\hat{\sigma}_{1T} - \hat{\sigma}_T} \tag{5.8}$$

记

$$\bar{K}=\frac{1}{23}\sum_{T=1993}^{2015}K_T \tag{5.9}$$

考虑变量的同概率变动以后，可以

$$\hat{\lambda}_4=|\bar{K}\cdot\hat{\mu}_1|+|\hat{\mu}_2| \tag{5.10}$$

作为 EPS、NAPS 的联合信息含量，其中 $\bar{K}$ 由式（5.9）确定，并以模型

$$\hat{\lambda}_{4T}=|\bar{K}\cdot\hat{\mu}_{1T}|+|\hat{\mu}_{2T}|=\phi_0+\phi_1\cdot TIME+\zeta,\ \zeta\sim N(0,\theta_k^2) \tag{5.11}$$

中的 ϕ_1 作为判断 EPS、NAPS 的联合信息含量变迁趋势的依据。

5.3.2 变量选择

本章模型（5.1）~（5.10）中所涉及的变量见表 5-1。

表 5-1 **变量定义**

变量符号	变量名称	变量解释、估值
被解释变量		
P_{iT}	股价	公司i报告年度的下一年4月30日的收盘价，被解释变量
$\hat{\lambda}_1$	EPS的增量信息含量IncInfo（EPS）	模型（5.1）中EPS系数的绝对值，经回归分析予以估计
$\hat{\lambda}_2$	NAPS的增量信息含量IncInfo（NAPS）	模型（5.1）中NAPS系数的绝对值，经回归分析予以估计
$\hat{\lambda}_3$	EPS、NAPS的交互信息含量Info（EPS^NAPS）	模型（5.1）中EPS・NAPS系数的绝对值，经回归分析予以估计
$\hat{\lambda}_4$	EPS、NAPS的联合信息含量Info（EPS&NAPS）	$\hat{\lambda}_4=|\bar{K}\cdot\hat{\mu}_1|+|\hat{\mu}_2|$，通过模型（5.1）、（5.3）~（5.10）经回归分析予以估计
解释变量		
EPS_{iT}	每股收益	公司i报告年度的每股收益
$NAPS_{iT}$	每股净资产	公司i报告年度末的每股净资产
SIZE	企业规模	报告年度末企业总资产的自然对数的均值
LOSS	亏损企业的比重	报告年度亏损企业占总企业数的比重
RDeb	资产负债率	报告年度末资产负债率的均值
Ind1	行业变量	金融行业企业数占总企业数的比重
Ind2	行业变量	工业行业企业数占总企业数的比重
TIME	报告年度	取值1993~2015，或转化为1~23
D1	虚拟变量	2001年以前，取0，其后取1
D2	虚拟变量	2007年以前，取0，其后取1

5.3.3 样本选择与数据来源

以1993—2015年沪深两市所有A股上市公司为样本，与通常的研究所使用的样本筛选规则不同，并不剔除金融业企业；也不剔除亏损公司或ST公司，因为价值相关性变迁问题理应有它们的一席之地。所有数据均来自于国泰安数据库和锐思数据库，去掉样本不全等数据后，共得到31 568个样本。

5.4 我国会计信息价值相关性的变迁的实证分析

5.4.1 样本的描述性统计

主要变量每股股价P、每股收益EPS、每股净资产NAPS的样本描述性统计见表5-2。

由表5-2可以看出，自1994年至2016年这23年中的每一年，股价的均值均大于中位数，股价最大值是其均价的3倍以上，股价最小值低于其均价的1/3。按23年进行平均，最大值是股价均价的8倍以上，最小值低于股价均价的1/4。这说明，我国资本市场股价分化比较严重，低价股偏多，高价股的股价又偏高，投资者的投资风险较大。

从每股收益EPS来看，自1993年至2015年这23年，每年都有企业亏损。尽管EPS的均值与中位数差不多，其中1997—2002年、2003年、2004年的EPS的均值小于中位数，其他各年EPS的均值均大于中位数。这说明，我国上市公司的业绩在一定程度上存在分化现象，业绩好的企业占少数，并且业绩分化现象很普遍。比如，2015年，EPS的均值为0.353元，而中位数为0.248元，这意味着一半以上的企业，业绩低于平均数0.353元，至少低0.107元，也就是一半以上的企业，其业绩达不到均值的2/3。

从每股净资产NAPS来看，自1993年至2015年这23年中，NAPS的均值与中位数虽然差不多，但每一年NAPS的均值均大于中位数。一个不容忽视的情况是，自1998年起，上市公司中一直都存在着净资产小于0的企业。这说明，我国上市公司的财务风险在一定程度上存在分化现象，财务风险低的企业占少数。

表 5-2 主要变量的描述性统计

	P						EPS					NAPS				
year	obs.	Average	Std.	max	min	Median	Average	Std.	max	min	Median	Average	Std.	max	min	Median
1993	153	7.823	6.824	21.490	2.840	6.910	0.370	0.673	1.630	−0.391	0.330	2.831	1.105	7.660	0.384	2.486
1994	292	6.612	4.156	24.520	1.630	4.955	0.375	0.281	2.974	−0.176	0.320	2.815	0.974	7.700	1.216	2.612
1995	333	7.223	3.502	22.000	2.280	6.450	0.279	0.302	2.277	−0.842	0.237	2.575	0.834	6.040	1.186	2.398
1996	571	15.103	4.544	64.420	4.380	13.690	0.300	0.513	2.071	−2.115	0.289	2.660	1.617	7.004	0.466	2.506
1997	751	12.778	6.437	53.650	2.830	11.160	0.286	0.298	1.707	−1.679	0.290	2.669	0.927	6.288	0.119	2.527
1998	851	9.850	4.062	34.260	2.410	8.920	0.222	0.380	1.729	−2.684	0.268	2.693	1.036	6.820	−2.462	2.599
1999	944	15.339	8.636	93.000	3.960	13.450	0.199	0.406	1.352	−6.162	0.239	2.602	1.234	8.508	−7.641	2.567
2000	1 074	16.449	6.517	52.100	3.960	15.100	0.222	0.301	1.616	−3.151	0.231	2.940	1.353	10.764	−2.538	2.799
2001	1 127	12.290	4.718	48.400	3.190	11.400	0.139	0.414	1.795	−5.208	0.171	2.962	1.506	11.773	−5.055	2.816
2002	1 180	8.702	4.544	47.450	1.000	7.900	0.131	0.513	5.734	−10.997	0.156	2.972	1.617	10.456	−8.586	2.844
2003	1 265	8.395	3.956	37.430	2.570	7.210	0.163	0.411	2.556	−3.706	0.158	3.088	1.656	12.620	−8.460	2.951
2004	1 326	5.078	4.309	65.000	0.900	4.025	0.139	0.776	2.474	−14.471	0.153	3.054	1.788	11.738	−9.401	2.962
2005	1 125	5.592	3.502	59.350	1.140	4.300	0.095	0.302	2.050	−7.057	0.127	2.926	0.834	11.658	−12.481	2.885
2006	1 341	15.823	10.594	100.000	4.060	12.550	0.236	0.458	5.315	−4.072	0.185	3.034	1.752	13.124	−11.687	2.896
2007	1 526	15.217	13.380	183.130	4.100	11.450	0.383	0.572	5.374	−3.090	0.290	3.491	2.315	24.080	−8.139	3.166
2008	1 597	11.248	8.632	116.350	3.090	8.530	0.232	1.000	6.428	−22.412	0.200	3.283	2.344	19.633	−21.180	3.056
2009	1 827	17.395	15.173	175.170	3.500	12.460	0.363	0.573	4.824	−4.259	0.269	3.709	2.729	23.141	−23.961	3.236
2010	2 152	18.929	14.260	230.670	2.920	15.025	0.486	0.547	5.658	−2.884	0.384	4.694	3.559	29.707	−14.524	3.766
2011	2 387	13.107	10.452	225.980	1.690	10.640	0.469	0.612	8.910	−2.732	0.373	4.826	3.163	28.775	−13.834	4.165
2012	2 502	11.444	10.206	171.110	1.860	8.575	0.377	0.630	13.493	−3.008	0.288	4.705	2.884	34.150	−1.905	4.181
2013	2 256	12.564	10.823	163.880	0.730	9.520	0.398	0.732	17.534	−2.036	0.276	4.696	2.836	42.506	−0.590	4.191
2014	2 410	26.052	22.883	370.520	3.960	19.765	0.394	0.664	14.246	−4.828	0.276	4.820	3.167	48.434	−1.979	4.192
2015	2 577	19.725	17.145	251.200	2.390	14.880	0.353	0.759	16.539	−6.024	0.248	4.801	3.259	52.726	−4.421	4.092

5.4.2 实证结果分析

5.4.2.1 EPS、NAPS 的增量信息含量、交互信息含量的变迁

为探讨 EPS、NAPS 的增量信息含量、交互信息含量 IncInfo（EPS）、IncInfo（NAPS）、Info（EPS^NAPS），基于市场反应方法，按模型（5.1），则有：

$$\text{IncInfo(EPS)}_T = |\hat{\lambda}_{1T}|,\quad \text{IncInfo(NAPS)}_T = |\hat{\lambda}_{2T}|,\quad \text{IncInfo(EPS\^{}NAPS)}_T = |\hat{\lambda}_{3T}| \qquad (5.12)$$

其中，$T = 1993, 1994, \cdots, 2015$，式（5.12）表示每一年的相应信息含量。对模型（5.1）运用 1993—2015 年度的数据进行回归分析，就得到相应的估计值。

需要比较的问题是 $|\hat{\lambda}_{1T}|$、$|\hat{\lambda}_{2T}|$、$|\hat{\lambda}_{3T}|$ 是否随时间的推移而发生演变规律。

模型（5.1）的回归结果见表 5-3。自 1993—2015 年，我国资本市场上，每一年，均在 1%的显著性水平上通过了 F 检验。股价对 EPS、NAPS、EPS · NAPS 的反应系数几乎都显著异于零，仅 1998 年、1999 年、2000 年这 3 年，股价对 NAPS 的反应系数没有通过 t-检验。这可能与样本中从 1998 年开始每股净资产出现负值不无关系。其他各年的情况，有关系数的检验结果都符合预期。

表 5-3 **模型（5.1）的各年回归结果**

年份	C	EPS	NAPS	EPS · NAPS	R^2	$AdjR^2$	F
1993	2.50** （2.25）	5.56** （2.18）	1.63*** （3.93）	−1.07* （−1.74）	0.23	0.22	15.19***
1994	1.78* （1.85）	7.70*** （3.34）	1.07*** （2.99）	−0.85** （−2.12）	0.16	0.15	18.44***
1995	3.90*** （5.58）	10.26*** （6.81）	0.60** （2.17）	−1.28*** （−3.12）	0.30	0.29	47.19***
1996	11.37*** （13.43）	9.32*** （6.57）	−0.74** （−2.06）	3.02*** （6.67）	0.60	0.59	278.91***
1997	12.48*** （18.26）	4.32*** （3.76）	−1.75*** （−5.75）	4.10*** （9.41）	0.43	0.43	191.58***
1998	8.37*** （23.39）	2.79*** （6.66）	−0.14 （−0.92）	1.47*** （10.07）	0.33	0.32	136.22***

续表

年份	C	EPS	NAPS	EPS · NAPS	R^2	$AdjR^2$	F
1999	12.97*** (18.90)	8.76*** (9.23)	−0.11 (−0.36)	1.06*** (7.67)	0.16	0.15	57.85***
2000	13.74*** (28.30)	3.92*** (4.90)	0.27 (1.37)	1.19*** (4.98)	0.16	0.16	69.37***
2001	9.80*** (32.11)	2.16*** (5.85)	0.56*** (5.11)	0.70*** (8.50)	0.22	0.21	102.84***
2002	6.69*** (23.68)	1.54*** (5.06)	0.54*** (5.72)	0.25*** (6.32)	0.13	0.13	57.51***
2003	5.84*** (30.02)	1.77*** (6.03)	0.56*** (8.79)	0.65*** (10.09)	0.39	0.39	266.10***
2004	2.63*** (14.13)	2.59*** (15.20)	0.55*** (9.14)	0.40*** (17.89)	0.41	0.40	300.50***
2005	3.04*** (13.30)	1.78*** (7.12)	0.57*** (7.97)	0.87*** (14.84)	0.37	0.37	223.22***
2006	10.28*** (21.26)	6.25*** (8.50)	0.89*** (5.39)	1.14*** (9.28)	0.38	0.38	273.85***
2007	9.06*** (17.07)	7.74*** (10.26)	0.47*** (2.98)	0.71*** (7.96)	0.39	0.39	328.77***
2008	6.26*** (18.92)	4.23*** (14.01)	1.05*** (10.17)	0.25*** (18.53)	0.40	0.40	351.50***
2009	10.41*** (20.42)	10.10*** (13.87)	0.64*** (4.49)	0.41*** (5.61)	0.33	0.33	302.09***
2010	9.24*** (19.95)	7.42*** (10.38)	1.00*** (10.11)	0.40*** (5.99)	0.44	0.43	552.80***
2011	7.52*** (24.52)	3.93*** (9.64)	0.35*** (5.32)	0.60*** (16.79)	0.50	0.50	790.79***
2012	4.86*** (14.68)	4.47*** (11.30)	0.95*** (13.43)	0.16*** (7.01)	0.38	0.38	504.54***
2013	6.00*** (14.63)	4.05*** (8.95)	1.04*** (12.01)	0.02 (1.22)	0.26	0.26	269.55***
2014	16.39*** (19.46)	10.79*** (10.64)	1.12*** (6.22)	−0.001 (−0.028)	0.19	0.18	182.89***
2015	11.06*** (18.80)	3.12*** (4.88)	1.52*** (12.70)	0.08*** (2.77)	0.20	0.20	211.52***

备注：***表示在1%的水平下显著，**表示在5%的水平下显著，*表示在10%的水平下显著

根据表5-3的数据，绘制图5-1、图5-2、图5-3。

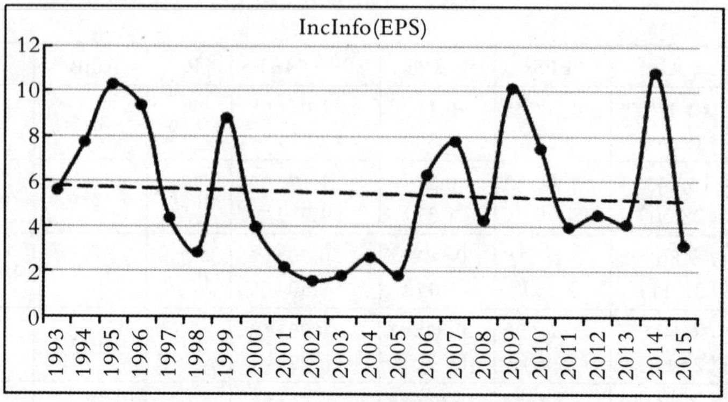

图 5-1　我国会计盈余增量信息含量变迁图

从图 5-1 可以看出，我国会计盈余的增量信息含量几乎没有一个有规律性的趋势，在 1993—2015 年间经历了一个“上升—下降”交替出现的过程。2002—2004 年会计盈余的增量信息含量处于最低点。图 5-1 中的虚线代表会计盈余的增量信息含量 1993—2015 年间的整体趋势，该趋势线表明，会计盈余的增量信息含量略呈下降趋势。

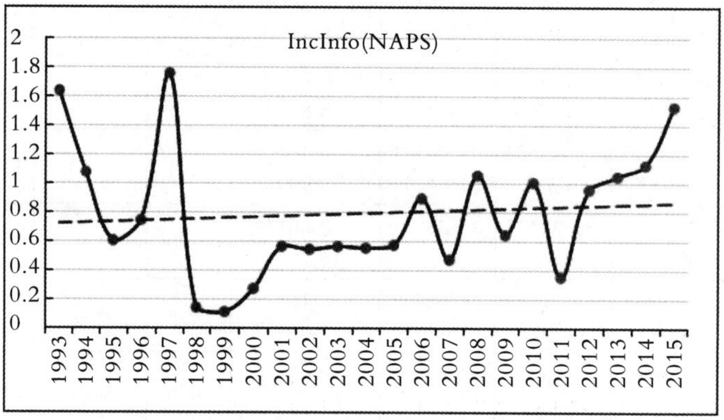

图 5-2　我国净资产增量信息含量变迁图

从图 5-2 可以看出，我国净资产的增量信息含量在 1993—2015 年间，大致上经历了一个“下降—上升—下降—上升”的过程，自 2001 年以后，有一个较为明显的上升趋势。图 5-2 中的虚线代表净资产的增量信息含量在 1993—2015 年间的整体趋势，该趋势线表明，净资产的增量信息含量略呈上升趋势。

从图 5-3 可以看出，我国会计盈余、净资产的交互增量信息含量在 1993—2015 年间，大致上经历了一个先上升后下降的过程，2001 年以后，每隔两三年，就会有一个上升与下降交替出现的过程。从总体趋势上看，下降趋势较为明显。图 5-3 中的虚线代表会计盈余、净资产交互信息含量在 1993—2015 年间的整体趋势，该趋势线表明，会计盈余、净资产的交互信息含量呈现比较明显的下降趋势。

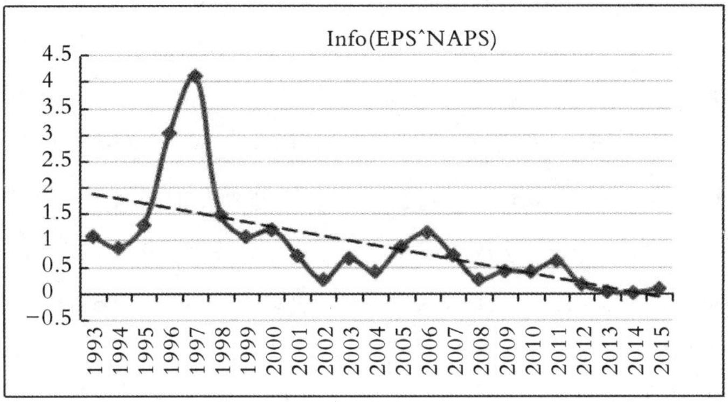

图 5-3　我国会计盈余、净资产交互信息含量变迁图

综上所述，从图中拟合的趋势上看，我国会计盈余的增量信息含量略呈下降趋势，净资产的信息含量略呈上升趋势，而两者的交互信息含量呈明显的下降趋势。

利用模型（5.2），以 $\left|\hat{\lambda}_{1T}\right|$、$\left|\hat{\lambda}_{2T}\right|$、$\left|\hat{\lambda}_{3T}\right|$ 为被解释变量，以 TIME 为解释变量，运用表 5-3 中的数据进行回归分析，回归结果见表 5-4。

表 5-4　**EPS、NAPS 增量信息含量、交互信息含量的回归分析**

被解释变量	解释变量		R^2 与 F 值		
	C	TIME	R^2	AdjR^2	F
$\left\|\hat{\lambda}_{1T}\right\|$	5.78*** (4.38)	−0.03 (−0.32)	0.005	−0.042	0.10
$\left\|\hat{\lambda}_{2T}\right\|$	0.71*** (3.64)	0.006 (0.45)	0.0096	−0.0376	0.20
$\left\|\hat{\lambda}_{3T}\right\|$	1.96*** (5.99)	−0.088*** (−3.71)	0.395	0.367	13.73***

备注：***表示在 1%的水平下显著，**表示在 5%的水平下显著，*表示在 10%的水平下显著；

$IncInfo(EPS)_T = |\lambda_{1T}|$，$IncInfo(NAPS)_T = |\lambda_{2T}|$，$IncInfo(EPS\hat{}NAPS)_T$ 分别表示 EPS、NAPS 增量信息含量以及两者的交互信息含量

从表 5-4 可以看出，$\left|\hat{\lambda}_{1T}\right|$、$\left|\hat{\lambda}_{2T}\right|$关于 TIME 回归的系数没有通过显著性检验，H1a、H1b 被拒绝。$\left|\hat{\lambda}_{3T}\right|$关于 TIME 回归的系数显著为负，因此，H1c 虽被拒绝，但检验结果表明，ESP 与 NAPS 的交互信息含量的变迁存在一个规律性的趋势：呈下降趋势。

5.4.2.2　EPS、NAPS 的联合信息含量的变迁

在实证中的数据方面，NAPS 采用的是报告期末的数据，EPS 采用的是报告期的数据，由于存在股利分配、募集新股、债转股等因素的影响，以及一些交易或事项，价值变动并不计入利润表，而是直接计入所有者权益。诸如此类的因素导致报告期 EPS 变动 1 单位，可能不会引起报告期末 NAPS 也变动 1 单位。反之，亦然。因而，运用市场反应程度评价方法，需要考虑解释变量的同概率变动问题。通过模型（5.1）、（5.4）~（5.7）估计有关参数的值，并通过式（5.8）、（5.9）估计 EPS_T、$NAPS_T$的变动上限比的平均数。

模型（5.1）、（5.3）~（5.7）的回归结果见表 5-5。利用表 5-5 的数据按式（5.8）可得到各年 EPS_T、$NAPS_T$的变动上限比 K_T，见表 5-6。最后，由于 1998 年、1999 年两年的数据异常，去掉这两年的值之后，进行平均得到的 K_T的平均值为 $\bar{K}=0.8887$。据此可计算各年 EPS、NAPS 的联合信息含量 $Info(EPS\ \&\ NAPS)_T$（详细论述见第 4 章 4.5、4.7、4.8）如下：

$$Info(EPS\ \&\ NAPS)_T=\hat{\lambda}_4=\bar{K}|\hat{\mu}_{1T}|+|\hat{\mu}_{2T}| \tag{5.13}$$

其中，$T=1993, 1994, \cdots, 2015$，表示每一年的相应信息含量，其中 $\hat{\mu}_{1T}$、$\hat{\mu}_{2T}$ 由模型（5.3）估计得出，数据见表 5-5。由式（5.13）计算出的各年 EPS、NAPS 的联合信息含量的数据见表 5-7。

根据表 5-7 的数据，绘制图 5-4。

从图 5-4 可以看出，我国会计盈余、净资产的增量信息含量在 1993—2015 年间，大致上经历了一个上升后下降的交替出现过程，1996 年上升到最高点，而后开始下降，2002 后达到最低点。总体趋势上看，略有上升趋势。图 5-4 中的虚线代表会计盈余、净资产联合信息含量在 1993—2015 年间的整体趋势，该趋势线表明，会计盈余、净资产的联合信息含量略呈上升趋势。

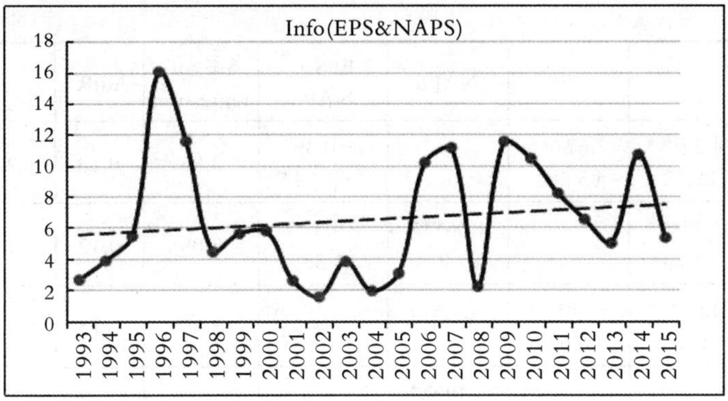

图 5-4 我国会计盈余、净资产联合信息含量变迁图

利用模型（5.2），以 $Info(EPS \& NAPS)_T = \hat{\lambda}_4 = \bar{K}|\hat{\mu}_{1T}| + |\hat{\mu}_{2T}|$ 为被解释变量，以 TIME 为解释变量，运用表 5-7 中的数据，进行回归分析，回归结果如表 5-8 所示。从表 5-8 可以看出，$Info(EPS \& NAPS)_T = \hat{\lambda}_4 = \bar{K}|\hat{\mu}_{1T}| + |\hat{\mu}_{2T}|$ 关于 TIME 回归的系数尽管是正的，但没有通过显著性检验，因此，H1d 也被拒绝。

表 5-5　　**模型（5.1）、（5.3）~（5.7）的回归结果**

年份	C	EPS	NAPS	EPS · NAPS	S.E. of regression	$AdjR^2$	F
1993	2.50** (2.25)	5.56** (2.18)	1.63*** (3.93)	−1.07* (−1.74)	3.13	0.22	15.19***
	4.06*** (6.12)	1.71 (1.35)	1.11*** (3.86)		3.15	0.21	21.00***
	6.40*** (12.19)	1.48 (0.61)		0.69 (1.56)	3.28	0.14	13.73***
	4.13*** (4.95)		1.26*** (3.29)	0.10 0.31	3.17	0.20	19.92***
	5.99*** (13.16)	4.96*** (4.98)			3.29	0.14	24.79***
	3.97*** (6.00)		1.36*** (6.32)		3.16	0.20	39.97***
1994	1.78* (1.85)	7.70*** (3.34)	1.07*** (2.99)	−0.85** (−2.12)	3.83	0.15	18.44***
	3.13*** (4.29)	3.45*** (3.00)	0.78** (2.35)		3.85	0.14	25.11***

续表

年份	C	EPS	NAPS	EPS·NAPS	S.E. of regression	AdjR²	F
1994	4.22*** (8.12)	7.67*** (3.28)		−0.39 (−1.04)	3.88	0.13	22.57***
	3.24*** (3.70)		1.06*** (2.93)	0.31 (1.55)	3.89	0.12	21.34***
	4.60*** (12.12)	5.38*** (6.64)			3.88	0.13	44.03***
	2.42*** (3.47)		1.49*** (6.33)		3.90	0.12	40.10***
1995	3.90*** (5.58)	10.26*** (6.81)	0.60** (2.17)	−1.28*** (−3.12)	2.94	0.29	47.19***
	5.28*** (9.65)	5.98*** (9.43)	0.11 (0.46)		2.98	0.28	64.21***
	5.32*** (22.61)	9.13*** (6.42)		−0.77** (−2.28)	2.96	0.29	67.66***
	6.27*** (9.73)		−0.05 (−0.17)	1.26*** (6.93)	3.14	0.20	41.81***
	5.51*** (24.76)	6.14*** (11.34)			2.98	0.28	128.51***
	4.05*** (6.78)		1.23*** (5.59)		3.35	0.08	31.22***
1996	11.37*** (13.43)	9.32*** (6.57)	−0.74** (−2.06)	3.02*** (6.67)	5.00	0.59	278.91***
	7.84*** (11.44)	17.14*** (20.65)	0.80*** (2.80)		5.19	0.56	368.00***
	9.72*** (33.58)	10.16*** (7.47)		2.42*** (6.96)	5.02	0.59	413.87***
	13.59*** (13.914)		−1.42*** (−3.98)	5.48*** (20.71)	5.19	0.56	369.39***
	9.57*** (31.85)	18.45*** (26.82)			5.22	0.56	719.46***
	4.11*** (4.70)		4.13*** (13.30)		6.86	0.24	177.01***

续表

年份	C	EPS	NAPS	EPS・NAPS	S.E. of regression	$AdjR^2$	F
1997	12.48*** (18.26)	4.32*** (3.76)	−1.75*** (−5.75)	4.10*** (9.41)	4.85	0.43	191.58***
	8.72*** (14.88)	12.84*** (17.15)	0.15 (0.60)		5.12	0.37	217.63***
	8.81*** (34.93)	6.10*** (5.39)		2.44*** (7.32)	4.95	0.41	259.69***
	13.35*** (20.63)		−2.06*** (−6.96)	5.38*** (19.90)	4.89	0.42	275.49***
	9.04*** (34.93)	13.08*** (20.86)			5.12	0.37	435.28***
	6.38*** (9.48)		2.40*** (10.08)		6.04	0.12	101.53***
1998	8.37*** (23.40)	2.79*** (6.66)	−0.14 (−0.92)	1.47*** (10.07)	3.3419	0.32	136.22***
	7.71*** (20.73)	4.50*** (11.12)	0.42*** (2.84)		3.53	0.24	137.39***
	8.07*** (55.54)	2.65*** (6.81)		1.42*** (10.47)	3.3416	0.32	203.95***
	7.65*** (21.88)		0.24* (1.65)	1.86*** (13.63)	3.43	0.29	173.30***
	8.69*** (61.68)	5.21*** (16.26)			3.55	0.24	264.48***
	5.97*** (16.54)		1.44*** (11.49)		3.78	0.13	132.05***
1999	12.97*** (18.90)	8.76*** (9.23)	−0.11 (−0.36)	1.06*** (7.67)	7.95	0.15	57.85***
	12.92*** (18.27)	5.74*** (6.45)	0.49* (1.68)		8.19	0.10	54.05***
	12.75*** (38.78)	8.52*** (12.59)		1.05*** (7.86)	7.94	0.15	86.79***
	10.21*** (15.84)		1.80*** (8.21)	0.53*** (4.04)	8.30	0.08	40.59***
	14.00*** (47.12)	6.75*** (10.25)			8.20	0.10	105.06***
	10.75*** (16.93)		1.76*** (7.99)		8.36	0.06	63.81***

续表

年份	C	EPS	NAPS	EPS · NAPS	S.E. of regression	$AdjR^2$	F
2000	13.74*** (28.30)	3.92*** (4.90)	0.27 (1.37)	1.19*** (4.98)	5.9712	0.16	69.37***
	12.81*** (28.27)	5.57*** (7.55)	0.82*** (4.99)		6.04	0.14	89.67***
	14.32*** (60.86)	4.13*** (5.25)		1.38*** (6.95)	5.9737	0.16	103.03***
	13.65*** (27.85)		0.45** (2.31)	1.68*** (7.60)	6.03	0.14	90.12***
	14.76*** (63.68)	7.62*** (12.29)			6.10	0.12	151.07***
	12.02*** (26.58)		1.51*** (10.79)		6.19	0.10	116.33***
2001	9.80*** (32.11)	2.16*** (5.85)	0.56*** (5.11)	0.70*** (8.50)	4.18	0.21	102.84***
	9.35*** (30.16)	1.87*** (4.93)	0.91*** (8.69)		4.32	0.16	111.09***
	11.19*** (78.28)	3.23*** (10.47)		0.85*** (11.12)	4.23	0.20	138.09
	9.07*** (32.11)		0.92*** (10.05)	0.65*** (7.88)	4.25	0.19	133.20***
	11.77*** (84.05)	3.77*** (11.73)			4.46	0.11	137.57
	8.73*** (30.46)		1.20*** (13.92)		4.36	0.15	193.82***
2002	6.69*** (23.68)	1.54*** (5.06)	0.54*** (5.72)	0.25*** (6.32)	4.25	0.13	57.51***
	6.54*** (22.86)	0.93*** (3.16)	0.69*** (7.38)		4.32	0.10	64.16***
	8.11*** (59.94)	2.55*** (10.15)		0.30*** (7.86)	4.31	0.10	68.07***
	6.12*** (23.37)		0.82*** (10.52)	0.18*** (4.92)	4.29	0.11	71.99***
	8.42*** (63.49)	2.11*** (8.41)			4.42	0.06	70.65***
	6.19*** (23.42)		0.85*** (10.84)		4.33	0.09	117.45***

续表

年份	C	EPS	NAPS	EPS・NAPS	S.E. of regression	$AdjR^2$	F
2003	5.84*** (30.02)	1.77*** (6.03)	0.56*** (8.79)	0.65*** (10.09)	3.10	0.39	266.10***
	5.49*** (27.61)	3.42*** (13.56)	0.76*** (12.12)		3.22	0.34	322.52***
	7.32*** (74.23)	2.31*** (7.81)		0.83*** (13.14)	3.19	0.35	339.94***
	5.70*** (29.10)		0.64*** (10.14)	0.87*** (16.02)	3.14	0.37	370.57***
	7.59*** (73.80)	4.92*** (21.13)			3.40	0.26	446.53***
	4.77*** (23.26)		1.17*** (20.07)		3.45	0.24	402.96***
2004	2.63*** (14.13)	2.59*** (15.20)	0.55*** (9.14)	0.40*** (17.89)	3.08	0.40	300.50***
	2.21*** (10.77)	1.14*** (6.82)	0.89*** (13.96)		3.43	0.26	234.19***
	4.11*** (43.69)	3.50*** (24.60)		0.47*** (21.22)	3.17	0.37	385.00***
	1.53*** (8.22)		1.08*** (20.54)	0.24*** (11.18)	3.33	0.30	285.53***
	4.75*** (46.09)	2.35*** (15.45)			3.67	0.15	238.67***
	1.68*** (8.70)		1.11*** (20.20)		3.49	0.23	407.87***
2005	3.04*** (13.30)	1.78*** (7.12)	0.57*** (7.97)	0.87*** (14.84)	3.71	0.37	223.22***
	3.35*** (13.49)	2.66*** (10.03)	0.68*** (8.65)		4.05	0.25	188.03***
	4.59*** (37.44)	2.76*** (12.38)		0.92*** (15.27)	3.81	0.34	287.11***
	2.38*** (11.16)		0.83*** (12.93)	0.97*** (16.66)	3.79	0.34	296.33***
	5.22*** (41.23)	3.89*** (16.81)			4.18	0.20	282.74***
	2.37*** (9.95)		1.10*** (15.90)		4.23	0.18	252.89***

续表

年份	C	EPS	NAPS	EPS · NAPS	S.E. of regression	AdjR²	F
2006	10.28*** (21.26)	6.25*** (8.50)	0.89*** (5.39)	1.14*** (9.28)	8.35	0.38	273.85***
	9.55*** (19.41)	10.01*** (15.80)	1.29*** (7.78)		8.61	0.34	345.67***
	12.48*** (47.89)	7.57*** (10.80)		1.31*** (10.91)	8.43	0.37	388.14***
	9.65*** (19.68)		1.37*** (8.49)	1.71*** (16.28)	8.57	0.35	355.67***
	12.77*** (47.24)	12.90*** (24.58)			8.80	0.31	604.05***
	7.26*** (14.19)		2.82*** (19.30)		9.37	0.22	372.63***
2007	9.06*** (17.07)	7.74*** (10.26)	0.47*** (2.98)	0.71*** (7.96)	10.43	0.39	328.77***
	7.46*** (14.89)	11.46*** (18.94)	0.96*** (6.45)		10.64	0.37	443.31***
	10.31*** (31.71)	8.21*** (11.09)		0.82*** (9.86)	10.46	0.39	486.20***
	9.62*** (17.65)		0.81*** (5.04)	1.28*** (17.61)	10.78	0.35	412.28***
	9.90*** (29.79)	13.86*** (28.69)			10.79	035	823.13***
	5.77*** (10.53)		2.71*** (20.68)		11.83	0.22	427.66***
2008	6.26*** (18.92)	4.23*** (14.01)	1.05*** (10.17)	0.25*** (18.53)	6.70	0.40	351.50***
	5.31*** (14.74)	0.45* (1.84)	1.78*** (16.96)		7.39	0.27	292.60***
	9.07*** (48.32)	6.40*** (29.04)		0.30*** (23.54)	6.91	0.36	446.79***
	4.19*** (13.36)		2.06*** (26.78)	0.12*** (11.62)	7.10	0.32	382.35***
	10.51*** (50.99)	3.19*** (15.88)			8.02	0.14	252.19***
	5.00*** (15.70)		1.90*** (24.10)		7.39	0.27	580.95***

续表

年份	C	EPS	NAPS	EPS · NAPS	S.E. of regression	AdjR²	F
2009	10.41*** (20.42)	10.10*** (13.87)	0.64*** (4.49)	0.41*** (5.61)	12.41	0.33	302.09***
	9.75*** (19.50)	12.00*** (18.43)	0.89*** (6.49)		12.51	0.32	430.25***
	12.09*** (35.01)	11.34*** (16.73)		0.51*** (7.32)	12.48	0.32	438.45***
	10.20*** (19.06)		1.39*** (10.01)	0.88*** (12.92)	13.05	0.26	323.12***
	12.10*** (34.53)	14.61*** (28.29)			12.65	0.30	800.33***
	8.31*** (15.46)		2.45*** (20.96)		13.63	0.19	439.24***
2010	9.24*** (19.95)	7.42*** (10.38)	1.00*** (10.11)	0.40*** (6.00)	10.72	0.44	552.80***
	7.68*** (19.88)	10.27*** (19.09)	1.33*** (16.12)		10.81	0.43	798.32***
	12.61*** (38.36)	7.46*** (10.19)		0.78*** (13.75)	10.97	0.41	743.18***
	11.22*** (25.94)		1.01*** (9.91)	0.86 (16.86)	10.98	0.41	738.64***
	11.37*** (34.49)	15.57*** (34.54)			11.44	0.36	1 193.08***
	8.14*** (19.51)		2.30*** (32.47)		11.68	0.33	1 054.07***
2011	7.52*** (24.52)	3.93*** (9.64)	0.35*** (5.32)	0.60*** (16.79)	7.40	0.50	790.79***
	5.36*** (18.20)	8.33*** (25.23)	0.80*** (12.47)		7.83	0.44	934.98***
	8.78*** (44.91)	4.29*** (10.63)		0.67*** (20.56)	7.45	0.49	1 158.73***
	8.08*** (26.36)		0.46*** (6.92)	0.82*** (29.45)	7.54	0.48	1 097.48***
	8.02*** (38.53)	10.83 (40.13)			8.08	0.40	1 610.07
	4.52*** (13.74)		1.78*** (31.20)		8.81	0.29	973.69

续表

年份	C	EPS	NAPS	EPS · NAPS	S.E. of regression	AdjR²	F
2012	4.86*** (14.68)	4.47*** (11.30)	0.95*** (13.43)	0.16*** (7.01)	8.06	0.38	504.54***
	4.18*** (13.08)	6.16*** (19.34)	1.05*** (15.11)		8.14	0.36	718.37***
	8.47*** (42.59)	6.22*** (16.06)		0.22*** (9.72)	8.34	0.33	621.90
	4.88*** (14.39)		1.21*** (17.70)	0.31*** (16.98)	8.26	0.34	659.56***
	8.06*** (40.72)	8.97*** (33.28)			8.50	0.31	1 107.83***
	2.79*** (8.37)		1.84*** (30.41)		8.72	0.27	924.70***
2013	6.00*** (14.63)	4.05*** (8.95)	1.04*** (12.01)	0.02 (1.22)	9.29	0.26	269.55***
	5.86*** (14.89)	4.42*** (13.30)	1.05*** (12.28)		9.29	0.26	403.49***
	10.04*** (41.59)	5.92*** (13.51)		0.05*** (2.74)	9.58	0.22	312.33***
	5.99*** (14.38)		1.31*** (15.79)	0.14*** (9.74)	9.45	0.24	351.91***
	9.84*** (42.76)	6.85*** (24.81)			9.59	0.21	615.37***
	4.43*** (11.28)		1.73*** (24.18)		9.65	0.21	584.61***
2014	16.39*** (19.46)	10.79*** (10.64)	1.12*** (6.22)	-0.001 (-0.03)	20.66	0.18	182.89***
	16.40*** (20.49)	10.78*** (12.75)	1.12*** (6.33)		20.66	0.19	274.45***
	20.57*** (40.17)	13.52*** (14.69)		0.04*** (1.18)	20.82	0.17	251.08***
	15.89*** (18.47)		1.96*** (11.76)	0.22*** (6.87)	21.14	0.15	208.06***
	20.41*** (41.36)	14.30*** (22.38)			20.83	0.17	500.70***
	13.46*** (17.00)		2.61*** (19.03)		21.34	0.13	361.96***

续表

年份	C	EPS	NAPS	EPS · NAPS	S.E. of regression	$AdjR^2$	F
2015	11.06*** (18.80)	3.12*** (4.88)	1.52*** (12.70)	0.08*** (2.77)	15.36	0.20	211.52***
	10.60*** (18.75)	4.21*** (8.33)	1.59*** (13.50)		15.38	0.19	312.63***
	17.15*** (48.73)	5.99*** (9.70)		0.14*** (5.24)	15.84	0.15	222.75***
	10.91*** (18.48)		1.73*** (15.34)	0.16*** (7.28)	15.43	0.19	302.67***
	16.76 (48.47)	8.40 (20.34)			15.92	0.14	413.76***
	9.20*** (16.82)		2.19*** (23.27)		15.59	0.17	541.41***

备注：***表示在1%的水平下显著，**表示在5%的水平下显著，*表示在10%的水平下显著

表 5-6　　**各年 EPS_T、$NAPS_T$ 的变动上限比 K_T 的计算过程**

年份	$\hat{\sigma}_T$	$\hat{\sigma}_{1T}$	$\hat{\sigma}_{2T}$	$\hat{\alpha}_{1T}$	$\hat{\beta}_{1T}$	K_T
1993	3.13	3.28	3.17	4.96	1.36	0.073
1994	3.83	3.88	3.89	5.38	1.49	0.332
1995	2.94	2.96	3.14	6.14	1.23	2.003
1996	5.00	5.02	5.19	18.45	4.13	2.127
1997	4.85	4.95	4.89	13.08	2.40	0.073
1998	3.3419	3.3416	3.43	5.21	1.44	-81.167
1999	7.95	7.94	8.30	6.75	1.76	-9.126
2000	5.9712	5.9737	6.03	7.62	1.51	4.661
2001	4.18	4.23	4.25	3.77	1.20	0.446
2002	4.25	4.31	4.29	2.11	0.85	0.269
2003	3.10	3.19	3.14	4.92	1.17	0.106
2004	3.08	3.17	3.33	2.35	1.11	1.312

续表

年份	$\hat{\sigma}_T$	$\hat{\sigma}_{1T}$	$\hat{\sigma}_{2T}$	$\hat{\alpha}_{1T}$	$\hat{\beta}_{1T}$	K_T
2005	3.71	3.81	3.79	3.89	1.10	0.226
2006	8.35	8.43	8.57	12.90	2.82	0.601
2007	10.43	10.46	10.78	13.86	2.71	2.281
2008	6.70	6.91	7.10	3.19	1.90	1.134
2009	12.41	12.48	13.05	14.61	2.45	1.533
2010	10.72	10.97	10.98	15.57	2.30	0.154
2011	7.40	7.45	7.54	10.83	1.78	0.460
2012	8.06	8.34	8.26	8.97	1.84	0.147
2013	9.29	9.58	9.45	6.85	1.73	0.139
2014	20.66	20.82	21.14	14.30	2.61	0.548
2015	15.36	15.84	15.43	8.40	2.19	0.038

备注：由式（5.7）计算各年的EPS_T、$NAPS_T$的变动上限比K_T，共得到23个数据，由于1998年、1999年两年的数据为负值，属于数据异常，故删去这两年的数据，剩下21个数据，对其求平均，可得变动上限比的均值为0.8887

表 5-7 **各年 EPS、NAPS 的联合信息含量的数据**

年份	联合信息含量	年份	联合信息含量	年份	联合信息含量	年份	联合信息含量	年份	联合信息含量	年份	联合信息含量
1993	2.630	1997	11.561	2001	2.572	2005	3.044	2009	11.554	2013	4.978
1994	3.846	1998	4.419	2002	1.516	2006	10.186	2010	10.457	2014	10.700
1995	5.424	1999	5.591	2003	3.799	2007	11.145	2011	8.203	2015	5.331
1996	16.032	2000	5.770	2004	1.903	2008	2.180	2012	6.524		

表 5-8　　各年 EPS、NAPS 的联合信息含量的回归分析

被解释变量	解释变量		R²与F值		
	C	TIME	R^2	$AdjR^2$	F
$\hat{\lambda}_{4T}$	5.44*** (3.15)	0.09 (0.70)	0.022	−0.024	0.183

备注：***表示在1%的水平下显著，**表示在5%的水平下显著，*表示在10%的水平下显著；

$Info(EPS \& NAPS)_T = \hat{\lambda}_{4T} = \bar{K}|\hat{\mu}_{1T}| + |\hat{\mu}_{2T}|$

5.4.2.3　小结

以上的实证结果表明，我国会计盈余的增量信息含量略呈下降趋势，净资产的信息含量略呈上升趋势，会计盈余与净资产的联合信息含量略呈上升趋势，但都不显著；而两者的交互信息含量呈显著的下降趋势。

5.5　影响我国会计信息价值相关性变迁的因素分析

5.5.1　企业会计规范体系改善因素的影响

2000 年以前财政部所发布的企业会计准则，不能满足会计工作中多样化的业务核算需要，财政部于 2000 年 12 月 29 日发布了《企业会计制度》，自 2001 年 1 月 1 日起执行，并于 2011 年 11 月 27 日发布了《金融企业会计制度》，自 2002 年 1 月 1 日起执行。这一时期的会计规范的特点是，如果会计准则有规范的，应执行会计准则，没有的，则执行《企业会计制度》或《金融企业会计制度》，形成了企业会计制度和企业会计准则并存的会计规范体系。

2006 年 2 月 15 日财政部修订并发布新的基本准则和 38 项具体会计准则，自 2007 年 1 月 1 日起执行，我国的会计准则首次实现了行业、业务的全覆盖，会计核算与报告不再区分金融企业与非金融企业，全部按企业会计准则的要求进行核算与对外披露信息。当前，我国会计

准则已最终实现了与国际会计准则的实质性趋同，会计准则的发展进入了一个新的历史阶段。从准则所规范的内容演变来看，企业执行企业会计准则的确有助于提高会计信息的质量。

企业会计准则的不断修订与完善，有助于从制度上保证会计信息质量的提高，能够增强会计信息价值相关性水平。这里来检验这两个时期会计规范体系的改善对会计价值相关性的影响。为此将模型（5.1）修正为如下的模型（5.14）。

$$\hat{\lambda}_{kT}=\rho_{k0}+\rho_{k1}\cdot TIME+\rho_{k2}\cdot D_1\cdot TIME+\rho_{k1}\cdot D_2\cdot TIME+\zeta_k,\ \zeta_k\sim N(0,\theta_k^2) \tag{5.14}$$

其中，D_1、D_2 为虚拟变量，分别为 2001 年以前取 0，其后取 1；2007 年以前取 0，其后取 1。

模型（5.14）的回归结果见表 5-9。从表 5-9 可以看出，$|\hat{\lambda}_{1T}|$、$|\hat{\lambda}_{2T}|$、$|\hat{\lambda}_{4T}|$ 对 $D_1\cdot TIME$ 的回归系数都没有通过异于零的显著性检验，而 $|\hat{\lambda}_{3T}|$ 对 $D_1\cdot TIME$ 的回归系数的显著为负。这说明，2000 年以后发布的《企业会计制度》或《金融企业会计制度》的会计规范对 EPS、NAPS 增量信息含量、联合信息含量的变迁没有影响，却促进了 EPS、NAPS 的交互信息含量的下降趋势。

$|\hat{\lambda}_{3T}|$、$|\hat{\lambda}_{4T}|$ 对 $D_2\cdot TIME$ 的回归系数都没有通过异于零的显著性检验，而 $|\hat{\lambda}_{1T}|$、$|\hat{\lambda}_{2T}|$ 对 $D_2\cdot TIME$ 的回归系数显著大于零，这表明 2006 年发布的新准则对 EPS、NAPS 的交互信息含量、联合信息含量的变迁没有影响，却促进了 EPS、NAPS 的增量信息含量的上升趋势。

由于 2000 年以后发布的《企业会计制度》或《金融企业会计制度》，并没有使得我国会计规范体系得到实质性的提升，因而对 EPS、NAPS 的信息含量变迁没有显著的影响，而 2006 年以后发布的企业会计准则，使得我国会计规范体系得到实质性的提升，促进了 EPS、NAPS 的增量信息含量的上升趋势，对于交互信息含量、联合信息含量的上升趋势变迁略有影响，但不显著。假设 H2a、H2b 得到验证，而 H2c、H2d 被拒绝。

表 5-9 **企业会计规范体系的改善对会计信息价值相关性变迁的影响（模型（5.14））**

被解释变量	解释变量				R²与F值		
	C	TIME	$D_1 \cdot TIME$	$D_2 \cdot TIME$	R^2	$AdjR^2$	F
$\lvert\hat{\lambda}_{1T}\rvert$	7.70*** (3.93)	−0.28 (−0.71)	−0.13 (−0.48)	0.33** (2.65)	0.286	0.173	2.53*
	8.30*** (5.64)	−0.45** (−2.58)		0.34** (2.74)	0.277	0.205	3.83**
$\lvert\hat{\lambda}_{2T}\rvert$	1.28*** (4.30)	−0.12* (−2.04)	0.07 (1.58)	0.04* (1.99)	0.250	0.130	2.09
	0.98*** (4.13)	−0.04 (−1.36)		0.04* (1.82)	0.150	0.060	1.76
$\lvert\hat{\lambda}_{3T}\rvert$	1.43** (2.79)	0.07 (0.63)	−0.13 (−1.70)	0.02 (0.09)	0.480	0.390	5.74***
	1.41*** (3.18)	0.07 (0.75)	−0.13* (−1.75)		0.480	0.420	9.06***
	2.01*** (4.70)	−0.10* (−1.91)		0.01 (0.18)	0.400	0.370	6.57***
$\lvert\hat{\lambda}_{4T}\rvert$	5.23* (1.86)	0.35 (0.62)	−0.45 (−1.12)	0.23 (1.26)	0.160	0.030	1.19
	7.25*** (3.35)	−0.21 (−0.83)		0.24 (1.34)	0.100	0.010	1.15

备注：***表示在1%的水平下显著，**表示在5%的水平下显著，*表示在10%的水平下显著；

IncInfo（EPS）=$\lvert\hat{\lambda}_{1T}\rvert$、IncInfo（NAPS）=$\lvert\hat{\lambda}_{2T}\rvert$表示EPS、NAPS的增量信息含量；

Info（EPS^NAPS）=$\lvert\hat{\lambda}_{3T}\rvert$表示EPS、NAPS的交互信息含量；

$Info(EPS \& NAPS)_T = \hat{\lambda}_{4T} = \bar{K}|\hat{\mu}_{1T}| + |\hat{\mu}_{2T}|$ 表示EPS、NAPS的联合信息含量

5.5.2 行业差异化因素的影响

上市公司的成员来自不同的行业，行业的差异将导致会计的业务处理差异，影响会计信息的可比性。如果上市公司趋于分化，会计信息的差异化扩大，会计信息的可比性降低，必将抑制会计信息价值相关性水

平的上涨趋势。相反，如果行业趋于集中，业务的会计处理将有望进一步趋同，有助于促进会计信息价值相关性的上涨趋势。

以 Ind1 表示金融行业企业数占总企业数的比重，Ind2 表示工业行业企业数占总企业数的比重。图 5-5、图 5-6 表示 Ind1、Ind2 自 1993 年至 2015 年的演变趋势图。由图 5-5 可以看出，金融行业占上市公司的比重自 1993 年至 2015 年几乎没有变化；而工业行业占上市公司的比重有比较明显的上升趋势。分别以 Ind1、Ind2 为自变量，以 TIME 为因变量所进行的趋势回归也说明了这一点，见表 5-10。由表 5-10 可以看出，Ind1 对 TIME 的系数没有通过异于零的显著性检验，而 Ind2 对 TIME 的系数通过了大于零的显著性检验。

以$\left|\hat{\lambda}_{1T}\right|$、$\left|\hat{\lambda}_{2T}\right|$、$\left|\hat{\lambda}_{3T}\right|$、$\left|\hat{\lambda}_{4T}\right|$对 Ind1、Ind2 进行回归的结果见表 5-11。

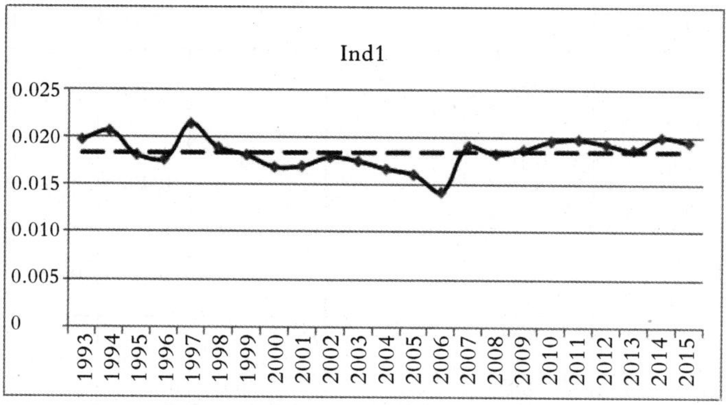

图 5-5 金融行业占上市公司的比重变迁图

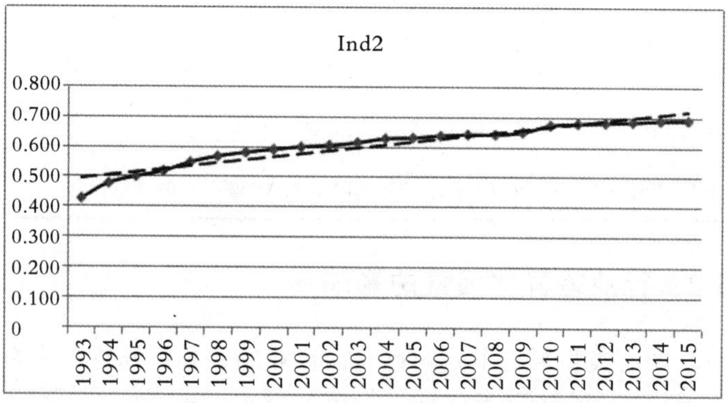

图 5-6 工业行业占上市公司的比重变迁图

表 5-10　　**Ind1、Ind2 的趋势分析**

被解释变量	解释变量		R^2与F值		
	C	TIME	R^2	$AdjR^2$	F
Ind1	0.02*** (25.81)	0.00 (0.18)	0.00	−0.05	0.03
Ind2	0.48*** (49.03)	0.01*** (14.08)	0.90	0.90	198.31***

备注：***表示在1%的水平下显著，**表示在5%的水平下显著，*表示在10%的水平下显著

表 5-11　　**行业差异性对会计信息价值相关性变迁的影响分析**

被解释变量	解释变量					
	C	TIME	TIME·D1	TIME·D2	IND1	IND2
$\lvert\hat{\lambda}_{1T}\rvert$	29.34 (1.41)	−0.39 (−0.41)	−0.19 (−0.58)	0.55* (2.10)	−893.14 (−1.47)	−8.28 (−0.20)
	R^2=0.37，$AdjR^2$=0.19，F=2.00					
$\lvert\hat{\lambda}_{2T}\rvert$	5.08** (2.37)	0.25*** (3.81)		−0.07** (−2.32)	173.23** (2.51)	−16.59*** (−4.17)
	R^2=0.61，$AdjR^2$=0.52，F=7.04***					
$\lvert\hat{\lambda}_{3T}\rvert$	−6.43 (−1.20)	−0.19 (−1.15)		−0.01 (−0.09)	172.34 (1.00)	10.77 (1.08)
	R^2=0.47，$AdjR^2$=0.35，F=4.00**					
$\lvert\hat{\lambda}_{4T}\rvert$	−11.86 (−0.36)	−0.06 (−0.11)			605.36 (0.86)	14.29 (0.28)
	R^2=0.06，$AdjR^2$=−0.09，F=0.39					

备注：***表示在1%的水平下显著，**表示在5%的水平下显著，*表示在10%的水平下显著；

IncInfo（EPS）$=\lvert\hat{\lambda}_{1T}\rvert$、IncInfo（NAPS）$=\lvert\hat{\lambda}_{2T}\rvert$表示EPS、NAPS的增量信息含量；

Info（EPS^NAPS）$=\lvert\hat{\lambda}_{3T}\rvert$表示EPS、NAPS的交互信息含量；

$Info(EPS \& NAPS)_T = |\hat{\lambda}_{4T}| = \bar{K}|\hat{\mu}_{1T}| + |\hat{\mu}_{2T}|$ 表示EPS、NAPS的联合信息含量

由表 5-11 可以看出，$\lvert\hat{\lambda}_{1T}\rvert$、$\lvert\hat{\lambda}_{3T}\rvert$、$\lvert\hat{\lambda}_{4T}\rvert$对 Ind1、Ind2 回归系数都没有通过异于零的显著性检验，这表明，金融行业、工业行业的行业

集中所造成的会计信息的趋同化，对会计盈余的增量信息含量的变迁趋势没有影响，对会计盈余与净资产的交互信息含量、联合信息含量的变迁趋势也没有影响。因此，假设 H3a、H3c、H3d 被拒绝。

$\left|\hat{\lambda}_{2T}\right|$ 对 Ind1 回归系数显著大于零，这表明金融行业的行业集中有助于会计信息的趋同，有助于增强会计信息的可比性，促进 NAPS 增量信息含量的上升趋势，H3b 不能被拒绝。但是，对 Ind1 的趋势分析表明，如果金融行业占上市公司的比重并没有上升趋势，Ind1 对促进 NAPS 增量信息含量的上升性趋势变迁的贡献是有限的。

$\left|\hat{\lambda}_{2T}\right|$ 对 Ind2 回归系数显著小于零，这表明工业行业的行业集中会抑制 NAPS 增量信息含量的上升趋势，H3d 被拒绝。这是一个需要进一步加以解释的结论。其一，虽然从行业趋同来看，工业行业的集中化可增加会计信息的可比性，从而促进 NAPS 增量信息含量的上升趋势，但是，“工业行业”的行业分类过于宽泛，包含 40 个以上的分行业，行业的集中仅仅是名义上的，实际上行业内部分化严重，这时的行业集中其实并没有达到真正意义上的集中，反而“行业”越集中，内部的分行业的差异性可能越大，行业内的分化将降低会计信息的可比性，将抑制 NAPS 增量信息含量的上升趋势。如果行业的集中并非是名义上的集中，而是实质上的集中，行业的趋于集中化就有助于促进 NAPS 增量信息含量的上升性趋势变迁。

5.5.3 企业亏损趋势因素的影响

会计盈余具有价值相关性的一个重要原因，当期的盈余数据可用于预测未来的盈余及未来的现金流等情况。这个判断是基于一个正常的盈利企业来说，当企业处于亏损状态时，要预测企业未来的盈利状况及有关现金流状况，就是一件困难的事情了。当企业处于亏损状态下，将可能破坏“会计假设”中的持续经营假设，增加了投资者对于企业未来的合理预期的难度，降低会计信息的价值相关性。

以 LOSS 表示亏损企业数占总企业数的比重，图 5-7 表示 LOSS 自 1993 年至 2015 年的演变趋势图。由图 5-7 可以看出，亏损行业占上市公司的比重自1993年至2015年有比较明显的上升趋势。分别以LOSS为自变量，以TIME为因变量所进行的趋势回归也说明了这一点，见表5-12，由表5-12可以看出，LOSS对TIME的系数通过了大于零的显著性检验。

以$\left|\hat{\lambda}_{1T}\right|$、$\left|\hat{\lambda}_{2T}\right|$、$\left|\hat{\lambda}_{3T}\right|$、$\left|\hat{\lambda}_{4T}\right|$对LOSS进行回归的结果见表5-13。

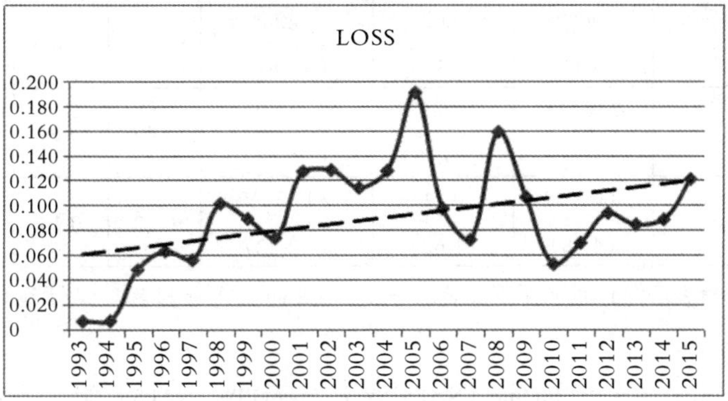

图5-7　亏损企业占上市公司的比重变迁图

表5-12　**LOSS的趋势分析**

被解释变量	解释变量		R^2与F值		
	C	TIME	R^2	AdjR^2	F
LOSS	0.06*** (3.36)	0.00** (2.14)	0.18	0.14	4.57**

备注：***表示在1%的水平下显著，**表示在5%的水平下显著，*表示在10%的水平下显著

由表5-13可以看出，除了$\left|\hat{\lambda}_{3T}\right|$对LOSS的回归系数没有通过异于零的显著性检验，这表明，企业亏损面对会计盈余与净资产的交互信息含量的变迁没有影响。假设H4c被拒绝。而$\left|\hat{\lambda}_{1T}\right|$、$\left|\hat{\lambda}_{2T}\right|$、$\left|\hat{\lambda}_{4T}\right|$对LOSS的回归系数都通过了显著小于零的显著性检验，这意味着，企业亏损面的扩大对我国会计盈余的增量信息含量、净资产的增量信息含量以及两者联合信息含量的变迁产生了影响，抑制我国会计信息含量的上升趋势。因此，假设H4a、H4b、H4d不能被拒绝，可予以接受。

由于经检验，我国企业亏损面有扩大的趋势，因而我国会计信息价值性的变迁趋势受到了我国企业亏损面扩大趋势的影响。

表 5-13 我国企业亏损面对会计信息价值相关性变迁的影响分析

被解释变量	解释变量			R^2与F值		
	C	TIME	LOSS	R^2	$AdjR^2$	F
$\left\|\hat{\lambda}_{1T}\right\|$	8.17*** (5.77)	0.08 (0.87)	−41.16*** (−2.85)	0.29	0.22	4.12**
$\left\|\hat{\lambda}_{2T}\right\|$	0.96*** (4.17)	0.02 (1.20)	−4.26* (−1.81)	0.15	0.06	1.76
$\left\|\hat{\lambda}_{3T}\right\|$	2.05*** (4.96)	−0.08*** (−3.13)	−1.60 (−0.38)	0.40	0.34	6.66***
$\left\|\hat{\lambda}_{4T}\right\|$	8.02*** (4.08)	0.21 (1.62)	−44.53** (−2.22)	0.22	0.14	2.74*

备注：***表示在1%的水平下显著，**表示在5%的水平下显著，*表示在10%的水平下显著；

IncInfo（EPS）$=\left|\hat{\lambda}_{1T}\right|$、IncInfo（NAPS）$=\left|\hat{\lambda}_{2T}\right|$表示EPS、NAPS的增量信息含量；

Info（EPS^NAPS）$=\left|\hat{\lambda}_{3T}\right|$表示EPS、NAPS的交互信息含量；

Info(EPS & NAPS)$_T=|\hat{\lambda}_{4T}|=\bar{K}|\hat{\mu}_{1T}|+|\hat{\mu}_{2T}|$表示EPS、NAPS的联合信息含量

5.5.4 企业规模因素的影响

企业披露的会计信息，无论企业规模大小，如果信息质量是一样的，那么，企业规模的变异对会计信息价值相关性水平的变迁趋势不会产生影响。由于企业的规模越大，越能受到社会各方的关注，企业的各种对外公开信息越会受到的理解。关注度提升，如果能对企业产生激励作用与监督作用，促使企业提供更高质量的会计信息，则意味着企业的规模能提高会计信息的价值相关性。

以 SIZE 表示报告年度末企业总资产的自然对数的均值，图 5-8 表示 SIZE 自 1993 年至 2015 年的演变趋势图。由图 5-8 可以看出，上市公司的规模自 1993 年至 2015 年有比较明显的上升趋势。分别以 SIZE 为自变量，以 TIME 为因变量所进行的趋势回归也说明了这一点，见表 5-14，由表 5-14 可以看出，SIZE 对 TIME 的回归系数通过了大于零的显著性检验。

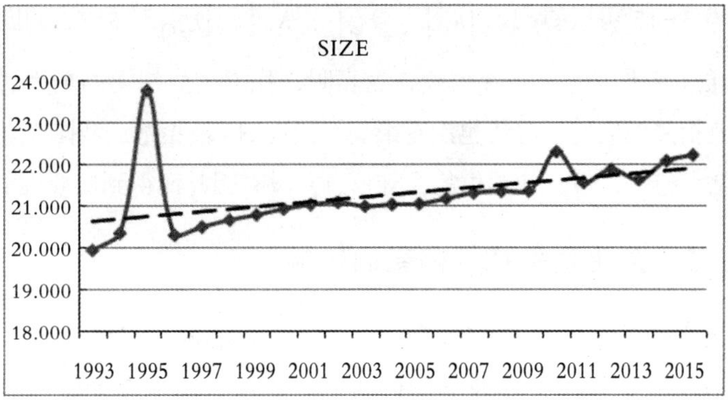

图 5-8 企业规模变迁图

表 5-14 **SIZE 的趋势分析**

被解释变量	解释变量		R^2与F值		
	C	TIME	R^2	$AdjR^2$	F
SIZE	20.55*** (65.41)	0.06** (2.53)	0.23	0.20	6.41**

备注：***表示在1%的水平下显著，**表示在5%的水平下显著，*表示在10%的水平下显著

以$\left|\hat{\lambda}_{1T}\right|$、$\left|\hat{\lambda}_{2T}\right|$、$\left|\hat{\lambda}_{3T}\right|$、$\left|\hat{\lambda}_{4T}\right|$对 SIZE 进行回归的结果见表 5-15。

表 5-15 **我国企业规模对会计信息价值相关性变迁的影响分析**

被解释变量	解释变量			R^2与F值		
	C	TIME	SIZE	R^2	$AdjR^2$	F
$\left\|\hat{\lambda}_{1T}\right\|$	−24.04 (−1.32)	−0.12 (−1.09)	1.45 (1.65)	0.12	0.04	1.41
$\left\|\hat{\lambda}_{2T}\right\|$	1.66 (0.58)	0.01 (0.55)	−0.05 (−0.33)	0.02	−0.08	0.15
$\left\|\hat{\lambda}_{3T}\right\|$	5.14 (1.08)	−0.08*** (−2.88)	−0.15 (−0.67)	0.41	0.35	6.91***
$\left\|\hat{\lambda}_{4T}\right\|$	6.74 (0.27)	0.09 (0.62)	−0.06 (−0.05)	0.02	−0.08	0.23

备注：***表示在1%的水平下显著，**表示在5%的水平下显著，*表示在10%的水平下显著；

IncInfo（EPS）$=\left|\hat{\lambda}_{1T}\right|$、IncInfo（NAPS）$=\left|\hat{\lambda}_{2T}\right|$表示EPS、NAPS的增量信息含量；

Info（EPS^NAPS）$=\left|\hat{\lambda}_{3T}\right|$表示EPS、NAPS的交互信息含量；

Info(EPS & NAPS)$_T = |\hat{\lambda}_{4T}| = \bar{K}|\hat{\mu}_{1T}| + |\hat{\mu}_{2T}|$表示EPS、NAPS的联合信息含量

由表 5-15 可以看出，$\left|\hat{\lambda}_{1T}\right|$、$\left|\hat{\lambda}_{2T}\right|$、$\left|\hat{\lambda}_{3T}\right|$、$\left|\hat{\lambda}_{4T}\right|$对 SIZE 的回归系数都没有通过异于零的显著性检验，这表明，我国企业规模的增大对会计信息的价值相关性的变迁趋势也没有影响。假设 H5 被拒绝。我国企业规模虽然具有增大趋势，但企业提供的会计信息并没有因此而得到实质性的提高。

5.5.5 企业财务杠杆因素的影响

如果企业的资产负债率越高，意味着企业的破产风险越高，相对于企业的盈利能力来说，企业的偿债能力对于企业的生存发展可能更具有重要的意义。企业的生存与发展，首先需维持的是生存问题，其后才是发展目标。即使企业的盈利能力很强，但是如果资产负债率很大，企业的破产风险仍很大。因此，随着资产负债率的上升，净资产的价值相关性将呈现提升趋势，而会计盈余的价值相关性则呈现下降趋势。

以 RDeb 表示报告年度末企业资产负债率的均值，图 5-9 表示 RDeb 自 1993 年至 2015 年的演变趋势图。由图 5-9 可以看出，我国上市公司的资产负债率平均比较高，平均在 0.5 以上，1998 年数据出现了异常，平均值达到 2.0 以上。不过，总体来看，自 1993 年至 2015 年没有明显的上升趋势或下降趋势，略有下降的趋势。分别以 SIZE 为自变量，以 TIME 为因变量所进行的趋势回归也说明了这一点，见表 5-16。由表 5-16 可以看出，RDeb 对 TIME 的系数虽然没有通过异于零的显著性检验，但为负值，与上述的描述性分析的结论基本一致。

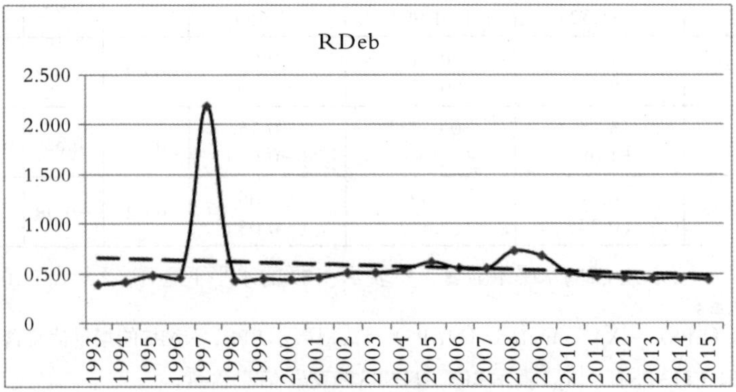

图 5-9 企业资产负债率变迁图

表 5-16　　**RDeb 的趋势分析**

被解释变量	解释变量		R^2与F值		
	C	TIME	R^2	AdjR^2	F
RDeb	0.66*** (4.20)	−0.01 (−0.68)	0.02	−0.02	0.47

备注：***表示在1%的水平下显著，**表示在5%的水平下显著，*表示在10%的水平下显著

以$\left|\hat{\lambda}_{1T}\right|$、$\left|\hat{\lambda}_{2T}\right|$、$\left|\hat{\lambda}_{3T}\right|$、$\left|\hat{\lambda}_{4T}\right|$对 RDeb 进行回归的结果见表 5-17。

由表 5-17 可以看出，$\left|\hat{\lambda}_{1T}\right|$、$\left|\hat{\lambda}_{4T}\right|$对 RDeb 回归系数都没有通过异于零的显著性检验，这表明，资产负债率的改变对于会计盈余的增量信息含量、对于会计盈余与每股净资产的联合信息含量没有影响。因而拒绝 H6a、H6d。

$\left|\hat{\lambda}_{2T}\right|$、$\left|\hat{\lambda}_{3T}\right|$对 RDeb 回归系数显著大于零，这表明随着资产负债率的提升，促进了净资产的增量信息含量的上升趋势，也促进了净资产、会计盈余的交互信息含量的上升趋势。假设 H6b、H6c 不能被拒绝。

表 5-17　　**我国企业财务杠杆对会计信息价值相关性变迁的影响分析**

被解释变量	解释变量			R^2与F值		
	C	TIME	RDeB	R^2	AdjR^2	F
$\left\|\hat{\lambda}_{1T}\right\|$	6.29*** (3.44)	−0.04 (−0.37)	−0.76 (−0.41)	0.01	−0.09	0.13
$\left\|\hat{\lambda}_{2T}\right\|$	0.33 (1.38)	0.01 (0.84)	0.57** (2.34)	0.22	0.14	2.85*
$\left\|\hat{\lambda}_{3T}\right\|$	0.92*** (3.10)	−0.08*** (−4.72)	1.58*** (5.21)	0.74	0.72	28.99***
$\left\|\hat{\lambda}_{4T}\right\|$	3.18 (1.40)	0.11 (0.92)	3.42 (1.46)	0.12	0.03	1.32

备注：***表示在1%的水平下显著，**表示在5%的水平下显著，*表示在10%的水平下显著；

IncInfo（EPS）=$\left|\hat{\lambda}_{1T}\right|$、IncInfo（NAPS）=$\left|\hat{\lambda}_{2T}\right|$ 表示EPS、NAPS的增量信息含量；

Info（EPS^NAPS）=$\left|\hat{\lambda}_{3T}\right|$表示EPS、NAPS的交互信息含量；

$Info(EPS \& NAPS)_T = |\hat{\lambda}_{4T}| = \bar{K}|\hat{\mu}_{1T}| + |\hat{\mu}_{2T}|$ 表示EPS、NAPS的联合信息含量

5.6 结论

本章以我国深沪股市1993—2015年31 568家上市公司各年的数据为样本，选取每股收益EPS、每股净资产NAPS作为利润表、资产负债表的代理指标，采用市场反应程度评价方法，探讨EPS、NAPS的增量信息含量、交互信息含量、联合信息含量随时间变化而发生变化的情况。

我国会计盈余的增量信息含量略呈下降趋势，净资产的信息含量略呈上升趋势，会计盈余与净资产的联合信息含量略呈上升趋势，但都不显著；而两者的交互信息含量呈显著的下降趋势。

会计规范体系质量的提升对于会计信息价值相关性变迁趋势有积极的推动作用。由于2000年以后发布的《企业会计制度》和《金融企业会计制度》，并没有使我国会计规范体系得到实质性的提升，因而对EPS、NAPS的信息含量变迁没有显著的影响，而2006年以后发布的企业会计准则使我国会计规范体系得到实质性的提升，促进了EPS、NAPS的增量信息含量的上升趋势，对于交互信息含量、联合信息含量的变迁略有影响，但不显著。

本章以金融行业、工业行业为例，探讨行业集中与分化趋向对于会计信息价值相关性变迁趋势的影响，结果表明，行业集中与分化对会计盈余的增量信息含量，以及会计盈余与净资产的交互信息含量、联合信息含量的变迁趋势没有影响。行业集中与分化的影响主要体现在对净资产的增量信息含量的变迁趋势的影响上，行业趋于集中化有助于促进净资产的增量信息含量的上升趋势。

企业亏损面的扩大对于两者交互信息含量的变迁趋势没有影响，但对我国会计盈余的增量信息含量、净资产的增量信息含量，以及两者联合信息含量的变迁趋势产生了负面影响，抑制我国会计信息的上升趋势。而且，自1993年至2015年间，我国上市公司亏损企业占上市公司的比重也即企业亏损面呈现上升趋势，这就意味着，企业亏损面的增大对我国会计信息价值相关性产生了持续的负面影响。

如果企业披露的会计信息，无论企业规模大小，信息质量是一样的，那么，企业规模的变异对会计信息价值相关性水平的变迁趋势不会产生影响。由于企业的规模越大，越能受到社会各方的关注，企业的各种对外公开信息越会受到理解。关注度提升如果能对企业产生激励作用与监督作用，促使企业披露更高质量的会计信息，提高会计信息的价值相关性。

如果企业规模的扩大，对于会计信息的质量有提升作用的话，我国自1993—2015年企业规模趋于上升趋势，会对会计信息价值相关性的提升具有促进作用。然而，我国企业规模的趋于扩大化对于过往会计信息价值相关性的变迁趋势没有影响，这表明，公司规模的扩大，并没有诱发公司披露更高质量的会计信息。

资产负债率对会计信息的价值相关性水平是有影响的。随着资产负债率的提升，对会计盈余的增量信息含量的变迁趋势没有影响，对于净资产、会计盈余的联合信息含量的变迁趋势也没有影响，但对净资产的增量信息含量，以及净资产、会计盈余的交互信息含量的变迁趋势有影响，能促进信息含量的上升趋势。但是，资产负债率在1993—2015年间没有明显的演变趋势，因而资产负债率的趋势性变化对会计信息相关性的变迁的影响应该是有限的。

第6章　中国资本市场会计盈余与经营性现金流：增量信息、交互信息、对比信息含量

6.1　概述

财务会计包括三个主要程序：确认、计量与报告。确认界定了交易或事项是否可被作为某一会计期间的会计要素并最终被包含在会计报告之中，是会计三个程序中影响最大的一个程序。会计计量并不影响会计要素，只会影响所确认要素的金额。财务报告可以看成是会计确认与计量的延续，尽管在这一程序中，有其自身的一些特点。比如，会计信息的披露必须遵守重要性原则，不重要的业务可以合并披露，重要的业务应该单独披露等。从披露的方式上看，有表内披露与表外披露。但是无论如何，只要对外披露的是表内会计信息，都应该建立在已经确认与计

量的基础上。

在会计确认中，最为重要的、影响最大的当属关于收入与费用的确认。因为收入与费用的确认既影响了利润表，也影响了资产负债表，不同的关于收入、费用的确认标准，将导致会计报告的根本性改变。因而，关于收入与费用确认的基本标准——权责发生制与收付实现制被认为是会计确认的基础。但是，采用权责发生制的确认原则，存在大量对收入、费用的估计数据，这部分数据可能不够客观、容易被操纵。相反，收付实现制就比较客观，不容易被操纵。这就产生了对权责发生制与收付实现制这两种确认标准孰优孰劣的比较问题。

理论上看，权责发生制下的会计信息与收付实现制下的应互为补充。

权责发生制以会计交易或事项的归属期作为收入、费用的确认依据，而不问款项的收支期属于哪个期间；收付实现制则以款项的收支期作为收入、费用的确认依据，而不问交易或事项的归属期属于哪个期间。因而，交易或事项的归属期与款项的收支期可能不一致，收支期可能提前于归属期，也可能滞后于归属期的问题，这就导致了权责发生制与收付实现制在处理交易或事项上的差异。会计交易或事项是款项收支的原因，而款项收支是会计交易或事项所要追求的结果。例如，销售业务是产生销售款项收入的原因，而销售款项收入是销售业务所要追求的结果。如果企业本期收到一笔下期销售的预收款收入 1 000 元，本期收到的这 1 000 元款项是下期销售业务所要追求的结果，而下期将要发生的销售业务是本期产生的销售预收款的原因。从归属期看，这 1 000 元应属于下一期，从款项的收支期看，应属于本期的现款收入。按权责发生制，应属于下期的收入，按收付实现制，应属于本期的收入。从因果关系来看，权责发生制确认的是产生收入、费用的原因，而收付实现制确认的是收入、费用业务所达到的实际结果。

只有款项的收支期与交易、事项的归属期相一致的情形下，权责发生制与收付实现制确认的收入、费用才会完全一致。也就是说，此时按权责发生制、收付实现制所提供的会计信息完全重叠，权责发生制与收付实现制确认收入、费用，不具有互为补充的性质。换句话说，如果款项的收支期与交易、事项的归属期相一致，权责发生制下的会计信息与收付实现制下的相互之间不具有增量信息。

但是，在现代商业社会里，款项的收支期与交易、事项的归属期并非完全一致，企业为扩大销售而给予客户商业信用依然成为现代商业活动的一种惯例。当交易、事项的归属期与款项的收支期不一致时，权责发生制与收付实现制这两种确认标准下，相应的会计信息就产生差异。由于权责发生制是基于“原因”、收付实现制是基于“结果”这两个不同标准来确认收入与费用的，是针对会计要素“收入、费用”确认问题的两个方面，因而基于权责发生制与收付实现制两种标准所确认的收入、费用，应该能够提供相互补充的信息。

利润表中的“每股收益”EPS、现金流量表中的“每股经营活动净现流”CFOPS 是权责发生制与收付实现制相对应的两个综合性指标，根据以上分析，EPS 与 CFOPS 具有相互的增量信息含量。比如，本期的会计盈余中 60%形成本期的现金流，其中的 40%将形成下一期的现金流，如果本期的会计盈余为 100 万元，报表使用者可以合理预期本期的会计盈余将产生下一期的现金流为 40 万元；而上述的 60%与 40%则必须通过本期的现金流、本期的盈余以及上一期的盈余加以测算。报表使用者利用利润表、现金流量表，乃至资产负债表可对会计盈余所产生现金流在本期与以后各期的分配比例进行测算，合理预测企业产生现金流的能力。

如果报表使用者对会计盈余所产生现金流在各期的分配比例能够获得准确的数值，那么现金流量表可能也不具有增量信息；相应地，本期的现金流中哪些是由本期的盈余所产生的，哪些是由上期的盈余所产生的，哪些是由下期的盈余所产生的，则会计盈余也不具有增量信息含量。然而一般来讲，由于现实存在各种不确定性，这种分配比例的测算总是不准确的，时时刻刻都存在着调整的需求。一旦报表使用者有对这种分配比例的调整需求，利润表、现金流量表等所提供的会计信息总是会被需求的，报表使用者总是需根据当前的会计信息对以往的测算比例不断进行修正，以获得一个较为准确的分配比例。

既然 EPS 与 CFOPS 具有相互的增量信息含量，而这两者的确认标准不同，前者为权责发生制，后者为收付实现制，这就产生了一个问题，哪一个标准作为确认收入、费用的标准更合适一些？EPS与CFOPS哪一方所具有的信息含量更多一些呢？这个研究是具有重要的理论和应用价值的，因为，如果EPS的信息含量高于CFOPS的，则表明当前所采用的权责发生制的确认基础是正确的，而如果是相反的话，则将以权责发生制作为收入、费用的确认标准，替换为以收付实现制为标准，能够提供更多的信息含量。

从对未来现金流的预测价值来看，权责发生制下的会计盈余应比收付实现制下的净现流更具有预测价值。在最为一般的意义上，权责发生制确认的是收入、费用的“原因”方面，而收付实现制确认的是收入、费用的“结果”方面，世间万物总是先有“因”后才有“果”的，只是有些“因”是不可观测的，而只有“果”才能观测。比如，投资者是否使用会计信息进行决策是不可观测的，哪怕能够观测，代价也是非常高的。因而从成本收益的角度，通过对股价的变化倒过来推测这种变化是否源于某些新增的会计信息。避开是否可观测的问题，就收入、费用的因果关系而言，“因”的信息能够预测未来的“果”。因而，交易或事项的归属期更有助于预测款项的收支期，权责发生制下的收入、费用应比收付实现制的具有更多的信息含量，因而EPS应比CFOPS具有更多的信息含量。

上述的“因果”说，是基于一个基本的假设前提之上的，即有“因”必有“果”。依此逻辑，本期的销售会导致以后期间的款项收入。当然，此假设并非总是成立的。如果归属于本期的销售业务不能导致以后期间的款项收入，EPS应比CFOPS具有更少而不是更多的信息含量。当前对于权责发生制的一个修正就是，要求会计确认时还应该遵循收入的实现原则，包括：(1) 经济利益很可能流入企业；(2) 相关的收入能够可靠计量；(3) 已发生的或即将发生的相关成本能够可靠计量。这三点对于预测未来的款项收入非常重要，其一，经济利益很可能流入企业确保上述“因果”说的前提条件很可能成立，即有“因”很可能有相应的“果”；其二，相关收入能够可靠计量，有助于形成对以后款项收入具体金额的尽可能的合理预期；其三，已发生的或即将发生的相关成本能够可靠计量，表明企业为确保经济利益流入企业所应承担的责任义务已经履行或在未来能够履行。换句话说，会计在确认收入时并不仅仅只是遵循权责发生制这单一标准，还需要遵循其他的确认条件，需要对未来款项收入的可能结果进行预判，无法预判的，不能确认为收入。这是导致 EPS 比 CFOPS 具有更多信息含量的重要原因之一。

更进一步地，在权责发生制下，影响本期收入、费用的确认和计量只取决于本期的经营活动，而若以收付实现制作为确认收入、费用的标准，那么影响本期收入、费用的计量金额就不仅仅受到本期经营活动的影响，还受到上期以及下期经营活动的影响。因而，EPS 应比 CFOPS 对未来现金流的预期更具有价值。

举例来说，假设企业的成本为零，本期以权责发生制确认的收入为 100 万元，收入的确认符合收入的实现原则。企业本期收到的现金流为 70 万元，归属于与本期的收入为 50 万元，归属于下期收入的本期预收款为 20 万元。依据收付实现制，本期确认的收入应为 70 万元。问题是，可以预期下期的现金流为 70 万元吗？这种预期其依据可能不足。因为下期现金流，既受到本期经营活动的影响，也受到下期以及下期的下期等会计期间的经营活动的影响。换句话说，即使每期确认的会计盈余都相同，但不能保证每期的现金流都相同，一个简单的事实就是，本期确认的会计盈余形成本期现金流越多，形成下期的现金流就越少，反之则反是。

相对经营活动产生的现金流来说，由于会计盈余只与本期经营活动有关，假设各期会计盈余相同或有一定增长率可能是一个合理的假设。盈余的构成主要包含两部分：一是收入；二是费用。在权责发生制的收入实现原则的确认标准下，对于未来的收入便可有一个合理的预期，而对于费用的确认除了权责发生制外，还辅以配比原则，有助于对未来的费用也可有一个合理的预期。这两方面的理由，可使得对盈余的未来预期更为准确。

本案例中，本期所确认的 100 万元收入，假设已形成上期现金流的为 10 万元，而形成本期现金流的为 50 万元。只要收入的确认符合收入的实现原则，报表使用者可合理预期这 100 万元的收入有 40 万元应在下期产生现金流。由于企业依据权责发生制所确认的收入具有一定的稳定性，根据历史资料，当期确认的收入中的40%将会形成下期的现金流。依据这些信息可以合理预期企业下期的现金流包括：（1）本期确认的收入中将在下期收取款项的40万元；（2）下期收入中的60%即60万元，但需扣除下期确认的收入而在本期收取的款项20万元。可见，下期的现金流为80万元（40+（100−100×40%−20））。

如果其他方面的假设维持不变，假定本期企业收到的现金流为50万元，其中归属于本期确认的收入为30万元。这就意味着，在权责发生制下，本期所确认的100万元收入，由于已形成上期现金流的为10万元，已形成本期现金流的为30万元，将形成下期现金流的为60万元，如果"当期确认的收入中的40%将会形成下期现金流"这个规则不变，那么企业下期的现金流入为100万元（60+（100−100×40%−20））。也就是，本期的现金流减少20万元，下期的现金流就增加20万元。

但是若以收付实现制作为确认收入费用的标准，就难以预期到这种现金流的变动，如果本期现金流为70万元，就可能预期下一期的现金流为70万元，本期现金流为50万元，就可能预期下一期的现金流为50万元。也就是，这种预期是以一种时间序列的方式进行的，并没有考虑到现金流与经济活动之间的关联性。

正如Patricia M. Dechow等所指出，经营活动产生的现金流本期与下期之间存在负相关关系，而会计盈余则可以抵消这种波动性，因而后者对于预期未来现金流量更具价值[130]。下文为叙述简单起见，将经营活动产生的现金流简称为经营性现金流。虽然，关于会计盈余与经营性现金流已有很多研究，见2.3，但是已有的研究并没有考虑交互的影响，这里分别基于"公共信息"或"交互信息"两种情况对会计盈余与经营性现金流的信息含量进行比较研究。

6.2 研究假设

每股收益EPS与每股现金流CFOPS是权责发生制与收付实现制确

认标准下所确认、计量的会计信息。从因果关系来看，前者反映的是产生收入、费用的原因，后者反映的是“收入、费用”业务所达到的实际“结果”。原因和结果是一个问题的两个方面，应互为补充，因此，从理论上看来，EPS 与 CFOPS 应具有相互的增量信息。基于此，本章提出如下的研究假设 H1。

H1：EPS 与 CFOPS 应具有相互的增量信息含量。

H1a：在给定 CFOPS 的前提下，EPS 具有增量信息含量；

H1b：在给定 EPS 的前提下，CFOPS 具有增量信息含量。

权责发生制与收付实现制确认收入、费用的标准不同，收入、费用的归属期与款项收支期就可能不一致。但是，权责发生制与收付实现制所确认的收入、费用的结果之间又存在着相互依存的关系。本期所确认的收入应该是上一期的预收款，或是本期的现款收入，或是下一期的现款收入；而本期所收到的现款收入一定是上期、本期或是下一期的收入。因此，尽管 EPS 与 CFOPS 来自不同的确认标准，这两者应该具有交互的信息含量。基于此，本章提出如下的研究假设 H2。

H2：EPS 与 CFOPS 具有交互信息含量。

鉴于权责发生制是基于“原因”、收付实现制是基于“结果”这两个视角来确认收入与费用的，从预测价值来看，由“因”索“果”，是合理的预期。但是有“因”未必就有“果”，仅有“销售”业务，未必就会形成现在或未来经济利益的流入。收入的确认还应满足收入的实现原则。EPS 的确认在满足权责发生制的标准外，还需满足收入的实现原则，包含了对结果的预判，而 CFOPS 只是根据款项的收支这个结果来确认收入，EPS 比 CFOPS 更有助于预测企业未来的现金流。同时，在权责发生制下，影响本期收入、费用的确认和计量只取决于本期的经营活动，而若以收付实现制作为确认收入、费用的标准，那么影响本期收入、费用的计量金额就不仅仅受到本期经营活动的影响，还受到上期以及下期经营活动的影响。因而，EPS 应比 CFOPS 对未来现金流的预期更具有价值。

如果将企业的价值界定为未来现金流量的现值，那么，作为更为有利于预测未来现金流量的 EPS 就应比 CFOPS 具有更多的信息含量。基于此，我们提出如下的研究假设 H3。

H3：EPS 比 CFOPS 具有更多的信息含量。

6.3 研究设计

6.3.1 模型设计与变量选择

1）会计信息的增量信息含量与交互信息含量

对于会计信息的增量信息含量与交互信息含量，按照 4.7 中的有关论述，可以模型（4.77）为基础设立回归模型。由于考虑交互信息含量时，需要增加 EPS、CFOPS 的交乘项 EPS·CFOPS，为提高方法的代表性，以 NAPS 作为控制变量，设立以下回归模型。

$$P = \lambda_0 + \lambda_1 \cdot EPS + \lambda_2 \cdot NAPS + \lambda_3 \cdot CFOPS + \lambda_4 \cdot EPS \cdot CFOPS + \varepsilon,\ \varepsilon \sim N(0, \sigma^2) \tag{6.1}$$

其中，P 表示每股市价，CFOPS 表示每股经营活动净现流，NAPS 表示每股净资产。经检验只要 λ_1、λ_3 显著异于零，则表明 EPS、CFOPS 具有相互的增量信息含量，假设 H1 不能被拒绝。只要 λ_4 显著异于零，则表明 EPS 与 CFOPS 具有交互信息含量，假设 H2 不能被拒绝。

2）Vuong 检验下会计信息的对比信息含量

由 4.8 中的有关论述，关于会计信息的对比信息含量的检验，事实上分两种情况：其一是基于公共信息含量的对比信息含量的检验；其二是基于交互信息含量的对比信息含量的检验。而当前的有关检验方法都是针对前一种情况的，而并非针对后一种情况。这里针对这两种情形都予以检验。

（1）基于公共信息含量的对比信息含量的检验

基于公共信息含量的前提，探讨 EPS、CFOPS 的对比信息含量的问题，设立回归模型进行分析，无须考虑 EPS、CFOPS 的交乘项 EPS·CFOPS。以 NAPS 作为控制变量，该情形下运用 Vuong 检验，采用的检验模型为：

$$P = \alpha_0 + \alpha_1 \cdot CFOPS + \alpha_2 \cdot NAPS + \varepsilon,\ \varepsilon \sim N(0, \sigma_1^2) \tag{6.2}$$

$$P = \beta_0 + \beta_1 \cdot EPS + \beta_2 \cdot NAPS + u,\ u \sim N(0, \sigma_2^2) \tag{6.3}$$

模型（6.2）、（6.3）是当前所采用的最为普遍的方法，需检验的假设为 H_0：$\sigma_1^2 = \sigma_2^2$；H_1：$\sigma_1^2 > \sigma_2^2$。如果经 Vuong 检验拒绝 H_0，则接受 H_1，这就验证了本章的研究假设 H3。

（2）基于交互信息含量的对比信息含量的检验

基于交互信息含量的前提，探讨 EPS、CFOPS 的对比信息含量的问题，设立回归模型进行分析，须考虑 EPS、CFOPS 的交乘项 EPS·CFOPS。以 NAPS 作为控制变量，该情形下运用 Vuong 检验，可采用的检验模型为：

$$P = \alpha_0 + \alpha_1 \cdot CFOPS + \alpha_2 \cdot NAPS + \alpha_3 \cdot CFOPS \cdot EPS + \varepsilon,\ \varepsilon \sim N(0, \sigma_1^2) \tag{6.4}$$

$$P = \beta_0 + \beta_1 \cdot EPS + \beta_2 \cdot NAPS + \beta_3 CFOPS \cdot EPS + u,\ u \sim N(0, \sigma_2^2) \tag{6.5}$$

需检验的假设为 H_0：$\sigma_1^2 = \sigma_2^2$；H_1：$\sigma_1^2 > \sigma_2^2$。如果经 Vuong 检验拒绝 H_0，则接受 H_1，这就验证了本章的研究假设 H3。

运用 Vuong 检验，检验的统计量为：

$$Z = \frac{LR_n}{\sqrt{n}\,\hat{w}_n} \xrightarrow{D} N(0,1) \tag{6.6}$$

其中，

$$LR_n = n \ln \frac{\hat{\sigma}_1}{\hat{\sigma}_2} + \left(\frac{\sum_{i=1}^{n} u_i^2}{\hat{\sigma}_2^2} - \frac{\sum_{i=1}^{T} \varepsilon_i^2}{\hat{\sigma}_1^2} \right) \tag{6.7}$$

$$\hat{w}_n^2 = \frac{1}{n} \sum_{i=1}^{n} \left[\ln \frac{\hat{\sigma}_1}{\hat{\sigma}_2} + \left(\frac{u_i^2}{2\hat{\sigma}_2^2} - \frac{\varepsilon_i^2}{2\hat{\sigma}_1^2} \right) \right]^2 - \left\{ \frac{1}{n} \sum_{i=1}^{n} \left(\ln \frac{\hat{\sigma}_1}{\hat{\sigma}_2} + \frac{u_i^2}{2\hat{\sigma}_2^2} - \frac{\varepsilon_i^2}{2\hat{\sigma}_1^2} \right) \right\}^2 \tag{6.8}$$

3）市场反应程度评价方法下会计信息的对比信息含量

按第 4 章所提供的方法，为运用市场反应程度评价方法来评价会计信息的对比信息含量，需要计算 EPS、CFOPS 的同概率变动上限比 $\Delta_{EPS-max}/\Delta_{CFOPS-max}$。

（1）EPS、CFOPS 的同概率变动上限比的确定

为计算 EPS、CFOPS 的同概率变动上限比 $\Delta_{EPS-max}/\Delta_{CFOPS-max}$，需要运用模型（6.1）、（6.4）、（6.5）。叙述有关计算过程时，模型中有关参数的记号需予以区分，故为叙述方便，重述如下。

$$P_{iT} = \gamma_{0T} + \gamma_{1T} \cdot EPS_{iT} + \gamma_{2T} \cdot CFOPS_{iT} + \gamma_{3T} \cdot EPS_{iT} \cdot CFOPS_{iT} + \gamma_{4T} \cdot NAPS_{iT} + \varepsilon_T,\ \ \varepsilon_T \sim N(0, \sigma_T^2) \tag{6.9}$$

$$P_{iT} = \phi_{0T} + \phi_{1T} \cdot EPS_{iT} + \phi_{2T} \cdot EPS_{iT} \cdot CFOPS_{iT} + \phi_{3T} \cdot NAPS_{iT} + u_T,\ \ u_T \sim N(0, \sigma_{1T}^2) \tag{6.10}$$

$$P_{iT} = \varphi_{0T} + \varphi_{1T} \cdot CFOPS_{iT} + \varphi_{2T} EPS_{iT} \cdot CFOPS_{iT} + \varphi_{3T} \cdot NAPS_{iT} + v_T,\ \ v_T \sim N(0, \sigma_{2T}^2) \tag{6.11}$$

$$P_{iT} = \alpha_{0T} + \alpha_{1T} \cdot EPS_{iT} + \xi_T,\ \ \xi_T \sim N(0, \tau_{1T}^2) \tag{6.12}$$

$$P_{iT} = \beta_{0T} + \beta_{1T} \cdot CFOPS_{iT} + \eta_T,\ \ \eta_T \sim N(0, \tau_{2T}^2) \tag{6.13}$$

由第 4 章的式（4.93），以 0.999 的概率，EPS_T、$CFOPS_T$的变动上限比为：

$$K_T = \Delta_{EPS-max} / \Delta_{CFOPS-max} = \left| \frac{\hat{\beta}_{1T}}{\hat{\alpha}_{1T}} \right| \cdot \frac{\hat{\sigma}_{2T} - \hat{\sigma}_T}{\hat{\sigma}_{1T} - \hat{\sigma}_T} \tag{6.14}$$

记

$$1/k = \bar{K} = \frac{1}{18} \sum_{T=1998}^{2015} K_T \tag{6.15}$$

（2）基于公共信息含量的市场反应程度评价方法

基于 EPS、CFOPS 公共信息含量的前提，探讨 EPS、CFOPS 的对比信息含量的问题，由于不需要考虑 EPS、CFOPS 的交互影响问题，设立模型时不需要 EPS、CFOPS 的交乘项 $EPS \cdot CFOPS$，为使模型更具一般性，可增加一些控制变量如每股净资产 NAPS。为评价 EPS、CFOPS 的对比信息含量，由式（4.95），即建立如下的回归模型进行分析。

$$P = \lambda_0 + \lambda_1 \cdot k \cdot EPS + \lambda_2 \cdot (k \cdot EPS + CFOPS) + \lambda_3 \cdot NAPS + \varepsilon,\ \ \varepsilon \sim N(0, \sigma^2) \tag{6.16}$$

其中，新变量 $k \cdot EPS$ 的市场反应系数为 $\lambda_1 + \lambda_2$，CFOPS 的市场反应系数为 λ_2，k 由式（6.15）确定。这里要比较的是，$|\lambda_1 + \lambda_2|$ 是否大于 $|\lambda_2|$。对于模型（6.16）的检验结果可分为如下的三种情形进行分析：

情形 I：如果检验的结果为显著地，$\lambda_1, \lambda_2 > 0$ 或 $\lambda_1, \lambda_2 < 0$，则 $|\lambda_1 + \lambda_2| > |\lambda_2|$，因而 EPS 的对比信息含量要大于 CFOPS 的。

情形 II：如果检验的结果为显著地，$\lambda_2 > 0$，$\lambda_1 < 0$，则作补充检验

$$P = \mu_0 + \mu_1 \cdot (k \cdot EPS + CFOPS) + \mu_2 \cdot CFOPS + \mu_3 \cdot NAPS + \varepsilon,\ \ \varepsilon \sim N(0, \sigma^2) \tag{6.17}$$

模型（6.16）中新变量 $k \cdot EPS$ 的市场反应系数为 μ_1，CFOPS 的市

场反应系数为 $\mu_1+\mu_2$。

①如果检验结果为显著地，$\mu_1, \mu_2>0$，则 CFOPS 的对比信息含量要大于 EPS 的。

②如果检验结果为显著地，$\mu_1<0$，$\mu_2>0$，则需作变号变换，将 $k\cdot EPS$ 乘以（−1）即为 $(-k\cdot EPS)$，重新按模型（6.16）或（6.17）进行分析。

情形 III：如果检验的结果为显著地，$\lambda_1>0$，$\lambda_2<0$，则进行与情形 II 相类似的检验步骤。

（3）基于交互信息含量的市场反应程度评价方法

基于 EPS、CFOPS 交互信息含量的视角，探讨 EPS、CFOPS 的对比信息含量的问题，设立回归模型时，须考虑 EPS、CFOPS 的交乘项 EPS·CFOPS，并以 NAPS 作为控制变量。由式（4.97），则运用如下的回归模型进行分析。

$$P=\lambda_0+\lambda_1\cdot k\cdot EPS+\lambda_2\cdot(k\cdot EPS+CFOPS)+\lambda_3\cdot k\cdot EPS\cdot CFOPS+\lambda_4 NAPS+\varepsilon,\quad \varepsilon\sim N(0,\sigma^2) \tag{6.18}$$

其中 k 由式（6.15）确定。新变量 $k\cdot EPS$ 的市场反应系数为 $\lambda_1+\lambda_2+\lambda_3\cdot CFOPS$，CFOPS 的市场反应系数为 $\lambda_2+\lambda_3\cdot k\cdot EPS$。其中，新变量 $k\cdot EPS$ 的增量信息影响为 $\lambda_1+\lambda_2$，CFOPS 对新变量 $k\cdot EPS$ 的交互影响为 $\lambda_3\cdot CFOPS$；CFOPS 的增量信息影响为 λ_2，新变量 $k\cdot EPS$ 对 CFOPS 的影响为 $\lambda_3\cdot k\cdot EPS$。需要比较的是，$|\lambda_1+\lambda_2|$ 是否大于 $|\lambda_2|$。对于模型（6.18）的检验结果可分为如下的三种情形进行分析：

情形 I：如果检验的结果为显著地，$\lambda_1, \lambda_2>0$ 或 $\lambda_1, \lambda_2<0$，则 $|\lambda_1+\lambda_2|>|\lambda_2|$，因而 EPS 的对比信息含量要大于 CFOPS 的。

情形 II：如果检验的结果为显著地，$\lambda_2>0$，$\lambda_1<0$，则作补充检验

$$P=\mu_0+\mu_1\cdot(k\cdot EPS+CFOPS)+\mu_2\cdot CFOPS+\mu_3\cdot k\cdot EPS\cdot CFOPS+\mu_4\cdot NAPS+\varepsilon,\quad \varepsilon\sim N(0,\sigma^2) \tag{6.19}$$

模型（6.19）中新变量 $k\cdot EPS$ 的市场反应系数为 μ_1，CFOPS 的市场反应系数为 $\mu_1+\mu_2$。

①如果检验结果为 $\mu_1, \mu_2 > 0$，则 CFOPS 的对比信息含量要大于 EPS 的。

②如果检验结果为 $\mu_1 < 0$，$\mu_2 > 0$，则需作变号变换，将 k·EPS 乘以（−1）即为 (-k·EPS)，重新按模型（6.18）或（6.19）进行分析。

情形 III：如果检验的结果为显著地，$\lambda_1 > 0$，$\lambda_2 < 0$，与情形 II 的检验步骤相同。

6.3.2 变量选择

本章各模型中所涉及的变量见表 6-1。

表 6-1 **变量定义**

变量符号	变量名称	变量解释、估值
被解释变量		
P_{iT}	股价	公司 i 报告年度 T 的下一年 4 月 30 日的收盘价，被解释变量
解释变量		
EPS_{iT}	每股收益	公司 i 报告年度 T 的每股收益
$NAPS_{iT}$	每股净资产	公司 i 报告年度 T 末的每股净资产
$CFOPS_{iT}$	经营性净现流	公司 i 报告年度 T 经营活动产生的现金流

6.3.3 样本选择与数据来源

以 1998—2015 年沪深两市所有 A 股上市公司为样本，剔除金融业公司、亏损公司、资产负债率大于 1 的公司。所有数据均来自于国泰安数据库和锐思数据库，去掉样本不全等数据后，共得到 25 507 个样本数据。

6.4 样本的描述性统计

各主要变量的描述性统计见表 6-2。

由表 6-2 可以看出，自 1999 年至 2016 年这 18 年中的每一年，股价的均值均大于中位数，当年的最高股价是当年股价均价的 3 倍以上，当年的最低股价低于当年股价均价的 1/3。对上述的倍数按 18 年进行平均，可以发现，最高股价是股价均价的 9 倍以上，最低股价低于股价均价的 1/4。这说明，我国资本市场股价分化比较严重，低价股偏多，高价股的股价又偏高，投资者的投资风险较大。

从每股收益 EPS 来看，自 1998 年至 2015 年这 18 年间，EPS 的均值与中位数差异较大，并且每一年 EPS 的均值均大于中位数。这说明，我国上市公司的业绩在一定程度上存在分化现象，业绩好的企业占少数，一半以上的企业其业绩低于平均数，业绩分化现象很普遍。比如，2015 年，EPS 的均值为 0.448 元，而中位数为 0.295 元，这意味着一半以上的企业，其业绩低于平均数 0.448 元，至少低 0.153 元，也就是一半以上的企业，其业绩达不到均值的 2/3。

从每股净资产 NAPS 来看，自 1998 年至 2015 年这 18 年间，NAPS 的均值与中位数虽然差不多，但每一年 NAPS 的均值均大于中位数。这说明，我国上市公司的净资产存在分化现象，一半以上的企业其净资产低于平均数。这也表明，我国上市公司的财务风险在一定程度上存在分化现象，财务风险低的企业占少数。

从每股经营活动净现流 CFOPS 来看，自 1998 年至 2015 年这 18 年间，CFOPS 的均值与中位数虽然差不多，但每一年 CFOPS 的均值均大于中位数。这说明，我国上市公司的 CFOPS 存在分化现象，一半以上的企业其 CFOPS 低于平均数，这也表明，我国上市公司的净现流存在分化现象，经营活动净现流好的企业占少数。

表 6-2　　主要变量的描述性统计

year	obs.	P					EPS					NAPS					CFOPS				
		Average	max	min	median	std.	Average	max	min	median	std.	Average	max	min	median	std.	Average	max	min	median	std.
1998	724	10.212	34.260	2.930	9.310	4.081	0.312	1.729	0.001	0.288	0.203	2.850	6.820	0.649	2.730	0.918	0.104	3.121	-1.850	0.097	0.417
1999	823	15.825	93.000	3.960	13.750	8.800	0.280	1.352	0.000	0.257	0.188	2.776	8.508	0.060	2.651	1.018	0.187	2.895	-1.923	0.157	0.429
2000	946	16.555	52.100	3.960	15.265	6.366	0.275	1.616	0.002	0.243	0.196	3.090	10.764	0.143	2.930	1.302	0.235	2.698	-4.372	0.201	0.479
2001	958	12.690	48.400	3.190	11.965	4.755	0.241	1.795	0.001	0.198	0.197	3.183	11.773	0.141	3.004	1.418	0.254	4.676	-4.122	0.227	0.516
2002	991	8.977	47.450	1.000	8.200	4.662	0.236	5.734	0.000	0.183	0.267	3.237	10.456	0.033	3.044	1.449	0.339	6.544	-5.815	0.296	0.636
2003	1 073	8.695	37.430	3.270	7.620	3.897	0.252	2.556	0.000	0.183	0.248	3.314	12.620	0.028	3.102	1.530	0.327	10.127	-8.183	0.283	0.773
2004	1 129	5.454	65.000	0.900	4.270	4.133	0.274	2.474	0.001	0.192	0.272	3.325	11.738	0.024	3.138	1.533	0.410	11.536	-4.356	0.305	0.787
2005	892	6.232	59.350	1.670	4.805	4.996	0.271	2.050	0.002	0.193	0.264	3.309	11.658	0.015	3.180	1.460	0.443	10.171	-4.902	0.372	0.717
2006	1 183	16.313	100.000	5.080	13.210	10.456	0.319	5.315	0.000	0.221	0.353	3.262	13.124	0.205	3.059	1.550	0.448	8.961	-7.312	0.353	0.784
2007	1 327	15.628	183.130	4.100	11.760	13.761	0.442	5.374	0.004	0.317	0.491	3.690	21.222	0.012	3.405	2.094	0.375	9.871	-7.646	0.291	0.920
2008	1 269	12.045	116.350	3.090	9.330	8.684	0.396	6.428	0.001	0.260	0.509	3.658	19.633	0.123	3.292	2.028	0.412	25.396	-4.314	0.289	1.095
2009	1 546	18.533	175.170	3.930	13.345	15.942	0.459	4.824	0.001	0.316	0.481	4.041	23.141	0.025	3.438	2.553	0.593	9.422	-4.879	0.427	0.924
2010	1 925	19.639	230.670	3.270	15.690	14.582	0.534	5.658	0.001	0.407	0.520	5.002	29.707	-0.008	3.990	3.523	0.326	11.813	-7.271	0.294	0.993
2011	2 112	13.549	225.980	1.820	11.200	10.592	0.533	8.910	0.001	0.404	0.555	5.145	28.775	0.007	4.452	3.075	0.210	11.633	-6.355	0.201	0.957
2012	2 177	11.936	171.110	2.010	9.070	10.556	0.458	13.493	0.001	0.326	0.590	4.908	34.150	0.014	4.341	2.878	0.401	12.799	-4.422	0.302	0.916
2013	2 074	12.974	163.880	1.530	9.920	11.077	0.458	17.534	0.000	0.307	0.691	4.842	42.506	0.014	4.303	2.741	0.375	12.190	-11.248	0.306	0.999
2014	2 142	27.050	370.520	4.520	20.565	23.741	0.465	14.246	0.001	0.312	0.591	4.937	48.434	0.005	4.327	2.978	0.428	66.355	-16.345	0.320	1.744
2015	2 216	20.736	251.200	2.390	15.460	17.792	0.448	16.539	0.000	0.295	0.690	4.969	52.726	0.010	4.254	3.222	0.529	141.918	-12.773	0.333	3.188

6.5 EPS 与 CFOPS 的增量信息含量与交互信息含量的实证分析

为探讨 EPS 与 CFOPS 的增量信息含量与交互信息含量，运用 1998—2015 年沪深两市所有 A 股上市公司的 25 507 个样本，对模型（6.1）进行回归分析，有关回归结果见表 6-3。

表 6-3 **模型（6.1）的各年回归结果**

年份	C	EPS	NAPS	CFOPS	EPS · CFOPS	R^2	$AdjR^2$	F
1998	6.73*** (16.90)	12.79*** (17.38)	-0.17 (-1.10)	-1.09** (-2.14)	1.40 (1.53)	0.39	0.39	114.60***
1999	10.98*** (13.16)	22.86*** (10.95)	-0.42 (-1.25)	-0.38 (-0.31)	-4.28* (-1.69)	0.17	0.17	42.83***
2000	11.72*** (23.10)	10.97*** (7.89)	0.74*** (4.22)	-1.68** (-2.51)	-0.92 (-0.70)	0.17	0.17	49.38***
2001	8.97*** (25.76)	7.81*** (8.35)	0.66*** (5.50)	-1.61*** (-4.43)	1.41*** (3.14)	0.24	0.24	74.88***
2002	6.12*** (17.52)	5.66*** (6.22)	0.50*** (4.38)	0.17 (0.57)	-1.12 *** (-2.67)	0.12	0.12	34.49***
2003	5.02*** (21.99)	7.53*** (13.42)	0.52*** (7.05)	0.09 (0.48)	0.10 (0.35)	0.41	0.41	184.48***
2004	2.12*** (9.68)	6.52*** (12.99)	0.42*** (5.99)	-0.74*** (-3.84)	2.28*** (7.39)	0.49	0.49	271.28***
2005	2.60*** (8.09)	9.07*** (13.99)	0.34 *** (3.27)	-0.81*** (-2.93)	1.98*** (6.47)	0.44	0.44	176.59***
2006	7.15*** (12.95)	17.17*** (17.63)	1.16*** (6.28)	0.09 (0.19)	-0.59 (-1.13)	0.45	0.45	245.65***
2007	5.46*** (8.91)	15.70*** (19.91)	0.79*** (4.46)	0.81** (2.05)	0.08 (0.20)	0.42	0.42	241.54***
2008	4.65*** (12.31)	9.53*** (17.82)	1.01*** (8.60)	0.25 (1.35)	-0.80 *** (-3.11)	0.50	0.49	311.37***
2009	7.53*** (11.69)	19.30*** (18.44)	0.57*** (3.52)	0.29 (0.61)	-0.90 (-1.51)	0.38	0.38	236.85***
2010	7.09*** (16.08)	9.64*** (14.56)	1.42*** (16.10)	-0.40 (-1.25)	1.57*** (6.82)	0.47	0.47	421.05***
2011	4.20*** (12.97)	10.59*** (24.81)	0.72*** (10.32)	0.06 (0.26)	0.01 (0.04)	0.50	0.50	519.10***
2012	3.61*** (9.86)	7.73*** (17.87)	1.02*** (13.23)	-0.35 (-1.43)	-0.27 (-1.28)	0.38	0.38	337.88***
2013	6.14*** (13.84)	4.23*** (10.57)	0.98*** (10.36)	0.02 (0.09)	0.31*** (5.39)	0.28	0.28	199.30***
2014	15.86*** (16.52)	13.65 *** (10.68)	1.01*** (4.53)	-0.31 (-0.93)	0.00 (0.02)	0.19	0.19	123.13***
2015	9.55*** (14.91)	8.61*** (9.16)	1.53*** (10.64)	-0.12 (-0.92)	-0.35*** (-4.52)	0.22	0.22	155.63***

备注：***表示在1%的水平下显著，**表示在5%的水平下显著，*表示在10%的水平下显著

由表 6-3 可以看出，在模型（6.1）对各年的数据回归分析中，EPS 的系数均在 1%的水平下显著大于零。这表明，在给定 CFOPS 的前提下，EPS 的确具有增量信息含量。因而 H1a 得到了验证。

关于 CFOPS 的增量信息含量方面，CFOPS 的回归系数只有在 1998 年、2000 年、2001 年、2004 年、2005 年、2007 年在 10%以下通过了异于零的显著性检验，其余各年均未能在 10%的显著性水平上通过 CFOPS 的回归系数异于零的显著性检验。这个结果表明，这 18 年的数据中有 6 年的数据支持了 CFOPS 具有增量信息含量的假设，尚未有足够的证据证明假设 H1b。H1b 需要进一步加以论证。

关于 EPS 与 CFOPS 的交互信息含量方面，在 1998—2015 年这 18 年的数据中只有 1999 年、2001 年、2002 年、2004 年、2005 年、2008 年、2010 年、2013 年、2015 年的数据支持了 CFOPS 交乘项的系数在 10%的显著性水平上通过了异于零的显著性检验。虽然 18 年的数据中只有 9 年的数据支持 EPS 与 CFOPS 具有交互信息含量，从谨慎的原则来看，应该可以认定 H2 可被接受。

6.6 Vuong 检验下 EPS 与 CFOPS 对比信息含量的分析

6.6.1 基于公共信息含量下的 Vuong 检验

Vuong 检验需要设计检验模型与计算有关统计量，统计量由模型（6.6）~（6.8）确定。公共信息前提下，探讨 EPS、CFOPS 的对比信息含量的问题，设立回归模型（6.2）、（6.3）进行分析时，无须考虑 EPS、CFOPS 的交乘项 EPS·CFOPS 。模型（6.2）、（6.3）的回归结果见表 6-4。

模型（6.2）可用来验证 CFOPS 与 NAPS 的互有增量信息含量的问题，表 6-4 中每一年的第一行是模型（6.2）的检验结果。模型（6.3）可用来验证 EPS 与 NAPS 的互有增量信息含量的问题，表 6-4 中每一年的第二行是模型（6.3）的检验结果。

在 6.5 中，我们验证了，CFOPS 的回归系数只有在 1998 年、2000 年、2001 年、2004 年、2005 年、2007 年在 10%以下通过了异于零的显著性检验，其他年份均未在 10%以下通过异于零的显著性检验。这表明，在给定 EPS 的前提下，除上述年份以外的其他年份，CFOPS 不具有增量信息含量。同时还表明，当 CFOPS 相对于 EPS 不具有增量信息含量时，相对于 NAPS 也不具有增量信息含量。

从表 6-4 每一年的第一行可以看出，只有 1999 年、2001 年、2002 年、2008 年、2012 年、2014 年这 6 年的检验结果表明，在给定 NAPS 的前提下，CFOPS 不具有增量信息含量，其他 12 年的结果均表明，在给定 NAPS 的前提下，CFOPS 具有增量信息含量；而每一年的检验结果都表明，在给定 CFOPS 的前提下，NAPS 具有增量信息含量。从这些检验中可以看出，披露 CFOPS 还是有现实意义的。

与表 6-3 的有关结论相同，从表 6-4 每一年的第二行可以看出，只有 1998 年、1999 年这两年的数据反映出在给定 EPS 的前提下，NAPS 不具有增量信息含量，其他各年的检验都反映了 EPS 与 NAPS 具有互有增量信息含量。

需要说明的一个问题是，如果给定 EPS 的前提下 CFOPS 不具有增量信息含量，这个命题是正确的，比较 EPS 与 CFOPS 的信息含量的大小，就完全没有必要。但是，这种检验还是有一定的必要性的。例如，在 6.5 中，从表 6-3 可以看出，运用其他年份的数据进行检验均表明，在给定 NAPS 的前提下，CFOPS 不具有增量信息含量。而表 6-4 的检验却发现，在 18 年的数据中，有 12 年的数据却支持了假设：在给定 NAPS 的前提下，CFOPS 具有增量信息含量。表 6-3 提供的证据表明 18 年中毕竟有 6 年可以支持 H1b，应该说是否应该拒绝 H1b，还需要进一步研究。

基于公共信息含量的前提下，运用 1998—2015 年这 18 年的数据对模型（6.2）、（6.3）进行 Vuong 检验，检验结果见表 6-5。由表 6-5 可以看出，每一年 Vuong 检验的 Z 值都大于 9.00，在 1%的显著性水平上，可以接受 H3，也就是可以接受 EPS 的信息含量大于 CFOPS 的这一假设。

值得指出的是，由表 6-4 可以看出，只有 1998 年、2000 年、2001 年、2004 年、2005 年、2007 年的数据支持了假设 H1b，也就是，在给定 EPS 的前提下，CFOPS 具有增量信息含量。由表 6-5 可知，这些年份的 Z 值却不是最小的，Z 值越高，表示 EPS 的信息含量高于 CFOPS 信息含量的可能性越大。例如，1998 年的为 35.350、2004 年的为 35.318、2005 年的为 30.177、2007 年的为 38.936，比其他拒绝 H1b 的年份的 Z 值还要高，如 2014 年的 Z 值仅为 20.655，2015 年的 Z 值为 17.347。这表明，尽管 H1b 可能被拒绝，但进行相对信息含量的检验也是有必要的。

表 6-4　　　　**模型（6.2）、（6.3）的回归结果**

年份	C	CFOPS	EPS	NAPS	R^2	AdjR^2	S.E. of regression	Sum squared resid	F
1998	6.39*** (13.58)	0.90*** (2.59)		1.31*** (8.28)	0.10	0.10	3.87	10 813.26	40.85***
	6.62*** (17.01)		12.80*** (18.50)	-0.14 (-0.92)	0.39	0.38	3.20	7 399.91	225.98***
1999	11.10*** (12.68)	-0.07 (-0.10)		1.71*** (5.71)	0.04	0.04	8.64	61 185.38	16.56***
	11.26*** (13.77)		19.85*** (10.93)	-0.36 (-1.06)	0.16	0.16	8.07	53 401.64	78.74***
2000	11.88*** (23.48)	-1.09*** (-2.64)		1.59*** (10.52)	0.11	0.10	6.02	34 202.88	56.36***
	11.64*** (23.65)		8.87*** (7.53)	0.80*** (4.53)	0.15	0.15	5.87	32 499.02	84.04***
2001	8.44*** (24.00)	-0.08 (-0.29)		1.35*** (13.05)	0.16	0.16	4.50	19 391.53	89.39***
	8.68*** (25.64)		7.80*** (9.00)	0.67 *** (5.53)	0.22	0.22	4.32	17 882.34	137.40***
2002	5.98*** (17.17)	0.18 (0.77)		0.91*** (9.11)	0.08	0.08	4.47	19 740.54	44.46***
	6.24*** (18.14)		3.67*** (6.08)	0.58*** (5.19)	0.12	0.11	4.39	19 040.75	64.25***
2003	4.53*** (18.60)	0.74*** (5.48)		1.18*** (17.36)	0.27	0.27	3.34	11 928.60	195.28***
	5.01*** (22.68)		7.78*** (17.06)	0.52*** (7.05)	0.41	0.41	3.00	9 641.05	368.55***
2004	1.08*** (4.32)	1.16 *** (8.56)		1.17*** (16.80)	0.28	0.28	3.52	13 924.73	215.96***
	1.77*** (8.15)		8.97*** (22.05)	0.37*** (5.10)	0.46	0.46	3.03	10 359.09	484.08***

续表

年份	C	CFOPS	EPS	NAPS	R^2	$AdjR^2$	S.E. of regression	Sum squared resid	F
2005	1.48*** (4.06)	1.57*** (7.26)		1.23*** (11.54)	0.23	0.23	4.39	17 114.17	133.04***
	2.12*** (6.62)		10.99*** (18.62)	0.34*** (3.21)	0.41	0.41	3.83	13 043.47	313.29***
2006	5.04*** (8.30)	1.14*** (3.31)		3.30*** (18.98)	0.27	0.27	8.95	94 614.58	215.90***
	7.27*** (13.58)		16.38*** (20.39)	1.17*** (6.41)	0.45	0.45	7.74	70 605.98	489.93***
2007	3.75*** (5.49)	1.29 *** (3.57)		3.09*** (19.49)	0.23	0.23	12.08	193 208.10	198.38***
	5.73*** (9.74)		15.88*** (21.12)	0.78*** (4.41)	0.42	0.42	10.5	145 906.60	477.31***
2008	2.69*** (6.63)	0.21 (1.17)		2.53*** (26.07)	0.35	0.35	6.98	61 763.66	346.99***
	4.76*** (12.71)		8.72*** (18.62)	1.05*** (8.92)	0.49	0.49	6.19	48 534.61	614.10***
2009	7.12*** (10.12)	0.85** (2.14)		2.70*** (18.81)	0.19	0.19	14.32	316 426.50	185.88***
	7.72*** (12.90)		18.32*** (21.62)	0.59*** (3.72)	0.38	0.38	12.56	243 575.50	472.23***
2010	7.07*** (15.00)	1.88*** (6.97)		2.39 *** (31.49)	0.35	0.35	11.73	264 408.40	525.84***
	6.64*** (15.41)		11.95*** (19.89)	1.32*** (14.91)	0.45	0.45	10.82	224 827.80	787.59***
2011	3.56*** (9.50)	1.06*** (5.28)		1.90*** (30.56)	0.31	0.31	8.78	162 614.50	481.16***
	4.21*** (13.18)		10.63*** (28.36)	0.71*** (10.53)	0.50	0.50	7.52	119 281.20	1 039.04***
2012	2.56*** (6.64)	-0.06 (-0.27)		1.92*** (28.41)	0.27	0.27	9.01	176 487.80	406.49***
	3.55*** (9.98)		7.33*** (19.55)	1.02*** (13.33)	0.38	0.38	8.31	150 096.20	669.09***
2013	4.37*** (9.92)	1.09*** (4.78)		1.69*** (20.47)	0.21	0.21	9.85	201 114.60	274.70***
	5.55*** (12.78)		5.09*** (13.59)	1.05*** (11.14)	0.27	0.27	9.49	186 676.90	376.03***
2014	12.87*** (13.79)	-0.00439 (-0.02)		2.87*** (17.17)	0.13	0.13	22.16	1 050 564.00	159.60***
	15.94*** (17.13)		13.56*** (12.24)	0.97*** (4.43)	0.19	0.19	21.42	981 759.30	245.74***
2015	8.71*** (13.70)	-0.41*** (-3.66)		2.46*** (22.26)	0.19	0.18	16.06	571 022.90	252.13***
	10.25*** (16.17)		5.40*** (8.62)	1.62*** (12.11)	0.21	0.21	15.85	555 806.20	289.33***

备注：***表示在1%的水平下显著，**表示在5%的水平下显著，*表示在10%的水平下显著

表 6-5　　基于公共信息含量下的 Vuong 检验

年份	Z统计量	年份	Z统计量	年份	Z统计量	年份	Z统计量	年份	Z统计量
1998	35.350***	2002	12.349***	2006	39.049***	2010	33.357***	2014	24.309***
1999	21.505***	2003	30.293***	2007	38.936***	2011	53.028***	2015	12.818***
2000	11.349***	2004	35.318***	2008	36.128***	2012	38.264***		
2001	23.537***	2005	30.177***	2009	41.720***	2013	23.616***		

备注：***表示在1%的水平下显著，**表示在5%的水平下显著，*表示在10%的水平下显著

6.6.2　基于交互信息含量下的 Vuong 检验

在交互信息前提下，探讨 EPS、CFOPS 的对比信息含量的问题，设立回归模型（6.4）、（6.5）进行分析时，须考虑 EPS、CFOPS 的交乘项 EPS·CFOPS 。Vuong 检验所需要统计量按模型（6.6）~（6.8）确定。按模型（6.4）、（6.5）进行回归分析，回归结果见表 6-6。

模型（6.4）可用来验证 CFOPS 与 NAPS 的互有增量信息含量的问题，表 6-6 中每一年的第一行是模型（6.4）的检验结果。模型（6.5）可用来验证 EPS 与 NAPS 的互有增量信息含量的问题，表 6-4 中每一年的第二行是模型（6.5）的检验结果。

关于 CFOPS 在给定 NAPS 的前提下的增量信息含量的问题，与表 6-3、表 6-4 的结果有所不同的是，由表 6-6 可以看出，除了 2007 年、2013 年以外，CFOPS 相对于 NAPS 具有增量信息含量，也就是，18 年数据中有 16 年的数据支持了 CFOPS 相对于 NAPS 具有增量信息含量，而表 6-3 中只有 6 年的数据、表 6-4 中只有 12 年的数据支持了这个假设。

关于 NAPS 在给定 EPS 的前提下的增量信息含量的问题，与表 6-3、表 6-4、表 6-6 的结果基本相同。只有 1998 年、1999 年这两年的数据的实证检验表明，在给定 EPS 的前提下，NAPS 不具有增量信息含量，其他各年的检验都反映了 EPS 与 NAPS 具有互有增量信息含量。

运用表 6-6 的有关数据，按模型（6.6）~（6.8），可计算出 Vuong 检验所需要统计量 Z 值。Z 值大于零且越大，则表明 EPS 信息含量大

于 CFOPS 信息含量的可能性越大。基于交互信息含量的前提下，运用 1998—2015 年这 18 年的数据对模型（6.4）、（6.5）进行 Vuong 检验，检验结果见表 6-6。由表 6-7 可以看出，每一年 Vuong 检验的 Z 值都大于 9.00，在 1%的显著性水平上，可以接受 H3，也就是可以接受 EPS 的信息含量大于 CFOPS 的这一假设。

表 6-6　　　　**模型（6.4）、（6.5）的回归结果**

年份	C	CFOPS	EPS	NAPS	CFOPS · EPS	R^2	$AdjR^2$	S.E. of regression	Sum squared resid	F
1998	6.92*** (14.59)	-1.62*** (-2.69)		1.11*** (6.91)	5.36*** (5.08)	0.13	0.13	3.81	10 439.81	36.75***
	6.60*** (16.73)		12.89*** (17.50)	-0.14 (-0.91)	-0.19 (-0.35)	0.39	0.38	3.21	7 398.63	150.51***
1999	11.73*** (13.18)	-3.57*** (-2.84)		1.49*** (4.90)	8.17*** (3.37)	0.05	0.05	8.58	60 350.48	14.96***
	10.93*** (13.36)		23.02*** (11.37)	-0.42 (-1.27)	-4.93*** (-3.44)	0.17	0.17	8.02	52 639.35	57.14***
2000	12.32*** (23.81)	-2.99*** (-4.47)		1.47*** (9.53)	4.23*** (3.59)	0.12	0.12	5.98	33 740.75	42.35***
	11.38*** (23.19)		11.84*** (8.76)	0.72*** (4.10)	-3.53*** (-4.35)	0.17	0.17	5.82	31 860.27	63.38***
2001	8.99*** (24.93)	-1.54*** (-4.09)		1.21*** (11.59)	2.45*** (5.49)	0.18	0.18	4.43	18 800.46	71.44***
	8.69*** (25.13)		7.72*** (8.18)	0.67*** (5.51)	0.07 (0.21)	0.22	0.22	4.32	17 881.54	91.53***
2002	6.17*** (17.35)	-0.26 (-0.91)		0.86*** (8.52)	0.75** (2.50)	0.09	0.09	4.46	19 616.47	31.88***
	6.15*** (17.91)		5.54*** (6.26)	0.51*** (4.51)	-0.98*** (-2.88)	0.12	0.12	4.37	18 882.16	45.91***
2003	5.09*** (20.63)	-0.45** (-2.27)		1.04*** (15.12)	2.04*** (8.01)	0.31	0.31	3.24	11 253.39	159.25***
	5.04*** (22.55)		7.47*** (13.64)	0.53*** (7.10)	0.19 (1.04)	0.41	0.41	3.00	9 631.40	246.08***
2004	2.18*** (9.26)	-1.39*** (-6.97)		0.90*** (13.79)	4.49*** (16.26)	0.41	0.41	3.17	11 274.48	265.81***
	1.92*** (8.97)		7.02*** (14.40)	0.41*** (5.72)	1.36*** (6.96)	0.48	0.48	2.97	9 931.08	352.49***
2005	2.46*** (6.95)	-0.92*** (-3.01)		1.05*** (10.40)	3.44*** (10.86)	0.32	0.32	4.12	15 108.38	139.66***
	2.45*** (7.69)		9.12*** (14.01)	0.31*** (3.01)	1.34*** (6.22)	0.44	0.44	3.75	12 498.48	230.63***

续表

年份	C	CFOPS	EPS	NAPS	CFOPS·EPS	R^2	$AdjR^2$	S.E. of regression	Sum squared resid	F
2006	6.70*** (10.80)	-2.22*** (-4.32)		2.95*** (16.95)	4.25*** (8.58)	0.31	0.31	8.69	89 058.48	177.30***
	7.18*** (13.34)		17.12*** (18.29)	1.17*** (6.37)	-0.51 (-1.54)	0.45	0.45	7.73	70 464.80	327.79***
2007	4.77*** (6.83)	-0.26 (-0.57)		2.83*** (17.39)	2.55*** (5.70)	0.25	0.25	11.94	188 580.90	146.22***
	5.81*** (9.86)		15.48*** (19.79)	0.77*** (4.38)	0.60* (1.83)	0.42	0.42	10.49	145 537.70	319.89***
2008	3.25*** (7.85)	-0.37* (-1.80)		2.36*** (23.30)	1.41*** (5.60)	0.37	0.37	6.90	60 268.54	247.34***
	4.73*** (12.66)		9.40*** (17.88)	1.02*** (8.70)	-0.62*** (-2.82)	0.50	0.49	6.17	48 232.23	414.29***
2009	8.99*** (12.73)	-2.41*** (-4.81)		2.24*** (15.35)	5.42*** (10.10)	0.24	0.24	13.87	296 806.70	166.01***
	7.67*** (12.81)		19.10*** (19.18)	0.57*** (3.58)	-0.65 (-1.49)	0.38	0.38	12.56	243 226.20	315.80***
2010	8.16*** (17.81)	-0.93*** (-2.78)		2.20*** (29.72)	2.95*** (13.34)	0.41	0.41	11.22	241 995.30	442.13***
	6.95*** (16.30)		9.74*** (14.80)	1.42*** (16.11)	1.39*** (7.70)	0.47	0.47	10.66	218 102.30	560.72***
2011	4.05*** (11.01)	-0.78*** (-3.00)		1.81*** (29.59)	1.83*** (10.78)	0.35	0.35	8.55	154 111.80	377.08***
	4.21*** (13.18)		10.58*** (25.05)	0.72*** (10.33)	0.03 (0.28)	0.50	0.50	7.52	119 276.90	692.42***
2012	3.32*** (8.48)	-1.23*** (-4.82)		1.77*** (25.70)	1.57*** (7.98)	0.29	0.29	8.88	171 463.40	300.03***
	3.49*** (9.80)		7.85*** (18.55)	1.01*** (13.17)	-0.45*** (-2.64)	0.38	0.38	8.30	149 616.60	449.61***
2013	5.55*** (12.29)	0.22 (0.89)		1.47*** (17.37)	0.51*** (8.96)	0.24	0.24	9.67	193 607.30	216.90***
	6.15*** (13.87)		4.24*** (10.61)	0.98*** (10.41)	0.32*** (5.80)	0.28	0.28	9.42	183 691.10	265.85***
2014	14.76*** (15.07)	-1.04*** (-3.12)		2.49*** (14.02)	0.91*** (5.92)	0.14	0.14	21.99	1 033 605.00	119.79***
	15.81*** (16.49)		13.90*** (11.11)	0.98*** (4.44)	-0.08 (-0.58)	0.19	0.19	21.43	981 603.60	163.89***
2015	9.23*** (14.17)	-0.57*** (-4.72)		2.35*** (20.43)	0.18*** (3.50)	0.19	0.19	16.02	567 884.80	173.01***
	9.59*** (15.02)		8.95*** (10.31)	1.49*** (11.00)	-0.39*** (-5.86)	0.22	0.22	15.73	547 310.70	207.23***

备注：***表示在1%的水平下显著，**表示在5%的水平下显著，*表示在10%的水平下显著

表 6-7 基于交互信息含量下的 Vuong 检验

年份	Z统计量	年份	Z统计量	年份	Z统计量	年份	Z统计量	年份	Z统计量
1998	32.236***	2002	12.554***	2006	34.432***	2010	34.432***	2014	20.655***
1999	21.461***	2003	26.577***	2007	38.488***	2011	38.488***	2015	17.347***
2000	12.538***	2004	20.802***	2008	34.936***	2012	34.936***		
2001	9.424***	2005	25.345***	2009	36.358***	2013	36.358***		

备注：***表示在1%的水平下显著，**表示在5%的水平下显著，*表示在10%的水平下显著

6.7 解释变量的同概率变动

由于 EPS 与 CFOPS 是在权责发生制与收付实现制两种标准下所计量出来的两种会计信息，报告期内 EPS 变动 1 单位，一般不会引起报告期末 CFOPS 变动 1 单位。运用市场反应程度评价方法，需要考虑解释变量的同概率变动问题。通过模型（6.9）~（6.13）估计有关参数的值，并通过式（6.14）、（6.15）估计 EPS_T、$NAPS_T$ 的变动上限比的平均数 $\bar{K}$。

模型（6.9）~（6.13）的回归结果见表 6-8。利用表 6-8 的数据按式（6.14）可得到各年 EPS_T、$CFOPS_T$ 的变动上限比 K_T，见表 6-9。然而，这 18 个数据之中，共有 9 个数据异常，删去这些异常值之后，对剩下的样本进行平均，最后得到的 K_T 的平均值为 $\bar{K} = 11.5988$。这意味着，如果能合理预期 CFOPS 变动 1 单位，相应地，就可合理预期 EPS 变动 11.60 单位，用以解释股价的变动。

在模型（6.18）、（6.19）中：

$$k = 1/\bar{K} = 0.0862 \tag{6.20}$$

式（6.20）中 k=0.0862 表示，如果能合理预期 EPS 变动 1 单位，相应地，就只能可合理预期 CFOPS 变动 0.0862 单位，用以解释股价的变动。

表 6-8　　　　　　　模型（6.9）~（6.13）的回归结果

年份	C	EPS	CFO	EPS·CFOPS	NAPS	R^2	$AdjR^2$	S.E. of regression	F
	6.73*** (16.90)	12.79*** (17.38)	-1.09** (-2.14)	1.40 (1.53)	-0.17 (-1.10)	0.39	0.39	3.20	114.60***
	6.60*** (16.73)	12.89*** (17.50)		-0.19 (-0.35)	-0.14 (-0.91)	0.39	0.38	3.21	150.51***
1998	6.92*** (14.59)		-1.62*** (-2.69)	5.36*** (5.08)	1.11*** (6.91)	0.13	0.13	3.81	36.75***
	6.32*** (28.94)	12.46*** (21.24)				0.38	0.38	3.20	451.21***
	10.08*** (64.99)		1.26*** (3.48)			0.02	0.02	4.05	12.09***
	10.98*** (13.16)	22.86*** (10.95)	-0.38 (-0.31)	-4.28* (-1.69)	-0.42 (-1.25)	0.17	0.17	8.02	42.83***
	10.93*** (13.36)	23.02*** (11.37)		-4.93*** (-3.44)	-0.42 (-1.27)	0.17	0.17	8.02	57.14***
1999	11.73*** (13.18)		-3.57*** (-2.84)	8.17*** (3.37)	1.49*** (4.90)	0.05	0.05	8.58	14.96***
	10.58*** (20.93)	18.76*** (12.50)				0.16	0.16	8.07	156.33***
	15.73*** (47.00)		0.52 (0.73)			0.00	0.00	8.80	0.54
	11.72*** (23.10)	10.97*** (7.89)	-1.68** (-2.51)	-0.92 (-0.70)	0.74*** (4.22)	0.17	0.17	5.80	49.38***
	11.38*** (23.19)	11.84*** (8.76)		-3.53*** (-4.35)	0.72*** (4.10)	0.17	0.17	5.82	63.38***
2000	12.32*** (23.81)		-2.99*** (-4.47)	4.23*** (3.59)	1.47*** (9.53)	0.12	0.12	5.98	42.35***
	13.29*** (39.92)	11.85*** (12.02)				0.13	0.13	5.93	144.59***
	16.69*** (72.39)		-0.57 (-1.33)			0.00	0.00	6.36	1.76
	8.97*** (25.76)	7.81*** (8.35)	-1.61*** (-4.43)	1.41*** (3.14)	0.66*** (5.50)	0.24	0.24	4.28	74.88***
	8.69*** (25.13)	7.72*** (8.18)		0.07 (0.21)	0.67*** (5.51)	0.22	0.22	4.32	91.53***
2001	8.99*** (24.93)		-1.54*** (-4.09)	2.45*** (5.49)	1.21*** (11.59)	0.18	0.18	4.43	71.44***
	10.11*** (45.89)	10.72*** (15.39)				0.20	0.20	4.38	236.95***
	12.52*** (72.34)		0.76*** (2.68)			0.01	0.01	4.88	7.17***

续表

年份	C	EPS	CFO	EPS·CFOPS	NAPS	R^2	$AdjR^2$	S.E. of regression	F
2002	6.12*** (17.52)	5.66*** (6.22)	0.17 (0.57)	-1.12*** (-2.67)	0.50*** (4.38)	0.12	0.12	4.38	34.49***
	6.15*** (17.91)	5.54*** (6.26)		-0.98*** (-2.88)	0.51*** (4.51)	0.12	0.12	4.37	45.91***
	6.17*** (17.35)		-0.26 (-0.91)	0.75** (2.50)	0.86*** (8.52)	0.09	0.09	4.46	31.88***
	7.74*** (41.09)	5.26*** (9.95)				0.09	0.09	4.45	98.91***
	8.79*** (52.51)		0.55** (2.35)			0.01	0.00	4.65	5.51**
2003	5.02*** (21.99)	7.53*** (13.42)	0.09 (0.48)	0.10 (0.35)	0.52*** (7.05)	0.41	0.41	3.00	184.48***
	5.04*** (22.55)	7.47*** (13.64)		0.19 (1.04)	0.53*** (7.10)	0.41	0.41	3.00	246.08***
	5.09*** (20.63)		-0.45** (-2.27)	2.04*** (8.01)	1.04*** (15.12)	0.31	0.31	3.24	159.25***
	6.26*** (46.94)	9.67*** (25.64)				0.38	0.38	3.07	657.42***
	8.29*** (66.16)		1.25*** (8.35)			0.06	0.06	3.78	69.78***
2004	2.12*** (9.68)	6.52*** (12.99)	-0.74*** (-3.84)	2.28*** (7.39)	0.42*** (5.99)	0.49	0.49	2.95	271.28***
	1.92*** (8.97)	7.02*** (14.40)		1.36*** (6.96)	0.41*** (5.72)	0.48	0.48	2.97	352.49***
	2.18*** (9.26)		-1.39*** (-6.97)	4.49*** (16.26)	0.90*** (13.79)	0.41	0.41	3.17	265.81***
	2.67*** (20.63)	10.18*** (30.36)				0.45	0.45	3.07	921.64***
	4.79*** (36.28)		1.63*** (10.94)			0.10	0.10	3.93	119.79***
2005	2.60*** (8.09)	9.07*** (13.99)	-0.81*** (-2.93)	1.98*** (6.47)	0.34*** (3.27)	0.44	0.44	3.74	176.59***
	2.45*** (7.69)	9.12*** (14.01)		1.34*** (6.22)	0.31*** (3.01)	0.44	0.44	3.75	230.63***
	2.46*** (6.95)		-0.92*** (-3.01)	3.44 *** (10.86)	1.05*** (10.40)	0.32	0.32	4.12	139.66***
	2.96*** (16.03)	12.06*** (24.70)				0.41	0.41	3.85	609.95***
	5.18*** (28.00)		2.36*** (10.76)			0.12	0.11	4.70	115.70***

续表

年份	C	EPS	CFO	EPS·CFOPS	NAPS	R^2	$AdjR^2$	S.E. of regression	F
2006	7.15*** (12.95)	17.17*** (17.63)	0.09 (0.19)	-0.59 (-1.13)	1.16*** (6.28)	0.45	0.45	7.73	245.65***
	7.18*** (13.34)	17.12*** (18.29)		-0.51 (-1.54)	1.17*** (6.37)	0.45	0.45	7.73	327.79***
	6.70*** (10.80)		-2.22*** (-4.32)	4.25*** (8.58)	2.95*** (16.95)	0.31	0.31	8.69	177.30***
	10.10*** (32.78)	19.51*** (30.13)				0.43	0.43	7.87	908.02***
	15.05*** (43.95)		2.81*** (7.41)			0.04	0.04	10.23	54.92***
2007	5.46*** (8.91)	15.70*** (19.91)	0.81** (2.05)	0.08 (0.20)	0.79*** (4.46)	0.42	0.42	10.48	241.54***
	5.81*** (9.86)	15.48*** (19.79)		0.60* (1.83)	0.77*** (4.38)	0.42	0.42	10.49	319.89***
	4.77*** (6.83)		-0.26 (-0.57)	2.55*** (5.70)	2.83*** (17.39)	0.25	0.25	11.94	146.22***
	7.69*** (19.68)	17.95*** (30.37)				0.41	0.41	10.57	922.34***
	15.07*** (37.11)		1.48*** (3.62)			0.01	0.01	13.7	13.10***
2008	4.65*** (12.31)	9.53*** (17.82)	0.25 (1.35)	-0.80*** (-3.11)	1.01*** (8.60)	0.50	0.49	6.17	311.37***
	4.73*** (12.66)	9.40*** (17.88)		-0.62*** (-2.82)	1.02*** (8.70)	0.50	0.49	6.17	414.29***
	3.25*** (7.85)		-0.37* (-1.80)	1.41*** (5.60)	2.36*** (23.30)	0.37	0.37	6.90	247.34***
	7.46*** (32.9)	11.57*** (32.89)				0.46	0.46	6.38	1 081.71***
	11.76*** (45.31)		0.68 *** (3.08)			0.01	0.01	8.66	9.48***
2009	7.53*** (11.69)	19.30*** (18.44)	0.29 (0.61)	-0.90 (-1.51)	0.57*** (3.52)	0.38	0.38	12.56	236.85***
	7.67*** (12.81)	19.10*** (19.18)		-0.65 (-1.49)	0.57*** (3.58)	0.38	0.38	12.56	315.80***
	8.99*** (12.73)		-2.41*** (-4.81)	5.42*** (10.10)	2.24*** (15.35)	0.24	0.24	13.87	166.01***
	9.22*** (20.78)	20.28*** (30.38)				0.37	0.37	12.62	922.95***
	17.54*** (36.58)		1.67*** (3.82)			0.01	0.01	15.87	14.58***

续表

年份	C	EPS	CFO	EPS·CFOPS	NAPS	R^2	$AdjR^2$	S.E. of regression	F
	7.09*** (16.08)	9.64*** (14.56)	-0.40 (-1.25)	1.57*** (6.82)	1.42*** (16.10)	0.47	0.47	10.65	421.05***
	6.95*** (16.30)	9.74*** (14.80)		1.39*** (7.70)	1.42*** (16.11)	0.47	0.47	10.66	560.72***
2010	8.16*** (17.81)		-0.93*** (-2.78)	2.95*** (13.34)	2.20*** (29.72)	0.41	0.41	11.22	442.13***
	10.31*** (27.62)	17.45 *** (34.83)				0.39	0.39	11.42	1 213.27***
	18.96*** (54.73)		2.09*** (6.29)			0.02	0.02	14.44	39.56***
	4.20*** (12.97)	10.59*** (24.81)	0.06 (0.26)	0.01 (0.04)	0.72*** (10.32)	0.50	0.50	7.52	519.10***
	4.21*** (13.18)	10.58*** (25.05)		0.03 (0.28)	0.72*** (10.33)	0.50	0.50	7.52	692.42***
2011	4.05*** (11.01)		-0.78*** (-3.00)	1.83*** (10.78)	1.81*** (29.59)	0.35	0.35	8.55	377.08***
	6.58*** (28.26)	13.07*** (43.24)				0.47	0.47	7.71	1 869.70***
	13.32*** (56.72)		1.07 *** (4.46)			0.01	0.01	10.54	19.89***
	3.61*** (9.86)	7.73*** (17.87)	-0.35 (-1.43)	-0.27 (-1.28)	1.02*** (13.23)	0.38	0.38	8.30	337.88***
	3.49*** (9.80)	7.85*** (18.55)		-0.45*** (-2.64)	1.01*** (13.17)	0.38	0.38	8.30	449.61***
2012	3.32*** (8.48)		-1.23*** (-4.82)	1.57*** (7.98)	1.77*** (25.70)	0.29	0.29	8.88	300.03***
	7.22*** (30.79)	10.29*** (32.76)				0.33	0.33	8.64	1 073.24***
	11.73*** (47.51)		0.52** (2.09)			0.00	0.00	10.55	4.38***
	6.14*** (13.84)	4.23*** (10.57)	0.02 (0.09)	0.31*** (5.39)	0.98*** (10.36)	0.28	0.28	9.42	199.30***
	6.15*** (13.87)	4.24*** (10.61)		0.32*** (5.80)	0.98*** (10.41)	0.28	0.28	9.42	265.85***
2013	5.55*** (12.29)		0.22 (0.89)	0.51*** (8.96)	1.47*** (17.37)	0.24	0.24	9.67	216.90***
	9.51*** (36.95)	7.56*** (24.35)				0.22	0.22	9.77	592.82***
	12.05*** (47.55)		2.47*** (10.42)			0.05	0.05	10.80	108.52***

续表

年份	C	EPS	CFO	EPS·CFOPS	NAPS	R^2	$AdjR^2$	S.E. of regression	F
2014	15.86*** (16.52)	13.65*** (10.68)	−0.31 (−0.93)	0.00 (0.02)	1.01*** (4.53)	0.19	0.19	21.43	123.13***
	15.81*** (16.49)	13.90*** (11.11)		−0.08 (−0.58)	0.98*** (4.44)	0.19	0.19	21.43	163.89***
	14.76*** (15.07)		−1.04*** (−3.12)	0.91*** (5.92)	2.49*** (14.02)	0.14	0.14	21.99	119.79***
	19.13*** (32.34)	17.02*** (21.63)				0.18	0.18	21.52	467.79***
	26.47*** (50.34)		1.35*** (4.63)			0.01	0.01	23.63	21.40***
2015	9.55*** (14.91)	8.61*** (9.16)	−0.12 (−0.92)	−0.35*** (−4.52)	1.53*** (10.64)	0.22	0.22	15.73	155.63***
	9.59*** (15.02)	8.95*** (10.31)		−0.39*** (−5.86)	1.49*** (11.00)	0.22	0.22	15.73	207.23***
	9.23*** (14.17)		−0.57*** (−4.72)	0.18*** (3.50)	2.35*** (20.43)	0.19	0.19	16.02	173.01***
	16.19*** (39.05)	10.14*** (20.13)				0.15	0.15	16.36	405.27***
	20.57*** (53.77)		0.31*** (2.65)			0.00	0.00	17.77	7.00***

备注：***表示在1%的水平下显著，**表示在5%的水平下显著，*表示在10%的水平下显著

表 6-9　　各年 EPS_T、$CFOPS_T$ 的变动上限比计算过程

年份	$\hat{\sigma}_T$	$\hat{\sigma}_{1T}$	$\hat{\sigma}_{2T}$	$\hat{\alpha}_{1T}$	$\hat{\beta}_{1T}$	K_T
1998	3.198	3.206	3.808	12.461	1.255	7.705
1999	8.021	8.017	8.584	18.763	0.524	−3.551
2000	5.799	5.816	5.985	11.847	−0.573	0.552
2001	4.279	4.320	4.430	10.720	0.763	0.260
2002	4.375	4.374	4.458	5.259	0.545	−5.766
2003	3.003	3.002	3.245	9.674	1.246	−28.799
2004	2.953	2.971	3.166	10.178	1.627	1.891
2005	3.736	3.752	4.125	12.061	2.364	4.791
2006	7.734	7.731	8.691	19.512	2.812	−43.672
2007	10.476	10.488	11.939	17.953	1.480	9.545
2008	6.173	6.175	6.902	11.570	0.683	21.731
2009	12.562	12.559	13.874	20.278	1.668	−41.991

续表

年份	$\hat{\sigma}_T$	$\hat{\sigma}_{1T}$	$\hat{\sigma}_{2T}$	$\hat{\alpha}_{1T}$	$\hat{\beta}_{1T}$	K_T
2010	10.654	10.655	11.224	17.447	2.086	43.130
2011	7.524	7.522	8.550	13.071	1.070	−50.489
2012	8.296	8.298	8.883	10.291	0.517	14.786
2013	9.422	9.420	9.671	7.556	2.474	−36.050
2014	21.428	21.427	21.987	17.024	1.354	−65.457
2015	15.730	15.730	16.023	10.142	0.313	−16.420

备注：由式（6.14）计算各年的EPS_T、$CFOPS_T$的变动上限比K_T，共得到18个数据，由于其中有9个数据为负值，属于数据异常，故删去这9年的数据，对剩下的9个数据求平均，可得变动上限比的均值为11.5988

6.8 市场反应程度评价方法下会计信息对比信息含量的实证分析

6.8.1 基于公共信息含量的评价

基于EPS、CFOPS公共信息含量的前提，探讨EPS、CFOPS的对比信息含量的问题，由于不需要考虑EPS、CFOPS的交互影响问题，设立模型时不需要考虑EPS、CFOPS的交乘项EPS·CFOPS，为使模型更具一般性，这里以每股净资产NAPS作为控制变量。按模型（6.16）进行回归分析，其中k=0.0862，由式（6.15）、（6.20）确定，即：

$$P=\lambda_0+\lambda_1\cdot 0.0862\cdot EPS+\lambda_2\cdot(0.0862\cdot EPS+CFOPS)+\lambda_3\cdot NAPS+\varepsilon,\quad \varepsilon\sim N(0,\sigma^2) \tag{6.21}$$

新变量0.0862·EPS的市场反应系数为$\lambda_1+\lambda_2$，CFOPS的市场反应系数为λ_2，要比较的是$|\lambda_1+\lambda_2|$是否大于$|\lambda_2|$。

如果$\lambda_1>0$，$\lambda_2>0$，则表明EPS的信息含量要大于CFOPS的；如果$\lambda_1>0$，$\lambda_2<0$，则对CFOPS的数据作乘以（−1）的变号变换，按模型（6.22）进行回归分析。

$$P=\lambda_0+\lambda_1\cdot 0.0862\cdot EPS+\lambda_2\cdot(0.0862\cdot EPS-CFOPS)+\lambda_3\cdot NAPS+\varepsilon,\quad \varepsilon\sim N(0,\sigma^2) \tag{6.22}$$

如果模型（6.22）的回归结果表明，$\lambda_1>0$，$\lambda_2>0$，则意味着EPS

的信息含量要大于 CFOPS 的。

模型（6.21）的回归结果见表 6-10。

表 6-10　　**模型（6.21）的回归结果**

年份	C	0.0862·EPS	0.0862·EPS+CFOPS	NAPS	R^2	AdjR^2	F
1998	6.60*** (16.97)	152.07*** (18.20)	−0.46 (−1.54)	−0.15 (−0.96)	0.39	0.38	151.73***
1999	11.30*** (13.88)	248.93*** (11.39)	−2.06*** (−3.01)	−0.38 (−1.13)	0.17	0.17	56.04***
2000	11.82*** (24.25)	123.65*** (8.76)	−2.05*** (−4.98)	0.75*** (4.31)	0.17	0.17	65.70***
2001	8.67*** (25.75)	100.92*** (9.56)	−0.84*** (−3.12)	0.68*** (5.60)	0.23	0.23	95.67***
2002	6.28*** (18.17)	45.76*** (6.12)	−0.29 (−1.21)	0.58*** (5.19)	0.12	0.11	43.34***
2003	5.00*** (22.65)	88.33*** (15.84)	0.14 (1.09)	0.52*** (7.05)	0.41	0.41	246.14***
2004	1.73*** (7.96)	98.97*** (19.75)	0.37*** (2.99)	0.37*** (5.13)	0.47	0.46	327.31***
2005	2.12*** (6.64)	121.40*** (16.64)	0.47** (2.34)	0.32*** (2.98)	0.42	0.42	211.74***
2006	7.30*** (13.62)	192.68*** (19.93)	−0.32 (−1.05)	1.19*** (6.46)	0.45	0.45	327.02***
2007	5.44*** (9.10)	181.78*** (20.79)	0.86*** (2.74)	0.79*** (4.47)	0.42	0.42	322.28***
2008	4.78*** (12.66)	101.30*** (18.53)	−0.05 (−0.32)	1.05*** (8.92)	0.49	0.49	409.15***
2009	7.81*** (12.63)	213.48*** (21.39)	−0.20 (−0.56)	0.59*** (3.72)	0.38	0.38	314.78***
2010	6.40*** (14.74)	132.44*** (18.56)	0.94*** (3.74)	1.36*** (15.26)	0.45	0.45	533.27***
2011	4.19*** (13.03)	122.89*** (27.42)	0.07 (0.38)	0.72*** (10.49)	0.50	0.50	692.46***
2012	3.70*** (10.30)	87.01*** (19.76)	−0.53*** (−2.71)	1.02*** (13.36)	0.38	0.38	449.82***
2013	5.58*** (12.84)	56.53*** (12.59)	0.47** (2.12)	1.03*** (10.78)	0.27	0.27	252.60***
2014	15.85*** (16.97)	158.80*** (12.29)	−0.30 (−1.10)	1.01*** (4.54)	0.19	0.19	164.24***
2015	9.88*** (15.45)	63.33*** (8.75)	−0.42*** (−3.82)	1.74*** (12.70)	0.21	0.21	198.93***

备注：***表示在1%的水平下显著，**表示在5%的水平下显著，*表示在10%的水平下显著

由表 6-10 可以看出，以 1998—2015 年的数据对模型（6.21）进行回归，新变量 0.0862 · EPS 的回归系数在 1%的显著性水平下全为正，但是 0.0862 · EPS+CFOPS 的系数有正有负。在 10%的显著性水平下，1999 年、2000 年、2001 年、2012 年、2015 年的数据下，0.0862 · EPS+CFOPS 的回归系数显著为负。因此，对这些年份以外的其他年份，显著地有 $|\lambda_1+\lambda_2|>|\lambda_2|$，即 EPS 的信息含量显著地大于 CFOPS 的信息含量。对 1999 年、2000 年、2001 年、2012 年、2015 年这些年份，需要对 CFOPS 的数据作乘以（-1）的变号变换，以使其回归系数为正，按模型（6.22）作进一步的补充检验，检验结果见表 6-11。

表 6-11　**模型（6.22）的回归结果**

年份	C	0.0862 · EPS	0.0862 · EPS-CFOPS	NAPS	R^2	$AdjR^2$	F
1999	11.30*** (13.88)	244.81*** (11.38)	2.06*** (3.01)	-0.38 (-1.13)	0.17	0.17	56.04***
2000	11.82*** (24.25)	119.55*** (8.61)	2.05*** (4.98)	0.75*** (4.31)	0.17	0.17	65.70***
2001	8.67*** (25.75)	99.24*** (9.55)	0.84*** (3.12)	0.68*** (5.60)	0.23	0.23	95.67***
2012	3.70*** (10.30)	85.95*** (19.73)	0.53*** (2.71)	1.02*** (13.36)	0.38	0.38	449.82***
2015	9.88*** (15.45)	62.49*** (8.63)	0.42*** (3.82)	1.74*** (12.70)	0.21	0.21	198.93***

备注：***表示在 1%的水平下显著，**表示在 5%的水平下显著，*表示在 10%的水平下显著

由表 6-11 可以看出，以 1999 年、2000 年、2001 年、2012 年、2015 年的数据对模型（6.22）进行回归，0.0862 · EPS、0.0862 · EPS-CFOPS 的回归系数在 1%的显著性水平下全为正。根据以上分析，0.0862 · EPS 的市场反应系数显著地大于 CFOPS 的。

综上所述，基于公共信息含量的前提，利用市场反应系数方法，EPS 的信息含量要大于 CFOPS 的。

6.8.2 基于交互信息含量的评价

基于 EPS、CFOPS 交互信息含量的前提，探讨 EPS、CFOPS 的对比信息含量的问题，需要考虑 EPS、CFOPS 的交互影响问题，设立模型时应加入 EPS、CFOPS 的交乘项 EPS·CFOPS，为使模型更具一般性，以每股净资产 NAPS 作为控制变量。按模型（6.18）进行回归分析，其中 k=0.0862，由式（6.15）、（6.20）确定，即下列的模型（6.23）：

$$P = \lambda_0 + \lambda_1 \cdot 0.0862 \cdot EPS + \lambda_2 \cdot (0.0862 \cdot EPS + CFOPS) + \lambda_3 \cdot 0.0862 \cdot EPS \cdot CFOPS + \lambda_4 NAPS + \varepsilon, \quad \varepsilon \sim N(0, \sigma^2) \tag{6.23}$$

新变量 0.0862·EPS 的市场反应系数为 $\lambda_1 + \lambda_2 + \lambda_3 \cdot CFOPS$，CFOPS 的市场反应系数为 $\lambda_2 + \lambda_3 \cdot 0.0862 \cdot EPS$，要比较的是 $|\lambda_1 + \lambda_2|$ 是否大于 $|\lambda_2|$。

如果 $\lambda_1 > 0$，$\lambda_2 > 0$，则表明 EPS 的信息含量要大于 CFOPS 的；如果 $\lambda_1 > 0$，$\lambda_2 < 0$，则对 CFOPS 的数据作乘以（−1）的变号变换，则按模型（6.24）进行回归分析。

$$P = \lambda_0 + \lambda_1 \cdot 0.0862 \cdot EPS + \lambda_2 \cdot (0.0862 \cdot EPS - CFOPS) + \lambda_3 \cdot 0.0862 \cdot EPS \cdot CFOPS + \lambda_4 NAPS + \varepsilon, \quad \varepsilon \sim N(0, \sigma^2) \tag{6.24}$$

如果模型（6.24）的回归结果表明，$\lambda_1 > 0$，$\lambda_2 > 0$，则意味着 EPS 的信息含量要大于 CFOPS 的。

模型（6.23）的回归结果见表 6-12。

由表 6-12 可以看出，以 1998—2015 年的数据对模型（6.23）进行回归分析，新变量 0.0862 · EPS 的回归系数在 1%的显著性水平下全为正，但是 0.0862 · EPS+CFOPS 的系数有正有负。在 10%的显著性水平下，1998 年、2000 年、2001 年、2004 年、2005 年、2010 年这些年份，0.0862 · EPS+CFOPS 的回归系数显著为负。对这些年份以外的其他年份，则显著地有 $|\lambda_1 + \lambda_2| > |\lambda_2|$，即 EPS 的信息含量显著地大于 CFOPS 的信息含量。对 1998 年、2000 年、2001 年、2004 年、2005 年、2010 年需要对 CFOPS 的数据作乘以（−1）的变号变换，以使其回归系数为正，按模型（6.24）作进一步的补充检验，检验结果见表 6-13。

表 6-12 **模型（6.23）的回归结果**

年份	C	0.0862 · EPS	0.0862 · EPS +CFOPS	NAPS	0.0862 · EPS · CFOPS	R^2	$AdjR^2$	F
1998	6.73*** (16.90)	149.45*** (17.54)	−1.09** (−2.14)	−0.17 (−1.10)	16.27 (1.53)	0.39	0.39	114.60***
1999	10.98*** (13.16)	265.52*** (11.09)	−0.38 (−0.31)	−0.42 (−1.25)	−49.60* (−1.69)	0.17	0.17	42.83***
2000	11.72*** (23.10)	128.91*** (8.07)	−1.68** (−2.51)	0.74*** (4.22)	−10.72 (−0.70)	0.17	0.17	49.38***
2001	8.97*** (25.76)	92.24*** (8.49)	−1.61*** (−4.43)	0.66*** (5.50)	16.36*** (3.14)	0.24	0.24	74.88***
2002	6.12*** (17.52)	65.47*** (6.24)	0.17 (0.57)	0.50*** (4.38)	−12.99*** (−2.67)	0.12	0.12	34.49***
2003	5.02*** (21.99)	87.20*** (13.49)	0.09 (0.48)	0.52*** (7.05)	1.12 (0.35)	0.41	0.41	184.48***
2004	2.13*** (9.72)	76.41*** (13.23)	−0.73*** (−3.82)	0.42*** (5.94)	26.41*** (7.38)	0.49	0.49	270.75***
2005	2.60*** (8.09)	106.01*** (14.10)	−0.81*** (−2.93)	0.34*** (3.27)	22.95*** (6.47)	0.44	0.44	176.59***
2006	7.15*** (12.95)	199.03*** (17.82)	0.09 (0.19)	1.16*** (6.28)	−6.82 (−1.13)	0.45	0.45	245.65***
2007	5.46*** (8.91)	181.29*** (19.92)	0.81** (2.05)	0.79*** (4.46)	0.93 (0.20)	0.42	0.42	241.54***
2008	4.65*** (12.31)	110.28*** (17.88)	0.25 (1.35)	1.01*** (8.60)	−9.27*** (−3.11)	0.50	0.49	311.37***
2009	7.53*** (11.69)	223.53*** (18.62)	0.29 (0.61)	0.57*** (3.52)	−10.39 (−1.51)	0.38	0.38	236.85***
2010	7.09*** (16.08)	112.24*** (14.67)	−0.40 (−1.25)	1.42*** (16.10)	18.22*** (6.82)	0.47	0.47	421.05***
2011	4.20*** (12.97)	122.80*** (24.94)	0.06 (0.26)	0.72*** (10.32)	0.08 (0.04)	0.50	0.50	519.10***
2012	3.61*** (9.86)	89.97*** (18.10)	−0.35 (−1.43)	1.02*** (13.23)	−3.13 (−1.28)	0.38	0.38	337.88***
2013	6.14*** (13.84)	49.08*** (10.51)	0.02 (0.09)	0.98*** (10.36)	3.64*** (5.39)	0.28	0.28	199.30***
2014	15.86*** (16.52)	158.63*** (10.75)	−0.31 (−0.93)	1.01*** (4.53)	0.05 (0.02)	0.19	0.19	123.13***
2015	9.55*** (14.91)	100.02*** (9.22)	−0.12 (−0.92)	1.53*** (10.64)	−4.06*** (−4.52)	0.22	0.22	155.63***

表 6-13 **模型（6.24）的回归结果**

年份	C	0.0862 · EPS	0.0862 · EPS−CFOPS	NAPS	0.0862 · EPS · CFOPS	R^2	$AdjR^2$	F
1998	6.73*** (16.90)	147.27*** (17.16)	1.09** (2.14)	−0.17 (−1.10)	16.27 (1.53)	0.39	0.39	114.60***
2000	11.72*** (23.10)	125.55*** (7.70)	1.68** (2.51)	0.74*** (4.22)	−10.72 (−0.70)	0.17	0.17	49.38***
2001	8.97*** (25.76)	89.01*** (8.21)	1.61*** (4.43)	0.66*** (5.50)	16.36*** (3.14)	0.24	0.24	74.88***
2004	2.13*** (9.72)	74.94*** (12.76)	0.73*** (3.82)	0.42*** (5.94)	26.41*** (7.38)	0.49	0.49	270.75***
2005	2.60*** (8.09)	104.38*** (13.85)	0.81*** (2.93)	0.34*** (3.27)	22.95*** (6.47)	0.44	0.44	176.59***
2010	7.09*** (16.08)	111.45*** (14.43)	0.40 (1.25)	1.42*** (16.10)	18.22*** (6.82)	0.47	0.47	421.05***

由表 6-13 可以看出，以 1998 年、2000 年、2001 年、2004 年、2005 年、2010 年的数据按模型（6.24）进行回归分析，0.0862 · EPS、0.0862 · EPS−CFOPS 的回归系数在 1%的显著性水平下全为正。根据以上的分析，0.0862 · EPS 的市场反应系数显著地大于 CFOPS 的。

综上所述，基于交互信息含量的前提，利用市场反应系数方法，EPS 的信息含量要大于 CFOPS 的。

6.9 结论

本章依据“因果”说，认为会计盈余与经营性现金流应具有相互增量信息含量、交互信息含量以及会计盈余的信息含量应多于经营性现金流的。运用 1998—2015 年的数据，通过设计相应的回归模型进行回归分析，得到如下结论：（1）增量信息含量方面。18 年中的每一年的数据都证明，给定 CFOPS，EPS 具有增量信息含量；但其中只有 6 年的数据能够证明，给定 EPS，CFOPS 具有增量信息含量。（2）交互信息方面。18 年的数据有 9 年的数据能够证明，EPS 与 CFOPS 具有交互信息含量。(3) 分别采用 Vuong 检验与市场反应程度评价方法，针对 EPS 与 CFOPS 具有公共信息与交互信息两种前提假设，设立回归模型，无论是哪种方法还是基于哪种前提假设，这 18 年数据的每一年都证明了，EPS 比 CFOPS 具有更多的信息含量，也就是说，EPS 比 CFOPS 具有更强的价值相关性。

值得一提的是，即使在给定 EPS 的情况下 CFOPS 不具有增量信息含量是成立的，也不意味着披露 CFOPS 的信息是没有必要的，因为 CFOPS 与 EPS 可能具有交互信息含量，这也能证明 CFOPS 具有决策有用性。这也是本章研究的一个重要之处。

颇有一番韵味的是，学术界长期致力于对盈余管理的研究，认为会计盈余有可能为企业管理层所操纵，因而可能损害会计信息的可靠性。然而基于这里的研究以及其他研究都可以发现，EPS 的价值相关性是要强于 CFOPS 的。这是否可从另一个侧面证明，学术界所担心的“盈余管理”问题是不是有些多余？还是其严重性不为市场所认同？还是研究人员的“杞人忧天”呢？

第 7 章　中国资本市场会计信息价值相关性的影响因素：财务杠杆

7.1　概述

财务杠杆与会计盈余价值相关性的研究，主要是基于财务杠杆对于盈余反应系数的影响。资产负债率越高，企业债务的违约风险也就越高，未来盈余的波动性就会增大，未预期盈余的持续性就会降低。因而，同样 1 元的未预期盈余，对财务杠杆高的企业，市场的反应就会低许多，盈余反应系数 ERC 随着财务杠杆的推高而降低。已有的许多研究都表明，资产负债率与 ERC 负相关[131~134]。利润表的价值相关性水平随着资产负债率的增加而降低。

一个问题是，资产负债表的价值相关性是否随着资产负债率的变化而变化，资产负债表与利润表的联合信息含量是否随着资产负债率的变化而变化。这方面的研究当前少有涉及，本章将对此进行一番探讨。

股利折现模型认为，企业的内在价值是企业发放的现金股利的现值。若会计信息能传递未来盈利能力的信息，而公司发放的现金股利是以公司盈利为基础，则公司所披露的会计信息中的盈利信息就具有重要意义——有助于投资者对公司股票的内在价值作出判断。

如果将公司盈利能力理解为"每股收益"（earnings per share，EPS），并进一步假定"每股收益"的增长率为 ρ，且公司将"每股收益"作为股利全部发放给股东，那么依股利折现模型，公司内在价值（每股）为：

$$IVPS_t = EPS_t/(r-\rho) \tag{7.1}$$

其中，$IVPS_t$ 表示每股的内在价值，r 表示必要的折现率。由式（7.1），在有关假设下，公司的内在价值可由每股收益及其增长率 ρ 完全确定，如果市场是有效的，应能够对每股收益及其增长率 ρ 作出反应。

式（7.1）可用来研究"每股收益"的变动对公司内在价值的影响。由式（7.1），对公司内在价值 $IVPS_t$ 关于 EPS 求偏导，有：

$$\frac{\partial}{\partial(EPS_t)}(IVPS_t) = 1/(r-\rho) \tag{7.2}$$

式（7.2）意味着在其他条件不变的前提下，如果"每股收益"变动 1 元，则公司内在价值同向变动 $1/(r-\rho)$ 元。如果市场有效，会计信息能够反映到股价上，则每股收益的变化将使得公司的内在价值发生同向变化，最终导致股价发生同向变化。这就是会计信息具有价值相关性的重要体现。

由式（7.1），如果市场上每一家企业的 EPS 的增长率相同，市场对企业所要求的必要回报率相同，那么每一家企业盈余 EPS 的市场反应系数都相同，都为 $1/(r-\rho)$。然而市场上的企业存在个体差异，如增长率 ρ 不同，资产负债率不同。假设资产负债率越高，投资者要求的收益率 r 也越高。式（7.2）表明，其他条件相同，如果资产负债率越高，企业会计盈余的市场反应系数就会越小。

公司的盈利能力也可界定为"净资产收益率"（return on equity，ROE）。净资产收益率可以对应"要素的平均产出"，只有当边际产出大于平均产出时，平均产出才会递增。当平均产出较高时，要维持递增的平均产出，自然需要较高的边际产出。因此，大致看来，如果企业的净资产收益率越高，企业未来的增长性 ρ 可能越低，反之则反是。简单地，ρ 与“净资产收益率”的倒数 1/ROE 可能存在正相关关系。

由式（7.1），并假设 $\rho < r$，则：

$$\frac{IVPS_t}{EPS_t} = \frac{1}{r}\cdot\frac{1}{1-\rho/r} = \frac{1}{r}\cdot(1+\rho/r+\rho^2/r^2+\cdots) \approx \frac{1}{r}\cdot(1+\rho/r) = \frac{1}{r}+\frac{1}{r^2}\cdot\rho \tag{7.3}$$

由式（7.3），ρ 与“净资产收益率”的倒数 1/ROE 可能存在正相关关系，可转换成一个可检验的假设：市盈率与净资产收益率的倒数正相关。不妨设：

$$\rho = C\cdot 1/ROE \tag{7.4}$$

其中，C 为常数，C 可能与企业的特质有关。注意到，$EPS\cdot 1/ROE = NAPS$，由式（7.3），则：

$$IVPS_t \approx \frac{1}{r}\cdot EPS+\frac{C}{r^2}\cdot NAPS \tag{7.5}$$

同样地，假设资产负债率越高，投资者要求的收益率 r 也越高。式（7.5）表明，其他条件相同，如果资产负债率越高，NAPS 的市场反应系数就会越小，也就是 NAPS 的价值相关性越低。

基于以上分析，我们就得到一个基本结论，当企业的资产负债率越高，企业会计信息的价值相关性就越低。

如果将企业的价值界定为未来发放的现金股利或未来现金流量的现值，那么，利润表比资产负债表对于预测未来的盈利或现金流的时间、金额与不确定性应更具优势。资产负债表对于资产、负债按流动性将其划分为流动资产与非流动资产、流动负债与非流动负债，这种划分对于报表使用者预测企业资产、负债所导致的未来现金流入、流出的能力与趋势，是有一定帮助的。但需要指出的是，这种预测是需要建立在关于企业未来经营状况的预判的基础上的。例如，企业的流动资产又划分为货币资金、应收账款、存货等，这些资产特别是存货，并非能自动转化为现金的，需要经过销售环节才有可能产生现金流。而销售是利润表所处理的业务，这就意味着，资产负债表中的资产是否能够转化为现金是需要利用利润表中的信息的。只有对利润表中的信息充分理解，判断销售收入的趋势，才能评价这些存货产生现金流的能力。举例来说，假设企业期末存货为1 000万元，而企业的销售成本只有500万元，这就意味着这1 000万元不可能全部转化为下期的现金流。因而企业下期的销售收入情况，与本期末有多少存货之间的关系可能不大，在此意义上，预测现金流方面，利润表比资产负债表更具有优势。

偿债能力方面，在正常经营期间，企业的偿债能力主要来自企业的盈利，而企业的资产为债权人提供最后的保障。债权人考虑是否贷款给企业时，首先需评价的是企业的盈利能力，如果企业的盈利能力较差，无论企业的资产状况如何，贷款人都需慎重贷款给这样的企业。也就是说，就评价企业的偿债能力而言，利润表也比资产负债表具有某种信息优势。

简言之，利润表的价值相关性要强于资产负债表的。

上述的分析中，资产负债表似乎没有什么价值，只要利润表就可以满足报表使用者的决策需要。当然，这是一个错觉。资产负值表可以提供一些利润表所不能提供的偿债能力方面的信息。在正常经营期间，企业盈利的信息对于企业偿债能力的评价是至关重要的，但是，如果企业处于债务违约期间，企业所拥有的资产对于评价企业的偿债能力就变得尤为重要。基于此理由，当企业的资产负债率越来越高时，企业所面临的债务违约风险就越来越大，评价企业的偿债能力既需要评价企业的盈利能力，也需要评价企业资产的变现能力。这就意味着随着企业资产负债率的提高，利润表对资产负债表的信息优势逐渐减弱。

在当前的研究中，对于会计信息的对比信息含量的研究，很少涉及一方对另一方的信息优势如何受到其他因素的影响，这是当前的研究空白，本章将运用第4章中所建立的市场反应程度评价方法进行研究。

7.2 研究假设

为探讨财务杠杆对净资产价值相关性的影响，这里对企业盈利能力作了一个关键性的假设——企业盈利的增长率与企业净资产收益率的倒数正相关。这个假设通过模型（7.3）可转化为一个可以检验的假设，即下列的研究假设 H1。

H1：企业的市盈率与净资产收益率倒数正相关。

企业的资产负债率越高，企业的破产风险也越高，作为对投资风险的补偿，投资者要求的收益率 r 也越高。基于此，并利用模型（7.2）、(7.5)，可以推知，企业财务杠杆的提高，EPS、NAPS 的价值相关性则随之降低，基于此，我们提出下列的研究假设 H2。

H2：其他因素相同，企业会计信息的价值相关性随着财务杠杆的提高而降低。

H2a：其他因素相同，高财务杠杆公司盈余的价值相关性低于低财务杠杆公司的。

H2b：其他因素相同，高财务杠杆公司净资产的价值相关性低于低财务杠杆公司的。

H2c：其他因素相同，高财务杠杆公司的净资产、会计盈余的联合信息含量低于低财务杠杆公司的。

正常情况下，利润表比资产负债表更有助于预测未来现金流量，利润表所提供的盈利信息更有助预测企业的偿债能力，基于此，我们如下研究假设 H3。

H3：会计盈余的价值相关性高于净资产的价值相关性。

当企业的资产负债率越来越高时，企业所面临的债务违约风险就越来越大，评价企业的偿债能力既需要评价企业的盈利能力，也需要评价企业资产的变现能力。这就意味着随着企业资产负债率的提高，利润表对资产负债表的信息优势逐渐减弱。基于此，我们有如下的研究假设 H4。

H4：随着财务杠杆的增加，会计盈余对净资产的信息含量的优势随之降低。

7.3 研究设计

7.3.1 模型设计

1）盈利增长率与净资产收益率的关系

为验证假设“企业盈利的增长率与企业净资产收益率的倒数正相关”，通过模型（7.3）转化为一个可以检验的 H1，为此，可设立如下的模型：

$$PErate = \lambda_0 + \lambda_1 \cdot 1/ROE + u \tag{7.6}$$

其中，PErate 表示市盈率，ROE 表示净资产收益率。经检验只要 λ_1 显著大于零，则表明市盈率与净资产收益率的倒数成正相关，假设 H1 不能被拒绝。

2）财务杠杆对企业会计信息价值相关性的影响

为验证研究假设 H2，基于 4.6 所建立的市场反应程度评价方法，可建立以下的回归模型：

$$\begin{aligned} P &= \lambda_0 + \lambda_{1H} \cdot EPS + \mu_1 \cdot D \cdot EPS + \lambda_{2H} \cdot NAPS + \mu_2 \cdot D \cdot NAPS + \varepsilon \\ &= \lambda_0 + (\lambda_{1H} + \mu_1 D) \cdot EPS + (\lambda_{2H} + \mu_2 D) \cdot NAPS + \varepsilon, \varepsilon \sim N(0, \sigma^2) \end{aligned} \tag{7.7}$$

其中，D 为虚拟变量，当样本属于低资产负债率（低财务杠杆）的样本组时，取 1；否则，取 0。记高、低财务杠杆公司的股价对 EPS、NAPS 的反应系数分别为 λ_{1H}、λ_{2H} 以及 λ_{1L}、λ_{2L}；记 $\lambda_{1L} = \lambda_{1H} + \mu_1$、$\lambda_{2L} = \lambda_{2H} + \mu_2$。如果 $\lambda_{1H}, \lambda_{2H} \geqslant 0$，且 $\mu_i \geqslant 0,\ i = 1,2$，并且其中至少有一者显著大于零，则低财务杠杆公司的会计信息价值相关性高于高财务杠杆公司的。而如果 $\mu_i \leqslant 0$，$i = 1,2$，则将检验模型修正为：

$$P = \lambda_0 + \lambda_{1L} \cdot EPS + \upsilon_1 \cdot (1 - D) \cdot EPS + \lambda_{2L} \cdot NAPS + \upsilon_2 \cdot (1 - D) \cdot NAPS + \varepsilon \tag{7.8}$$

高、低财务杠杆公司的股价对 EPS、NAPS 的反应系数之间的关系为 $\lambda_{1H} = \lambda_{1L} + \upsilon_1$、$\lambda_{2H} = \lambda_{2L} + \mu_2$。如果 $\upsilon_i \geqslant 0,\ i = 1,2$，并且其中至少有一者显著大于零，则高财务杠杆公司的会计信息价值相关性高于低财务杠杆公司的。对于 $\mu_1 \cdot \mu_2 < 0$ 的情形，检验步骤详见 4.6。

3）市场反应程度评价方法下EPS与NAPS的对比信息含量的比较

按第4章所提供的方法，为运用市场反应程度评价方法来评价会计信息的对比信息含量，需要计算EPS、NAPS的同概率变动上限比$\Delta_{EPS-max}/\Delta_{NAPS-max}$。

（1）EPS、NAPS的同概率变动上限比的确定

为计算EPS、NAPS的同概率变动上限比$\Delta_{EPS-max}/\Delta_{NAPS-max}$，需要设立如下模型（7.9）~（7.13）。

$$P_{iT}=\gamma_{0T}+\gamma_{1T}\cdot EPS_{iT}+\gamma_{2T}\cdot NAPS_{iT}+\gamma_{3T}\cdot EPS_{iT}\cdot NAPS_{iT}+\varepsilon,\quad \varepsilon\sim N(0,\sigma_T^2)\tag{7.9}$$

$$P_{iT}=\phi_{0T}+\phi_{1T}\cdot EPS_{iT}+\phi_{2T}\cdot EPS_{iT}\cdot NAPS_{iT}+u_T,\quad u_T\sim N(0,\sigma_{1T}^2)\tag{7.10}$$

$$P_{iT}=\varphi_{0T}+\varphi_{1T}\cdot NAPS_{iT}+\varphi_{2T}EPS_{iT}\cdot NAPS_{iT}+v_T,\quad v_T\sim N(0,\sigma_{2T}^2)\tag{7.11}$$

$$P_{iT}=\alpha_{0T}+\alpha_{1T}\cdot EPS_{iT}+\xi_T,\quad \xi_T\sim N(0,\tau_{1T}^2)\tag{7.12}$$

$$P_{iT}=\beta_{0T}+\beta_{1T}\cdot NAPS_{iT}+\eta_T,\quad \eta_T\sim N(0,\tau_{2T}^2)\tag{7.13}$$

由第4章的式（4.93），以0.999的概率，EPS_T、$NAPS_T$的变动上限比为：

$$K_T=\Delta_{EPS-max}/\Delta_{NAPS-max}=\frac{\hat{\beta}_{1T}}{\hat{\alpha}_{1T}}\cdot\frac{\hat{\sigma}_{2T}-\hat{\sigma}_T}{\hat{\sigma}_{1T}-\hat{\sigma}_T}\tag{7.14}$$

记：

$$1/k=\bar{K}=\frac{1}{23}\sum_{T=1993}^{2015}K_T\tag{7.15}$$

（2）基于公共信息含量的前提

基于EPS、NAPS公共信息含量的前提，探讨EPS、NAPS的对比信息含量的问题，由于不需要考虑EPS、NAPS的交互影响问题，设立模型时不需要考虑EPS、NAPS的交乘项EPS·NAPS，即建立如下的回归模型进行分析。

$$P=\lambda_0+\lambda_1\cdot k\cdot EPS+\lambda_2\cdot(k\cdot EPS+NAPS)+\varepsilon,\quad \varepsilon\sim N(0,\sigma^2)\tag{7.16}$$

新变量k·EPS的市场反应系数为$\lambda_1+\lambda_2$，NAPS的市场反应系数为λ_2，$k=1/\bar{K}$由式（7.14）、（7.15）确定。要比较的是，$|\lambda_1+\lambda_2|$是否大于$|\lambda_2|$。检验步骤详见4.8，或第6章的相应章节，不再赘述。

（3）基于交互信息含量的前提

基于EPS、NAPS交互信息含量的视角，探讨EPS、NAPS的对比信息含量的问题，设立回归模型时，需要考虑EPS、NAPS的交乘项EPS·NAPS，由式（4.97），则运用如下的回归模型进行分析。

$$P=\lambda_0+\lambda_1\cdot k\cdot EPS+\lambda_2\cdot(k\cdot EPS+NAPS)+\lambda_3\cdot k\cdot EPS\cdot NAPS+\varepsilon,\quad \varepsilon\sim N(0,\sigma^2) \tag{7.17}$$

其中，k 由式（7.15）确定。确定新变量 $k\cdot EPS$ 的市场反应系数为 $\lambda_1+\lambda_2+\lambda_3\cdot NAPS$，NAPS 的市场反应系数为 $\lambda_2+\lambda_3\cdot k\cdot EPS$。需要比较的是，$|\lambda_1+\lambda_2|$ 是否大于 $|\lambda_2|$。检验步骤详见 4.8，或第 6 章的相应章节，不再赘述。

4）财务杠杆对 EPS 与 NAPS 的对比信息含量的影响

（1）基于公共信息含量的前提

基于 EPS、NAPS 公共信息含量的前提，为探讨 EPS 与 NAPS 的对比信息含量是否随财务杠杆的变化而变化，在式（7.15）的基础上，设立如下的回归模型：

$$P=\lambda_0+\lambda_1\cdot k\cdot EPS+\lambda_2\cdot(k\cdot EPS+NAPS)+\lambda_3\cdot D\cdot k\cdot EPS+\varepsilon,\quad \varepsilon\sim N(0,\sigma^2) \tag{7.18}$$

其中，D 为虚拟变量，当样本属于低资产负债率（即低财务杠杆）的样本组时，取 1；否则，取 0。新变量 $k\cdot EPS$ 的市场反应系数为 $\lambda_1+\lambda_2+\lambda_3 D$，NAPS 的市场反应系数为 λ_2，$k=1/\bar{K}$ 由式（7.15）确定。因而属于低财务杠杆公司的新变量 $k\cdot EPS$ 的市场反应系数为 $\lambda_1+\lambda_2+\lambda_3$，属于高财务杠杆公司的新变量 $k\cdot EPS$ 的市场反应系数为 $\lambda_1+\lambda_2$。要比较的是，$|\lambda_1+\lambda_2|$ 是否大于 $|\lambda_2|$，以及 $|\lambda_1+\lambda_2+\lambda_3|$ 是否大于 $|\lambda_1+\lambda_2|$。如果显著地有 $\lambda_1,\lambda_2,\lambda_3\geqslant 0$，则意味着 $|\lambda_1+\lambda_2+\lambda_3|\geqslant|\lambda_1+\lambda_2|\geqslant|\lambda_2|$ 成立，H4 得以验证。

检验时要注意到，设立模型进行检验时要使得变量的系数全部大于或等于零，才能进行绝对值的比较。也就是，要使得模型（7.18）的变量系数 λ_1、λ_2、λ_3 都是非负的，否则要对模型（7.18）进行进一步调整。模型调整的基本原则是，如果 $\lambda_1<0$，则将模型（7.18）中的 $\lambda_1\cdot k\cdot EPS$ 替换为 $\lambda_1\cdot NAPS$，模型的其他部分不变；如果 $\lambda_2<0$，则将模型 NAPS 的数据作变号变换，即将模型（7.18）中的 $\lambda_2\cdot(k\cdot EPS+NAPS)$ 替换为 $\lambda_2\cdot(k\cdot EPS-NAPS)$，模型的其他部分不变；如果 $\lambda_3<0$，则将模型（7.18）中的 $\lambda_3\cdot D\cdot k\cdot EPS$ 替换为 $\lambda_3\cdot(1-D)\cdot k\cdot EPS$，模型的其他部分不变。模型调整后所得到的结论需作相应的调整，具体要依模型而定，不再赘述。

（2）基于交互信息含量的前提

基于 EPS、NAPS 交互信息含量的前提，为探讨 EPS 与 NAPS 的对比信息含量是否随财务杠杆的变化而变化，在模型（7.16）的基础上，设立如下的回归模型：

$$P=\lambda_0+\lambda_1\cdot k\cdot EPS+\lambda_2\cdot(k\cdot EPS+NAPS)+\lambda_3\cdot D\cdot k\cdot EPS+\lambda_4\cdot k\cdot EPS\cdot NAPS+\varepsilon,\quad \varepsilon\sim N(0,\sigma^2) \tag{7.19}$$

其中，k 由式（7.15）确定。D 为虚拟变量，当样本属于低资产负债率（即低财务杠杆）的样本组时，取 1；否则，取 0。新变量 $k\cdot EPS$ 的市场反应系数为 $\lambda_1+\lambda_2+\lambda_3\cdot D+\lambda_4\cdot NAPS$，NAPS 的市场反应系数为 $\lambda_2+\lambda_4\cdot k\cdot EPS$。因而属于低财务杠杆公司的新变量 $k\cdot EPS$ 的市场反应系数为 $\lambda_1+\lambda_2+\lambda_3+\lambda_4\cdot NAPS$，属于高财务杠杆公司的新变量 $k\cdot EPS$ 的市场反应系数为 $\lambda_1+\lambda_2+\lambda_4\cdot NAPS$。要比较的是，$|\lambda_1+\lambda_2|$ 是否大于 $|\lambda_2|$，以及 $|\lambda_1+\lambda_2+\lambda_3|$ 是否大于 $|\lambda_1+\lambda_2|$。如果显著地有 $\lambda_1,\lambda_2,\lambda_3\geqslant 0$，则意味着 $|\lambda_1+\lambda_2+\lambda_3|\geqslant|\lambda_1+\lambda_2|\geqslant|\lambda_2|$ 成立，H4 得以验证。

检验时要注意到，设立模型进行检验时要使得变量的系数 λ_1、λ_2、λ_3 全大于或等于零，才能进行绝对值的比较。也就是，要使得模型（7.18）的变量系数 λ_1、λ_2、λ_3 都是非负的，否则要对模型（7.18）进行进一步调整。模型调整的基本原则与上述“（1）基于公共信息含量的前提”中的相同。

7.3.2 变量选择

本章各模型中所涉及的变量见表 7-1。

7.3.3 样本选择与数据来源

以 1993—2015 年沪深两市所有 A 股上市公司为样本，剔除金融业公司，剔除亏损公司，剔除资产负债率大于 1 的公司。所有数据均来自于国泰安数据库和锐思数据库，去掉样本不全等数据后，共得到 27 917 个样本数据。

表 7-1 **变量定义**

变量符号	变量名称	变量解释、估值
被解释变量		
P_{iT}	股价	公司i报告年度T的下一年4月30日的收盘价，被解释变量
$PErate_{iT}$	市盈率	公司i报告年度T的下一年4月30日的收盘价与报告年度的每股收益之比
解释变量		
EPS_{iT}	每股收益	公司i报告年度T的每股收益
$NAPS_{iT}$	每股净资产	公司i报告年度T末的每股净资产
ROE_{iT}	净资产收益率	公司i报告年度T的每股收益与报告年度末的每股净资产的比值
D	虚拟变量	低财务杠杆公司，取1；否则，取0

7.4 样本选择与样本的描述性统计

各主要变量的描述性统计见表 7-2。

由表 7-2 可以看出，自 1994 年至 2016 年这 23 年中的每一年，股价的均值均大于中位数，当年的最高股价是当年股价均价的 2.5 倍以上，当年的最低股价低于当年股价均价的 1/3。对上述的倍数按 23 年进行平均，可以发现，平均来看，最高股价是股价均价的 8 倍左右，最低股价低于股价均价的 1/4。这说明，我国资本市场股价分化比较严重，低价股偏多，高价股的股价又偏高，投资者的投资风险较大。

从每股收益 EPS 来看，自 1993 年至 2015 年这 23 年间，EPS 的均值与中位数有些差异，有些年份差异还比较大，不过，每一年 EPS 的均值均大于中位数。这说明，我国上市公司的业绩在一定程度上存在分化现象，业绩好的企业占少数，一半以上的企业其业绩低于平均数，业绩分化现象很普遍。比如，2015 年，EPS 的均值为 0.448 元，而中位数

表 7-2　**各主要变量的描述性统计**

year	obs.	P					EPS					NAPS					ROE				
		Average	max	min	median	std.	Average	max	min	median	std.	Average	max	min	median	std.	Average	max	min	median	std.
1993	149	7.740	21.49	2.840	6.880	3.479	0.370	1.630	0.025	0.330	0.259	2.829	7.660	0.384	2.486	1.192	0.135	1.249	0.009	0.116	0.112
1994	284	6.607	24.52	1.630	4.920	4.180	0.375	2.974	0.010	0.319	0.279	2.822	7.700	1.216	2.617	0.977	0.128	0.414	0.004	0.122	0.057
1995	311	7.280	22.00	2.280	6.500	3.488	0.304	2.277	0.001	0.249	0.283	2.601	6.040	1.186	2.435	0.841	0.113	0.587	0.000	0.103	0.087
1996	526	15.532	64.42	4.380	13.990	7.801	0.344	2.071	0.003	0.309	0.255	2.714	7.004	1.000	2.547	0.924	0.126	0.497	0.001	0.114	0.081
1997	733	12.756	49.35	2.830	11.040	6.354	0.327	1.707	0.001	0.293	0.217	2.759	6.288	0.634	2.592	0.909	0.116	0.409	0.001	0.108	0.061
1998	750	10.200	34.26	2.930	9.250	4.087	0.314	1.729	0.001	0.289	0.201	2.842	6.820	0.649	2.726	0.935	0.111	0.433	0.001	0.106	0.063
1999	845	15.890	93.00	3.960	13.760	8.844	0.280	1.352	0.000	0.258	0.186	2.768	8.508	0.060	2.645	1.018	0.105	0.969	0.000	0.098	0.078
2000	980	16.791	52.10	3.960	15.440	6.602	0.278	1.616	0.002	0.245	0.196	3.063	10.764	0.143	2.908	1.306	0.094	1.344	0.001	0.084	0.074
2001	966	12.722	48.40	3.190	11.995	4.771	0.242	1.795	0.001	0.199	0.197	3.172	11.773	0.141	2.993	1.418	0.076	0.473	0.000	0.068	0.053
2002	1 005	8.998	47.45	1.000	8.230	4.694	0.239	5.734	0.000	0.184	0.269	3.218	10.456	0.033	3.008	1.449	0.074	0.685	0.000	0.064	0.065
2003	1 098	8.801	37.43	3.270	7.690	4.011	0.256	2.556	0.000	0.190	0.251	3.298	12.620	0.028	3.077	1.526	0.082	3.709	0.000	0.065	0.155
2004	1 133	5.476	65.00	1.480	4.300	4.153	0.275	2.474	0.001	0.192	0.274	3.323	11.738	0.024	3.137	1.530	0.092	13.523	0.000	0.065	0.405
2005	892	6.232	59.35	1.670	4.805	4.996	0.271	2.050	0.002	0.193	0.264	3.309	11.658	0.015	3.180	1.460	0.079	0.571	0.000	0.067	0.065
2006	1 183	16.313	100.00	5.080	13.210	10.456	0.319	5.315	0.000	0.221	0.353	3.262	13.124	0.205	3.059	1.550	0.092	0.670	0.001	0.076	0.078
2007	1 374	15.654	183.13	4.100	11.895	13.739	0.444	5.374	0.004	0.317	0.491	3.700	24.080	0.012	3.372	2.182	0.150	26.060	0.001	0.097	0.762
2008	1 306	11.992	116.35	3.090	9.325	8.637	0.394	6.428	0.001	0.260	0.504	3.654	19.633	0.123	3.286	2.028	0.100	0.888	0.001	0.082	0.087
2009	1 587	18.392	175.17	3.930	13.250	15.805	0.458	4.824	0.001	0.315	0.478	4.031	23.141	0.025	3.438	2.540	0.112	0.854	0.000	0.090	0.091
2010	1 974	19.568	230.67	3.270	15.620	14.584	0.533	5.658	0.001	0.406	0.518	4.967	29.707	0.028	3.967	3.496	0.116	7.541	0.000	0.087	0.193
2011	2 166	13.599	225.98	1.820	11.165	10.699	0.536	8.910	0.001	0.405	0.559	5.107	28.775	0.007	4.412	3.056	0.435	713.154	0.000	0.085	15.321
2012	2 217	11.938	171.11	2.010	9.030	10.550	0.458	13.493	0.001	0.326	0.587	4.896	34.150	0.014	4.319	2.875	0.105	7.805	0.000	0.076	0.307
2013	2 074	12.974	163.88	1.530	9.920	11.079	0.458	17.534	0.000	0.307	0.692	4.842	42.506	0.014	4.303	2.742	0.199	204.683	0.000	0.075	4.507
2014	2 148	27.086	370.52	4.520	20.610	23.742	0.466	14.246	0.001	0.315	0.591	4.936	48.434	0.005	4.330	2.975	0.088	0.736	0.001	0.075	0.069
2015	2 216	20.736	251.20	2.390	15.460	17.792	0.448	16.539	0.000	0.295	0.690	4.969	52.726	0.010	4.254	3.222	0.087	4.248	0.000	0.073	0.115

为 0.295 元，这意味着一半以上的企业，其业绩低于平均数 0.448 元，至少低 0.153 元，也就是一半以上的企业其业绩达不到均值的 2/3。

从每股净资产 NAPS 来看，自 1993 年至 2015 年这 23 年中，NAPS 的均值与中位数虽然有一定的差异，但每一年 NAPS 的均值均大于中位数。这说明，我国上市公司的净资产存在分化现象，一半以上的企业其净资产低于平均数。这也表明，我国上市公司的财务风险在一定程度上存在分化现象，财务风险低的企业占少数。

从净资产收益率 ROE 来看，自 1993 年至 2015 年这 23 年中，ROE 的均值与中位数虽然差不多，但每一年 ROE 的均值均大于中位数。这说明，我国上市公司的 ROE 存在分化现象，一半以上企业的 ROE 低于平均数，这也表明，我国上市公司的业绩存在分化现象，经营业绩好的企业占少数。

7.5 EPS 的增长率与净资产收益率关联性的实证分析

为验证假设“企业盈利的增长率与企业净资产收益率的倒数正相关”，以 1993—2015 年沪深两市所有 A 股上市公司的 27 917 个样本数据，对模型（7.6）进行回归分析，有关结果见表 7-3。

表 7-3 **模型（7.6）的回归结果**

年份	C	1/ROE	R^2	AdjR^2	F
1993	−8.82*** (−4.69)	3.86*** (31.99)	0.87	0.87	1 023.36***
1994	14.49*** (11.00)	0.84*** (12.46)	0.36	0.35	155.34***
1995	10.43** (2.36)	1.99*** (91.32)	0.96	0.96	8 338.50***
1996	14.41*** (3.96)	3.70*** (74.42)	0.91	0.91	5 537.65***
1997	0.55 (0.08)	3.77*** (66.62)	0.86	0.86	4 438.32***
1998	−11.92*** (−4.00)	3.94*** (118.90)	0.95	0.95	14 137.73***

续表

年份	C	1/ROE	R^2	$AdjR^2$	F
1999	−137.25*** (−4.29)	10.43*** (149.90)	0.96	0.96	22 469.00***
2000	−22.07** (−2.36)	7.09*** (61.93)	0.80	0.80	3 835.39***
2001	−2.66 (−0.46)	4.71*** (100.17)	0.91	0.91	10 033.07***
2002	54.85*** (4.84)	1.84*** (427.20)	0.99	0.99	182 496.90***
2003	−16.54 (−1.20)	3.03*** (87.13)	0.87	0.87	7 591.38***
2004	24.53*** (8.10)	0.84*** (66.42)	0.80	0.80	4 411.93***
2005	17.38*** (6.01)	1.19*** (48.09)	0.72	0.72	2 312.89***
2006	−6.37 (−0.30)	5.84*** (25.37)	0.35	0.35	643.67***
2007	37.11*** (9.11)	2.32*** (33.26)	0.45	0.45	1 106.39***
2008	29.44*** (7.12)	2.13*** (55.80)	0.70	0.70	3 113.30***
2009	57.20*** (6.73)	2.27*** (45.88)	0.57	0.57	2 105.02***
2010	48.22*** (6.93)	2.71*** (37.88)	0.42	0.42	1 435.27***
2011	1.40 (0.35)	2.80*** (70.56)	0.70	0.70	4 979.23***
2012	−2.96 (−0.79)	2.63*** (81.62)	0.75	0.75	6 662.01***
2013	45.23*** (14.73)	1.11*** (89.70)	0.80	0.80	8 045.85***
2014	54.71*** (3.67)	4.49*** (24.25)	0.22	0.21	588.21***
2015	−255.15*** (−5.94)	10.97*** (147.25)	0.91	0.91	21 681.84***

备注：***表示在1%的水平下显著，**表示在5%的水平下显著，*表示在10%的水平下显著

由表 7-3 可以看出，模型（7.6）对各年数据的回归分析中，1/ROE 的系数均在 1%的水平下显著异于零，且大于零。这表明，净资产收益率高的，市盈率低；净资产收益率低的，市盈率高。由模型（7.3），市盈率与企业的会计盈余的增长率正相关。因而，从市场的反应来看，市场认为，企业会计盈余的增长率与企业净资产收益的倒数正相关。检验结果支持假设 H1，符合理论预期。

7.6 财务杠杆对会计信息价值相关性的影响分析

模型（7.7）的回归结果见表 7-4。

表 7-4 **模型（7.7）的回归结果**

年份	C	EPS	NAPS	D · EPS	D · NAPS	R^2	$AdjR^2$	F
1993	3.69*** (5.47)	−1.96 (−1.06)	1.72*** (4.45)	6.46** (2.39)	−0.88** (−2.22)	0.24	0.21	11.13***
1994	2.96*** (3.92)	2.03 (1.33)	1.15*** (2.87)	2.59 (1.10)	−0.58 (−1.60)	0.15	0.14	12.42***
1995	5.11*** (9.08)	5.45*** (6.63)	0.23 (0.86)	3.25** (1.98)	−0.39* (−1.72)	0.28	0.27	29.81***
1996	6.98*** (11.09)	24.47*** (20.41)	−0.04 (−0.13)	0.93 (0.46)	0.05 (0.17)	0.65	0.65	244.96***
1997	7.22*** (13.93)	15.48*** (14.05)	0.16 (0.65)	12.04*** (6.92)	−1.39*** (−5.84)	0.54	0.53	211.89***
1998	6.35*** (16.93)	11.13*** (12.62)	0.13 (0.82)	3.65*** (2.64)	−0.42** (−2.42)	0.39	0.38	117.84***
1999	11.50*** (13.99)	20.78*** (8.05)	−0.70* (−1.69)	−1.50 (−0.42)	0.48 (1.17)	0.16	0.16	40.60***
2000	12.37*** (24.49)	14.25*** (9.24)	−0.10 (−0.44)	−7.75*** (−3.30)	1.12*** (4.63)	0.17	0.17	50.79***
2001	9.25*** (26.85)	8.52*** (7.33)	0.28* (1.88)	−2.03 (−1.16)	0.44*** (2.81)	0.20	0.20	59.84***
2002	6.44*** (18.92)	3.14*** (4.64)	0.43*** (3.35)	4.51*** (3.31)	−0.08 (−0.60)	0.14	0.13	39.60***

续表

年份	C	EPS	NAPS	D·EPS	D·NAPS	R^2	$AdjR^2$	F
2003	5.29*** (23.66)	7.95*** (12.17)	0.36*** (4.04)	1.28 (1.43)	0.06 (0.73)	0.43	0.42	202.87***
2004	1.90*** (8.75)	8.08*** (13.84)	0.30*** (3.36)	1.98** (2.49)	0.03 (0.35)	0.48	0.48	257.66***
2005	2.17*** (6.74)	12.07*** (14.53)	0.20 (1.51)	−2.09* (−1.78)	0.24* (1.92)	0.42	0.41	157.93***
2006	7.36*** (13.78)	17.96*** (15.39)	0.77*** (3.51)	−2.70* (−1.72)	0.68*** (3.30)	0.46	0.46	250.60***
2007	5.67*** (10.16)	14.61*** (13.65)	0.90*** (4.09)	2.90** (1.99)	−0.24 (−1.08)	0.43	0.43	255.45***
2008	4.58*** (12.62)	8.01*** (11.58)	0.94*** (6.98)	0.64 (0.72)	0.35*** (2.60)	0.50	0.50	326.70***
2009	8.25*** (14.47)	14.62*** (12.42)	0.15 (0.72)	7.48*** (4.62)	0.47** (2.09)	0.42	0.42	291.51***
2010	6.67*** (15.59)	13.21*** (15.55)	1.29*** (11.09)	−2.31* (−1.95)	0.01 (0.06)	0.45	0.45	397.25***
2011	5.02*** (15.85)	8.70*** (16.46)	0.42*** (4.31)	5.01*** (6.93)	0.11 (1.13)	0.53	0.53	602.44***
2012	4.34*** (12.82)	4.25*** (8.32)	0.77*** (8.35)	6.56*** (9.29)	0.09 (0.98)	0.44	0.44	433.77***
2013	6.29*** (15.33)	2.85*** (6.46)	0.64*** (6.30)	6.54*** (9.28)	0.30*** (2.95)	0.36	0.35	285.69***
2014	16.55*** (18.25)	10.23*** (6.39)	0.35 (1.36)	5.61*** (2.68)	1.03*** (3.79)	0.23	0.23	159.05***
2015	11.04*** (18.03)	3.43*** (4.76)	0.92*** (6.34)	5.77*** (4.60)	0.88*** (5.17)	0.27	0.27	208.55***

备注：***表示在1%的水平下显著，**表示在5%的水平下显著，*表示在10%的水平下显著

由表 7-4 可以看出，1994 年、1996 年、1999 年、2003 年这 4 年数据下，D · EPS、D · NAPS 的系数都显著为零，也就是，这 4 年的数据支持的是财务杠杆对 EPS、NAPS 的价值相关性没有影响的假设。

2002 年、2004 年、2007 年、2011 年、2012 年的数据下，EPS、D · EPS 的系数都显著大于零，因而这 5 年的数据支持研究假设 H2a，企业的财务杠杆越高，其 EPS 的价值相关性越低；而 D · NAPS 的系数都显著为零，也就是说，财务杠杆对 NAPS 的价值相关性没有影响。由此，也就支持假设 H2c。

1997 年的数据下，EPS、D · EPS 的系数都显著为正，这表明，财务杠杆越高，EPS 的价值相关性越低，因而 1997 年的数据支持研究假设 H2a。NAPS 的系数都显著为零，而 D · NAPS 的系数显著为负。这就相当于，高财务杠杆企业，NAPS 的市场反应系数为零；低财务杠杆企业，NAPS 的市场反应系数为负。因而，1997 年的数据也支持研究假设 H2b。总体来说，1997 年的数据也支持研究假设 H2c。

2008 年的数据下，D · EPS 的系数显著为零，这表明，该年的数据支持财务杠杆对 EPS 的价值相关性没有影响的假设；而 NAPS、D · NAPS 的系数显著大于零，因而这一年的数据支持的是研究假设 H2b——财务杠杆越高 NAPS 的价值相关性越低。因而，假设 H2c 被支持。

2009 年、2013 年、2014 年、2015 年的数据下，EPS、D · EPS、NAPS、D · NAPS 的系数都显著大于零，这一年的数据支持的是财务杠杆越高 EPS、NAPS 的价值相关性越低的假设，即研究假设 H2a、H2b、H2c 都被支持。

2010 年的数据则表明，EPS 的系数显著大于零，D · EPS 的系数显著小于零，而 D · NAPS 的系数显著为零，需要进一步检验。需要将模型（7.7）中的 D · EPS、D · NAPS 替换为（1−D）·EPS、（1−D）·NAPS 进行补充回归分析，即按模型（7.8）进行回归分析，回归结果见表 7-5。

1993 年、1995 年、1998 年、2000 年、2001 年、2005 年、2006 年

表 7-5　　2010 年数据下模型（7.8）的回归结果

年份	C	EPS	NAPS	(1-D)·EPS	(1-D)·NAPS	R^2	$AdjR^2$	F
2010	6.67*** (15.59)	10.90*** (13.09)	1.30*** (11.61)	2.31* (1.95)	-0.01 (-0.06)	0.45	0.45	397.25***
	6.67*** (15.60)	10.93*** (16.04)	1.30*** (14.69)	2.25*** (3.42)		0.45	0.45	529.94***
	6.65*** (15.54)	12.04*** (20.15)	1.19*** (12.34)		0.23*** (2.81)	0.45	0.44	527.66***

备注：***表示在1%的水平下显著，**表示在5%的水平下显著，*表示在10%的水平下显著

的数据下，D·EPS 的系数都显著大于零，而 D·NAPS 的系数都显著小于零，需要进一步进行补充 4.6 中的“等价-可比”检验，回归模型为下列的（7.20）、（7.21），回归结果见表 7-6。

$$P = \lambda_0 + \lambda_{1H}\cdot EPS + \mu_1\cdot D\cdot EPS + \lambda_{2H}\cdot NAPS + \varepsilon = \lambda_0 + (\lambda_{1H} + \mu_1 D)\cdot EPS + \lambda_{2H}\cdot NAPS + \varepsilon,\ \varepsilon \sim N(0,\sigma^2) \tag{7.20}$$

$$P = \lambda_0 + \lambda_{1H}\cdot EPS + \lambda_{2H}\cdot NAPS + \mu_2\cdot D\cdot NAPS + \varepsilon = \lambda_0 + \lambda_{1H}\cdot EPS + (\lambda_{2H} + \mu_2 D)\cdot NAPS + \varepsilon,\ \varepsilon \sim N(0,\sigma^2) \tag{7.21}$$

由表 7-5 可以看出，2010 年的数据对模型（7.8）所进行的回归，（1-D）·EPS 的系数显著大于零，而（1-D）·NAPS 的系数显著为零，这表明，EPS 的价值相关性随着财务杠杆的提高而提高，与假设 H2a 刚好相反；而财务杠杆对 NAPS 的价值相关性没有影响。2010 年的数据支持财务杠杆越高会计信息价值相关性也越高的结论。

由表 7-6 可以看出，2000 年、2001 年、2006 年的数据下，D·EPS、D·NAPS 的系数中至少有一者是显著大于零，1993 年、1995 年、1998 年、2000 年、2005 年的数据下，D·EPS、D·NAPS 的系数都显著为零，这就意味着，这 7 年中有 3 年的数据支持的是假设 H2c，而另 4 年的数据支持的是财务杠杆对会计信息价值相关性没有影响的假设。

表 7-6 **部分年份会计信息价值相关性的“等价-可比”检验**

年份	C	EPS	NAPS	D · NAPS	R^2	$AdjR^2$	F
1993	4.04*** (6.08)	0.83 (0.61)	1.13*** (3.95)		0.21	0.19	12.84***
	4.07*** (6.12)	1.14 (0.86)	1.16*** (3.70)	-0.02 (-0.12)	0.21	0.19	12.52***
1995	5.17*** (9.19)	6.17*** (8.69)	0.04 (0.17)		0.27	0.27	38.52***
	5.13*** (9.08)	6.24*** (8.65)	0.11 (0.41)	-0.02 (-0.14)	0.27	0.26	38.08***
1998	6.33*** (16.84)	12.34*** (16.97)	-0.04 (-0.27)		0.38	0.38	154.16***
	6.33*** (16.82)	12.61*** (18.47)	-0.02 (-0.16)	-0.01 (-0.16)	0.38	0.38	153.57***
2000	12.16*** (23.93)	9.99*** (7.99)	0.53*** (2.86)		0.15	0.15	59.32***
	12.42*** (24.48)	10.91*** (9.32)	0.20 (0.96)	0.43*** (3.53)	0.16	0.16	63.45***
2001	9.18*** (26.63)	6.58*** (7.02)	0.53*** (4.25)		0.19	0.19	76.62***
	9.26*** (26.91)	7.61*** (8.79)	0.35** (2.52)	0.29*** (3.46)	0.20	0.20	79.31***
2005	2.11*** (6.58)	11.10*** (16.78)	0.35*** (3.22)		0.41	0.41	208.70***
	2.15*** (6.66)	11.03*** (18.62)	0.30** (2.51)	0.06 (0.81)	0.41	0.41	209.00***
2006	7.32*** (13.65)	15.64*** (16.72)	1.16*** (6.32)		0.45	0.45	327.77***
	7.37*** (13.80)	16.50*** (20.61)	0.92*** (4.63)	0.40*** (3.20)	0.46	0.46	332.60***

备注：***表示在1%的水平下显著，**表示在5%的水平下显著，*表示在10%的水平下显著

为了进一步探讨，1993 年、1995 年、1998 年、2000 年、2001 年、2005 年、2006 年的数据下，财务杠杆对 EPS、NAPS 价值相关性的影响，更为稳健一些的检验是，设立回归模型，使变量的系数全为非负的。为此，对模型（7.6）的两个虚拟变量项 D · EPS 与 D · NAPS，采用对偶调整法，只要其回归系数为负，就将该项中的 D 改为 1-D。例如，1993 年回归数据中，D · EPS 与 D · NAPS 分别为 6.46 与 -0.88，按照对偶调整法，则将 D · NAPS 改为（1-D）·NAPS，D · EPS 的系数大于零，仍然维持不变，再次进行回归。又如，2006 年的回归数据中，D · EPS 与 D · NAPS 分别为-2.70 与 0.68，按照对偶法，D · EPS 应改为（1-D）·EPS，D · NAPS 则保持不变。也就是，1993 年、1995 年、1998 年的数据按模型（7.22）进行回归，2000 年、2001 年、2005 年、2006 年的数据按模型（7.23）进行回归，回归结果分别见表 7-7、表 7-8。

$$P = \lambda_0 + \lambda_{1H} \cdot EPS + \mu_1 \cdot D \cdot EPS + \lambda_{2H} \cdot NAPS + \mu_2 \cdot (1 - D) \cdot NAPS + \varepsilon \tag{7.22}$$

$$P = \lambda_0 + \lambda_{1H} \cdot EPS + \mu_1 \cdot (1 - D) \cdot EPS + \lambda_{2H} \cdot NAPS + \mu_2 \cdot D \cdot NAPS + \varepsilon \tag{7.23}$$

表 7-7 **1993 年、1995 年、1998 年的数据对模型（7.22）的回归结果**

年份	C	EPS	NAPS	D · EPS	（1-D）· NAPS	R^2	F
1993	3.69*** （5.47）	-1.96 （-1.06）	0.83*** （2.66）	6.46** （2.39）	0.88** （2.22）	0.24	11.13***
1995	5.11*** （9.08）	5.45*** （6.63）	-0.16 （-0.60）	3.25** （1.98）	0.39* （1.72）	0.28	29.81***
1998	6.35*** （16.93）	11.13*** （12.62）	-0.28 （-1.58）	3.65*** （2.64）	0.42** （2.42）	0.39	117.84***

备注：***表示在 1%的水平下显著，**表示在 5%的水平下显著，*表示在 10%的水平下显著

由表 7-7 可以看出，1993 年、1995 年、1998 年这 3 年的回归数据中，各系数的回归系数或者显著大于零，或者显著为零，D · EPS、（1-D）·NAPS 的系数显著大于零，因而以这 3 年数据回归的结果表明，随着财务杠杆的提升，EPS 的价值相关性下降，而 NAPS 的价值相

表 7-8　　2000 年、2001 年、2005 年、2006 年的数据对模型（7.23）的回归结果

年份	C	EPS	NAPS	(1-D)·EPS	D·NAPS	R^2	AdjR^2	F
2000	12.37*** (24.49)	6.49*** (3.66)	-0.10 (-0.44)	7.75*** (3.30)	1.12*** (4.63)	0.17	0.17	50.79***
2001	9.25*** (26.85)	6.49*** (5.00)	0.28* (1.88)	2.03 (1.16)	0.44*** (2.81)	0.20	0.20	59.84***
2005	2.17*** (6.74)	9.97*** (11.92)	0.20 (1.51)	2.09* (1.78)	0.24* (1.92)	0.42	0.41	157.93***
2006	7.36*** (13.78)	15.26*** (14.15)	0.77*** (3.51)	2.70* (1.72)	0.68*** (3.30)	0.46	0.46	250.60***

备注：***表示在1%的水平下显著，**表示在5%的水平下显著，*表示在10%的水平下显著

关性反而是上升的。这就意味着，这 3 年数据支持 H2a，不支持 H2b，即支持的是，财务杠杆的提升会提升 NAPS 的价值相关性的假设。

由表 7-8 可以看出，2000 年、2001 年、2005 年、2006 年这 4 年的回归数据中，各系数的回归系数或者显著大于零，或者显著为零，（1-D）·EPS、D·NAPS 的系数显著大于零，因而以这 4 年数据的回归结果表明，随着财务杠杆的提升，EPS 的价值相关性上升，而 NAPS 的价值相关性下降。这就意味着，这 4 年数据支持 H2b，不支持 H2a，即支持的是，财务杠杆的提升会提升 EPS 的价值相关性的假设。

表 7-9 列示了 1993—2015 各年份的数据对 H2 的验证情况，其中“反对”是指所提供证据证明的是与研究假设相反的假设。

表 7-9　　H2 的各种类型的证据数

研究假设	H2a			H2b			H2c		
证据类型	支持	没有影响	反对	支持	没有影响	反对	支持	没有影响	反对
证据数	13	5	5	10	10	3	14	8	1
其中：2007 年以后的证据数	7	1	1	5	4	0	8	0	1
小计	23			23			23		

由表 7-9 可以看出，通过这 23 年的数据，在一定程度上假设 H2 得以验证。

H2a 称为“H2a 的原假设”，得到 13 年的数据支持；有 5 年的数据支持的是“H2a 的中性假设”——财务杠杆的高低不影响会计盈余的价值相关性，有 5 年的数据支持的是与 H2a 完全相反的假设——“H2a 的反假设”——企业的财务杠杆越高，企业会计信息的价值相关性就越高。13 个证据，虽不算多，在一定程度上使 H2a 得以验证。值得注意的是，2007 年以后的 9 年间，H2a 获得了 7 个支持证据，1 个中性证据，1 个反对证据，以支持证据为主。

关于 H2b，得到 10 年的数据支持；有 10 年的数据支持的是“H2b 的中性假设”，有 3 年的数据支持的是“H2b 的反假设”。值得注意的是，2007 年以后的 9 年间，H2b 获得了 5 个支持证据，4 个中性证据，支持证据与中性证据基本持平。

关于 H2c，得到 14 年的数据支持；有 8 年的数据支持的是“H2c 的中性假设”，有 1 年的数据支持的是“H2c 的反假设”。值得注意的是，2007 年以后的 9 年间，H2c 获得了 8 个支持证据，1 个反对证据。

观测 2007 年以后的数据对 H2 的支持情况可以看出，除了 2010 年以外，各年所得结论较正常，符合理论预期，这可能与 2007 年以后新会计准则的实施有助于提升会计信息的质量有关。

7.7 解释变量的同概率变动

运用市场反应程度评价方法，需要考虑解释变量的同概率变动问题。通过模型（7.9）~（7.13）估计有关参数的值，并通过式（7.14）、（7.15）估计 EPS_T、$NAPS_T$的变动上限比的平均数。

模型（7.9）~（7.13）的回归结果见表 7-10。

表 7-10　　　　模型（7.9）~（7.13）的回归结果

年份	C	EPS	NAPS	EPS · NAPS	R-squared	AdjustedR-squared	S.E. of regression
1993	2.28** (1.99)	5.70** (2.10)	1.72*** (4.14)	−1.22* (−1.90)	0.23	0.21	3.09
	6.50*** (11.65)	0.93 (0.36)		0.72 (1.55)	0.13	0.12	3.26
	3.97*** (4.79)		1.35*** (3.55)	−0.04 (−0.13)	0.20	0.19	3.13
	6.03*** (12.84)	4.63*** (4.45)			0.12	0.11	3.28
	4.03*** (6.11)		1.31*** (6.09)		0.20	0.20	3.12
1994	1.84* (1.85)	7.54*** (3.09)	1.05*** (2.90)	−0.82** (−1.98)	0.15	0.14	3.87
	4.25*** (7.78)	7.53*** (3.05)		−0.37 (−0.96)	0.13	0.12	3.92
	3.27*** (3.66)		1.05*** (2.85)	0.30 (1.49)	0.12	0.12	3.93
	4.62*** (11.87)	5.29*** (6.35)			0.12	0.12	3.92
	2.47*** (3.45)		1.47*** (6.13)		0.12	0.11	3.93
1995	3.16*** (4.22)	12.36*** (7.22)	0.74*** (2.60)	−1.71*** (−3.89)	0.31	0.30	2.92
	4.97*** (18.07)	10.74*** (6.67)		−1.04*** (−2.89)	0.29	0.29	2.95
	6.21*** (9.31)		−0.01 (−0.04)	1.20*** (6.27)	0.19	0.18	3.15
	5.33*** (21.48)	6.41*** (10.71)			0.27	0.27	2.98
	4.16*** (6.74)		1.20*** (5.31)		0.08	0.08	3.34
1996	5.63*** (5.49)	28.13*** (12.17)	0.47 (1.25)	−1.01* (−1.65)	0.65	0.65	4.60
	6.82*** (17.68)	26.73*** (13.22)		−0.46 (−1.08)	0.65	0.65	4.61
	14.2*** (16.81)		−1.77*** (−4.72)	5.75*** (20.00)	0.56	0.55	5.21
	7.02*** (20.76)	24.72*** (31.32)			0.65	0.65	4.61
	4.90*** (5.24)		3.92*** (11.99)		0.22	0.21	6.92

续表

年份	C	EPS	NAPS	EPS · NAPS	R-squared	AdjustedR-squared	S.E. of regression
1997	10.40*** (15.04)	12.28*** (8.03)	−1.58*** (−5.56)	2.70*** (6.32)	0.53	0.53	4.36
	6.89*** (23.81)	14.36*** (9.50)		1.22*** (3.58)	0.51	0.51	4.45
	13.00*** (20.43)		−2.14*** (−7.45)	5.52*** (21.99)	0.49	0.49	4.54
	6.59*** (23.63)	19.16*** (27.29)			0.50	0.50	4.48
	5.23*** (7.68)		2.73*** (11.60)		0.15	0.15	5.84
1998	6.63*** (10.52)	11.72*** (7.13)	−0.13 (−0.58)	0.26 (0.59)	0.38	0.38	3.22
	6.29*** (25.96)	12.23*** (8.83)		0.07 (0.24)	0.38	0.38	3.22
	9.91*** (22.20)		−0.98*** (−5.06)	3.10*** (16.51)	0.34	0.34	3.32
	6.27*** (28.84)	12.53*** (21.49)			0.38	0.38	3.22
	6.29*** (13.86)		1.38*** (9.07)		0.10	0.10	3.88
1999	11.75*** (8.53)	18.48*** (4.90)	−0.53 (−1.01)	0.48 (0.45)	0.16	0.16	8.12
	10.48*** (19.12)	20.43*** (6.33)		−0.36 (−0.53)	0.16	0.16	8.12
	16.55*** (16.86)		−1.85*** (−4.07)	5.06*** (9.79)	0.14	0.13	8.23
	10.59*** (20.93)	18.92*** (12.57)			0.16	0.16	8.12
	11.28*** (13.03)		1.66*** (5.67)		0.04	0.04	8.69
2000	12.66*** (15.73)	8.69*** (3.92)	0.39 (1.46)	0.53 (1.02)	0.15	0.15	6.08
	13.70*** (37.53)	7.21*** (3.65)		1.10*** (3.23)	0.15	0.15	6.09
	14.84*** (25.37)		−0.09 (−0.37)	2.25*** (8.14)	0.14	0.14	6.13
	13.25*** (39.07)	12.73*** (12.75)			0.14	0.14	6.12
	12.36*** (23.97)		1.45*** (9.34)		0.08	0.08	6.33

续表

年份	C	EPS	NAPS	EPS · NAPS	R-squared	AdjustedR-squared	S.E. of regression
2001	10.44*** (21.71)	2.07 (1.33)	0.19 (1.23)	1.26*** (4.11)	0.20	0.20	4.27
	10.96*** (45.60)	1.53 (1.02)		1.50*** (6.35)	0.20	0.20	4.27
	10.81*** (27.60)		0.13 (0.89)	1.60*** (9.44)	0.20	0.20	4.27
	10.32*** (46.38)	9.94*** (13.93)			0.17	0.17	4.36
	8.92*** (25.36)		1.20*** (11.83)		0.13	0.13	4.46
2002	5.91*** (14.57)	6.32*** (4.54)	0.60*** (5.19)	-0.37* (-1.80)	0.12	0.12	4.41
	7.67*** (33.97)	5.72*** (4.07)		-0.04 (-0.21)	0.10	0.10	4.46
	6.76*** (18.62)		0.55*** (4.78)	0.47*** (5.39)	0.10	0.10	4.45
	7.70*** (40.91)	5.44*** (10.40)			0.10	0.10	4.46
	6.11*** (17.60)		0.90*** (9.14)		0.08	0.08	4.51
2003	5.33*** (19.72)	7.87*** (9.89)	0.39*** (4.77)	0.14 (1.13)	0.42	0.42	3.06
	6.42*** (43.75)	7.59*** (9.47)		0.41*** (3.58)	0.41	0.41	3.09
	6.46*** (25.25)		0.33*** (3.89)	1.16*** (15.72)	0.37	0.37	3.19
	6.20*** (46.28)	10.14*** (27.10)			0.40	0.40	3.11
	4.68*** (18.43)		1.25*** (17.88)		0.23	0.23	3.53
2004	3.52*** (13.17)	2.87*** (3.99)	-0.09 (-1.11)	1.27*** (10.26)	0.51	0.51	2.90
	3.26*** (24.47)	3.02*** (4.27)		1.20*** (11.41)	0.51	0.51	2.90
	4.03*** (17.06)		-0.15* (-1.87)	1.69*** (25.27)	0.51	0.50	2.92
	2.66*** (20.58)	10.25*** (30.78)			0.46	0.46	3.07
	1.18*** (4.56)		1.29*** (18.19)		0.23	0.23	3.65

续表

年份	C	EPS	NAPS	EPS·NAPS	R-squared	AdjustedR-squared	S.E. of regression
2005	3.29*** (7.90)	6.43*** (5.33)	0.02 (0.14)	1.02*** (4.33)	0.43	0.42	3.79
	3.34*** (17.14)	6.38*** (5.52)		1.04*** (5.41)	0.43	0.42	3.79
	4.44*** (12.30)		-0.18 (-1.40)	2.13*** (18.26)	0.41	0.41	3.85
	2.96*** (16.03)	12.06*** (24.70)			0.41	0.41	3.85
	1.36*** (3.64)		1.47*** (14.20)		0.18	0.18	4.51
2006	6.66*** (10.97)	18.86*** (13.33)	1.29*** (6.76)	-0.41** (-2.13)	0.46	0.45	7.72
	10.07*** (29.32)	19.76*** (13.76)		-0.04 (-0.19)	0.43	0.43	7.87
	9.00*** (14.45)		1.53*** (7.50)	1.70*** (14.57)	0.37	0.37	8.28
	10.10*** (32.78)	19.51*** (30.13)			0.43	0.43	7.87
	5.07*** (8.31)		3.45*** (20.43)		0.26	0.26	8.99
2007	6.71*** (10.14)	13.84*** (12.37)	0.56*** (3.16)	0.32*** (2.62)	0.43	0.43	10.40
	8.34*** (20.02)	14.03*** (12.52)		0.47*** (4.21)	0.42	0.42	10.43
	9.78*** (15.14)		0.67*** (3.63)	1.47*** (17.82)	0.36	0.36	10.96
	7.62*** (19.93)	18.08*** (31.30)			0.42	0.42	10.50
	4.80*** (7.43)		2.93*** (19.51)		0.22	0.22	12.16
2008	4.11*** (9.94)	10.00*** (13.38)	1.18*** (9.99)	-0.17** (-2.51)	0.49	0.49	6.16
	7.44*** (29.34)	11.57*** (15.26)		0.00 (-0.04)	0.45	0.45	6.39
	5.30*** (12.32)		1.51*** (12.27)	0.55*** (12.27)	0.42	0.42	6.57
	7.44*** (33.19)	11.54*** (32.92)			0.45	0.45	6.39
	2.70*** (6.84)		2.54*** (26.87)		0.36	0.36	6.93

续表

年份	C	EPS	NAPS	EPS · NAPS	R-squared	AdjustedR-squared	S.E. of regression
2009	5.80*** (7.74)	21.70*** (18.30)	0.98*** (5.29)	-0.50*** (-4.10)	0.38	0.38	12.42
	8.89*** (18.76)	21.64*** (18.09)		-0.16 (-1.49)	0.37	0.37	12.53
	11.73*** (15.78)		0.95*** (4.65)	1.09*** (11.54)	0.25	0.25	13.67
	9.16*** (21.04)	20.15*** (30.63)			0.37	0.37	12.53
	7.44*** (11.11)		2.72*** (19.32)		0.19	0.19	14.22
2010	7.54*** (13.31)	10.57*** (11.95)	1.15*** (10.64)	0.18** (2.29)	0.44	0.44	10.87
	11.94*** (30.07)	9.72*** (10.74)		0.65*** (10.08)	0.41	0.41	11.18
	11.21*** (22.76)		1.04*** (9.28)	0.85*** (15.86)	0.40	0.40	11.26
	10.28*** (27.75)	17.42*** (34.96)			0.38	0.38	11.46
	7.70*** (16.48)		2.39*** (31.06)		0.33	0.33	11.95
2011	6.60*** (17.60)	6.38*** (11.96)	0.36*** (4.96)	0.46*** (11.01)	0.51	0.51	7.46
	8.01*** (32.93)	6.55*** (12.26)		0.55*** (14.31)	0.51	0.51	7.50
	8.32*** (23.31)		0.42*** (5.59)	0.83*** (28.34)	0.48	0.48	7.70
	6.63*** (28.38)	13.00*** (43.11)			0.46	0.46	7.85
	3.98*** (10.54)		1.88*** (29.70)		0.29	0.29	9.02
2012	4.18*** (11.07)	6.03*** (12.24)	0.95*** (12.28)	0.10*** (4.20)	0.38	0.38	8.29
	7.77*** (31.46)	7.96*** (16.48)		0.16*** (6.40)	0.34	0.34	8.56
	4.83*** (12.50)		1.25*** (16.52)	0.30*** (15.62)	0.34	0.34	8.56
	7.21*** (30.95)	10.33*** (33.01)			0.33	0.33	8.64
	2.60*** (6.89)		1.91*** (28.61)		0.27	0.27	9.02

续表

年份	C	EPS	NAPS	EPS·NAPS	R-squared	AdjustedR-squared	S.E. of regression
2013	5.48*** (11.87)	5.29*** (9.57)	1.06*** (11.13)	-0.01 (-0.50)	0.27	0.27	9.50
	9.57*** (33.42)	7.34*** (13.68)		0.01 (0.49)	0.22	0.22	9.77
	5.92*** (12.63)		1.36*** (14.87)	0.14*** (9.46)	0.23	0.23	9.70
	9.51*** (36.95)	7.56*** (24.35)			0.22	0.22	9.77
	4.20*** (9.52)		1.81*** (22.83)		0.20	0.20	9.91
2014	15.24*** (15.41)	15.65*** (10.94)	0.99*** (4.52)	-0.10** (-2.16)	0.19	0.19	21.39
	18.59*** (28.21)	18.85*** (15.13)		-0.08* (-1.84)	0.18	0.18	21.48
	15.54*** (15.30)		2.18*** (11.16)	0.22*** (6.09)	0.14	0.14	21.97
	19.12*** (32.36)	17.07*** (21.76)			0.18	0.18	21.50
	12.90*** (13.93)		2.87*** (17.88)		0.13	0.13	22.16
2015	10.49*** (15.33)	4.82*** (5.42)	1.61*** (11.87)	0.03 (0.92)	0.21	0.21	15.85
	16.67*** (36.47)	8.39*** (9.74)		0.08** (2.50)	0.16	0.16	16.34
	10.96*** (16.04)		1.86*** (14.48)	0.15*** (6.72)	0.20	0.20	15.95
	16.19*** (39.05)	10.14*** (20.13)			0.15	0.15	16.36
	9.07*** (14.42)		2.35*** (22.09)		0.18	0.18	16.11

备注：***表示在1%的水平下显著，**表示在5%的水平下显著，*表示在10%的水平下显著

利用表 7-10 的数据按式（7.14）可得到各年 EPS_T、$NAPS_T$的变动上限比 K_T，见表 7-11 所示。最后，由于 1998 年、2005 年这 2 年数据异常，除去这 2 年的值之后，进行平均得到的 K_T 的平均值为 $\bar{K}=10.4565$。这意味着能合理预期 NAPS 变动 1 单位，相应地，则可合理预期 EPS 变动 10.4565 单位。

在模型（7.16）~（7.19）中，

$$k=1/\bar{K}=0.09564 \tag{7.24}$$

表 7-11　　**各年 EPS_T、$NAPS_T$ 的变动上限比计算过程**

年份	$\hat{\sigma}_T$	$\hat{\sigma}_{1T}$	$\hat{\sigma}_{2T}$	$\hat{\alpha}_{1T}$	$\hat{\beta}_{1T}$	K_T
1993	3.094	3.261	3.130	4.631	1.310	0.061
1994	3.867	3.918	3.926	5.294	1.466	0.320
1995	2.922	2.949	3.155	6.409	1.198	1.607
1996	4.605	4.607	5.212	24.716	3.916	39.513
1997	4.357	4.445	4.542	19.162	2.726	0.299
1998	3.219	3.218	3.325	12.533	1.376	−8.177
1999	8.124	8.124	8.235	18.916	1.664	159.352
2000	6.083	6.087	6.128	12.725	1.447	1.446
2001	4.268	4.269	4.269	9.939	1.198	0.178
2002	4.407	4.464	4.450	5.438	0.899	0.125
2003	3.058	3.089	3.191	10.137	1.250	0.538
2004	2.904	2.904	2.923	10.248	1.291	8.350
2005	3.793	3.791	3.851	12.061	1.471	−3.384
2006	7.724	7.869	8.282	19.512	3.448	0.680
2007	10.400	10.434	10.962	18.079	2.933	2.672
2008	6.159	6.388	6.566	11.539	2.542	0.392
2009	12.420	12.525	13.666	20.151	2.716	1.593
2010	10.874	11.179	11.258	17.422	2.390	0.173
2011	7.463	7.503	7.704	13.001	1.884	0.861
2012	8.286	8.561	8.559	10.329	1.906	0.183
2013	9.496	9.774	9.701	7.556	1.811	0.177
2014	21.387	21.484	21.971	17.075	2.874	1.019
2015	15.848	16.342	15.950	10.142	2.347	0.048

7.8 EPS与NAPS的对比信息含量

7.8.1 基于公共信息含量前提的评价

基于EPS、NAPS公共信息含量的前提，探讨EPS、NAPS的对比信息含量的问题，由于不需要考虑EPS、NAPS的交互影响问题，设立模型时不需要考虑EPS、NAPS的交乘项EPS·NAPS，按模型（7.16）进行回归分析，其中k=0.09564，由式（7.15）、（7.24）确定，即：

$$P = \lambda_0 + \lambda_1 \cdot 0.09564 \cdot EPS + \lambda_2 \cdot (0.09564 \cdot EPS + NAPS) + \varepsilon, \quad \varepsilon \sim N(0, \sigma^2) \qquad (7.25)$$

新变量0.09564·EPS的市场反应系数为$\lambda_1 + \lambda_2$，NAPS的市场反应系数为λ_2，需比较的问题是$|\lambda_1 + \lambda_2|$是否大于$|\lambda_2|$。

如果$\lambda_1 > 0$，$\lambda_2 > 0$，则表明EPS的信息含量要大于NAPS的；如果$\lambda_1 > 0$，$\lambda_2 < 0$，则对NAPS的数据作乘以（−1）的变号变换，按如下的模型（7.26）进行回归分析。

$$P = \lambda_0 + \lambda_1 \cdot 0.09564 \cdot EPS + \lambda_2 \cdot (0.09564 \cdot EPS - NAPS) + \varepsilon, \quad \varepsilon \sim N(0, \sigma^2) \qquad (7.26)$$

如果模型（7.26）的回归结果表明，$\lambda_1 > 0$，$\lambda_2 > 0$，则意味着EPS的信息含量要大于NAPS的。

模型（7.25）的回归结果见表7−12。

由表7−12可以看出，以1993—2015年的数据对模型（7.25）进行回归，1993年的回归数据中，新变量0.09564·EPS的回归系数在10%的水平下显著为零，其他各年的回归数据中，新变量0.09564·EPS的回归系数在1%的显著性水平下全为正。新变量0.09564·EPS+NAPS的回归系数大多数显著为正，或显著为零，只有1997年的回归数据在5%的水平下显著为负。因此，对1993年、1997年以外的其他年份，显著地有$|\lambda_1 + \lambda_2| > |\lambda_2|$，即EPS的信息含量显著地大于NAPS的信息含量。1993年的数据表明，EPS的信息含量等于NAPS的信息含量。对1997年，需要对NAPS的数据作乘以（−1）的变号变换，以使其回归系数为正，按模型（7.26）作进一步的补充检验，检验结果见表7−13。

表 7-12　　**模型（7.25）的回归结果**

年份	C	0.09564 · EPS	0.09564 · EPS+ NAPS	R^2	$AdjR^2$	F
1993	4.07*** (6.15)	11.05 (0.79)	1.14*** (3.99)	0.21	0.19	18.90***
1994	3.14*** (4.21)	33.94*** (2.68)	0.79** (2.32)	0.14	0.14	23.15***
1995	5.14*** (9.14)	65.43*** (8.74)	0.09 (0.39)	0.27	0.27	57.29***
1996	6.97*** (11.07)	257.88*** (25.21)	0.02 (0.09)	0.65	0.65	489.45***
1997	7.49*** (14.13)	212.23*** (22.56)	−0.46** (−2.01)	0.51	0.50	376.01***
1998	6.33*** (16.84)	131.85*** (18.29)	−0.03 (−0.21)	0.38	0.38	230.65***
1999	11.25*** (13.90)	209.02*** (10.97)	−0.34 (−1.05)	0.16	0.16	79.56***
2000	12.01*** (24.17)	110.21*** (8.91)	0.60*** (3.40)	0.15	0.15	87.93***
2001	9.03*** (26.60)	76.97*** (8.41)	0.60*** (4.96)	0.19	0.19	111.70***
2002	6.31*** (18.54)	41.77*** (6.70)	0.53*** (4.87)	0.12	0.12	67.18***
2003	5.16*** (23.30)	89.61*** (18.85)	0.44*** (5.88)	0.42	0.42	395.80***
2004	1.80*** (8.26)	94.90*** (22.29)	0.35*** (4.90)	0.47	0.47	495.22***
2005	2.12*** (6.62)	114.53*** (18.38)	0.34*** (3.21)	0.41	0.41	313.29***
2006	7.27*** (13.58)	170.07*** (19.99)	1.17*** (6.41)	0.45	0.45	489.93***
2007	5.76*** (10.38)	167.37*** (21.90)	0.74*** (4.57)	0.43	0.42	507.47***

续表

年份	C	0.09564 · EPS	0.09564 · EPS+NAPS	R^2	$AdjR^2$	F
2008	4.59*** (12.53)	88.04*** (17.98)	1.11*** (9.65)	0.49	0.49	626.64***
2009	7.71*** (13.12)	190.18*** (21.47)	0.58*** (3.65)	0.38	0.38	479.53***
2010	6.69*** (15.61)	124.79*** (19.78)	1.30*** (14.66)	0.44	0.44	784.77***
2011	4.32*** (13.45)	111.14*** (28.35)	0.69*** (10.23)	0.49	0.49	1 026.19***
2012	3.60*** (10.21)	76.21*** (19.25)	1.01*** (13.26)	0.38	0.38	675.84***
2013	5.55*** (12.78)	52.14*** (13.14)	1.05*** (11.14)	0.27	0.27	376.03***
2014	15.98*** (17.21)	142.05*** (12.16)	0.96*** (4.37)	0.19	0.19	248.19***
2015	10.25*** (16.17)	54.79*** (8.27)	1.62*** (12.11)	0.21	0.21	289.33***

备注：***表示在1%的水平下显著，**表示在5%的水平下显著，*表示在10%的水平下显著

表 7-13　　**模型（7.26）的回归结果**

年份	C	0.09564 · EPS	0.09564 · EPS−NAPS	R^2	$AdjR^2$	F
1997	7.49*** (14.13)	211.32*** (23.14)	0.46** (2.01)	0.51	0.50	376.01***

备注：***表示在1%的水平下显著，**表示在5%的水平下显著，*表示在10%的水平下显著

由表 7-13 可以看出，以 1997 年的数据对模型（7.26）进行回归，0.09564 · EPS、0.09564 · EPS−NAPS 的回归系数在 1%的显著性水平下全为正。根据以上的分析，0.09564 · EPS 的市场反应系数显著地大于 NAPS 的。

综上所述，基于公共信息含量的前提，利用市场反应系数方法，EPS 的信息含量要大于 NAPS 的。

7.8.2 基于交互信息含量的评价

基于 EPS、NAPS 交互信息含量的前提，探讨 EPS、NAPS 的对比信息含量的问题，需要考虑 EPS、NAPS 的交互影响问题，设立模型时应加入 EPS、NAPS 的交乘项 $EPS\cdot NAPS$。按模型（7.17）进行回归分析，其中 k=0.09654，由式（7.15）、（7.24）确定，即：

$$
\begin{aligned}
P = &\lambda_0 + \lambda_1\cdot 0.09564\cdot EPS + \lambda_2\cdot(0.09564\cdot EPS + NAPS)\\
&+ \lambda_3\cdot 0.09564\cdot EPS\cdot NAPS + \varepsilon,\quad \varepsilon \sim N(0,\sigma^2)
\end{aligned}
\tag{7.27}
$$

新变量 $0.09564\cdot EPS$ 的市场反应系数为 $\lambda_1+\lambda_2+\lambda_3\cdot NAPS$，NAPS 的市场反应系数为 $\lambda_2+\lambda_3\cdot 0.09564\cdot EPS$，要比较的问题是 $|\lambda_1+\lambda_2|$ 是否大于 $|\lambda_2|$。

如果模型（7.27）的回归结果表明 $\lambda_1>0$，$\lambda_2>0$，则意味着 $|\lambda_1+\lambda_2|>|\lambda_2|$，因而 EPS 的信息含量要大于 NAPS 的；如果 $\lambda_1>0$，$\lambda_2<0$，则对 NAPS 的数据作乘以（−1）的变号变换，按如下的模型（7.28）进行回归分析。

$$
\begin{aligned}
P = &\lambda_0 + \lambda_1\cdot 0.09564\cdot EPS + \lambda_2\cdot(0.09564\cdot EPS - NAPS)\\
&+\lambda_3\cdot 0.09564\cdot EPS\cdot NAPS + \varepsilon,\quad \varepsilon \sim N(0,\sigma^2)
\end{aligned}
\tag{7.28}
$$

如果模型（7.28）的回归结果表明，$\lambda_1>0$，$\lambda_2>0$，则意味着 EPS 的信息含量要大于 NAPS 的。

模型（7.27）的回归结果见表 7-14。

表 7-14　　**模型（7.27）的回归结果**

年份	C	0.09564·EPS	0.09564·EPS+NAPS	0.09564·EPS·NAPS	R^2	$AdjR^2$	F
1993	2.28** (1.99)	57.89** (2.05)	1.72*** (4.14)	−12.73* (−1.90)	0.23	0.21	14.04***
1994	1.84* (1.85)	77.79*** (3.05)	1.05*** (2.90)	−8.55** (−1.98)	0.15	0.14	16.89***
1995	3.16*** (4.22)	128.51*** (7.22)	0.74*** (2.60)	−17.91*** (−3.89)	0.31	0.30	44.98***
1996	5.63*** (5.49)	293.68*** (12.24)	0.47 (1.25)	−10.53* (−1.65)	0.65	0.65	328.28***

续表

年份	C	0.09564·EPS	0.09564·EPS+NAPS	0.09564·EPS·NAPS	R^2	AdjR^2	F
1997	10.40*** (15.04)	129.96*** (8.16)	−1.58*** (−5.56)	28.19*** (6.32)	0.53	0.53	277.28***
1998	6.63*** (10.52)	122.66*** (7.19)	−0.13 (−0.58)	2.72 (0.59)	0.38	0.38	153.75***
1999	11.75*** (8.53)	193.75*** (4.95)	−0.53 (−1.01)	4.97 (0.45)	0.16	0.16	53.06***
2000	12.66*** (15.73)	90.43*** (3.92)	0.39 (1.46)	5.51 (1.02)	0.15	0.15	58.97***
2001	10.44*** (21.71)	21.46 (1.32)	0.19 (1.23)	13.16*** (4.11)	0.20	0.20	81.32***
2002	5.91*** (14.57)	65.48*** (4.50)	0.60*** (5.19)	−3.82* (−1.80)	0.12	0.12	45.97***
2003	5.33*** (19.72)	81.92*** (9.84)	0.39*** (4.77)	1.47 (1.13)	0.42	0.42	264.36***
2004	3.52*** (13.17)	30.12*** (4.01)	−0.09 (−1.11)	13.27*** (10.26)	0.51	0.51	395.69***
2005	3.29*** (7.90)	67.16*** (5.35)	0.02 (0.14)	10.71*** (4.33)	0.43	0.42	219.28***
2006	6.66*** (10.97)	195.93*** (13.22)	1.29*** (6.76)	−4.27** (−2.13)	0.46	0.45	329.11***
2007	6.71*** (10.14)	144.14*** (12.31)	0.56*** (3.16)	3.33*** (2.62)	0.43	0.43	342.03***
2008	4.11*** (9.94)	103.41*** (13.19)	1.18*** (9.99)	−1.79** (−2.51)	0.49	0.49	421.55***
2009	5.80*** (7.74)	225.93*** (18.22)	0.98*** (5.29)	−5.24*** (−4.10)	0.38	0.38	328.47***
2010	7.54*** (13.31)	109.35*** (11.84)	1.15*** (10.64)	1.84** (2.29)	0.44	0.44	526.05***
2011	6.60*** (17.60)	66.32*** (11.89)	0.36*** (4.96)	4.83*** (11.01)	0.51	0.51	762.55***
2012	4.18*** (11.07)	62.11*** (11.99)	0.95*** (12.28)	1.09*** (4.20)	0.38	0.38	459.83***
2013	5.48*** (11.87)	54.25*** (9.33)	1.06*** (11.13)	−0.11 (−0.50)	0.27	0.27	250.68***
2014	15.24*** (15.41)	162.60*** (10.80)	0.99*** (4.52)	−1.02** (−2.16)	0.19	0.19	167.30***
2015	10.49*** (15.33)	48.75*** (5.22)	1.61*** (11.87)	0.31 (0.92)	0.21	0.21	193.15***

备注：***表示在1%的水平下显著，**表示在5%的水平下显著，*表示在10%的水平下显著

由表 7-14 可以看出，以 1993—2015 年的数据对模型（7.27）进行回归，新变量 0.09564 · EPS 的回归系数，以 2001 年的数据，该系数大于零，但在 10%的显著性水平下为零；以 1993 年的数据，该系数在 5%的显著性水平下大于零；其他各年的回归数据中，该系数在 1%的显著性水平下全为正。

新变量 0.09564 · EPS+NAPS 的回归系数大多数显著为正，或显著为零，只有 1997 年的回归数据在 1%的水平下显著为负。因此，对 1993 年、1997 年、2001 年以外的其他年份，在 1%的显著性水平下，显著地有 $|\lambda_1+\lambda_2|>|\lambda_2|$，即 EPS 的信息含量显著地大于 NAPS 的信息含量。1993 年的数据表明，在 5%的显著性水平下 $|\lambda_1+\lambda_2|>|\lambda_2|$，EPS 的信息含量大于 NAPS 的信息含量。2001 年的数据表明，在 10%的显著性水平下，$|\lambda_1+\lambda_2|=|\lambda_2|$，EPS 的信息含量等于 NAPS 的信息含量。对 1997 年，需要对 NAPS 的数据作乘以（-1）的变号变换，以使其回归系数为正，按模型（7.28）作进一步的补充检验，检验结果见表 7-15。

表 7-15　　**模型（7.28）的回归结果**

年份	C	0.09564 · EPS	0.09564 · EPS−NAPS	0.09564 · EPS · NAPS	R^2	$AdjR^2$	F
1997	10.40*** (15.04)	126.80*** (7.90)	1.58*** (5.56)	28.19*** (6.32)	0.53	0.53	277.28***

备注：***表示在 1%的水平下显著，**表示在 5%的水平下显著，*表示在 10%的水平下显著

由表 7-15 可以看出，以 1997 年的数据对模型（7.28）进行回归，0.09564 · EPS、0.09564 · EPS−NAPS 的回归系数在 1%的显著性水平下全为正。根据以上的分析，0.09564 · EPS 的市场反应系数显著地大于 NAPS 的。

综上所述，基于交互信息含量的前提，利用市场反应系数方法，EPS 的信息含量要大于 NAPS 的。

7.9 财务杠杆对 EPS、NAPS 的相对信息优势的影响

7.9.1 基于公共信息下财务杠杆对相对信息优势的影响

基于 EPS、NAPS 公共信息含量的前提，探讨 EPS 与 NAPS 的对比

信息含量是否随财务杠杆的变化而变化的问题时，按模型（7.18）进行回归分析，其中 k=0.09564，由式（7.15）、（7.24）确定，即：

$$P=\lambda_0+\lambda_1\cdot 0.09564\cdot EPS+\lambda_2\cdot(0.09564\cdot EPS+NAPS)+\lambda_3\cdot D\cdot 0.09564\cdot EPS+\varepsilon,\quad \varepsilon\sim N(0,\sigma^2) \tag{7.29}$$

其中，D 为虚拟变量，当样本属于低资产负债率（即低财务杠杆）的样本组时，取 1；否则，取 0。

属于低财务杠杆公司的新变量 k·EPS 的市场反应系数为 $\lambda_1+\lambda_2+\lambda_3$，属于高财务杠杆公司的新变量 k·EPS 的市场反应系数为 $\lambda_1+\lambda_2$。

要比较的问题是 $|\lambda_1+\lambda_2|$ 是否大于 $|\lambda_2|$，以及 $|\lambda_1+\lambda_2+\lambda_3|$ 是否大于 $|\lambda_1+\lambda_2|$。如果显著地有 $\lambda_1,\lambda_2,\lambda_3\geqslant 0$，则意味着 $|\lambda_1+\lambda_2+\lambda_3|\geqslant|\lambda_1+\lambda_2|\geqslant|\lambda_2|$ 成立，H4 得以验证。如果 $\lambda_1,\lambda_2,\lambda_3\geqslant 0$ 不全成立，需对模型（7.29）进行调整，调整的原则、方法见 7.3。

模型（7.29）的回归结果见表 7-16。

表 7-16 **模型（7.29）的回归结果**

年份	C	0.09564 · EPS	0.09564 · D · EPS	0.09564 · EPS+NAPS	R^2	$AdjR^2$	F
1993	4.04*** (6.08)	7.55 (0.52)	10.56 (0.88)	1.13*** (3.95)	0.21	0.19	12.84***
1994	3.15*** (4.21)	36.04*** (2.79)	-8.38 (-0.79)	0.81** (2.38)	0.14	0.13	15.62***
1995	5.17*** (9.19)	64.49*** (8.55)	9.56 (0.99)	0.04 (0.17)	0.27	0.27	38.52***
1996	6.98*** (11.10)	254.71*** (24.21)	12.84 (1.27)	-0.02 (-0.06)	0.65	0.65	327.21***
1997	7.59*** (14.42)	199.42*** (20.03)	31.86*** (3.68)	-0.54** (-2.38)	0.51	0.51	259.45***
1998	6.33*** (16.84)	129.07*** (16.82)	7.01 (1.06)	-0.04 (-0.27)	0.38	0.38	154.16***
1999	11.42*** (13.94)	197.63*** (9.44)	23.16 (1.31)	-0.41 (-1.24)	0.16	0.16	53.66***

续表

年份	C	0.09564 · EPS	0.09564 · D · EPS	0.09564 · EPS+NAPS	R^2	$AdjR^2$	F
2000	12.16*** (23.93)	103.96*** (7.90)	17.38 (1.39)	0.53*** (2.86)	0.15	0.15	59.32***
2001	9.18*** (26.63)	68.31*** (6.93)	22.32** (2.33)	0.53*** (4.25)	0.19	0.19	76.62***
2002	6.46*** (19.08)	34.32*** (5.38)	40.40*** (4.59)	0.39*** (3.48)	0.14	0.13	52.72***
2003	5.29*** (23.66)	79.74*** (14.42)	18.91*** (3.44)	0.39*** (5.29)	0.43	0.42	270.44***
2004	1.90*** (8.77)	82.87*** (16.81)	23.04*** (4.72)	0.32*** (4.43)	0.48	0.48	343.78***
2005	2.11*** (6.58)	115.68*** (16.61)	−2.64 (−0.37)	0.35*** (3.22)	0.41	0.41	208.70***
2006	7.32*** (13.65)	162.40*** (16.45)	15.13 (1.53)	1.16*** (6.32)	0.45	0.45	327.77***
2007	5.74*** (10.34)	159.77*** (18.56)	16.97* (1.91)	0.74*** (4.56)	0.43	0.43	340.18***
2008	4.56*** (12.53)	71.80*** (11.98)	25.97*** (4.63)	1.14*** (9.98)	0.50	0.50	431.44***
2009	8.12*** (14.31)	136.59*** (13.96)	107.28*** (11.18)	0.44*** (2.86)	0.42	0.42	386.41***
2010	6.67*** (15.60)	136.56*** (19.05)	−23.55*** (−3.42)	1.30*** (14.69)	0.45	0.45	529.94***
2011	4.96*** (15.89)	86.32*** (20.61)	59.32*** (13.53)	0.50*** (7.50)	0.53	0.53	802.72***
2012	4.33*** (12.79)	40.58*** (9.19)	74.10*** (15.42)	0.83*** (11.28)	0.44	0.44	578.05***
2013	6.33*** (15.41)	22.68*** (5.50)	84.14*** (16.66)	0.78*** (8.64)	0.35	0.35	376.62***
2014	16.51*** (18.15)	68.26*** (5.01)	126.32*** (9.95)	0.92*** (4.29)	0.22	0.22	206.01***
2015	11.24*** (18.28)	18.43*** (2.65)	112.23*** (13.20)	1.24*** (9.38)	0.27	0.26	266.05***

备注 ***表示在1%的水平下显著，**表示在5%的水平下显著，*表示在10%的水平下显著

由表 7-16 可以看出，以 1993—2015 年的数据对模型（7.29）进行回归所得到的回归数据中，新变量 0.09564 · EPS 的回归系数，除了 1993 年在 10%的显著性水平下为零外，其他各年的，均在 1%的显著性水平下全为正。

0.09564 · D · EPS 的回归系数，除了 2010 年的回归数据中，在 1%的显著性水平下为负；其他各年的数据，或者在 10%的显著性水平下为零，或者在 10%的显著性水平下大于零。其中 2007 年的数据，在 10%的显著性水平下大于零；2001 年的数据，在 5%的显著性水平下大于零；1997 年、2002—2004 年、2008—2009 年、2011—2015 年的数据，在 1%的显著性水平下大于零。

大多数年份新变量 0.09564 · EPS+NAPS 的回归系数显著为正，或显著为零，只有 1997 年的回归数据，在 1%的显著性水平下为负。

可见，2001—2004 年、2007—2009 年、2011—2015 年的回归数据均表明，在 10%的显著性水平下有 $|\lambda_1+\lambda_2+\lambda_3|>|\lambda_1+\lambda_2|>|\lambda_2|$，这就意味着 EPS 的信息含量要大于 NAPS 的，EPS 对 NAPS 的信息优势随着财务杠杆的提升而降低，研究假设 H3、H4 被验证。

主要变量的回归系数在 10%的显著性水平下，只有 1997 年、2010 年的回归数据中含有负的。分别按下列的模型（7.30）、（7.31）进行回归分析，回归结果见表 7-17、表 7-18。

$$P=\lambda_0+\lambda_1\cdot 0.09564\cdot EPS+\lambda_2\cdot(0.09564\cdot EPS-NAPS)+\lambda_3\cdot D\cdot 0.09564\cdot EPS+\varepsilon,\quad \varepsilon\sim N(0,\sigma^2) \tag{7.30}$$

$$P=\lambda_0+\lambda_1\cdot 0.09564\cdot EPS+\lambda_2\cdot(0.09564\cdot EPS+NAPS)+\lambda_3\cdot(1-D)\cdot 0.09564\cdot EPS+\varepsilon,\quad \varepsilon\sim N(0,\sigma^2) \tag{7.31}$$

表 7-17 **模型（7.30）的回归结果**

年份	C	0.09564 · EPS	0.09564 · D · EPS	0.09564 · EPS-NAPS	R^2	$AdjR^2$	F
1997	7.59*** (14.42)	198.34*** (20.41)	31.86*** (3.68)	0.54** (2.38)	0.51	0.51	259.45***

备注：***表示在 1%的水平下显著，**表示在 5%的水平下显著，*表示在 10%的水平下显著

表 7-18 模型（7.31）的回归结果

年份	C	0.09564 · EPS	0.09564·（1-D）·EPS	0.09564 · EPS+NAPS	R^2	$AdjR^2$	F
2010	6.67*** （15.60）	113.00*** （15.76）	23.55*** （3.42）	1.30*** （14.69）	0.45	0.45	529.94***

由表 7-17 可以看出，以 1997 年的数据对模型（7.30）进行回归，0.09564 · EPS、0.09564 · D · EPS、0.09564 · EPS−NAPS 的回归系数在 5%的显著性水平下全为正。这表明，0.09564 · EPS 的市场反应系数显著地大于 NAPS 的，并且这种反应系数随着财务杠杆的提升而降低，研究假设 H3、H4 得以验证。

由表 7-18 可以看出，以 2010 年的数据对模型（7.31）进行回归，0.09564 · EPS、0.09564·（1−D）·EPS、0.09564 · EPS+NAPS 的回归系数在 1%的显著性水平下全为正。这表明，0.09564 · EPS 的市场反应系数显著地大于 NAPS 的，并且这种反应系数随着财务杠杆的提升而提升，研究假设 H3 得以验证，H4 被拒绝。

总之，1993—2015 年这 23 年的数据，其中有 13 年的数据支持 H4，只有 2010 年这 1 年的数据反对 H4，其他 8 年数据则是“H4 的中性证据”。并且 2007 年以后除 2010 年外，各年数据都支持 H4。

7.9.2 基于交互信息下财务杠杆对相对信息优势的影响

基于 EPS、NAPS 交互信息含量的前提，探讨 EPS 与 NAPS 的对比信息含量是否随财务杠杆的变化而变化的问题时，按模型（7.19）进行回归分析，其中 k=0.09564，由式（7.15）、（7.24）确定，即：

$$P=\lambda_0+\lambda_1\cdot 0.09564\cdot EPS+\lambda_2\cdot(0.09564\cdot EPS+NAPS)+\lambda_3\cdot D\cdot 0.09564\cdot EPS+\lambda_4\cdot 0.09564\cdot EPS\cdot NAPS+\varepsilon,\quad \varepsilon\sim N(0,\sigma^2) \tag{7.32}$$

其中，D 为虚拟变量，当样本属于低资产负债率（即低财务杠杆）的样本组时，取 1；否则，取 0。

属于低财务杠杆公司的新变量 k·EPS 的市场反应系数为 $\lambda_1+\lambda_2+\lambda_3+\lambda_4\cdot NAPS$，属于高财务杠杆公司的新变量 k·EPS 的市场反

应系数为 $\lambda_1+\lambda_2+\lambda_4 \cdot NAPS$。

要比较的问题是 $|\lambda_1+\lambda_2|$ 是否大于 $|\lambda_2|$，以及 $|\lambda_1+\lambda_2+\lambda_3|$ 是否大于 $|\lambda_1+\lambda_2|$。如果显著地有 $\lambda_1, \lambda_2, \lambda_3 \geq 0$，则意味着 $|\lambda_1+\lambda_2+\lambda_3| \geq |\lambda_1+\lambda_2| \geq |\lambda_2|$ 成立，H4 得以验证。如果 $\lambda_1, \lambda_2, \lambda_3 \geq 0$ 不全成立，需对模型（7.28）进行调整，调整的原则、方法见 7.3。

模型（7.32）的回归结果见表 7-19。

表 7-19　**模型（7.32）的回归结果**

年份	C	0.09564 · EPS	0.09564 · D · EPS	0.09564 · EPS+ NAPS	0.09564 · EPS · NAPS	$AdjR^2$	F
1993	2.29*	57.59*	0.23	1.72***	−12.67*	0.20	10.45***
	(1.86)	(1.74)	(0.02)	(3.81)	(−1.68)		
1994	1.54	92.23***	−16.21	1.16***	−10.58**	0.15	13.26***
	(1.52)	(3.38)	(−1.47)	(3.14)	(−2.33)		
1995	3.19***	127.63***	1.91	0.73**	−17.71***	0.30	33.64***
	(4.17)	(6.95)	(0.20)	(2.42)	(−3.75)		
1996	5.77***	287.55***	10.46	0.40	−9.49	0.65	246.49***
	(5.58)	(11.63)	(1.02)	(1.02)	(−1.47)		
1997	10.46***	118.48***	30.82***	−1.64***	27.87***	0.54	214.78***
	(15.25)	(7.36)	(3.65)	(−5.83)	(6.30)		
1998	6.65***	119.43***	7.11	−0.14	2.84	0.38	115.62***
	(10.54)	(6.89)	(1.07)	(−0.64)	(0.62)		
1999	11.86***	184.11***	22.91	−0.57	4.45	0.16	40.24***
	(8.60)	(4.62)	(1.29)	(−1.10)	(0.40)		
2000	12.76***	85.71***	16.78	0.34	5.14	0.15	44.71***
	(15.79)	(3.67)	(1.34)	(1.23)	(0.95)		
2001	10.53***	15.82	19.64**	0.14	12.69***	0.20	62.26***
	(21.84)	(0.96)	(2.06)	(0.92)	(3.96)		
2002	6.26***	46.19***	38.75***	0.43***	−1.86	0.13	39.72***
	(15.25)	(3.06)	(4.30)	(3.57)	(−0.87)		
2003	5.33***	77.91***	18.50***	0.38***	0.39	0.42	202.68***
	(19.80)	(9.30)	(3.26)	(4.68)	(0.29)		

续表

年份	C	0.09564 · EPS	0.09564 · D · EPS	0.09564 · EPS+ NAPS	0.09564 · EPS · NAPS	$AdjR^2$	F
2004	3.62*** (13.65)	17.88** (2.28)	23.22*** (4.97)	-0.13 (-1.56)	13.29*** (10.38)	0.52	309.19***
2005	3.28*** (7.86)	67.78*** (5.19)	-1.20 (-0.17)	0.02 (0.15)	10.69*** (4.32)	0.42	164.29***
2006	6.57*** (10.82)	191.54*** (12.82)	21.70** (2.13)	1.30*** (6.82)	-5.36*** (-2.59)	0.46	248.71***
2007	6.93*** (10.43)	126.64*** (9.47)	24.71*** (2.69)	0.50*** (2.83)	4.26*** (3.23)	0.43	259.50***
2008	4.24*** (10.30)	83.11*** (9.07)	24.10*** (4.21)	1.18*** (10.08)	-1.18 (-1.63)	0.50	324.66***
2009	6.55*** (9.02)	166.96*** (12.73)	104.93*** (10.95)	0.77*** (4.28)	-4.28*** (-3.46)	0.43	294.81***
2010	7.66*** (13.55)	119.42*** (12.44)	-25.55*** (-3.70)	1.13*** (10.41)	2.16*** (2.68)	0.45	400.49***
2011	6.78*** (18.68)	51.74*** (9.36)	52.97*** (12.17)	0.24*** (3.44)	4.01*** (9.34)	0.54	647.82***
2012	4.10*** (11.39)	45.17*** (8.91)	77.90*** (14.90)	0.85*** (11.43)	-0.49* (-1.84)	0.44	434.85***
2013	5.20*** (12.19)	51.94*** (9.67)	103.00*** (18.85)	0.79*** (8.90)	-1.93*** (-8.31)	0.37	309.04***
2014	14.48*** (15.05)	111.49*** (7.30)	154.35*** (11.50)	1.01*** (4.73)	-2.95*** (-6.06)	0.24	166.25***
2015	10.39*** (15.80)	39.18*** (4.36)	122.99*** (13.69)	1.27*** (9.62)	-1.25*** (-3.62)	0.27	203.91***

备注：***表示在1%的水平下显著，**表示在5%的水平下显著，*表示在10%的水平下显著

由表 7-19 可以看出，以 1993—2015 年的数据对模型（7.32）进行回归所得到的回归数据中，新变量 0.09564 · EPS 的回归系数，除了 2001 年在 10%的显著性水平下为零，1993 年在 10%的显著性水平下大于零，2004 年在 5%的显著性水平下大于零，其他各年在 1%的显著性

水平下全为正。

0.09564 · D · EPS 的回归系数，除了 2010 年的回归数据，在 1%的显著性水平下为负；其他各年的数据，或者在 10%的显著性水平下为零，或者在 10%的显著性水平下大于零。其中 0.09564 · D · EPS 的回归系数，在 2001 年、2006 年的回归数据在 5%的显著性水平下大于零。1997 年、2002—2004 年，2007—2009 年、2011—2015 年的数据，在 1%的显著性水平下大于零。

新变量 0.09564 · EPS+NAPS 的回归系数大多数显著为正，或显著为零，只有 1997 年的回归数据，在 1%的显著性水平下为负。

可见，2001—2004 年、2006—2009 年、2011—2015 年的回归数据均表明，在 10%的显著性水平下有 $|\lambda_1+\lambda_2+\lambda_3|>|\lambda_1+\lambda_2|>|\lambda_2|$，这就意味着 EPS 的信息含量要大于 NAPS 的，EPS 对 NAPS 的信息优势随着财务杠杆的提升而降低，研究假设 H3、H4 被验证。

主要变量的回归系数在 10%的显著性水平下，只有 1997 年、2010 年的回归数据中含有负的。分别按下列的模型（7.33）、（7.34）进行回归分析，回归结果见表 7-20、表 7-21。

$$P=\lambda_0+\lambda_1\cdot 0.09564\cdot EPS+\lambda_2\cdot(0.09564\cdot EPS-NAPS)+\lambda_3\cdot D\cdot 0.09564\cdot EPS+\lambda_4\cdot 0.09564\cdot EPS\cdot NAPS+\varepsilon,\quad \varepsilon\sim N(0,\sigma^2) \tag{7.33}$$

$$P=\lambda_0+\lambda_1\cdot 0.09564\cdot EPS+\lambda_2\cdot(0.09564\cdot EPS+NAPS)+\lambda_3\cdot(1-D)\cdot 0.09564\cdot EPS+\lambda_4\cdot 0.09564\cdot EPS\cdot NAPS+\varepsilon,\quad \varepsilon\sim N(0,\sigma^2) \tag{7.34}$$

表 7-20　　**模型（7.33）的回归结果**

年份	C	0.09564 · EPS	0.09564 · D · EPS	0.09564 · EPS-NAPS	0.09564 · EPS · NAPS	AdjR^2	F
1997	10.46*** (15.25)	115.19*** (7.09)	30.82*** (3.65)	1.64*** (5.83)	27.87*** (6.30)	0.54	214.78***

备注：***表示在 1%的水平下显著，**表示在 5%的水平下显著，*表示在 10%的水平下显著

由表 7-20 可以看出，以 1997 年的数据对模型（7.33）进行回归，0.09564 · EPS、0.09564 · D · EPS、0.09564 · EPS-NAPS 的回归系数在 1%的显著性水平下全为正。这表明，0.09564 · EPS 的市场反应系数显

著地大于 NAPS 的，并且这种反应系数随着财务杠杆的提升而降低，研究假设 H3、H4 得以验证。

表 7-21 **模型（7.34）的回归结果**

年份	C	0.09564 · EPS	0.09564 ·（1-D）·EPS	0.09564 · EPS+NAPS	0.09564 · EPS · NAPS	$AdjR^2$	F
2010	7.66*** (13.55)	93.87*** (9.28)	25.55*** (3.70)	1.13*** (10.41)	2.16*** (2.68)	0.45	400.49***

备注：***表示在1%的水平下显著，**表示在5%的水平下显著，*表示在10%的水平下显著

由表 7-21 可以看出，以 2010 年的数据对模型（7.34）进行回归分析，0.09564 · EPS、0.09564·（1-D）·EPS、0.09564 · EPS+NAPS 的回归系数在 1%的显著性水平下全为正。这表明，0.09564 · EPS 的市场反应系数显著地大于 NAPS 的，并且这种反应系数随着财务杠杆的提升而提升，研究假设 H3 得以验证，H4 被拒绝。

总之，在 1993—2015 年的数据中，有 15 年的数据支持 H4，并且 2007 年以后除 2010 年外的数据都支持 H4。

7.10 结论

从理论上看，财务杠杆对会计信息价值相关性具有重要影响，财务杠杆越高，企业的会计信息价值相关性就越低。从信息的预测价值及偿债能力来看，盈余的价值相关性应高于净资产的，这种信息优势随着财务杠杆的提升而降低。提出上述理论须有一个假设前提，就是企业盈利的增长率与净资产收益率的倒数成正相关。运用 1993—2015 年这 23 年的数据，采用市场反应程度评价方法，通过设立相应的回归模型进行分析，得到以下结论：（1）这 23 年中每一年的数据都支持假设 H1，即企业的市盈率与企业净资产的倒数成正相关。（2）这 23 年中略多于一半年份的数据都支持 H2，即财务杠杆越高，企业会计信息价值相关性越低。但随着企业披露的会计信息质量的提高，财务杠杆对企业会计信息价值相关性的负面影响将变大。（3）几乎每一年的数据都反映，每股收益 EPS 比每股净资产 NAPS 更具有信息含量，或者说，EPS 比 NAPS

更具有信息优势。(4) 这 23 年中略多于一半年份的数据都支持研究假设 H4，即 EPS 对 NAPS 的信息优势随着财务杠杆的提升而降低，并且，2007 年以后除 2010 年外，每一年的数据都支持 H4。

总之，通过本章的分析，可以得到一个一般性的结论：财务杠杆对企业会计信息价值相关性有影响，财务杠杆越高，会计信息价值相关性越低；一般来说，会计盈余对净资产具有信息优势，这种信息优势随着财务杠杆的提高而降低。

参考文献

[1] 葛家澍，林志军.现代西方会计理论［M］. 厦门：厦门大学出版社，2006.

[2] 杨振宁.美在科学与艺术中的异同［J］. 中国美术馆，2015（3）：34-40.

[3] 李政道.科学与艺术［J］. 天津科技，2004（4）：38.

[4] Feltham G A.The value of information ［J］. The Accounting Review，1968，43（4）：684-696.

[5] Feltham G A，Demski J S.The use of modeis in information evaluation［J］. The Accounting Review，1970，45（1）：623-640.

[6] Demski J S.Some decomposition results for information evaluation［J］. Journal of Accounting Research，1970，8（2）：178-198.

[7] Mock T J.Concepts of information value and accounting ［J］. The Accounting Review，1971，46（4）：765-778.

[8] Butterworth J E.The accounting system as an information function［J］. Journal of Accounting Research，1972，10（1）：1-27.

[9] Uecker W C. A behavioral study of information system choice ［J］. Journal of Accounting Research，1978，16（1）：169-189.

[10] Harcourt G C.The accountant in a golden age ［J］. Oxford Economic Papers，1965，17（1）：66-80.

[11] R.K.Jaedicke，Y.Ijiri and N.Oswald.Research in Accounting Measurement

[C] //American Accounting Association.Return on investment: The relation of book- yield to true yield.New York: Garland Publishing, 1966: 232-244.

[12] Vatter W J.Income models, book yield and the rate of return [J]. The Accounting Review, 1966, 41 (4): 681-698.

[13] Kay J A.Accountants, too, could be happy in the golden age: The Accountants Rate of Profit and the Internal Rate of Return [J]. Oxford Economic Papers, 1976, 28 (3): 447-460.

[14] Kay J A.Accounting rate of profit and internal rate of return: A reply [J]. Oxford Economic Papers, 1978, 30 (3): 469-470.

[15] Peasnell K V.Some formal connections between economic values and yields and accounting numbers [J]. Journal of Business Finance & Accounting, 1982, 9 (3): 361-381.

[16] R.Brief and K.V.Peasnell.Clean Surplus: A Link Between Accounting and Finance [C] //The meaning of accounting numbers in target setting and performance measure-ment: implications for managers and regulators. New York: Garland Publishing, 1996.

[17] Kay J A, Mayer C P.On the application of accounting rates of return [J]. Economic Journal, 1986, 96 (381): 199-207.

[18] Edwards J, J Kay, C Mayer.The economic analysis of accounting profitability [M]. Oxford: Clarendon Press, 1987.

[19] Long, William F, Ravenscraft D J.The misuse of accounting rates of return: comment [J]. American Economic Review, 1984, 74 (3): 494-500.

[20] Salamon G L.Cash recovery rates and measures of firm profitability [J]. The Accounting Review, 1982, 57 (2), 292-302.

[21] Griner E H, Stark A W.Cash recovery rates, accounting rates of return, and the estimation of economic performance [J]. Journal of Accounting and Public Policy, 1988, 7 (4): 293-311.

[22] Brief R P, Lawson R A.The role of the accounting rate of return in financial statement analysis [J]. The Accounting Review, 1992, 67 (2): 411-426.

[23] Brief R P.The accounting rate of return as a framework for analysis [EB/OL]. [1999- 02- 13] .http: //papers.ssrn.com/sol3/papers.cfm?abstract_id=184228.

[24] Bernard V L.The feltham-ohlson framework: implications for empiricists [J]. Contemporary Accounting Research, 1995, 11 (2): 733-747.

[25] Lee, Charles M C.Accounting- based valuation: impact on business practices and research [J]. Accounting Horizons, 1999, 13 (4): 413-425.

[26] Ohlson J A.On accounting- based valuation formulae [J]. Review of Accounting Studies, 2005, 10 (2-3): 323-347.

[27] Edwards E O, Bell P W.The theory and measurement of business income [M]. Berkeley, CA: University of California Press, 1961.

[28] Ohlson J A.Earnings, book values, and dividends in equity valuation, Contemporary [J]. Accounting Research, 1995, 11 (2): 661-687.

[29] Feltham G A, Ohlson J A.Valuation and clean surplus accounting for operating and financial activities [J]. Contemporary Accounting Research, 1995, 11 (2): 689-731.

[30] Feltham G A, Ohlson J A.Uncertainty resolution and the theory of depreciation measurement [J]. Journal of Accounting Research, 1996, 34 (2): 209-234.

[31] Fukui Y.More stylized facts before theorizing: toward a data admissible ohlson model [EB/OL]. [2002-06-05] .http: //papers.ssrn.com/sol3/papers.cfm? abstract_id= 289039.

[32] Cupertino C M, Lustosa P R B.The ohlson model of evaluation of companies: tutorial for use [J]. Brazilian Business Review, 2004, 1 (1): 1-16.

[33] 刘金雄.公允价值决策相关性理论的研究现状与展望 [J]. 华侨大学学报:哲学社会科学版, 2012 (3): 38-48.

[34] 刘金雄, 胡向坤.脏盈余会计研究进展 [J]. 财会月刊, 2013 (14): 7-10.

[35] Black F.Choosing accounting rules [J]. Accounting Horizons, 1993, 7 (4): 1-17.

[36] Kothari S P.Capital markets research in accounting [J]. Journal of Accounting and Economics, 2001, 31 (1-3), 105-231.

[37] Beaver W H.Perspectives on recent capital market research [J]. Accounting Review, 2002, 77 (2), 453-474.

[38] Beisland L A.A review of the value relevance literature [J]. The Open Business Journal, 2009, 2: 7-27.

[39] Ball R, Brown P.An empirical evaluation of accounting income numbers

[J]. Journal of Accouting Research，1968，6 (2)：159-178.
[40] Elouafa K.Incremental information content of cash flows versus funds from operations and earnings：applying new methodologies in French context [J]. EXCEL International Journal of Multidisciplinary Management Studies，2012，12 (5)：1-13.
[41] Dhaliwal D，Subramanyam K R，Trezevant R.Is comprehensive income superior to net income as a measure of firm performance? [J]. Journal of Accounting and Economics，1999，26 (1-3)：43-67.
[42] Collins D W，Maydew E I，Weiss I S.Changes in the value relevance of earnings and book values over the past forty years [J]. Journal of Accounting and Economics，1997，24 (1)：39-67.
[43] Collins D W，Kothari S P.An analysis of intertemporal and cross-sectional determinants of earnings response coefficients [J]. Journal of Accounting Economics，1989，11 (2-3)：143-181.
[44] Beaver W H，Clarke R，Wright W F.The association between unsystematic security returns and the magnitude of earnings forecast errors [J]. Journal of Accounting Research，1979，17 (2)：316-340.
[45] 斯科特.财务会计理论 [M]. 陈汉文，夏文贤，陈靖，等，译.北京：机械工业出版社，2006.
[46] 赵宇龙.会计盈余披露的信息含量 [J]. 经济研究，1998 (7)：41-49.
[47] 陈晓，陈小悦，刘钊.A股盈余报告的有用性研究 [J]. 经济研究，1999 (6)：21-28.
[48] 孙爱军，陈小悦.关于会计盈余的信息含量的研究 [J]. 北京大学学报：哲学社会科学版，2002 (1)：15-27.
[49] Collins D，Pincus M，Xie H.Equity valuation and negative earnings：The role of book value of equity [J]. The Accounting Review，1999，74 (1)：29-61.
[50] 陈信元，陈冬华，朱红军.净资产、剩余收益与市场定价：会计信息的价值相关性 [J]. 金融研究，2002 (4)：59-70.
[51] Dahmash F N，Durand R B，Watson J.The value relevance and reliability of reported goodwill and identifiable intangible assets [J]. British Accounting Review，2009，41 (2)：120-137.
[52] Bilal K，Abdenacer R.Intangibles and value relevance of accounting information：evidence from UK companies [J]. Jordan Journal of Business Administration，2016，12 (2)：437-458.

[53] Oliveira L, Rodrigues L L, Craig R.Intangible assets and value relevance: evidence from the portuguese stock exchange [J]. British Accounting Review, 2010, 42 (42): 241-252.

[54] Abubakar S, Abubakar M.Intangible assets and value relevance of accounting information of listed high-tech firms in Nigeria .

[55] 邵红霞，方军雄.我国上市公司无形资产价值相关性研究——基于无形资产明细分类信息的再检验 [J]. 会计研究，2006 (12): 25-32.

[56] 刘玉春.新三板市场无形资产价值相关性与披露问题——来自中关村新三板的经验数据 [J]. 财会月刊，2013 (16): 10-13.

[57] 钱丽丽，张波.电子商务企业的无形资产价值相关性研究 [J]. 商业会计，2014 (9): 105-107.

[58] Biddle G C, Seow G S, Sieglel A F.Relative versus incremental information content [J]. Contemporary Accoimting Research, 1995, 11 (1-1), 1-23.

[59] Vuong, Quang.Likelihood ratio tests for model selection and non-nested hypotheses [J]. Econometrica, 1989, 57 (2): 307-333.

[60] Ashiq Ali, Pope P F.The incremental information content of earings, funds flow and cash flow: the UK evidence [J]. Journal of Business Finance and Accounting, 1995, 22 (1): 19-34.

[61] Haw I M, Qi D, Wu W.The nature of information in accruals and cash flows in an emerging capital market: The case of China [J]. The International Journal of Accounting, 2001, 36 (4): 40-391.

[62] Francis J.The relative and incremental explanatory power of earnings and alternative (to earnings) performance measures for returns [J]. Contemporary Accounting Research, 2003, 20 (1): 64-121.

[63] Zahran M.A.Daraghma.The relative and incremental information content of earnings and operating cash flows: empirical evidence from Middle East, the case of Palestine [J]. European Journal of Economics, Finance and Administrative Sciences, 2010, 22: 123-135.

[64] Elouafa K.Incremental information content of cash flows versus funds from operations and earnings: applying new methodologies in French context [J]. EXCEL International Journal of Multidisciplinary Management Studies, 2012, 12 (5): 1-13.

[65] Slehat N, Alnimer M, Abbadi S.Incremental information content of financial and non-financial performance measures [J]. Dirasat Administrative

Sciences，2013，40（1）：144-161.

[66] Asgari L，Salehi M，Mohammadi A.Incremental information content of cash flow and earnings in the Iranian capital market [J]. Journal of Industrial Distribution & Business，2014（5-1）：5-9.

[67] Kusuma H.The incremental information content of the cash flow statement：an australian empirical investigation [J]. International Journal of Business Administration，2014，5（4）：90-102.

[68] 陈信元，陈冬华，朱红军.净资产、剩余收益与市场定价：会计信息的价值相关性 [J]. 金融研究，2002（4）：59-70.

[69] 陆静，孟卫东，廖刚.上市公司会计盈利、现金流量与股票价格的实证研究 [J]. 经济科学，2002（5）：34-42.

[70] 赵春光.现金流量价值相关性的实证研究 [J]. 会计研究，2004（6）：29-35.

[71] 赵振全，刘淼，于震.中国上市公司会计信息价值相关性的动态分析与动因检验 [J]. 财贸经济，2007（6）：45-49.

[72] 唐国琼.亏损公司会计盈余价值相关性实证研究 [J]. 金融研究，2008（11）：146-159.

[73] 王治，张传明.信息环境、异质信念与会计信息价值相关性 [J]. 财经问题研究，2013（7）：87-93.

[74] Ohlson J A，Penman S H.Disaggregated accounting data as explanatory variables for returns [J]. Jounal of Accounting Auditing and Finance，1992，7：553-573.

[75] Chia Y K，Czernkowski R，Loftus J.The association of aggregate and disaggregated earnings with annual stock returns [J]. Accounting & Finance，1997，37（1）：111-128.

[76] Garrod N，Giner B，Larran M.The value relevance of earnings，cash flow and accruals：the impact of disaggregation and contingencies [J]. Jcms Journal of Common Market Studies，2000，50（Supplement s2）：210-216.

[77] Alam P，Brown C A.Disaggregated earnings and the prediction of ROE and stock prices：a case of the banking industry [J]. Review of Accounting & Finance，2006，5：443-463.

[78] Kadri M H，Ibrahim M K，Aziz R A.Value relevance of aggregated vs. disaggregated book value and earnings：evidence from malaysian high-tech firms [J]. Malaysian Accounting Review，2010，9（1）：1-17.

[79] Arthur N，Cheng M，Czernkowski R.Cash flow disaggregation and the prediction of future earnings［J］. Accounting & Finance，2010，50（1）：1-30.

[80] Wang P.The role of disaggregation of earnings in stock valuation and earnings forecasting［J］. Accounting & Business Research，2012，43（5）：530-557.

[81] Hossein M，Modarres A.The role of disaggregation of earnings（cash flows and accuals）in stock valuation and earnings forecasting at acceped companies in Tehran stock exchange［J］. Iran Indian J.Sci. Res.2014，4（6）：761-770.

[82] 邓传洲.公允价值的价值相关性：B股公司的证据［J］. 会计研究，2005（10）：55-62.

[83] 韩晓明.应计项目、现金流量与会计盈余质量［J］. 财政研究，2011（9）：77-81.

[84] Collins D W，Maydew E I，Weiss I S.Changes in the value relevance of earnings and book values over the past forty years［J］. Journal of Accounting and Economics，1997，24（1）：39-67.

[85] Francis J，Schipper K.Have financial statements lost their relevance?［J］. Journal of Accouting Research，1999，37（2）：319-352.

[86] Dontoh A，Radhakrishnan S，Ronen J.The declining value relevanece of accounting information and non- information- based trading：an empirical analysis［J］. Contemporary Accounting Research，2004，21（4）：795-812.

[87] Yu S，Lixin S，Xindong Z.Price divergence from fundamental value and the value relevance of accounting information［J］. Contemporary Accounting Research，2010，27（3）：829-854.

[88] Devalle A，Onali E，Magarini R.Assessing the value relevance of accounting data after the introduction of IFRS in Europe［J］. Journal of International Financial Management and Accounting，2010，21（2）：85-119.

[89] 刘峰，吴风，钟瑞庆.会计准则能提高会计信息质量吗？［J］. 会计研究，2004（5）：8-20.

[90] 张景奇，唐英力，邓志琼.上市公司会计信息价值相关性的变迁及影响因素分析［J］. .管理评论，2006（7）：43-48.

[91] 漆江娜，罗佳.会计准则变迁对会计信息价值相关性的影响研究——来自中

国证券市场1993—2007的经验证据［J］. 当代财经，2009（5）：103-109.
［92］ 赵春光.会计信息价值相关性的变迁［J］. 经济管理，2003（2）：52-60.
［93］ 王小力.新《企业会计准则》对会计信息价值相关性影响的实证研究［J］. 中南大学学报：社会科学版，2012（2）：106-110.
［94］ Lev B，Zarowin P.The boundaries of financial reporting and how to extend them［J］. Journal of Accounting Research，1999，37（2）：353-385.
［95］ 朱凯，赵旭颖，孙红.会计准则改革、信息准确度与价值相关性［J］. 管理世界，2009（4）：47-54.
［96］ Collins D W，Kothari S P.An analysis of intertemporal and cross-sectional determinants of earnings response coefficients［J］. Journal of Accounting Economics，1989，11（2-3）：143-181.
［97］ Kothari.Capital markets research in accounting［J］. Journal of Accounting Economics，2001，31（1-3）：105-231.
［98］ 王化成，佟岩.控股股东与盈余质量［J］. 会计研究，2006（2）：66-74.
［99］ Lennox C S，Park C W.The informativeness of earnings and management ' s issuance of earnings forecasts［J］. Journal of Accounting and Economics，2006，42（3）：439-458.
［100］ 董望，陈汉文.内部控制、应计质量与盈余反应［J］. 审计研究，2011（4）：68-78.
［101］ Chen C.，Chen S，Su X A.Comparison of reported earnings under Chinese gay vs.IAS：evidence from the Shanghai stock exchange［J］. Accounting Horzon，2009（13）：91-111.
［102］ 于忠泊，田高良，张咏梅.媒体关注、制度环境与盈余信息市场反应［J］. 会计研究，2012（9）：40-51.
［103］ 张国清.盈余时间序列持续性与ERC［J］. 当代会计评论，2013（5）：32-51.
［104］ 袁淳，王平.会计盈余质量与价值相关性［J］. 经济理论与经济管理，2005（5）：36-39.
［105］ 孟焰，袁淳.亏损上市公司会计盈余价值相关性实证研究［J］. 会计研究，2005（5）：42-46.
［106］ 海洋，杨鲁，帅永强.公司治理、代理成本与会计信息价值相关性［J］. 财会月刊，2010（11）：12-15.
［107］ Aleksanyan M.Value relevance of book value，retained earnings and

dividends：premium vs discount firms [R]. Working paper，University of Glasgow，2006.
[108] Aleksanyan M.Does the information environment affect the value relevance of financial statement data? [R]. Working paper，University of Glasgow，2008.
[109] Kang T，Pang Y H.Economic development and the value-relevance of accounting information：a disclosure transparency perspective [J]. Review of Accounting and Finance，2005，4（1）：5-31.
[110] 蔡传里，许家林.公司信息透明度与价值相关性 [J]. 山西财经大学学报，2009（7）：74-83.
[111] 黄友，曾力.会计信息与亏损公司估价 [J]. 财政研究，2008（4）：72-74.
[112] 王菊仙.盈余质量差异对会计盈余信息价值相关性的影响 [J]. 财会月刊，2009（10）：81-84.
[113] 欧阳爱平，周宁.市场化程度对会计信息价值相关性的影响 [J]. 经济与管理研究，2013（11）：123-128.
[114] 唐国平，郭俊.会计执业判断允当性、会计准则变迁与价值相关性 [J]. 当代财经，2013（10）：106-117.
[115] 叶康涛，张珊珊，张艺馨.企业战略差异与会计信息的价值相关性 [J]. 会计研究，2014（5）：44-51.
[116] 王茂林，林慧婷.产权性质、股权结构与会计信息价值相关性 [J]. 现代管理科学，2015（1）：39-41.
[117] Gu Z.Across-sample incomparability of R2s and additional evidence on value relevance changes over time [J]. Journal of Business Finance and Accounting，2007，34（7-8）：1073-1098.
[118] 伍德里奇.计量经济学导论：现代观点 [M]. 北京：中国人民大学出版社，2003.
[119] 靳云汇，金赛男.高级计量经济学 [M]. 北京：北京大学出版社，2007.
[120] Peter Kennedy.A guide to econometrics [M]. 6th edition.Newjersey：Wiley-Blackwell，2008.
[121] 张晓峒.计量经济学基础 [M]. 3版.天津：南开大学出版社，2007.
[122] Fama E F.Efficient capital markets：a review of theory and empirical work [J]. Journal of Finance.1970（25）：383-417.
[123] Dolley J C.Open market buying as a stimulant for the bond market [J]. Journal of Political Economy，1933，41（4）：513-529.

[124] Fama E F, Fisher L, Jensen M, et al.The adjustment of stock market prices to new information [J]. International Economic Review, 1969, 10 (1): 1-21.

[125] 坎贝尔，罗，麦金雷，金融市场计量经济学 [M]. 朱平芳，刘弘，等，译.上海财经大学出版社，2003.

[126] 中华人民共和国.中华人民共和国财政部与国际财务报告准则基金会联合声明 [EB/OL]. [2015-11-20]. http://kjs.mof.gov.cn/zhengwuxinxi/gongzuodongtai/201511/t20151120_1574639.html.

[127] 陈小悦，陈晓，顾斌.中国股市弱型效率的实证研究 [J]. 会计研究，1997 (9): 13-17.

[128] 张兵，李晓明.中国股票市场的渐进有效性研究 [J]. 经济研究，2003 (1): 54-61.

[129] 高蓉，周爱民，向兵.股市动态弱式有效性研究——基于滚动广义谱方法 [J]. 投资研究，2012 (12): 137-147.

[130] Patricia M.Dechow S P, et al.The relation between earnings and cash flows [J]. Journal of Accounting and Economics, 1998, 25 (2): 133-168.

[131] Dan S D, Lee K J, Fargher N L.The association between unexpected earnings and abnormal security returns in the presence of financial leverage [J]. Contemporary Accounting Research, 1991, 8 (1): 20-41.

[132] Billings B K.Revisiting the relation between the default risk of debt and the earnings response coefficient [J]. The Accounting Review, 1999, 74 (4): 509-522.

[133] Yeohwan K, Minchoul K.The effect of financial leverage on the earnings response coefficient [J]. Bmc Oral Health, 2006, 6 (1): 1-13.

[134] Willett R J, Kim Y H, Jang J I.Default risk as a factor affecting the earnings response coefficient [J]. Ssrn Electronic Journal, 2002: 2535-2568.

索引